一次讀懂商業經典50

BUSINESS CLASSICS

湯姆・巴特勒—鮑登
TOM BUTLER-BOWDON

通往創新、管理、策略最重要的思想捷徑。

王曼璇——譯

時報出版

目次 *Content*

引言 006

01 費尼爾司・泰勒・巴納姆 021
《賺錢的藝術》(1880)

02 理查・布蘭森 031
《維珍旋風:品牌大師布蘭森自傳》(1998)

03 安德魯・卡內基 041
《財富的福音》(1899)

04 阿爾弗雷德・錢德勒 051
《看得見的手:美國企業的管理革命》(1977)

05 羅恩・切爾諾 061
《洛克斐勒—美國第一個億萬富豪》(1998)

06 克雷頓・克里斯汀生 073
《創新的兩難》(1997)

07 鄧肯・克拉克 083
《阿里巴巴:物流、電商、雙11,馬雲改變13億人的生活方式》(2016)

08 詹姆・柯林斯 095
《十倍勝,絕不單靠運氣》(2011)

09 威廉・愛德華茲・戴明 105
《轉危為安:管理十四要點的實踐》(1982)

10 彼得・杜拉克 117
《杜拉克談高效能的5個習慣》(1967)

11 羅傑・費雪&威廉・尤瑞&布魯斯・派頓 129
《哈佛這樣教談判力:增強優勢,談出利多人和的好結果》(2011)

12 馬丁・福特 141
《被科技威脅的未來:人類沒有工作的那一天》(2015)

13 麥克・葛伯 …… 155
《創業這條路：掌握成功關鍵，勇闖創業路必須知道的「方法」與「心法」！》（2001）

14 康拉德・希爾頓 …… 165
《賓至如歸》（1957）

15 本・霍羅維茲 …… 173
《什麼才是經營最難的事？：矽谷創投天王告訴你真實的管理智慧》（2014）

16 華特・艾薩克森 …… 185
《賈伯斯傳》（2011）

17 喬許・考夫曼 …… 199
《不花錢讀名校MBA：二百萬留著創業，MBA自己學就好了》（2010）

18 蓋・川崎 …… 211
《創業的藝術》（2004）

19 約翰・凱 …… 221
《迂迴的力量》（2010）

20 斯圖爾特・凱爾斯 …… 229
《企鵝與萊恩兄弟》（2015）

21 金偉燦＆芮尼・莫伯尼 …… 241
《藍海策略：再創無人競爭的全新市場》（2005）

22 菲爾・奈特 …… 251
《跑出全世界的人：NIKE創辦人菲爾・奈特夢想路上的勇氣與初心》（2016）

23 理查・柯克＆葛雷格・洛克伍德 …… 263
《極簡策略》（2016）

24 泰瑞・李希 …… 273
《10個關鍵詞讓管理完全不一樣》（2012）

25 派屈克・蘭奇歐尼 …… 285
《克服團隊領導的5大障礙：洞悉人性、解決衝突的白金法則》（2002）

26 馬克・李文森 …… 295
《箱子：貨櫃造就的全球貿易與現代經濟生活》（2006）

27 西奧多・李維特……305
《行銷短視症》（1960）

28 史丹利・麥克克里斯托……315
《美軍四星上將教你打造黃金團隊：從急診室到NASA都在用的領導策略》（2015）

29 道格拉斯・麥格雷戈……327
《企業的人性面》（1960）

30 傑佛瑞・摩爾……337
《跨越鴻溝》（1991）

31 湯姆・雷斯＆拜瑞・康奇……347
《發現我的領導天才》（2008）

32 艾爾・賴茲＆傑克・屈特……357
《定位：在眾聲喧嘩的市場裡，進駐消費者心靈的最佳方法》（1981）

33 艾瑞克・萊斯……369
《精實創業：用小實驗玩出大事業》（2011）

34 雪柔・桑德伯格……379
《挺身而進》（2013）

35 艾力克・施密特＆強納森・羅森柏格……391
《Google模式：挑戰瘋狂變化世界的經營思維與工作邏輯》（2015）

36 艾莉絲・施洛德……405
《雪球：巴菲特傳》（2008）

37 霍華・舒茲……417
《Starbucks咖啡王國傳奇》（1997）

38 彼得・聖吉……425
《第五項修練：學習型組織的藝術與實務》（1990）

39 賽門・西奈克……435
《先問，為什麼？：顛覆慣性思考的黃金圈理論，啟動你的感召領導力》（2009）

40 塞瑪・辛格……445
《迷思破解者：基蘭・瑪茲穆德－蕭及印度生技的故事》（2016）

41 艾弗雷德・史隆　455
《我在通用的日子：史隆回憶錄》（1963）

42 布萊德・史東　467
《貝佐斯傳：從電商之王到物聯網中樞，亞馬遜成功的關鍵》（2013）

43 馬修・席德　483
《失敗的力量：Google、皮克斯、F1車隊從失敗中淬煉出的成功祕密》（2015）

44 弗雷德里克・溫斯洛・泰勒　495
《科學管理原理》（1911）

45 彼得・提爾　507
《從0到1：打開世界運作的未知祕密，在意想不到之處發現價值》（2014）

46 羅伯特・湯森　519
《提升組織力：別再扼殺員工和利潤》（1970）

47 唐納・川普　533
《交易的藝術》（1987）

48 艾胥黎・范思　543
《鋼鐵人馬斯克：從特斯拉到太空探索，大夢想家如何創造驚奇的未來》（2015）

49 傑克・威爾契　555
《jack：20世紀最佳經理人，第一次發言》（2001）

50 詹姆斯・沃瑪克、丹尼爾・瓊斯 & 丹尼爾・魯斯　565
《改變世界的機器》（1990）

謝辭　574

再加五十本商業學經典　580

英文參考書目　584

引言

「人們總是高估了商業的複雜性。這不是特別困難的事——我們選擇了全世界最簡單的專業之一。」

傑克・威爾契（前奇異公司總裁）

《一次讀懂商業經典》集結有趣的理論、真實的案例以及發人深省的故事，希望讓人更深入地思考商業。從真正經典、至今仍具深意的歷史著作，到近代最好的商業書籍，挑選出最重要的思想，幫你產出最有價值想法，轉為商業養分，制定成功策略。

大多數商業書中只有一到兩個重要概念，以圖表或案例填滿其他頁數。如果記在腦海的一個想法，遠比寫在筆記本或存於電腦某處的一系列概念及案例來得更有用處，我所做的就是試圖為你擷取這些片段，捕捉其中的核心價值。行銷思想家賽斯・高汀（Seth Godin）說寫作關於昂貴的商業學位，如工商管理碩士（MBA）時，「我很難理解這種花費時間與金錢的方式，為什麼會比實際去經驗，並專心閱讀三十或四十本書來得更好？」並不是說《一次讀懂商業經典》是能取代全面性商業課程的方式，但至少可以幫助你節省許多時間，去一一探索眾多你認為應該去讀，卻沒有讀的書籍。商業或許不是一件困難的事，但其中充滿各種想法，任何一種都可能改變做事的方式，或幫助你開發下一個震驚世界的大發現，而這本書就是你的捷徑。

商業是一門藝術、科學、學科、還是實務？在二十世紀初期，商學院如雨後春筍般湧現，而管理興起成為一項研究領域，當時許多人宣稱管理是「科學」的。然而，商業並沒有成為科學，而是成為社會科學。其中一個原因是主要分析單位：公司，數十億種不同型態、規模、樣貌，還有各式各樣的人牽涉其中，把一項事業的「法則」推廣到另一種事業有點牽強。另一個原因是，公司存在於持續改變的市場中：你了解這個市場的概況時，它已經被打亂、消失、或分裂成更專精的領域。一如經濟學家研究經濟時所發現的，任何寄於人類期望及動機的事，都很難定下來，也很難被妥善分析，商業也一樣。

儘管商業永遠不可能成為正式科學，但又比藝術更藝術。所以，「實務」或許是最適合的詞彙，有一些觀點、實務、思考方式似乎可以為公司及市場所用，並透過商業文學的認可傳播給大眾。一本好的商業書可以誘導如何把事做好的新想法，成功執行的案例也可以作為參考運用於組織中。好的商業書不僅可以做到這點，也可以激發想像力，預示著飛躍而上或突破窠臼。商業類書籍有時會被指責，只顧著激勵人心，卻沒有足夠的統計基礎，但有時候我們需要的就是那一點動力，去展開新的事業，或許就可能以某種方式改變世界，讓人生活得更輕鬆、更美好、更有創造力。這種遠大的企圖足以讓商業成為一種職業，也可以成為生涯目標，因為努力帶來價值的同時，我們也改變了自己。

快速導覽

本書涵蓋的主題可大致分為三種：

- 創業精神與創新
- 管理、領導力及效率
- 策略與行銷

創業精神與創新

理查·布蘭森《維珍旋風：品牌大師布蘭森自傳》

羅恩·切爾諾《洛克斐勒—美國第一個億萬富豪》

鄧肯·克拉克《阿里巴巴：物流、電商、雙11，馬雲改變13億人的生活方式》

馬丁·福特《被科技威脅的未來：人類沒有工作的那一天》

麥克．葛伯《創業這條路：掌握成功關鍵，勇闖創業路必須知道的「方法」與「心法」！》
康拉德．希爾頓《賓至如歸》
本．霍羅維茲《什麼才是經營最難的事？：矽谷創投天王告訴你真實的管理智慧》
華特．艾薩克森《賈伯斯傳》
蓋．川崎《創業的藝術》
斯圖爾特．凱爾斯《企鵝與萊恩兄弟》
菲爾．奈特《跑出全世界的人：NIKE創辦人菲爾．奈特夢想路上的勇氣與初心》
馬克．李文森《箱子：貨櫃造就的全球貿易與現代經濟生活》
艾瑞克．萊斯《精實創業：用小實驗玩出大事業》
霍華．舒茲《Starbucks咖啡王國傳奇》
塞瑪．辛格《迷思破解者：基蘭．瑪茲穆德—蕭及印度生技的故事》
布萊德．史東《貝佐斯傳：從電商之王到物聯網中樞，亞馬遜成功的關鍵》
彼得．提爾《從0到1：打開世界運作的未知祕密，在意想不到之處發現價值》
唐納．川普《交易的藝術》
艾胥黎．范思《鋼鐵人馬斯克：從特斯拉到太空探索，大夢想家如何創造驚奇的未來》

企業的「起源故事」——講述偉大企業的草創時期，包括維珍企業、蘋果公司、企鵝圖書、特斯拉、Nike、星巴克、亞馬遜、阿里巴巴，雖然故事缺乏科學性，卻能激勵人心。我們很容易看著大型企業、連鎖餐廳、飯店，或是成功的網路平台，認為他們崛起是必然結果，但是一般情況下，唯有不科學的勇氣、熱情、運氣、信念，才能在度過最初的樂觀心態後，推動人們繼續往前走，走過不勝其擾的各種麻煩，達成他們仍然堅信的目標。只要讀過Nike創辦人菲爾・奈特、阿里巴巴創辦人馬雲、星巴克創辦人霍華・舒茲的故事，就會了解即使是家喻戶曉的大品牌，仍可能經營得戰戰兢兢。如風險投資家本・霍羅維茲在《什麼才是經營最難的事？：矽谷創投天王告訴你真實的管理智慧》中所說，世界上充斥著各種優秀的商業理念，但如何執行才是最重要的事。直到走上那個位置之前，沒有人可以瞭解經營公司的其中甘苦，很少人談論到書中領導者的心理成本。

通常只有最初願景的規模能讓創業者堅持下去。《維珍旋風：品牌大師布蘭森自傳》中，理查・布蘭森說他從未單純為了賺錢而涉足一項事業，它必須能以某種方式改變事情既定的模式，也必須有趣。艾胥黎・范思所著的伊隆・馬斯克傳記，向我們展示企圖以電動車及平價太空旅行改變世界的人。馬斯克的這種性格與史蒂夫・賈伯斯驚人地相似，強烈地要求人們達成幾乎不可能完成的事。兩者都相當符合「遠見者」的敘述，具備塑造未來、打造全新產品、甚至創新產業的能力，而不只是對其他同業的行動做出反應而已。確實，《從0到1：打開世界運作的未知祕密，在意想不到之處發現價值》中，Paypal創辦人及風險投資家彼得・提爾對於偉大願景走向漸進主義或彌補缺失的趨勢感到惋惜，世界需要真正能夠解決大問題的革命性產品及全新產業，諷刺的是，這可以透過看似平凡的發明達成。《箱子：貨櫃造就的全球貿易與現代經濟生活》中，馬克．李文森告訴我們運輸貨櫃的發明，能以多大程度地影響世界貿易，降低港口各種浪費，史無前例地串聯起世界供應鏈。

約翰．戴維森．洛克斐勒致力成為石油產業的龍頭，經常被描繪為貪婪的舉動，但他促使石油品質標準化，讓石油變得更安全、品質更一致，為汽車時代打下基礎。同時，我們也不該輕視零售業創新者的成就，如亞馬遜的傑夫．貝佐斯。亞馬遜的巧妙安排，由數百萬用戶給予商品評價，顧客能更客觀地做出購買決定，也降低售價，提升購物安心度。中國零售業中，也有馬雲的淘寶網及天貓網提供類似服務，如同阿里巴巴就是吸引結合國有百貨公司、小商店、傳統市場。

每個創業家及創新者存在的理由，無疑是以某種方式提升人類生活品質，同時也創造利潤。萊恩兄弟懷抱巨大信念的理想，在一九三五年推出新的「企鵝」叢書，提供價格低廉的優質著作。忽然間，收入不高的人負擔得起教育費用，能提升自己，萊恩兄弟也能賺到錢，開創了全球最早的媒體企業之一。

如果你有機會創辦新企業，閱讀絕佳的創業書籍可以省下不少資源。蓋．川崎的《創業的藝術》至今仍很受歡迎，而麥克．葛伯的《創業這條路：掌握成功關鍵，勇闖創業路必須知道的「方法」與「心法」！》中的叮嚀，也能避免被經營企業時的各種問題搞得暈頭轉向。最後，艾瑞克．萊斯《精實創業：用小實驗玩出大事業》清楚地闡述了如何以漸進、更迭的方式達成革新，為看似可行、實際卻行不通的自我想法提供確認的方法。如同所有優秀創業家所知，創意思考及對反饋、數據的熱愛，這兩者的結合才是商業成功的關鍵。

管理及領導力

費尼爾司・泰勒・巴納姆《賺錢的藝術》
安德魯・卡內基《財富的福音》
阿爾弗雷德・錢德勒《看得見的手：美國企業的管理革命》
威廉・愛德華茲・戴明《轉危為安：管理十四要點的實踐》
彼得・杜拉克《杜拉克談高效能的5個習慣》
羅傑・費雪&威廉・尤瑞&布魯斯・派頓《哈佛這樣教談判力：增強優勢，談出利多人和的好結果》
喬許・考夫曼《不花錢讀名校MBA：二百萬留著創業，MBA自己學就好了》
泰瑞・李希《10個關鍵詞讓管理完全不一樣》
派屈克・蘭奇歐尼《克服團隊領導的5大障礙：洞悉人性、解決衝突的白金法則》
史丹利・麥克克里斯托《美軍四星上將教你打造黃金團隊：從急診室到NASA都在用的領導

策略》

道格拉斯．麥格雷戈《企業的人性面》
湯姆．雷斯&拜瑞．康奇《發現我的領導天才》
雪柔．桑德伯格《挺身而進》
艾力克．施密特&強納森．羅森柏格《Google模式：挑戰瘋狂變化世界的經營思維與工作邏輯》
艾莉絲．施洛德《雪球：巴菲特傳》
彼得．聖吉《第五項修練：學習型組織的藝術與實務》
艾弗雷德．史隆《我在通用的日子：史隆回憶錄》
馬修．席德《失敗的力量：Google、皮克斯、F1車隊從失敗中淬煉出的成功祕密》
弗雷德里克．溫斯洛．泰勒《科學管理原理》
羅伯特．湯森《提升組織力：別再扼殺員工和利潤》
傑克．威爾契《jack：20世紀最佳經理人，第一次發言》
詹姆斯．沃瑪克&丹尼爾．瓊斯&丹尼爾．魯斯《改變世界的機器》

「管理」一詞直到二十世紀初才真正被發明出來，在法國是名為亨利．費堯（Henri Fayol）的礦產工程師在其著作中提及，在美國則是弗雷德里克．溫斯洛．泰勒的《科學管理原理》為代表。泰勒在鋼鐵工廠做過機械工，在第一線看出這些「工匠」生產產品的方式沒有效率可言，標準化製造流程中的每個步驟，就能以更快速度產出更高品質的產品。泰勒帶來的大規模效率化，讓現代社會能以更低的成本來大量製造產品，亨利．福特工廠就是最好的例子。

一旦大規模生產變得無所不在，能區別公司與公司之間、國家與國家之間不同之處，就是生產品質了。威廉．愛德華茲．戴明研究了品質管控系統，在美國製造商不感興趣的時候，向日本製造商提出他的看法。詹姆斯．沃瑪克等人所著的《改變世界的機器》中，講述了日本企業堅持品質的故事，其中又以豐田汽車使「精實」思維及「正值時機」方法而聞名世界。

資本主義中，人們接受驅動需求市場的「看不見的手」。阿爾弗雷德．錢德勒則持相反態度，認為現代工業企業形式管理主義中看得見的手，擁有大批專業管理人來實際操作經濟活動及分配資源。在這一點上，再沒有比通用汽車更好的例子，艾弗雷德．史隆掌舵三十年，他敘述自己的影響力在於消費者口味及需求不斷變動中，如何保持跟進的洞察力。

道格拉斯．麥格雷戈的開創性著作《企業的人性面》，挑戰大企業階級式、命令控制式的管理系統，他認為如果能賦予員工更多自主權及責任感，員工就會表現更好、更有成就感。「Y理論」公司瞭解人們不只受金錢驅動，還有個人發展及貢獻的欲望。正如彼得．聖吉在《第五項修練：學習型組織的藝術與實務》所寫，優秀的企業是一個群體，真摯地承諾每個成員的潛能都得以發揮。羅伯特．湯森成功地經營起安維斯租車公司，他的經營之道都取自麥格雷戈的理論，而麥格雷戈強調的團隊合作精神，至今仍受青睞。史丹利．麥克克里斯托將軍在美國軍隊的伊拉克行動中發現，唯有徹底落實資訊共享、權力下放，才能創造足以擊敗蓋達組織的力量。

管理、組織、個人的目標都在於效能，彼得．杜拉克《杜拉克談高效能的5個習慣》告訴我們，高階管理人並不是拿薪水來「滅火」，而是聘請他們來做少數真正重要的決策，幫助組織定位及達成目標。真正優秀的管理人更具策略性，而不是被動反應，必須能夠發揮他們的長處，而不是試圖修正弱點，這一論點近年才由湯姆．雷斯及拜瑞．康奇所著之《發現我的領導天才》提出。

雪柔．桑德伯格在《挺身而進》中寫道，如果組織不能有自覺地試著表達大多數人的意見，就不可能真正發揮效能：如果做不到，組織就會成為單視野職場，無法創造出適合所有人的產品或服務。在一場會議中，比爾．蓋茲被問到他的商業成功祕訣，他一開口就說，如果有一半的人口，他們的頭腦、才能、不同的觀點，都被排除於職場之外，你就永遠無法實現商業潛力。

如果你能創建一間偉大企業，其影響力將比你想像得更大、更長遠。如果你取得經濟上的成功，自然會致力於留下能讓後人傳頌的豐功偉業，更廣大的影響力。安德魯．卡內基說：「死時富有，就是死得可恥。」卡內基的財富最後全數捐給數百間圖書館及和平基金會。華倫．巴菲特的財產也將捐給比爾．蓋茲基金會，協助根除可預防性疾病。商業並不存於真空中，它是社會的一部分，成功的時候我們表示感激，並將所得回饋社會，正是社會的存在，才成就我們的成功。

策略與行銷

克雷頓．克里斯汀生《創新的兩難》

詹姆．柯林斯《十倍勝，絕不單靠運氣》

約翰．凱《迂迴的力量》

金偉燦&芮尼．莫伯尼《藍海策略：再創無人競爭的全新市場》

理查．柯克&葛雷格．洛克伍德《極簡策略》

西奧多．李維特《行銷短視症》

傑佛瑞．摩爾《跨越鴻溝》

艾爾．賴茲&傑克．屈特《定位：在眾聲喧嘩的市場裡，進駐消費者心靈的最佳方法》

賽門．西奈克《先問，為什麼？顛覆慣性思考的黃金圈理論，啟動你的感召領導力》

策略源於戰爭，隨著企業規模越來越大、越來越複雜，策略也可以應用於商業世界中，決定將資源投入何處的重要決策。策略的本質就是專注於釐清你不會追求的市場與方向，如此一來就可以將所有力量及智慧投入公司長處之上。聚焦策略的最佳優勢就是幫助你避開競爭，如金偉燦及莫伯尼在談論策略的暢銷書《藍海策略》中所說，目標是創造出一項全然與他人不同的產品或服務，它自成一個類別，「擁有」自己的市場。

同樣地，理查．柯克與葛雷格．洛克伍德所著之《極簡策略》中也提到，商業中最傑出的成功故事，從福特、宜家家居到Google，都極端簡化了價格或商品，比競爭對手便宜許多、更方便使用、更進步的商品，都會橫掃市場。聰明的企業為了不要卡在模糊不清的中間地帶，必會從中採用一種策略。麥克．波特（Michael Porter）一九八〇年的著作《競爭策略》（*Competitive Strategy*）中提到，企業應該在成本優先或產品差異化間做出選擇，而《極簡策略》中囊括許多當代範例，從Airbnb、Uber到Facebook，讓這些概念在現代讀者眼中生動起來。

克雷頓．克里斯汀生《創新的兩難》中，完美地呈現做出正確決策的艱難挑戰，成功企業也可能成為自身成功的受害者。他們需要從有利潤的商品中創造收入，才能支付所有固定成本並製造利潤，但與此同時，也可能錯失正在起步、看似沒有商業價值的新興科技。受限於市場的小公司，會因為產品持續進步，而讓公司掌握了特定市場，從而不斷地成長。一旦到了這個時候，大企業要趁勢而上怕也為時已晚。

正如詹姆．柯林斯在《十倍勝，絕不單靠運氣》中的觀察，從英特爾到基因泰克，許多公司之所以能成長茁壯，是對新事物及創新抱持開放態度，但是涉及達成、堅守財務目標時，又顯現出嚴格的一面。要達成這種平衡，至關重要的是清楚組織的象徵意義，賽門．西奈克的《先問，為什麼？顛覆慣性思考的黃金圈理論，啟動你的感召領導力》為許多迷失方向的公司激發靈感，如果你正在創業，這本書必須一讀。

策略與行銷之間通常都有一條界線，艾爾・賴茲及傑克・屈特相當創新的著作《定位：在眾聲喧嘩的市場裡，進駐消費者心靈的最佳方法》，導出一個名為「策略性行銷」的路線，幫助企業釐清在市場中企業本身或產品、服務的定位。大眾很快會將你的產品與一個概念畫上等號（例如Volvo等於安全），意識到這件事可以讓你從創造產品的第一步就加入行銷概念，沒有充分理解產品可能在人們心中的定位，就無法在策略中給予充分空間發揮行銷作用。

最後，英國經濟學家約翰・凱在《迂迴的力量》中提供商業策略的獨特見解，不將利潤及股東置於首位的公司往往表現得最好。原因是，當他們有了更偉大的使命，就會激勵、鼓勵所有人一起達成目標，具購買力的大眾也會欣賞他們的真誠。從只為自己存在、對員工或世界沒有責任感的組織中，也能觀察到這一點。

關於這份書單

這裡有一半的書可以被歸類於無庸置疑的經典之作，其他則是更為主觀的選擇，即便它們被低估了，但也值得被更多人發掘，這些書也非常清楚地表達了重要的商業概念。同樣地，我非常謹慎地思考這份書單，不會只因為眾人認為「經典」，就將其列入其中，經典的定義無疑與時代相關，而商業的樣貌卻也不斷地在改變。

舉例來說，約翰・布魯克斯（John Brooks）的《商業冒險：華爾街的十二個經典故事》（*Business Adventures*），儘管受比爾・蓋茲及華倫・巴菲特推薦，集結了新聞採訪的一九六〇年代美國商業及金融事件，但我認為這些事件在今日看來並沒有特別重要。湯姆・彼得（Tom Peter）及羅勃・華特曼（Robert Waterman）的《追求卓越：探索成功企業的特質》（*In Search of Excellence*）中，在當時是一本突破性商業著作，但其中的企業案例有些已不存在，或者某些企業已產生劇烈變化，如果推出有近代範例的更新版，它就會出現在這份書單中。雖說如此，你還是可以在本書最後發現額外的「五十本商業經典」，與前述相同的分類，包括以上這些書及其他著作。

結論

我希望這本書可以完成它的使命，幫助你發掘先前不知道的商業理念、著作和人。有人說「不求甚解是件壞事」，對於滿足於不求甚解的人來說或許是對的，但對於我們大多數人，品嚐到知識的味道會讓我們求知若渴。好好享受書中的評論，不要猶豫是否該去好好地閱讀這些書籍，沒有什麼能取代放一本書在你的桌上或床邊的影響力，書中的訊息能時刻作為警醒你的力量。

相關著作

商業與經濟息息相關，打好經濟及資本主義的學習基礎很重要，《一次讀懂經濟學經典》也許可以幫你達成目標。

《一次讀懂商業經典》涉及商業成功中的個人發展層面，如果你想更深入瞭解這個領域，可以閱讀《一次讀懂成功學經典》。

回饋讀者

感謝您購買本書，讓我多提供兩篇文章給您。第一篇是關於高效的好書：二〇一六年出版的《Deep Work深度工作力：淺薄時代，個人成功的關鍵能力》（*Deep Work: Rules for Focused Success in a Distracted World*），由電腦科學教授及生產力專家卡爾．紐波特（Cal Newport）所著；第二篇是凱薩琳．葛蘭姆（Katherine Graham）的經典自傳，一九九八年出版的《個人歷史》（*Personal History*），在美國導演史蒂芬．史匹伯（Steven Spielberg）所導的二〇一七年電影《郵報：密戰》（*The Post*）中，由梅莉．史翠普（Meryl Streep）飾演葛蘭姆，她是美國主流報社中首位女性編輯。只需寄電子信件至tombutlerbowdon@gmail.com，標題註明「Business Bonus」，您將收到額外的兩篇文章。

1880

賺錢的藝術

The Art of Money Getting

「人生成功的基礎就是健康：這是財富的根基，也是最基本的幸福。生病的時候，沒有辦法好好累積財富。」

「毫無疑問地，我們的出生都有一個睿智的目的。存於大腦的各種可能就和我們的臉部表情一樣多。有人天生就很懂機械，也有人天生就非常厭惡機械。唯有選擇最符合天賦、最能發展才能的事業，否則人必定無法成功。」

「為了取得成功，必須徹底了解你的事業。」

總結一句

擁有財富沒有捷徑，除了從對的職業下手，還要有好的性格、堅忍的毅力——也別忘了打廣告。

同場加映

安德魯．卡內基《財富的福音》（3章）

羅恩．切爾諾《洛克斐勒—美國第一個億萬富豪》（5章）

01

費尼爾司・泰勒・巴納姆

P. T. Barnum

費尼爾司・泰勒・巴納姆可能是有史以來最偉大的表演家，以他的馬戲團及「珍奇」博物館聞名。由巴納姆主導的表演改變了十九世紀商業娛樂型態，也被視為行銷大師，他的行銷手法至今仍是商業界的研究對象。現在的觀眾多半透過休・傑克曼（Hugh Jackman）於二〇一七年主演的《大娛樂家》（*The Greatest Showman*），認識巴納姆傳奇的一生。

巴納姆於自傳中寫出他精彩的人生故事，但《賺錢的藝術》（*The Art of Money Getting, or Golden Rules for Making Money*）告訴我們商業界中的成功祕訣。身為優秀的行銷大師，所下的標題當然稍微誇大了內容。事實上，並沒有詳細的致富訣竅或技巧，反之，作者提供二十則提升自己及發展良好品格的方法，間接地激發一個人的財富發展。與巴納姆浮誇的馬戲團團長形象相反，這其實是一本紮實的商業道德入門書。

健康、財富、幸福

巴納姆要人們注意一件非常顯而易見，卻經常被忽略的事：為了成功，你必須擁有健康。追求財富必須充滿熱情，失去健康則會削弱這種熱情，如果一個成功的人希望維持成功，卻忽略健康的重要性，遲早會吃上苦頭。

巴納姆也曾是一天抽十到十五根菸的人，現在則將「骯髒的菸草」拒之於門外。它會影響抽菸者的味蕾，無法感受到日常生活中簡單的味道，例如甜美的水果，他們只想著把下一團東西塞進嘴裡，或者抽下一根菸。除了抽菸，巴納姆的第二個門外客就是酒精：「要賺錢，就要有清晰的頭腦。如果腦袋一團混亂，判斷力被醉人的酒精扭曲，就不可能有成功的事業。當一個人忙於和朋友對飲、『應酬』時，有許多絕佳的機會就在眼前流逝，且永不回頭。」

想想這句話：「酒能使人褻慢。」巴納姆說一開始酒精會奉承飲酒者，讓他們覺得自己無所不能，再耗盡他們的活力。除此之外，飲酒者大把大把的時間將被浪費掉，那些寶貴的時間原本可以用來學習或開發真正的機會。

選擇對的事業

巴納姆一開始就說，像美國這樣的國家，「土地比人還多」，只要可以妥善運用自己的長處，任何人都能賺到錢，優秀的人可以在任何領域佔有一席之地，但必須確定自己選擇**對**的事業。

巴納姆的時代重視人必須選擇喜愛的事業，巴納姆更進一步地說，選擇與你「志趣相投」的職業是年輕人最穩妥的成功之路。我們生來就有某些目的，他認為人與人之間最大的差異，就是每個人都是為某些目的而打造，唯有你能達成的目標，而非他人：

「人必須依循自己本性選擇職業，最好與他獨有的天分相符，否則難以成功。我相信大多數的人都找到適合自己的職業，儘管我們仍會看到有些人搞錯自己的天賦，原是天生的鐵匠，卻成為一名牧師。例如說，你會看到原本該成為語言教師的人，卻成為一名非凡的語言學家、『博學的鐵匠』；或者發現一些律師、醫生、牧師，其實更適合去鍛鐵或磨石。」

……對的位置

比起當時的陳腐勸誡：「做你喜歡的事。」巴納姆看得更遠一點，更踏實的祕訣在於你的工作地點：

「你可以像時鐘一樣穩定地管理一間旅館，每天為五百名旅客提供讓人滿意的服務；然而，如果你的旅館座落在一個小村莊，沒有鐵路交會，也沒有公共運輸，這個地方就是你的失敗之地。」

他提到一個在倫敦經營怪奇博物館的人，這位男士將他的工作做得很好，卻沒有吸引多少客人上門。巴納姆建議他到美國發展，他的展覽必會引來許多狂熱的顧客，男士照做了，起初他在巴納姆的紐約博物館工作兩年，後來創建了自己的「巡迴演出事業」。巴納姆說，過幾年這位男士變得非常有錢，「只因為他選對了職業和適當的地點」。

堅持到底，鑽研不休

有太多人分散了自己的精力，巴納姆說：「只要持續敲打這支釘子，最終就能將它打得更深。」專注於一件事時，很快就能發現精進的方式，讓它變得更有價值。但如果有太多事分散注意力，許多機會就會從人們身邊流逝，因為他們將自己投得太廣，而非專精於某一件事。

巴納姆斷言，沒有人能在不了解事業領域的情況下成功。他對十九世紀的人所做的反思，可以運用在任何時代、任何地點：

「以國家而言，美國人實在太不踏實了。他們致力於快速取得財富，卻不完整且全面地做好自己應做的事。只要有一個人的本性良善且正直，就能在眾人中脫穎而出，而且一定會得到許多支持，財富也會隨之而來。」

「保持謹慎也勇於冒險」

羅斯柴爾德（Rothschild）家族銀行創始成員曾說過的名言，乍看之下很矛盾，意思其實很簡單。制定計劃時必須保持謹慎，但制定後必須勇往直前，堅持到底。

記取教訓

給你或借你一筆錢來創業或許很容易，但巴納姆說：「透過經驗才能瞭解錢的價值，否則它什麼都不是。」美國富商約翰．雅各．阿斯特四世（John Jacob Astor）曾說，對他來說賺到人生第一筆一千元美金，遠比後續數百萬美金的積蓄困難許多，但是籌措第一筆資金時學到的自制、勤奮、毅力、耐性，都是無價的經驗。巴納姆的時代中，大多數成功的商人都是白手起家，時至今日也是如此。不要依靠或等待他人的資金，尤其是遺產。如果有什麼事會阻撓你的發展，那就是「得之過易的金錢」了。

好東西必得向大家分享

你可能以為當年最風光的表演家會建議你推銷自己的產品，但他說的只是常識：

「你有一項商品，你知道客人們會很滿意它，試用後他們會覺得這錢花得值得，接著讓他們知道這是你的商品，謹慎地為你的商品打廣告，如果有人正販售這麼好的商品，卻沒有人知道，顯然不會有任何報酬。」

避開不幸

巴納姆提到羅斯柴爾德家族的格言：「不要和不幸的人或地方有所瓜葛。」人之所以不幸必有原因，即使他們為人誠信或充滿智慧；或許不是很明顯，但一定有一些缺點，是他們無法成功的原因。

懂得讀報

巴納姆說，不看報紙的人「與世隔絕」。在巴納姆的時代，每天日新月異的科技發展，不斷地改變產業，要在任何領域取得成功，你必須知道發生了什麼事。

總評

儘管巴納姆提出的例子都是典型十九世紀的美國樣貌，其中也有許多對當時富者、名人的讚美，但在現代渴望運用天賦、抓住難得機運的人看來，《賺錢的藝術》仍是一本特別重要的著作。

有些觀點可能過於淺顯，但一再提醒也不為過，特別是個人美德就是財富基礎這件事，沒有好的誠信或聲譽，財富也可能在一夜之間消逝殆盡；有了這些，企業或服務體系才能為與之相關的人創造繁盛。巴納姆的一生看盡了「奮鬥與勝利」，但他從未真正說過那句據傳出自巴納姆的名言：「每一分鐘都有一個傻瓜誕生。」（其實是一個競爭者）。如果這真是他的為人，根據他所說的原則，巴納姆不會如此富有且有所成就。而這本書中提到羅斯柴爾德家族兩次也不意外，因為他們並不是靠著家族優勢才如此富有，而是誠信。

《賺錢的藝術》篇幅不長，因為這是巴納姆經常在巡迴中的演說稿，可以在公開平台上找到。

費尼爾司・泰勒・巴納姆

費尼爾司・泰勒・巴納姆於一八一〇年出生於美國康乃狄克州貝賽爾，他是五個小孩中的老大。父親經營一間旅館及商店，巴納姆很早就展現出他的商業頭腦，十二歲時就在彩券業有亮眼的銷售成績。十五歲時父親過世，後幾年他不得不涉足各種產業，早期還開辦了《自由先鋒報》（*Herald of Freedom*），該報社曾有數件誹謗訴訟。

一八三四年巴納姆搬到紐約，他發現自己在「娛樂產業」的天賦，開創了一項熱門表驗，主角就是曾為黑奴的喬伊絲・海瑟（Joice Heth），巴納姆稱她已有一百六十一歲，並曾是美國總統喬治・華盛頓（George Washington）的保姆。一八四一年他買下一間博物館，將其改為巴納姆美國博物館（Barnum's American Museum），裡面有自然歷史展覽、紀念物和一些稀奇古怪的人事物，例如侏儒將軍拇指湯姆（General Tom Thumb）和斐濟美人魚（Feejee Mermaid），無數人在這裡得到快樂也拓展眼界。一八六五年博物館付之一炬，三年後又重建了新的博物館，但同樣被大火夷為平地。

巴納姆開始馬戲團事業時已經六十歲了，他創辦了「巴納姆偉大的巡演博物館、動物園、大蓬車與競技場」（也被稱為地球上最偉大的秀），佔地五英畝（約六千一百二十坪），在美國各處巡演。同時，也邀請了當時瑞典的歌劇明星珍妮·林德（Jenny Lind）到美國表演，一晚要價一千美金，但仍為巴納姆帶來巨大的收益。而後，巴納姆開始從政，一八六五年參選康乃狄克州立法委員，連續任職兩屆，卻於國會選舉失利。一八七五年成為康乃狄克州布里奇波特市（Bridgeport, Connecticut）市長，一八九一年逝世。

巴納姆的著作有一八五四年修訂版《P·T·巴納姆的一生：由本人所寫》（*The Life of P. T. Barnum: Written by Himself*）、一八六五年《全球大騙局一覽》（*The Humbugs of the World*）、《奮鬥與勝利》（*Struggles and Triumphs*）。巴納姆特意將自傳公開版權，到十九世紀末為止，他的自傳銷量僅次於《新約》。

1998

維珍旋風：品牌大師布蘭森自傳

Losing My Virginity

「你正在試著創造原創產物，在人群中脫穎而出，保持贏家地位，並有所貢獻。尤其，你想創造引以為傲的東西，而這一直是我的商業哲學。我可以很驕傲地說，我的商業目的從來就不只是賺錢。」

「我或許算是商人，創辦、經營公司是為了利益。但是當我開始預定計劃，憑空想出一個新的產品或公司，那時我就是一個理想主義者。」

總結一句

不要害怕與人不同。進入一個新的領域或產業，就要抱持帶來改變與提供新價值的目標。

同場加映

鄧肯．克拉克《阿里巴巴》（7章）
康拉德．希爾頓《賓至如歸》（14章）
霍華．舒茲《Starbucks咖啡王國傳奇》（37章）
艾胥黎．范思《鋼鐵人馬斯克》（48章）

02

理查・布蘭森

Richard Branson

每個人都知道的理查・布蘭森是以維珍集團品牌聞名的企業家，搭乘熱氣球橫渡大西洋的冒險家，女王授與爵位的慈善家。

多數人都是透過電視片段和報章雜誌認識布蘭森，但印象之外的真實樣貌，只能以一本好自傳來認識。之前已經有數以百計「我如何做到」的知名商人故事，而《維珍旋風：品牌大師布蘭森自傳》的好，足以讓它從中脫穎而出。這本書借鑒於布蘭森豐富經驗（他非常習慣且堅持寫筆記及日記，有近二十五年來的紀錄，也是這本書得以寫成的原因），以及他本人巧妙地避開自我膨脹的部分，如果你是積極有抱負的企業家，非常推薦你讀這本書。其中的重要訊息是：與他人不同不是障礙，商業要獲得成功，這幾乎是必要條件。

「你不是進監獄，就是成為百萬富翁」之一

布蘭森出生於一九五〇年，有非常快樂的童年，雙親對孩子們一視同仁，經常給他們各種挑戰，培養自立自強的能力。雖然

算得上中產階級，但家裡一直沒有大筆財富供運用，布蘭森的母親一直想辦法在自家的車庫做家庭代工賺取額外收入。

在私立學校斯托伊中學（Stowe School）就讀時，布蘭森看起來有點遲緩、懶散。其實他有閱讀障礙，八歲時仍無法閱讀，更別提學習數學及科學。離開學校後，校長對他說：「你不是進監獄，就是成為百萬富翁。」

布蘭森首次創業成功，是一本提供給學生讀者的國內雜誌，其中還有滾石樂團米克・傑格（Mick Jagger）及約翰・藍儂（John Lennon）的訪談內容。他說這並不賺錢，最多就是一個有趣的事業。確實，這個事業並不賺錢，靠朋友的幫助和微薄的廣告收入維持而已。

布蘭森的朋友們都非常喜歡音樂，他靈機一動，發展郵購便宜販售唱片，特別是那些商店街沒有存貨的唱片。郵購唱片事業蒸蒸日上，但一次郵政罷工，讓他發現這個事業的弱點，於是他開始尋找實體門市。

「你不是進監獄，就是成為百萬富翁」之二

第一間維京唱片門市於一九七一年開幕，成為年輕人的聚集地，也是第一個瞄準年輕市場的唱片公司，後來在英國各地都有許多人效仿。

維京唱片早期算不上一間正常的公司。生意確實在做，但沒有辦公室，他們都在地下室、教堂地窖、船屋裡辦公，有很多打零工的人幫他們做事，有一些只領了維珍標準薪資一週二十英鎊。布蘭森從來不曾遵守「不與朋友共事」的商業規則，創業最初十五年，維珍內部核心人物全是從小和他一起長大的朋友，雖然不可避免會產生矛盾，但這個例外的管理策略非常奏效。

自由戀愛及毒品氾濫的時代氛圍下，有些人不得不早早起床，擔憂著帳單與薪資，布蘭森則與周遭朋友不同，他不太放縱自己，更喜歡「享受美好時光，保持頭腦清醒」。光著腳與長髮嬉皮的表面下，布蘭森是一名想創造改變的商人。

雖然唱片事業逐漸茁壯，維珍卻一直虧損，布蘭森偶然發現一個解決方案，卻可能落實當時校長預言最壞的部分。他開始買唱片來批發，宣稱這些唱片都將銷往比利時，藉此避開英國國內龐大的營業稅。布蘭森分三次將這些唱片帶給英吉利海峽另一端的虛擬買家，實則在維珍實體商店中賣出，賺取可觀的利潤，而他的行為被海關人員發現了，為了避免牢獄之災，他必須支付三倍稅金（一九七一年的六萬英鎊是很大一筆錢）。龐大壓力之下，布蘭森還是從商店營收中努力湊出罰款，這段經歷讓他心力交瘁，下定決心不再碰任何違法的事。年僅二十一歲的布蘭森，成熟得很快。

開創光榮時代：音樂

布蘭森喜歡擁有唱片品牌的想法，維珍商店可以將自己的品牌推廣出去，他湊出一筆錢買下牛津郡（Oxfordshire）的一處老莊園，改造為錄音工作室。維珍唱片的第一個選擇非常特別，是一個名叫麥克・歐菲爾德（Mike Oldfield）的年輕人，他花數月時間錄製一張專輯，沒有人聲主唱，只有很多鐘和其他不常見的樂器。以搖滾音樂品牌為目標的維珍唱片來說，這個選擇非常不合理，但歐菲爾德的《管鐘》（*Tubular Bells*），卻成為一九七〇年代銷售量最好的專輯，為草創的維珍唱片創造不少資金。後來維珍唱片旗下還有搖滾樂隊性手槍（The Sex Pistols）、文化俱樂部（Culture Club）、樂手菲爾・柯林斯（Phil Collins）、人類聯盟合唱團（The Human League），吸引其他明星紛紛加盟，維珍成為八〇年代初期的主流音樂品牌。布蘭森的願望也得以達成，創辦了「垂直整合」的音樂公司，維珍商店中包括維珍影音商城（Virgin Megastores），推廣自家維珍音樂旗下的音樂品牌。

開創光榮時代：航空業

布蘭森一直專注於音樂產業，從未想過涉足航空業。當他收到提案，要創辦可以與英國航空（British Airways）媲美、橫跨大西洋的服務事業，布蘭森心動了。儘管他的顧問們提出更好的建議，他仍去電與西雅圖的波音公司協商，租借一台波音747一年，「只想試看看」這個提案的可行性。維珍航空（Virgin Atlantic）很快面世了，接下弗雷迪・萊克（Freddie Laker）的萊克航空（Laker Airways）志業，在此之前萊克航空已被英國航空擠出航空業。

維珍航空根本沒離開地面過。初次起飛就遇到一群鳥撞上沒有保護裝置的引擎，頓時損失六十萬英鎊。這造成公司巨大虧損，近乎破產，緊急召回維珍海外資金才得以度過難關。直至一九八四年至一九九〇年間，維珍航空規模仍然很小，飛機數量屈指可數。

波斯灣戰爭帶來的油價上漲是一大阻礙，二〇〇一年九一一事件導致乘客數下降是另一大阻礙。維珍航空還必須應付英國航空，不斷地使出低劣伎倆加以攻擊，他們將維珍航空視為必須除去的威脅，不擇手段。航空公司需要的現金越來越多，銀行家已經失去耐性，布蘭森面臨痛苦的抉擇：賣掉維珍音樂，保住維珍航空；或者放棄維珍航空，讓維珍集團的一部分拼圖流落在外，更別提數千人的生計。

又一次，布蘭森不顧家人、朋友的建議，決定賣掉維珍音樂，也是他和團隊二十年來的心血。這是非常心痛的決定，尤其在他剛簽下滾石樂團（The Rolling Stones），品牌聲勢正值顛峰。布蘭森失去「維珍旋風」，但這筆五・六億英鎊的交易，相當於十億美元入袋，可以自由地規劃維珍集團的未來，不用再理會老是在他身後狂吠的銀行家。布蘭森說，此次交易中佔的份額讓他獲得「超乎想像」的巨額財富。

布蘭森風格

布蘭森說，不管人們會跟你說什麼，沒有所謂成功事業的「祕訣」，可以應用在任何領域中。但是布蘭森的商業風格，或許有益於等著大展抱負的企業家。

在這整本書中，布蘭森給人的感覺並不是特別聰明。但正好相反，他成功的原因可以總結為以下幾點：

- 大膽思考，勇於冒險：「我的生活樂趣來自為自己設定很大、顯然無法達成的挑戰，再試著超越它們。」
- 不要因不確定性壓力太大
- 試著證明別人是錯的
- 抱持簡單信念：「我做得到。」

布蘭森對於踏進新市場、新產業的主要標準是好不好玩，在枯燥單調的市場中，尚有可改變、帶來新氣象的空間。不幸的是，這通常意味著必須成為對抗大鯨魚的小蝦米。

與英國航空對抗時，有很多維珍航空即將倒閉的謠言，一度積欠銀行五千五百萬英鎊，布蘭森必須費盡所有心力維持營運，他提起那段經歷：「有時候我覺得自己窮盡一生在說服銀行家延長還款時間。」維珍集團一直將利潤再投資於自己的企業，不像其他企業有足夠的現金緩衝，所以總是在資金耗盡的風險中。從交易紀錄中可以發現，布蘭森彷彿一直讓公司暴露於危機裡，直到九〇年代中期，維珍集團才可以稍稍喘口氣。

布蘭森反思這段危難時刻，為身處經濟壓力的企業家提出建言：「不管眼前的事情有多壓迫，仍然必須將未來的藍圖放在心裡最重要的位置。」只要他發現自己走入瓶頸，而他的顧問建議他退一步、不要冒險時，他真的會冒險孤注一擲。

其他觀點：

- 面對人事及新商業計劃時，他通常會在三十秒內作出決定。儘管是好的商業計劃，他最終還是會憑直覺行事。
- 他不是思緒很快或善於演說的人，布蘭森承認自己必須思考一段時間，才能妥善地回答一個問題：「我希望人們會相信一個遲來、留有餘地的答覆，而非立即、油腔滑調的答案。」
- 他討厭評斷員工，職業生涯最低點必須遣散員工時，他總是讓別人為他做這件事。
- 他承認他獲得的成功很多並非源於自己的想法（甚至「維珍」這個名字也不是他想的）。儘管看起來像是一人獨大的企業，就像很多大型企業一樣，其實仰賴可靠的經理人及顧問，才打造出維珍王國。

- 維珍沒有氣派的企業總部，但在英國及美國各地都有置產供員工住宿。布蘭森沒有錯失兩個孩子的成長階段，因為他幾乎都在家工作。他和妻子瓊安（Joan）住在倫敦的船屋上，直到他們三十多歲時才搬離。

總評

書中有很大篇幅寫布蘭森的各項破世界紀錄的創舉，包括熱氣球、水下飛行器等。當他已然成為擁有財富、成功、美滿家庭——擁有一切的人，為什麼仍然迫使自己去冒險（甚至幾次瀕臨死亡邊緣）？他的答案很簡單，這些冒險會為他的存在增加不同面向，讓他覺得自己仍活著。

一個有趣的部分是四十歲時他開始深刻自省，難道一生就要耗費在開創、經營企業嗎？真的沒有別的了？有一陣子他想賣掉所有資產，回到大學修讀歷史。而現在，他將工作之外的大多數時間投入慈善事業，包括氣候變遷、愛滋病、非洲野生動物、青年創業家等。

然而正是他的企業為人們的生活帶來很大改變，持續尋求向大眾傳遞新價值的方法，例如廉價航空、行動電信、門檻較低的信用卡。維珍銀河（Virgin Galactic）可能成為第一個提供商業服務，將乘客帶往太空的企業。這項事業非常符合布蘭森的商業標準，只經營有趣、刺激的領域，同時創造財富。

1899

財富的福音

The Gospel of Wealth

「因此，這就是富人的責任：首先是樹立典範，謙遜且樸實地生活，不炫耀不自大；在法律上與其相關的人，適度地滿足他們的需求；除卻以上兩點的剩餘收入都只是一種信託基金，富人只是被要求成為這筆財富的管理者。在他看來，這種思維是最能為社會創造最大效益的方式。比起他們自己可能採取的方式，這是更好的選擇。」

「死時富有，就是死得可恥。」

總結一句

創造財富的人，更有責任以各種方式豐富他人的生命。

同場加映

費尼爾司・泰勒・巴納姆《賺錢的藝術》(1章)

羅恩・切爾諾《洛克斐勒—美國第一個億萬富豪》(5章)

03

安德魯·卡內基

Andrew Carnegie

這可能是一個令人稱羨的難題，儘管如此它依舊是個難題：如果你極其有錢，將死之時你會用全部財產做些什麼？

一九〇一年，安德魯·卡內基將龐大的鋼鐵事業股份賣給金融家約翰·皮爾龐特·摩根（John Pierpont Morgan），個人收入超過二·二五億美元，他成為當時最有錢的人。父親是貧窮的蘇格蘭織布工人，卡內基可說是經典美國移民的成功案例，除了絕佳的判斷力和行動力，他認為自己只是在對的時間出現在對的地點罷了。

卡內基家族曾定居匹茲堡（Pittsburgh），後來匹茲堡成為美國工業革命的搖籃，而這名年輕人就在國家新興的電信及鐵路工業中謀取一職。後來作為產業的領導者，因為堅持工資低、工時長的策略遭受猛烈批評（知名的一八九二年霍姆斯特德罷工事件，他的廠區有十名工人死亡）。此後他仍堅持「公眾利益」的歐洲思維，餘生致力於思考如何讓他捐出去的錢達到最大效益。

卡內基的祖父曾在家鄉蘇格蘭鄧福姆林（Dunfermline）創建第一間借閱圖書館，當時那裡並沒有公共圖書館。卡內基家族的家境並不富裕，但對書籍知識的熱愛及尊重，對少年卡內基造成深遠影響。對於長大且富有的卡內基，圖書館就是他慷慨解囊、持續捐出鉅款的對象。

一八六八年某一個晚上，卡內基落腳於紐約聖尼古拉斯飯店（St Nicholas Hotel），他寫下一則備忘錄給自己，並訂下目標：「三十三歲，每年至少有五萬美金收入！」他妥善管理自己的事業，每年都能有穩定收入，多餘收入則用在「慈善用途」。他也制定更具哲學性的目標，希望三十五歲時退休，將餘生奉獻給閱讀及學習。卡內基並沒有真的在三十五歲時退休，但從這些目標中，不難發現他心中深埋的慈善種子。從閱讀及學習中獲得的知識，體現真正的價值；好的生活就是能真正開闊心胸的生活，單純擁有金錢沒有任何用處。

儘管不像班傑明．富蘭克林（Benjamin Franklin）受過很好的教育，卡內基知道「領導者都是閱讀者」，深厚的知識及良好的思想才能創造財富。他首次捐助的圖書館開工時，他受邀將個人紋章[1]置於圖書館入口處，但卡內基並沒有紋章，於是他要了一塊小牌匾，上面刻畫著太陽及太陽光芒，寫著：「要有光。」

《財富的福音》起初只是《北美評論》（*North American Review*）中的一則文章，正式出版後在英國

1 起於中世紀騎士，盛行於歐洲，用以辨識身分，紋章上可能有圖飾、座右銘等等。傳統用法是家族、宗教、團體傳承，也有個人使用的專屬紋章。

大受歡迎，因為前首相威廉・格萊斯頓（William Gladstone）在《包茂大道公報》（*Pall Mall Gazette*）中協助促成這本書出版，才讓此書迅速在大西洋另一端廣為人知。儘管只有短短幾千字，直至今日，影響力仍遠遠超過字數限制。

自由、不平等、財富

卡內基一開始就指出現代社會中巨大的財富差異。他表達了所處時代的普遍觀點，認為這種不平等是世界自然運行的方式，以「適者生存」及能力提升角度看來，這是不證自明的原則。然而他也承認，運氣在人的命運中扮演重要角色，但自由社會中，能力及野心會將人推向成功，尤其是當他人落後時。所有財富都來自健康的個體，以及創造、執行的自由。在自由國家中，我們都有權利成為百萬富翁，也有權利擺脫貧困。

根據卡內基的想法，這些都是與生俱來的。但是在資本主義秩序面前，最大的問題是：如果這個秩序導致大筆財富聚集於少數人手中，該如何處理這些人手中額外的財富？即使有些人「天生幸運」，但是不管他們以企業模式創造出什麼，沒有公眾的支持也無法有所成就。因此他認為，巨額的財富最終仍屬於社會，是社會創造出財富。

如何運用財富

卡內基指出一個顯而易見的事實，就是「你帶不走財富」，他提出這些方式，讓富人能好好運用這些錢財。他們可以：

- 留給家人
- 死後捐出財產給公眾
- 在世時分配並分發出手邊的財產

他提出問題，把所有錢留給家人的問題在哪？歷史告訴我們，留下巨額財產給遺族，有時不是恩惠而是負擔。雖然有些繼承者證明了他們是家族資產的模範管理者，但沒有努力工作的動力，大多數繼承者會過著平庸的一生，更有人被遺產毀了一生。卡內基說，當然富人會希望為妻子、女兒提供良好的生活條件，但他們應該謹慎地考慮為兒子留下更豐厚的財富。

他說，根據一般原則，考慮孩子的福祉而傳承下來的，不會是看得見的財富，真正傳承給孩子的是家族驕傲，但你死後的引以為傲又有什麼用呢？他認為，最好的辦法是在世時好好分配財產，並善用你創造財富的想像力及努力來做這件事。這意味著必須與典型慈善家有所不同，不僅僅是將錢捐給慈善團體，而是透過自己的努力，確保這些捐款都能發揮最大的社會效益。

花在哪裡

根據卡內基的說法，直接把錢給一無所有的人是一種浪費，因為可能會變成「揮霍」或「毫無節制」的浪費。他嚴厲地說，「布施無法讓個人或種族有所改善」，資源只能流向能自助的人，或是政府缺乏資金來發展有利於大眾的公共計劃。

另一篇相關的文章中，他列出值得企業捐助的項目，包括大學、圖書館、公園、博物館、藝廊、醫院、展演廳、游泳池、教堂。卡內基認為，財富「通過少數人的手，可以更有潛力地提升整個族群，比起讓財富守在少數人身上更有力量」。不能相信人可以憑自己的力量，好好地運用錢財，必須告訴他們可以發揮的機構，或需要幫助的地方，他們就會把錢用在好地方。卡內基最為人所知的捐助標的就是公共圖書館（將近五千座圖書館，遍布世界各地），也捐助致力於世界和平的機構（他曾竭力阻止第一次世界大戰）。

紐約市已經得到阿斯特（Astor）圖書館及萊諾克斯（Lenox）圖書館捐助，一同協辦知名的紐約公共圖書館（後續還有前紐約州州長塞繆爾．第爾登的捐助）。卡內基向以此方式幫助社會的慈善家致敬，如第爾登、發明家彼得．庫柏（Peter Cooper）、慈善家查爾斯．普瑞特（Charles Pratt）、前加州州長阿馬薩・利蘭・史丹佛（Amasa Leland Stanford，也是史丹佛大學的創辦人），以及荷蘭范德堡家族（Vanderbilt family），他們在經濟狀況仍處鼎盛時期，以自己的名字命名大學。

總評

富人總是想找到打破《聖經》那句話的方法：「駱駝穿過針的眼，比財主進神的國還容易呢。」卡內基說，不用懷疑這句話，挖苦地說：「這是富人的重大難關。」卡內基相信這本《財富的福音》表達了耶穌之言完整的旨趣，人死時富有，就是死得可恥。

有些人理解卡內基的做法——聰明地將巨額財富分配出去，可以做更多更有益於社會的事，遠比數百萬「微不足道的金額」更有用。他相信，涉及整體人類進步時，個體其實非常渺小，包括他自己。

微軟王國創辦者比爾・蓋茲（Bill Gates）及企業家華倫・巴菲特（Warren Buffett），當年最有錢的兩個人，都受到《財富的福音》的影響，都將財產投入比爾與美琳達・蓋茲基金會（Bill and Melinda Gates foundation），至今仍是美國史上最大筆的捐款金額，每年都會分配數十億美元給需要的單位，大多數是健康醫療或教育用途。查克・費尼（Chuck Feeney），這名成立大西洋慈善事業（Atlantic Philanthropies）的免稅億萬富翁，同樣是受到這本書的啟發。

慷慨捐贈這部分，卡內基設下了最符合現代需求的標準，數百萬人受惠於他捐贈的圖書館及其他資源，也是他留下的偉大傳奇。

安德魯・卡內基

安德魯・卡內基一八三五年出生於蘇格蘭（Scotland），在鄧弗姆林（Dunfermline）的一個大家庭中度過了愉快的童年，少年時期舉家搬到美國。十三歲時有了第一份工作，在一間紡織廠，後來也做過電報員和鐵路公司職員。他在賓夕法尼亞鐵路公司（Pennsylvania Railroad Company）晉升得很快，後來在匹茲堡成為一名鋼鐵製造商。

美國南北戰爭爆發後，他被要求承攬美國政府鐵路及電信業務，以共和黨員的身分以及反對奴隸制立場，讓他取得這份工作機會。

放下鋼鐵商工作後，卡內基在他鍾愛的蘇格蘭斯蓋波城堡（Skibo castle）享受退休生活。一九一九年逝世於麻州萊諾克斯（Lenox, Massachusetts），與企業家亨利・克萊・弗里克（Henry Clay Frick）、亨利・約翰・亨氏（Henry John Heinz）、威廉・伍爾沃斯（William Woolworth）同年逝世。卡內基的捐款主要著重於建立公共圖書館，遍布美國及英國各地，對大學院校來說無疑是一份大禮，也創立了卡內基國際和平基金會（Carnegie Endowment for International Peace）。

卡內基筆觸敏銳，著作有一八八六年《勝利的民主》（*Triumphant Democracy*）、一八八四年《*Round the World*》、一九〇二年《*The Empire of Business*》、一九〇五年《*James Watt*》、一九〇七年《*Problems of Today*》。也是卡內基激發了新聞工作者拿破崙・希爾（Napoleon Hill）去研究美國成功的企業家，才有了後來一九二八年出版的《拿破崙・希爾成功法則》（*Law of Success*）及一九三七年《思考致富》（*Think and Grow Rich*）。

1977

看得見的手：美國企業的管理革命

The Visible Hand

「歷史學家和經濟學家都未能考慮到現代大型企業崛起的涵義，儘管他們研究了開創當代大型企業的企業家，但大多以道德角度切入，而不是分析角度，他們更關心的是企業家們究竟是開發者（強盜貴族）還是開創者（工業政治家）。歷史學家也對金融家很感興趣，他們可以在短短的時間內，將資金分配給運輸系統及通訊系統。而工業企業家似乎掌握了經濟體的重要部門，但他們絲毫沒有注意管理者是誰，因為他們實踐了新的基礎經濟職責，在美國經濟運作中，持續扮演遠比強盜貴族、工業政治家、金融家更核心的角色。」

總結一句

我們的文明受管理的程度與資本主義一致。

同場加映

羅恩・切爾諾《洛克斐勒—美國第一個億萬富豪》（5章）
艾弗雷德・史隆《我在通用的日子》（41章）
弗雷德里克・溫斯洛・泰勒《科學管理原理》（44章）

04

阿爾弗雷德・錢德勒
Alfred Chandler

阿爾弗雷德・錢德勒憑藉《看得見的手：美國企業的管理革命》一書，於一九七八年贏得普立茲歷史獎，書中描述美國商業界由數百萬個小型、家族經營的小公司，轉變為大企業時代。任何一位經濟歷史學家都可能做過類似研究，但他的初始設定是現代企業「在整合經濟活動及分配資源方面」**取代**了市場位置。換句話說，如錢德勒的名言，管理上的**有形**之手取代了亞當・斯密（Adam Smith）所說的市場機制的**無形**之手。

當然，市場產出了商品及服務的需求，但供應源頭逐漸成為現代官僚結構的企業場域，不僅控制現有的生產與分配，也規劃並塑造商品及服務的未來供給。因此，「管理資本主義」的時代來臨，由專業經理人帶領大型企業，成為美國政治經濟及所有已開發經濟體的典型特色。

商業型態改變

錢德勒將現代企業定義為「許多不同營運單位」，並且「由受薪階級的高階主管管理」，每個單位或部門在這套論述中，其自身被當作企業經營。這與傳統的商店、工廠、銀行截然不同，以往的典型是座落於某一固定地點，提供單一個商品或服務，由家族或老闆經營。而如今，所有管理者都被視為企業老闆，中階管理者及高階主管在沒有所有權股份的情況下崛起，負責組織、管理數千名員工。在以前，如果銀行經理要搬到另一州去，他就必須在另一間銀行找工作，而現在他只需申請調轉工作地點，仍在同一間銀行工作。

小型、家族式經營的企業一直以時價及市場風向調整生產或開發項目，使得小型企業完全暴露於風險之中。反之，新的大型、專人管理式企業為了迎合跨區域、甚至全國的市場需求，因為市場份額夠大，在特定產品或服務上佔有主導地位，很少受到市場力量支配，大規模意味著可以內化且整合小企業必須在市場上執行的作業。

值得注意的是轉變發生的速度。就在上個世紀，一八二〇年至一九四〇年間，美國整體經濟從農業經濟轉為工業、城市經濟，經濟樣貌完全改變。經濟學家花了很長時間才能習慣這個改變，原本的經濟學基礎奠基於小型企業掌管的生產及分配，而大型企業在地理上相當分散，如杜邦（Du Pont）、通用汽車（General Motors）、西爾斯（Sears）、羅巴克（Roebuck）[1]，公司內部卻可以執行各種作業，讓人疑惑經濟究竟如何運作。確實，大型管理式企業崛起時，經濟學者瞧不起它們，認為這只是渴望

1 現已與西爾斯合併為西爾斯羅巴克公司（Sears Roebuck），曾是美國最大的私人零售企業。

壟斷力量的反常現象。在他們眼裡，這極具爭議，大型公司顛覆了競爭的神聖力量及市場看不見的手，違背資源有效配置。同時，歷史學者也對這些大型企業不感興趣，他們寧願專注於個人，評斷他們是「強盜貴族或工業政治家，也就是壞人或好人的區別」。錢德勒說，經濟學者與歷史學者都疏忽席捲當代政治經濟的重大改變：管理已然興起。

管理革命

錢德勒說，現代企業成功並廣為流傳的原因之一，是它的管理結構鼓勵人們長壽。反之，傳統企業經常因老闆去世而面臨危機，但新的大型企業並不仰賴於個人，「人來來去去，但企業及辦公室會一如往常地運作」，經理們樂意做出正確、長遠的決策，因為他們的生涯全仰賴公司成功與否。錢德勒說，經理們**比**老闆們（他們只想要穩定的公司分紅維持生活所需）更可能玩長線，喜歡長遠發展更勝短期利益。

大型管理式企業和傳統企業更重要的差異是，每個職位都根據個人的才能和經驗安排，而非家族關係或投入資金決定。錢德勒說，一次世界大戰前，杜邦家族仍以老闆身分管理企業，但之後就由專業經理人管理企業，杜邦家族人員除非由頂尖的工程學院畢業，或已有多年經驗，獲經理人許可才能留在公司繼續工作。

對企業來說，投資經理人相當值得，正因如此才能提升管理品質，小型家族式企業的接班人可能無法達到同等於大企業的管理訓練及經驗。管理學院興起，管理成為一門專業，標準被提升了，現代管理式企業立基於資源的系統分配，快速地淘汰了由一位睿智的家族成員、或由一位貪婪金融家主導的企業。

這個改變為什麼在美國發生

英國的工業革命雖然影響了整個世界，其實工業層面更勝管理層面，錢德勒說。企業創立經常仰賴大型銀行，指定有能力的監察員及組長運作事務，但一八二〇年至一九四〇年間崛起的美國管理階層並沒有發展到同等水平。為什麼美國成為管理資本主義的發源地，錢德勒認為純粹因為當地市場的規模及性質。早在一九〇〇年，美國市場已是英國市場規模的兩倍，一九二〇年更是到了三倍之大，不僅如此，美國市場成長速度更快於歐洲主要國家，美國市場的同質性更高（國民收入也比歐洲平均，社會階級較不明顯）。最後一點，美國的社會及政治本質更新穎，做生意的方式並不死板，技術革新，生產、分配、行銷、管理的新做法也迅速地被採用。

增加各方面協調程度，意味著成本降低、生產力增加，比起傳統的經營方式，利潤也變得更好。很大比例的成本降低源自頻繁的公司內部交流，對製造商而言，一群固定的受薪勞工可以省下在市場上招募及解雇的成本，而內部分工，如銷售、行銷及經銷則減少了獲取市場資訊的成本，供應商的所有權消除了生產上的不確定性。更大程度的投入及生產整合，意味著更密集地使用工廠、設備及勞工。

美國商業界轉變的關鍵因素是創新技術，單一商品的產量變得更大，而這些商品的市場則持續擴大。錢德勒說，新技術及新市場出現，就**必須**有新的企業模式，而美國人口快速成長及擴散，就必須提升產能，跨區域的商品、服務經銷也必須管理協調。平均收入增加意味著人們可以負擔起新的大型生產、標準化商品，包括織品、衣服、鞋子、馬具、雜貨、甜點、菸草、家具、藥品、珠寶、餐具。生產及經濟規模可以為大型工業企業帶來利潤，而大多數利潤又被投入新的產線及產能之中，人口增長及薪水增加的良性循環因而增加，同時消費型商品價格也會降低。這些趨勢強化了大型工業的主導地位。

或許，市場擴展最大的好處是整合，畢竟與僅僅一州的鐵路來說，要運作一個地區或跨區域的鐵路網，幫助人們及貨物可以長距離移動、運輸，就必須要有規模更大的管理整合。如果經營不善，就會蒙受巨大損失。

從標準石油（Standard Oil）到福特（Ford），這些工業龍頭建立自己的銷售及分配網路，並從原物料源頭到提供消費者的銷售據點，成功地整合了一整套生產流程。所以，管理一個國家的電信系統，整合也相當必要。當電信設備開始逐漸取代電話，就必須有管理系統可以接管新的電信網路。在經銷及行銷上，小型抽佣制商家將被大型批發商、商品經銷商、大型零售商取代。儘管每個州都有立法保護這些小型商家，但連鎖商店及百貨公司仍日進斗金，讓一些家族成為家喻戶曉的名門，如沃納梅克（Wanamaker，沃納梅克百貨）、克瑞吉斯（Kresge，後來的K-Mart）、史都華（Straus，梅西百貨創辦人之一）、沃爾沃斯（Woolworth，沃爾沃斯百貨）。因為成為大型企業，大型零售商也成為自己的批發商，和供應商直接取得貨源。以財務面來說，規模也有價值，透過擴大分支及展店，銀行可以讓負責運作的管理核心更有彈性地運用資金。

與傳統企業完全不同，新的大型企業在鐵路、蒸汽工業、電信、能源、零售等方面，本質具有擴張性，證明了集中政策發展的良好融合，同時也讓各區域辦公室能騰出手來回應地方需求。企業的規模越大，就會變得越有生產力、越有利潤，保障負責管理的中高階層經理人。

經理人規範

隨著企業成長，如何維持企業規模，如何面對競爭不放棄市場份額，也成為企業自身的壓力。當管理階層將焦點轉向防禦手段，不難理解對消費者及國家來說，可能不會是最好的結果。以十九世紀私營鐵路的混亂狀態為例，旅客必須持有多種不同票券、轉乘換線等等，而標準石油為公眾帶來福利，統一照明及運輸的燃料，注入龐大能量及金錢，確保沒有其他競爭者能與之競爭。

錢德勒說，許多人及政府反對大型企業，認為這違反了美國人人機會平等的自由價值，特別是小型經營者、工廠老闆或農家的創業精神。而新興的高級管理階層，在現代社會中似乎有很大的權力，他們只對老闆及股東負責，不須對公眾或政治家交代，大眾的憤怒終導致法律框架的抵制。然而，強烈反彈並沒有用處，無法抵擋美國及全世界大型企業及管理階層的崛起，人口成長及商品、服務需求增長，讓「管理技術」與技術本身同等重要。

相對富裕的美國國內市場讓發展大規模生產技術成為必要。而相對小型市場，如歐洲及日本，零售、批發、生產、管理的傳統結構並沒有這麼快面臨轉型，即使家族企業聯合起來保護市場或供應鏈，其結構更像聯邦，而非中央管理，不需要專業經理人。儘管他們聘用了經理人，家族及他們的財務長還是大權在握。

二次世界大戰後，市場成長，社會繁榮，歐洲、日本、美國間的差距逐間縮小。每個希望經濟成長的國家，都默默將管理資本主義視為基礎，錢德勒說：「專業管理相關機構逐漸出現，如協會、期刊、培訓學校、顧問等。」

總評

錢德勒提醒我們，現代大型企業崛起的故事中，還有一個重要因素，就是強而有力的政府。經濟大蕭條及二次大戰的震盪，以及凱因斯經濟學[2]的思想革命後，人們希望政府透過國家支出及貨幣政策，維持就業率及穩定的經濟基礎。儘管私營機構手握權力，但無法有效管理需求，阻止另一場蕭條的責任便在於政府。而大規模生產、大規模分配的經濟體，需要相對大型政府維持穩定狀態。

這意味著我們的文化不是定義嚴格的資本主義，而是管理主義。就像亞當．斯密所說，價格和市場提供資源分配的重要訊息，但考量到如今龐大的消費族群，以及多樣的商品、服務，需要強大的整合力讓我們能吃好、穿好、住好、玩好，沒有大型企業及他們數以千計的管理人，很難想像如何滿足這些需求，他們在受管理的環境中採取行動，保護利益、強化契約約束力及知識產權，也是巨額投資在研究、設計、技術後得到的結果。正如經濟學家約瑟夫．熊彼特（Joseph Schumpeter）的觀察，經濟及社會越強大，這些事情就會變得更有規律、更具組織，而不再是單一企業家的職責。富裕的國家中，人們仍無法看清企業家及神祕的小型企業主，但窮困國家中，人們希望藉由專業管理及大型企業，帶來先進及效率。

2 凱因斯經濟學（Keynesian economics），主張國家應該採用擴張性經濟策略，以總需求增加促進經濟成長。

阿爾弗雷德・錢德勒

錢德勒出生於一九一八年美國德拉瓦州（Delaware）。就讀哈佛大學，一九五二年取得歷史系博士學位。曾任教於麻省理工學院（MIT）、約翰・霍普金斯大學（Johns Hopkins University）以及哈佛大學，一九七〇年開始在哈佛商學院任教。二〇〇七年逝世。

錢德勒寫了很多關於商業策略及商業史的著作，主題多與早期鐵路事業、化學及藥物產業、消費型電子及電腦產業相關。一九六二年錢德勒的經典著作《戰略與結構》（*Strategy and Structure*）中，曾提出企業結構必須跟隨戰略論述。錢德勒也有傳記著作，所寫人物有企業家皮埃爾・杜邦（Pierre du Pont），及金融分析公司標準普爾（Standard & Poor）的創始人之一，也是他的曾祖父亨利・瓦翁・波爾（Henry Varnum Poor）。他也協助編撰前總統狄奧多・羅斯福（Theodore Roosevelt）及德懷特・艾森豪（Dwight Eisenhower）的信件及文章。在斯隆基金會（Sloan Foundation）資助之下，《看得見的手：美國企業的管理革命》榮獲哥倫比亞大學（Columbia University）班克洛夫特獎（Bancroft Prize）及普立茲歷史獎。

錢德勒和杜邦家族並沒有血緣關係，但他的中間名卻是杜邦，因為曾祖母的雙親去世後，杜邦家族將她扶養成人。而錢德勒的曾祖父是一名工程師，曾幫助杜邦化學公司轉型為杜邦企業。

1998

洛克斐勒—美國第一個億萬富豪

Titan: The Life of John D. Rockefekker Sr.

「一如往常，人群越喧鬧，洛克斐勒越是冷靜，同事們倉皇失措的時候，一種奇異的冷靜籠罩著他。跟所有革命家一樣，他視自己為具有崇高理想的工具，被賦予遠大的信念。他知道他的行為一開始會被短視的人們抵制及誤解，但他認為他信念的力量及真理，最終會贏得勝利。」

「約翰・戴維森・洛克斐勒的某些天性註定會在美國發揮出來，並且益於世界。他沉默寡言、始終如一，不受世俗的虛榮束縛、不好享樂、不喜與人爭論。他近乎冷酷的執著與無情，雖然被認為是一種恐怖，但整體來說，也是一種向前的力量，有所助益的力量。」

——英國知名小說家、新聞工作者赫伯特・喬治・威爾斯（H. G. Wells）

總結一句

帶給消費者高品質、低價格的壟斷力量，才能為社會提供最大利益。

同場加映

安德魯・卡內基《財富的福音》（3章）
阿爾弗雷德・錢德勒《看得見的手》（4章）
華特・艾薩克森《賈伯斯傳》（16章）
彼得・提爾《從0到1》（45章）
艾胥黎・范思《鋼鐵人馬斯克》（48章）

05

羅恩・切爾諾

Ron Chernow

當編輯建議他寫一本約翰・戴維森・洛克斐勒（John D. Rockefeller）的傳記，羅恩・切爾諾並不感興趣。以往的傳記都敘述這位富豪，「說好聽是一個天生的機器人，說難聽就是一個邪惡的機器」，切爾諾並不想花數年時間研究一個人真正的本質，儘管他擁有這麼多財富，但他的本質依舊是個乏味的人。

但是有一天，在紐約的洛克斐勒檔案室中，切爾諾發現一系列未公開的採訪紀錄，那是另一面迷人的洛克斐勒，他的人生「因為少言、神祕、低調而被放在一個特殊的層次」，於是切爾諾答應開始動筆這本一九五〇年後第一本長篇傳記，他希望擺脫洛克斐勒晚年那種和藹、風趣的祖父形象，讓大家認識年輕時貪婪專制的洛克斐勒。切爾諾寫道，「那個貪婪且狡詐的景象，即使是蓬勃發展的美國鍍金時代，最偏激的學生也會歎為觀止。」那就是以往的洛克斐勒傳記中會出現的形象。

然而，切爾諾並不想惡意誹謗，像激進派記者艾達・塔貝爾（Ida Tarbell）或亨利・勞埃德（Henry Lloyd）對標準石油公司研究後所著的《財富與國民的對立》（*Wealth Against Commonwealth*）。切爾諾說，洛克斐勒最突出、也是他如此有趣的特點是「他有多好，就有多壞」。遭受嚴重誹謗中傷時，他開始將重心轉移至慈善事業上，將史上最大筆財產用來造福人類。

運氣與判斷力

約翰・戴維森・洛克斐勒出生的時間點非常幸運，一八三九年，他與一八三五年出生的安德魯・卡內基、一八三六年出生的金融家傑・古爾德（Jay Gould）、一八三七年出生的金融家約翰・皮爾龐特・摩根（J. Pierpont Morgan）同時期，在美國後內戰時期、工業蓬勃發展時成年，似乎是一段充滿無限可能性的時光。洛克斐勒出生在一個浸信會家庭，後來在紐約參加福音派教會，他的父親威廉，一名極具魅力的企業家，在洛克斐勒童年及少年時期，威廉曾強迫全家數次搬遷。威廉經常不在家，洛克斐勒則成為家中支柱，與母親艾莉莎相依為命，早早扛起照顧家庭的責任，最後威廉搬到妹妹所住的俄亥俄州克里夫蘭（Cleveland, Ohio）附近，同時與一名女子外遇，後來兩人結婚。切爾諾描述威廉是一名「重婚且誇大不實的商人」，在美國各地販賣專利藥品，洛克斐勒一生不遺餘力地掩飾他父親騙人的詭計，然而，充滿油田的俄亥俄州，卻成為成年洛克斐勒的幸運之地。

儘管他的成績並不算頂尖，但洛克斐勒的數字頭腦卻很好，因為剛直、正直的個性，同學們暱稱他為「執事」，就是天主教的聖職人員。他的第一份工作在克里夫蘭一間商業公司擔任助理會計員，不久後開始經營自己的食品及穀物公司。一八六三年洛克斐勒開始投資新興的煉油事業，為了降低經營商店的成本，人人都可以煉製油品製作煤油，才能讓家家戶戶燈火通明。

年僅二十五歲的洛克斐勒手握克里夫蘭最大煉油廠的股份，並與塞蒂．斯佩爾曼（Cettie Spelman）結婚，塞蒂是一戶小康、有教養家庭的女兒，他們不算門當戶對，因為洛克斐勒的社會地位不高，但他不懈地追求塞蒂，終成正果。切爾諾說：「戀愛就像做生意，他比別人堅持得更久，意志更堅定。」

洛克斐勒的生意夥伴經常因為他極度節儉（遺傳自母親）及極度揮霍（遺傳自父親）的矛盾而惱怒，切爾諾寫道：「嚴格控管細節，並主張無上限擴張，大膽計劃、謹慎執行是他職業生涯的一貫模式。」舉例來說，當他的合夥人希望更謹慎地擴張，他毫不猶豫地向銀行借出最大筆的金額，只為了拓展生意，他對自己的判斷力非常有把握。

不止於此

在洛克斐勒的時代，石油也是一片未經開發的疆地，只有妓院、酒館、賭場在那裡發展，每個人都在那裡賺點外快。一開始他的目標就是訓育它、賦予秩序、讓石油業成為令人尊敬的產業，「將他鋼鐵般的紀律加諸於這個沒有法紀的事業」。

持續不懈的好奇心及對知識的渴望，讓他在石油業有一個綽號「海綿先生」。切爾諾說，造就洛克斐勒的特別，是他不僅思考自己的經營方針，整體石油業的藍圖以及在當代經濟中的地位，都在他的考量中，涉及長遠計劃以及建立策略性合作關係，如此才能主控這個產業，「有一天，所有石油都必須由標準石油公司精煉、生產。」他對克里夫蘭的商人們這麼說。

洛克斐勒策略性地買下克里夫蘭二十至三十間小型煉油廠，建立一間控股公司，讓主要的小型煉油業者及鐵路公司串聯一氣。同時，鐵路及煉油業發生產能過剩及「自殺式價格」戰爭時，對洛克斐勒來說，建立企業聯盟是唯一確保石油業未來能持續發展的辦法，他和合夥人亨利・弗拉格勒（Henry Flagler）設法與伊利鐵路、紐約中央鐵路公司簽訂祕密優惠費率，成功將石油運至東岸。石油公司當然願意與他們合作，成本降低、利潤提高，生意會更好更穩定，可以藉此打擊主要競爭對手賓州鐵路公司。恰當的策略使成本穩固，也鞏固了標準石油公司國內煉油龍頭的地位。洛克斐勒絕不會認為這一步是敗壞產業風氣，更多是出自邏輯性的考量。如果鐵路公司可以為他們帶來更多生意，為什麼不能給他們更優惠的價格呢？洛克斐勒希望他的公司可以帶領產業走向大規模、高效率、科技化，靠一般競爭手法是無法達成這樣的目標。

他是對的，這是有所依據的結論。在標準石油公司帶領之下，這個產業愈發穩固，標準石油投入大量資金研究、發展，提升石油業的品質及穩定度，同時對消費者來說，煉油成本降低了一半，售價也跟著降低。洛克斐勒的想法是，沒有競爭的煩惱才能讓他在品質及效率方面，投下更長遠的投資，透過壟斷才有辦法創新，一切都是為了服務大眾。

過於成功

隨著公司不斷成長，面臨了兩個可能發生的惡夢：一是可能會有新的油田被開發出來，石油供應在市場上隨處可見，價格可能急劇下跌；或者，新的油田被開發出來，而現存的油田枯竭。不管是哪種情況，標準石油在基礎工程及研究方面的投資都將付諸東流，然而洛克斐勒的高階主管們提出這些可能性時，他只是說：「上天會指引我們。」

一八九一年，他買下許多土地做為原油生產用途，不只煉油，也掌控了四分之一美國石油產量。但是公司觸角越伸越長，批評聲浪也越來越大。商業界美國式個人主義的倫理，被標準石油這種大型公司的邪惡動機挾持。大多數的攻擊事出有因，洛克斐勒已經做好準備。政治力不會成為野心的阻礙，檯面上他吝於政治獻金，私底下標準石油並不反對用錢「買」政客，只要他們支持標準石油的走向。

標準石油的崛起與強勢為美國大眾上了一堂課，切爾諾觀察到：如果市場完全不受管束，將變得非常不自由，沒有自然運作的市場，必須有防止壟斷的法律。如今我們理所當然地知道這個道理，但更早以前，美國資本主義盛行，不受管束且幾乎免稅的時候，這種說法被視為異端。洛克斐勒低估了小型商業遊說團體的力量，無法阻止反托拉斯法（反壟斷法）的立法進程。一八九二年，為了避開反托拉斯法，他必須重新組織公司，分割為二十間不同公司。但法律的力量終究薄弱，如今座落在紐約百老匯二十六號的標準石油公司，依舊大權在握。一八九〇年代經濟大蕭條，民粹的反資本主義浪潮讓洛克斐勒成為令人討厭的眾矢之的，然而，因為照明油及潤滑油需求，標準石油公司依然穩定繁盛。標準石油的資金充沛，不再需要華爾街的銀行，而是成為另一種銀行，為公司自身提供資金，拓展到這個程度，不需要與其他公司或信託合作，他們的石油產品價格低廉，也沒有其他公司能與之競爭。

一九〇七年，美國百分之八十七的煤油都由標準石油公司煉製，國內市場佔比百分之九十，更是全球原油出口龍頭，公司規模是競爭對手的二十倍。同年，時任美國總統的西奧多・羅斯福（Teddy Roosevelt）支持之下，許多反托拉斯法案件矛頭直指標準石油，當時六十歲的洛克斐勒可能面臨牢獄之災，為了降低入獄的風險，在芝加哥法庭上他假裝只是一個頭腦不清的老人，很多事都記不得了。但這場戲騙不了高等法院，一九一一年的判決是標準石油必須拆成三十四間更小的公司，讓這些公司互相競爭。但分家後的這些年，這些新成立的公司股價水漲船高，隨著汽車時代來臨，石油更是供不應求，洛克斐勒變得比以往更加富有。

要知道判決時標準石油的市場力量有多大，想想它旗下的公司，每一個都成為各自擁有巨大市場份額的大公司：原紐澤西的標準石油分割成埃克森美孚（Exxon）、原紐約標準石油成為美孚石油（Mobil）、原印第安納州標準石油成為阿莫科石油（Amoco）、原加州標準石油成為雪佛龍石油（Chevron）。儘管「標準石油」這個名字已消失，洛克斐勒的指紋仍然印在數以百萬計的氣泵及油罐上，在美國、乃至世界各地流動。

基督徒與資本家

厭倦了管理標準石油的各種繁瑣，面對許多國會聽證會及法庭訴訟，更別提那些惡意評論的新聞報導，一八九〇年洛克斐勒精神崩潰，他遠離職場數月，還患有圓禿（俗稱鬼剃頭）、掉髮。事實上，他在五十五歲時就已經從商場退休，但大眾並不相信他已經退休，即使他開始將財產捐贈出去，出資創建芝加哥大學（University of Chicago），仍受到像厄普頓・辛克萊（Upton Sinclair）這樣的國民英雄誹謗，他揭露腐敗的產業祕辛，而洛克斐勒就是他的箭靶，另外知名無政府主義者艾瑪・高德曼（Emma Goldman）也是中傷他的其中一人。他在自己的莊園裡過著規律、低調的生活，為了避免與公眾發生衝突的可能，甚至可能是恐怖攻擊或暗殺。

作為美國最有錢的人（一九〇二年這一年，他的未稅收入是五千八百萬美元，換算今日幣值約逾十億美元），每天都會收到上千封向他求取捐款的信，他盡可能地回應那些真正的需求，但他認為隨著財產逐漸增加，唯有建立大型、有系統的捐款方法，才是負責任的做法。

甚至從青少年期間的第一份工作開始，洛克斐勒就開始做慈善，拿出薪水的百分之六到百分之十捐給他偏好的產業。力行基督教衛理宗創始者約翰・衛斯理（John Wesley）的呼籲：賺錢、存錢、捐很多錢，洛克斐勒說：「看起來是我受主青睞而收入頗豐，因為主知道我必會轉過身，將這份恩典歸還於祂。」切爾諾認為，正是這個想法讓洛克斐勒像有了特殊許可，充滿熱忱且毫無顧忌地發展事業。基督教加爾文教派有一詞為「呼召」，意思是任何由工作中獲取的錢財，都是上帝恩惠的象徵。

他出資創建了芝加哥大學，並捐款給美國黑人大專院校，儘管已是一大創舉，卻只是一個開始，一九一三年洛克斐勒創立了洛克斐勒基金會（Rockefeller Foundation）。基金會創立之前，慈善大多是有錢人出資掛名於偏好的產業，例如交響樂團或藝文博物館，或者捐助學校、孤兒院。大規模的新基金會能讓洛克斐勒超越個人思維，投資於開創知識，可以以更宏大、長遠的方式造福人類，專注於醫學研究及教育。

洛克斐勒家族也憑自己的力量有所貢獻。他的女兒伊迪絲．洛克斐勒．麥康梅（Edith Rockefeller McCormick），是第一個起身反抗洛克斐勒家族宗教一致性的人，後來搬到瑞士，成為心理學家卡爾．榮格（Carl Jung）的支持者，她自己也成為一名分析師；二次大戰期間在作家詹姆斯．喬伊斯（James Joyce）於中立國瑞士蘇黎世尋求庇護時，伊迪絲也曾向他伸出援手。洛克斐勒兒子約翰的妻子艾比．埃爾德瑞慈．洛克斐勒（Abby Aldrich Rockefeller），是紐約當代藝術博物館（MoMA）的主要捐助者。她不知道如何說服了古板的丈夫，即使無法理解妻子到底為什麼那麼喜歡畢卡索（Picasso）及馬諦斯（Matisse），也將他們的九層華廈（以及洛克斐勒本人的另一棟房子）夷為平地，創建了這座博物館。小洛克斐勒（John D. Jr.）也有自己的取向，為了修復中世紀威廉斯堡傾注數百萬美元，紐約珍藏中世紀文物的修道院博物館（The Cloisters）中的所有內容也都是小洛克斐勒捐助。洛克斐勒的孫子納爾遜・洛克斐勒（Nelson Rockefeller）曾任四屆紐約州州長，曾以共和黨自由派身分三次參選美國總統大選，後任美國總統傑拉德・福特（Gerald R. Ford）之副總統一職。

總評

切爾諾對洛克斐勒的商業策略評判可能有些嚴苛，畢竟每間企業的目標都是主導該領域或成為龍頭，很少人能做到這點。洛克斐勒達成了自己的目標，讓石油產業現代化並提高效能，品質提升也減輕消費者負擔，更別說創造了多少就業機會。沒有當年商場上貪婪的洛克斐勒，就沒有如今的洛克斐勒基金會。

對洛克斐勒而言，早期石油產業那種殘酷的競爭方式對誰都沒有好處，他認為買下產業中的小型公司是一種公共服務，一個產業要趨向成熟，這是必經的過程。而另一個觀點是，現在的我們活在一種食利的資本主義中，而大多數所得都流入各產業大型壟斷者或三到四間龍頭公司組成的壟斷機制中，網路世界有其影響及佔有優勢的平台（想想Google及Facebook的力量），就是最好的例子。如企業家彼得・泰爾（Peter Thiel）在《從0到1》中所說，壟斷力量帶來的公眾效益可以很強大，即使還有其他選擇，人通常也會選擇眾人所選的商品或服務。企業能帶來最大的好處並不全在市場，而是樹立典範。

羅恩・切爾諾

切爾諾出生於一九四九年紐約布魯克林（Brooklyn, New York），並於耶魯及劍橋取得學位。他曾是一名自由新聞工作者，也曾是二十世紀基金會（Twentieth Century Fund）的智囊團，而後成為一名全職作者。

其他著作包括一九九〇年《摩根財團：美國一代銀行王朝和現代金融業的崛起》（*The House of Morgan: An American Banking Dynasty and the Rise of Modern Finance*）、一九九三年《*The Warburgs: The Twentieth Century Odyssey of a Remarkable Jewish Family*》、二〇〇四年《亞歷山大・漢密爾頓》（*Alexander Hamilton*）、二〇一〇年《國家的選擇：華盛頓與他的時代》（*Washington: A Life*），這本書也讓他贏得普立茲新聞獎的傳記文學獎，以及二〇一七年為前美國總統尤里西斯・辛普森・格蘭特（Ulysses S. Grant）所著之傳記《*Grant*》。

1997

創新的兩難

The Innovator's Dilemma

「很多公司一直努力開發有競爭力的高級產品，卻沒有發現他們轉向高端市場的速度，參與高效能、高利潤市場的競爭，過度滿足初始客戶的需求。如此一來，他們讓低價創造了憑空運用顛覆性技術的競爭者，藉此趁虛而入。」

「投資過程需要量化市場規模及財務回報的公司，在他們進入市場前就會癱瘓，或者面對顛覆性技術時犯下重大錯誤。他們要求不存在的市場數據，或在收入與成本皆不可知的情況下，根據財務預測做出決斷。」

總結一句

認為服務現有客人才合理的大型公司，其實已陷入陷阱，因為新客戶、新科技才能帶來成長。

同場加映

詹姆．柯林斯《十倍勝，絕不單靠運氣》（8章）
本．霍羅維茲《什麼才是經營最難的事？：矽谷創投天王告訴你真實的管理智慧》（15章）
華特．艾薩克森《賈伯斯傳》（16章）
金偉燦&芮尼．莫伯尼《藍海策略》（21章）
傑佛瑞．摩爾《跨越鴻溝》（30章）

06

克雷頓・克里斯汀生

Clayton Christensen

不像許多商學院教授，克雷頓・克里斯汀生是先在商界工作後，才進入哈佛成為博士生，而研究時的種種想法，呈現於《創新的兩難》一書。

過去三十年間，這本書經常位於商業書籍排行榜前五名，克里斯汀生說：「這本書所寫的不是任何公司的失敗，而是好公司的失敗。」那些備受喜愛，甚至被視為創新的公司，卻無法在市場及科技變化中保持領先地位。舉例來說，美國零售商西爾斯（Sears），數十年來都經營得非常好，開發零售目錄，管理供應鏈、零售品牌、信用卡銷售。然而，一九九〇年代克里斯汀生寫這本書時，西爾斯迷失了方向，錯過了沃爾瑪、Kmall充分利用零售折扣的大趨勢，也未能快速適應網路零售。

當時有非常多公司都經營得很好，而事後回想，為什麼他們沒有看出如此重要的趨勢，甚至翻轉零售業？克里斯汀生的研究顯示，這些公司會失敗，恰恰是因為他們的「良好」管理——也就是，聽從顧客的意見，供應顧客所需。有些時候，不聽從顧客反而是對的，去為不存在的市場開發新產品。《創新的兩難》中說：「管理階層合乎邏輯、有效的決策，正是公司成功的關鍵，也是他們失去領導地位的原因。」公司必須有好的管理人才處理現有的生意，同時確保有足夠資源開發顛覆性技術，不這麼做「終會走向衰敗」。

克里斯汀生的研究重心是電腦磁碟驅動器產業，儘管現在看來只是歷史的產物，但當時進展如此之快，可以讓他研究當時現有的企業，是如何被後起之秀推翻。這本書對蘋果執行長史蒂夫・賈伯斯（Steve Jobs）產生重大影響，其中也有很多領域的有趣案例研究，包括零售業、土石開採業、煉鋼業、計算軟體、機車製造等，都可以運用一樣的原則。

顛覆性及永續科技

一般情況下，「顛覆性」科技通常不會比現有科技表現得更好，甚至更差，但他們所做的事，卻是少數或新客戶在意的事。例如說，一九七〇年代，日本機車製造商本田（Honda）及山葉（Yamaha）出口了價格低廉、動力較弱的越野重型機車到美國，與哈雷（Harley-Davidson）、ＢＭＷ製造，動力強、昂貴的一般重機相形見絀，而事實證明前者更受歡迎。舉一個更近一點的例子，要向ＩＢＭ這樣大型公司購買昂貴的伺服器前，雲端運算數據儲存空間，不失為大眾的另一個平價選擇。

大型公司通常不會投資在顛覆性產品或服務上，因為一個理性的理由「賺不了很多錢」，這通常來自低階、低利潤的需求市場。克里斯汀生說，但是完全不投資，就必須看緊這些微不足道的低價市場，成長為預期之外的廣大市場，否則就為時已晚了。

企業傾向投資「永續性」科技，也就是主流市場現有客戶所看重，以參數提高效能。他們過於看重客戶，以至於表現最好的公司「都有一套完善的系統，扼殺客戶不想要的意見」。但是要真正成長，他們必須看重現在不需要的科技及產品，這些可能成為未來的市場。

問題是，「小市場無法解決大公司的成長需求」，克里斯汀生寫道。公司的規模越大，就必須有越多的收入，才能讓產業主宰者生存下去，但是發展新科技可能造成銷售下降百分之一，是不合理的發展。此外，大公司喜歡將自己視為該領域的領導者，他們創造「最好」的產品，突然去開發更基本、便宜的產品，似乎汙辱了他們的驕傲。多數大公司非常精於市場研究、計劃、執行，這對發展已知科技、現有客戶來說可行，但對新興、甚至可知不多的科技來說完全不可行。畢竟，「不存在的市場不能被分析」，克里斯汀生說。

管理理論中「資源依賴理論」說，公司要成功，只能靠找出、提供客戶他們真正想要、需要的。這個想法吸取了進化論、自然選擇論的概念，最能適應商業環境的企業終能蓬勃發展，客戶及市場決定了這間企業的資源置於何處，管理者不著邊際的想法是一種放縱，會導致企業破產或分裂。事實上，一間公司如此關注於顧客，以至於無法看見新興科技的潛在收益，才會導致上述兩種結果。

看不見未來趨勢：老牌企業與新興企業

最早的挖土機是以蒸汽為動力，下一代則發展為鋼纜牽動鏟斗的汽油動力引擎，幾乎所有蒸汽挖土機製造商，Bucyrus、Thew、Marion，都轉為內燃引擎挖土機製造商，包括後來的柴油引擎。

當液壓挖土機出現取代鋼纜式，只有少數新的製造商取得成功，如強鹿（John Deere）、開拓重工（Caterpillar）、福特、利勃海爾（Liebherr）、小松製作所（Komatsu）。老牌製造商並沒有發展液壓挖土機，他們認為這個市場太小了。最早的液壓挖土機，也就是反鏟式挖土機（俗稱怪手），通常安裝在拖拉機後面，負責小型的工作，例如挖管道或住宅建設等，由拖拉機廠商或工具經銷商販售，老牌挖土機公司不販售這種機器，他們製造有大型鏟斗、更強大機器。Bucyrus試圖販售小型、液壓或鋼纜混合動力的挖土機，但它的既有挖土機顧客不使用這種機器，受困於錯誤的客群。反之，新的製造商只用液壓技術，鎖定青睞小型機械的客群。隨著時間推移，市場已全面採用液壓科技，並運用於各種形式的挖土機，大小皆有。

老牌製造商會失敗，並不是因為他們沒有投資新的液壓科技，不是因為忽視顧客需求，也不是因為管理階層都在睡覺。事實上必須迎來現有顧客，意味著他們沒有注意或沒有資源，去關注顧客現在不想要的「未來」產品。讓一個公司從現有客群轉為高價顧客群，似乎是很合理的，因為可以產出更多利潤。轉向低價市場就不合理了，克里斯汀生說，但通常那就是新興市場所在之處。老牌企業不缺乏比新興企業更有優勢的技術，然而，他們不夠靈活的策略及成本結構，才是失敗主因。

問題是，銷售顛覆性科技的企業很少會只長期銷售更便宜、顛覆性更強的產品，只是他們也衝擊了現有市場。另一個例子是「小型煉鋼廠」的崛起，小型鋼鐵工廠用廢棄金屬生產限定使用範圍的低品質鋼筋的製造成本低，卻是低利潤、競爭力高的產業。這個市場與大型、全方位發展，且專門為主要製造商製造高品質鋼鐵的鋼鐵廠有很大的差異。但是，掌握了鋼筋市場後，如紐克鋼鐵（Nucor）及查布洛鋼鐵（Chaparral）這些小型鋼鐵廠，開始侵入下一個低利潤領域，如棒材、細鋼筋、角鋼等。主要鋼鐵製造商並不在意這些發展，這對他們來說沒有利潤。接著小型鋼鐵廠開始製造結構鋼梁，從大型鋼鐵製造商手中拿走部分市場。再一次的，傳統鋼鐵製造商非常淡定，為製造罐頭、汽車、電器等高期望值顧客生產高品質扁鋼，才是他們主要的利潤來源。

專注於高端鋼鐵產業讓大型製造商獲利頗豐，如伯利恆鋼鐵（Bethlehem Steel），但同時，開發者的新方法、新技術也正找到更多顧客。小型煉鋼廠持續拓展市場份額，越來越進步，而傳奇鋼鐵製造廠則必須關閉一間又一間的工廠。曾經微不足道的紐克鋼鐵，成為美國鋼鐵生產的龍頭大廠。

克里斯汀生的重點是：儘管放棄現有生意，轉為低利潤供應，似乎有違一間公司的原則；但是對一間有顛覆力量的企業來說，自然會以另一種方式進入成熟的既有市場。

擁抱顛覆性

這本書的第二章中，克里斯汀生觀察了幾間公司，應對顛覆性改變的方式非常好。首先，這些公司的共同之處在於，超越現有顧客，尋找對顛覆性技術有興趣的顧客；第二，他們創立了一些自主部門追蹤市場，當時這些部門被認為尋找顛覆性科技顧客的時機過早、過於頻繁、過於廉價。而克里斯汀生說，與其他許多電腦主機製造商不同，如迪吉多（DEC）、IBM之所以能在個人電腦產業早早取得成功，是因為在佛羅里達州創辦了另外的業務，隔絕於紐約總公司之外，可以自由地開發自己的機器、創造自己的供應鏈、決定符合個人電腦市場的價格，而非IBM的傳統定價方式。

新興科技太過新穎，企業甚至不確定如何結合這些科技，使用或查閱他們的產品：「顧客與製造商都發現了，其實只需要一點時間。」蘋果推出第一台掌上型電腦牛頓（Newton）時，試圖透過一系列繁瑣的市場研究，縮短適應時間，盡快搞清楚人們想要的是什麼。結果，它的手寫辨識軟體無法達到標準，無線通訊又太昂貴，而看重牛頓能力的市場不如預期（推出的前兩年，一九九三年及一九九四年，只賣出了十四萬台牛頓電腦）。這起事件的原因是蘋果身處於邊緣市場，卻試圖推出一款符合大眾市場的產品。當然，幾年後iPhone證明掌上型電腦，及其周邊發展的龐大應用軟體系統，它的潛力已經完全發揮且備受讚賞。這教會我們：「小型市場不能滿足大型組織短期的成長需求。」但是，如果蘋果當時完全荒廢了手持科技，就不會有今日iPhone的成功。

今日，我們可以看到同類型的動向。Google的實驗部門「X」，無關其他事業體的成功與否，只負責開發讓人眼睛為之一亮的新科技。該部門的第一項產品Google眼鏡，是一次商業失敗。當購買者戴上那副眼鏡，周遭的人都覺得自己被監視了。過於干擾旁人生活，很難受歡迎。**但是**，Google眼鏡如今卻是企業愛用的產品，如波音（Boeing），就將這項產品用於生產團隊。該產品的明確用途在發表後數年才被發現。「失敗的**想法**與失敗的**企業**間有很大的不同，」克里斯汀生說。當新產品或新服務與市場接觸，多數公司會放棄他們的商業策略，因為他們會發現人們**實際上**是如何運用自己的產品。

克里斯汀生觀察到，如果你接觸的市場存在既有科技，有足夠的資源和良好的管理，你依然可以在這個市場表現得很好。從科技角度來看，成為先驅者並沒有明顯的優勢；然而在**顛覆性**技術領域成為先驅者，則確實有明確的優勢。一個顛覆性企業，沒有既有顧客的束縛，更願意持續為未經實驗的科技及產品注入資源，藉此保有優勢，增加市場份額。他的結論是：「比起進入一個成熟市場，與穩固的競爭對手對抗，創造一個新的市場顯然風險**更低**、報酬**更高**。」

總評

書的最後，克里斯汀生寫了一章關於電動車的先見之明，以及對汽車產業的潛在威脅。電動車有「顛覆性技術的氣息」，而主流汽車製造商卻很懷疑電動車的需求。他提出警語，美國大型汽車製造商可能會錯失良機，因為他們只迎合既有且以利潤為優先的顧客喜好。

克里斯汀生寫作時，電動車的續航力及加速能力都很差，很難想像誰會買、出於什麼理由買電動車。或許可以幫你的小孩買一台，這樣他們就只能在家裡附近閒晃，還不能開得太快。後來，電池科技進步得如此之快，有一間名為特斯拉（Tesla）汽車的公司，替速度快又奢華的電動車，找個充滿有錢人及環保意識的市場。這證明了克里斯汀生的觀點，不能因為一項科技沒有明確的初始用途或市場就忽略，或斷定是一項分散主要事業的事。事實上，正是著迷於今日未知、未經嘗試科技的人，明日將握有產業的主導權。

克雷頓・克里斯汀生

克雷頓・克里斯汀生一九五二年出生於美國猶他州鹽湖鎮（Salt Lake City, Utah），是家中第八個小孩，於楊百翰大學（Brigham Young University）取得經濟學學位，後於牛津大學（Oxford University）獲得羅德獎學金（Rhodes Scholar），並在牛津大學取得計量經濟學及經濟學雙碩士學位，主要研究開發中國家。

一九七九年至一九八四年間，他在波士頓諮詢公司（Boston Consulting Group）擔任製造決策部門的管理顧問，一九八二年及一九八三年間曾請假擔任雷根政府的顧問。一九八四年他協助創立了CPS，一間陶瓷工程公司，在一九八七年股市崩盤前公開上市。之後股價從十二美元掉到二美元，克里斯汀生作為公司領導人，被逐出公司後到了哈佛大學攻讀博士學位。一九九二年，他進入哈佛商學院任教，並成為工商管理教授。

其他著作包括二〇〇三年《創新者的解答：掌握破壞性創新的9大關鍵決策》、二〇〇八年《來上一堂破壞課——創新大師克里斯汀生的教育新解》、二〇一六年《創新的用途理論：掌握消費者選擇，創新不必碰運氣》。

2016

阿里巴巴：
物流、電商、雙11，馬雲改變13億人的生活方式

Alibaba: The House That Jack Ma Built

「馬雲的名聲源於一個故事，一個中國企業不知道怎麼稱霸了矽谷，東方打敗了西方，堪稱是金庸小說。然而，它持續取得成功，正創造南北對抗的局面——一間扎根於中國南部創業大城的公司，正在挑戰位處北京中國政治領袖的底線。」

「在中國，超過10%的零售購買都透過網路，高於美國的7%。馬雲將美國的電子商務比喻為『甜點』，在中國卻是『主菜』。為什麼？在中國購物從來不是讓人愉快的經驗，直到許多跨國企業到來，開始有了零星的連鎖商店或購物中心。多數國內零售商是國有企業起家，有當地政府或國有銀行支持，有足夠的資金供應，他們只將消費者視為一種麻煩。」

總結一句

不要畏懼你所在產業的大企業，或擁有最高資歷的人。在商界成功的必要條件是眼界、耐性、靈活度。

同場加映

華特・艾薩克森《賈伯斯傳》（16章）
布萊德・史東《貝佐斯傳》（42章）
艾胥黎・范思《鋼鐵人馬斯克》（48章）

07

鄧肯・克拉克

Duncan Clark

二〇一四年阿里巴巴在紐約證券交易所正式上市，中國企業阿里巴巴集資了二百五十億美元後，電視節目主持人喬恩・史都華（Jon Stewart）這麼說：「共產黨用資本主義打敗了我們！」這次公開招募只佔公司百分之十二股份，卻已是史上規模最大的一次，超越先前所有美國融資紀錄。

超過四億人透過其電子商務網站、淘寶網、天貓網購買商品，阿里巴巴將中國翻轉為消費型國家。但它不只是「東方版亞馬遜」，阿里巴巴從一開始就有邁向國際的野心，過去五年間快速地實踐了它的夢想。

《阿里巴巴：物流、電商、雙11，馬雲改變13億人的生活方式》中，鄧肯・克拉克敘述了創辦人馬雲的故事，從一個屢次落榜的學生到億萬富翁。克拉克從一九九四年起便定居中國，一九九九年認識馬雲，當時他正在杭州一處舊公寓準備創辦阿里巴巴，由於馬雲企圖擴展國際版圖，克拉克成為他的顧問。二〇〇三年，阿里巴巴發展不如預期，他向克拉克提議便宜售出公司股份，作為克拉克的顧問報酬，他拒絕了。克拉克在引言中提到，後來證明這是「一個三千萬美元的錯誤」，寫這本書是一次「宣洩」，對所有人提出警告，不要低估馬雲的能力及野心。克拉克敘述了一個扣人心弦的故事，也是一堂關於中國政治經濟、文化、地理的課，解釋了過去十五年阿里巴巴許多競爭者，如騰訊、百度、新浪的崛起。

當東方遇到西方

一九八〇年，十二歲的馬雲熱衷於學習英文，開始纏著一些造訪杭州的外國人，其中一名來自澳洲紐卡索（Newcastle, Australia）的肯恩．莫雷（Ken Morley）很喜歡這個男孩，他的兒子肯恩及大衛也很快地和馬雲成為朋友。在莫雷回到澳洲後，他們和「傑克」（馬雲的英文名字）仍透過書信保持聯繫。

後來幾年，馬雲完成高中學業，準備考高考上大學，但他的數學成績太差，拉低整體平均，於是他開始做勞力工作，也持續準備一次又一次的高考。第三次高考，他終於取得足夠的成績，進入非常沒有名氣的杭州師範學院。一九八五年，莫雷突破各種外交障礙，只為了讓馬雲能夠到澳洲和他們相聚，這趟旅程改變了他的一生。馬雲一直被教導，中國是世界上最富有的國家，而他當時才知道這並不是真的。莫雷家庭資助一些生活費給馬雲，讓他能夠完成大學學業，後來肯恩出資讓馬雲買了人生第一間房子，和他的妻子張英（英文名字Cathy）一起入住。

克拉克提到對肯恩．莫雷來說頗為諷刺的事。他是一名社會主義者，曾代表澳洲共產黨參選地方選舉，後來他成為一名青年的導師，而這名青年如今成為中國資本主義的象徵。之後馬雲為了回報，捐贈了二千萬美元給紐卡索大學的獎學金計劃。

中國即將上線

浙江，杭州的所在地，是歷史上中國最具創業精神的省分。從一九七八年鄧小平改革開放經濟，當地居民認同鄧小平的名言：「讓一部分人、一部分地區先富起來，以帶動和幫助落後的地區，先進地區的義務是幫助落後地區。」確實，和珠江三角洲及北京一樣，這個地區一直是中國經濟崛起的引擎。

馬雲大學畢業後，在杭州電子科技大學教英文及國際貿易，雖然也喜歡教學，但更熱衷經商。二十九歲時開辦翻譯社，翻譯社本身並沒有賺錢，他靠販賣雜貨、書籍、花來支付租金。一九九四年，他到美國旅行，那是第一次接觸到網路，就像一個啟示，他看見一個機會，能幫助數以百萬的中國商家出口商品到美國、或其他地方。他招集朋友和家人一起創辦了「中國黃頁」，向在地商家出售目錄空間，以便向海外顧客推銷產品。幾年後，中國政府擔心中國與西方的科技進展差距過大，在美國電信商斯林普特（Sprint）幫助下，發展了國有電信公司，並建造網路基礎設備。

中國黃頁從未取得商業上的成功，它被國有企業子公司接管時，馬雲接受北京的職缺，在貿易經濟部負責網站架設。但他討厭這份工作，數著離開的日子，迫切希望回到商界。馬雲回憶道：「做公務員無法實踐我的夢想。」一九九八年，馬雲三十五歲，他看著其他中國網路企業逐漸超越他，這些企業受到美國雅虎的啟發（這些人不像馬雲，他們都從頂尖大學畢業，精通科技知識），創建一樣的門戶網站，讓網路變得更平易近人。從公務員一職中解脫後，一九九九年馬雲創辦阿里巴巴，這個名字有「芝麻開門」的成功意涵。一個非中文的名字，讓這間公司成功引人注意，其意涵又能被世界各地的人理解，他以四千美金向一名加拿大人買下Alibaba.com這個連結，也經營得很好。

一九九九年二月，中國有二百萬的網路用戶，二〇〇〇年末變成一千七百萬用戶，並持續飛快成長，得益於政府讓網路變得更易於使用、更平價，電腦的價格也不再高不可攀。馬雲指出，中國企業渴望提高海外知名度，他的免費網站可以幫他們與世界接軌，不需透過慢吞吞的政府國有貿易機構。與在上海或北京起步的企業相比，阿里巴巴在杭州的優勢是租金和人事成本都較低。高盛集團和其他小型基金也展現對阿里巴巴的興趣，而馬雲本人以五百萬美元買下公司一半的股份。隨著網路熱潮侵襲中國，與搜狐、網易、新浪的巨資相比，這些錢根本不算什麼。

斬殺西方巨人

阿里巴巴沒有明確的商業模式，但是日本軟體銀行（SoftBank）創辦人韓裔日本人孫正義（Masayoshi Son），因為投資雅虎而成為億萬富翁，他看好馬雲，投資阿里巴巴二千萬美元，約百分之三十股份。這份資金讓阿里巴巴能做長期規劃，二〇〇〇年時網際網路泡沫事件爆發時，阿里巴巴仍能站穩腳跟。共二千五百萬美元的資金中，阿里巴巴只花費五百萬美元，許多中國電子商務宣告破產時，阿里巴巴仍持續擴張，並在美國及歐洲設置辦事處。對大眾來說，擁有超凡能力的馬雲成為家喻戶曉的人物，是中國資本主義的新代表人物，擠上《富比世》（*Forbes*）全球影響力人物及《經濟學人》頭版人物。然而，儘管阿里巴巴現在有五十萬商業用戶，但是中國企業的電子商務服務賺取的收入，甚至不到一百萬美元，這間公司需要其他的收入來源。

已經建立了B2B[1]網站，馬雲開始對面向顧客的電子商務網站感興趣，像亞馬遜、eBay。當時已經有易趣網，由哈佛畢業生邵亦波創辦，目標成為中國的eBay。eBay也注意到了易趣網的野心，以一千八百萬美元併購了這間公司。但是二〇〇〇年初期，中國消費者還不太放心在網路上消費，信用卡並不普及，也沒有網路支付管道。馬雲認為有太多空隙可以讓其他企業趁虛而入，踏入消費者的電子商務市場並取得勝利。當時有一半的阿里巴巴員工，正祕密地推動新的消費者商務網站：淘寶網，孫正義決定注資八百萬美元於這項新計劃。二〇〇三年五月淘寶網問世。

當時，eBay中國並不認為淘寶網是個威脅，他們認為調升向賣家收取的費用，由原本的百分之三調為百分之八，就可以提高利潤，卻引發賣家反彈。反觀淘寶不向賣家獲買家抽取費用，專橫跋扈的電商巨頭eBay與平易近人的在地新創網站淘寶，對比逐漸明顯。克拉克提到：「網站設計中，文化尤其重要。」eBay的網站看起來就是外國網站，淘寶有著典型中國市場的熱鬧視覺感，還有頗受歡迎的小視窗，讓買賣雙方可以即時溝通、討價還價，非常中國化。此時又有致命一擊，eBay決定將中國網站託管業務轉至加州，這次遷移將這個網站置於中國的「防火長城」之外，意味著很晚才能讓政府機關看到並通過審查。eBay的流量急遽下降，對在地、敏銳的淘寶網來說，無疑是一大喜訊。阿里巴巴接著推出自己的支付寶，但當時因為許多涉及海外支付系統的監管障礙，並沒有推動起來。二〇〇六年，eBay中國的業務已經只剩一小部分，而阿里巴巴網站，結合了當時最盛行的亞馬遜、eBay、Paypal，站穩主導地位。

雅虎也想「贏得」中國市場，但是二〇〇〇年中期，Google的搜尋功能已掌握得很好，雅虎的資訊入口網站顯得過於累贅。雅虎創辦人之一，台灣出生的楊致遠，明智地將雅虎的中國業務轉給阿里巴巴，以雅虎名義投資十億美元給阿里巴巴，換回百分之四十的阿里巴巴股份，而這些錢又足夠讓淘寶網及支付寶持續擴大發展，以正在走下坡的雅虎來說，確實是最聰明的賭注。Google進入中國市場僅四年，二〇一〇年宣布退出中國市場，因為海外公司面臨重重監管障礙，它的搜尋能力與監管制度完全無法兼容。短短數年內，eBay、雅虎、Google都被阿里巴巴及在地新創企業擊敗、取代，如騰訊、百度等。克拉克說，而西方企業也從中學到中國諺語的真諦：「商人比傳教士更好交朋友。」

---

1 business-to-business，企業間以電子商務的方式進行交易。

阿里巴巴的現在與未來

二〇〇六年至二〇〇九年間，淘寶持續成長，網站消費額飛速上升，從二十億美元到三百億美元。克拉克說，如果淘寶是網路版的中國傳統市場，那麼阿里巴巴隨後推出的天貓商城，則是一個光彩奪目的購物中心。天貓收取銷售抽成為阿里巴巴賺進大把鈔票，許多大型美國零售商，如Nike、好市多（Costco）、梅西百貨（Macy's）、亞馬遜，都投下大筆資金，為了透過這個網站打進中國消費市場，這是比在中國開設實體店面更為聰明的作法。

克拉克說，要解釋淘寶網及天貓商城的成功，必須反觀西方社會，網路購物只是另一種購物方式，在中國卻是一種生活態度。過去，許多商店都屬於國有企業，他們輕視消費者，私有零售產業總是受到價格牽制，政府將租金調高，為了榨取最高金額的租金收入。因此，當阿里巴巴網站問世，並提供二十四小時、全年無休的客戶服務，一切都不一樣了。服務好、易於上手、價格透明，阿里巴巴創造了一種原本短缺的東西：信任。支付寶不只可以用來買阿里巴巴的商品，它什麼都可以買，什麼地方都能用，包括不接受現金的商店或餐廳。支付寶的線上銀行餘額寶，提供了比國有銀行更優惠的存款利率，如今擁有金額龐大的存款，撼動了國家銀行體系，使其成為世界上最大的基金管理公司。馬雲說，中國的銀行體系「不該被壟斷、獨裁，而該由顧客主導」，這番話引發不小的爭議。而漸漸地，餘額寶成為貸方，它可以控管信用風險，因為它有所有存款人在阿里巴巴網站的消費紀錄。

馬雲將阿里巴巴的成長分為三領域：雲端運算與大數據、中國農村、全球化。阿里巴巴希望以雲端運算及網路服務，模仿並趕上亞馬遜的成功，讓中國不住在城市的七億人口、不上網的人都成為消費者，或許事實證明，這件事遠比擴展海外市場更為重要。而阿里巴巴正在透過旗下的全球速賣通（AliExpress）取得真正的成功，這正是他們最初的目標，串聯起不同國家的買家、賣家。阿里巴巴的初衷是幫助中國商品能銷往國外，而現在重心已經轉為幫助美國、歐洲的企業，將他們的產品銷往中國，包括目標客群為三億新興中產階級的奢侈品。

阿里巴巴成為中國電影、電視、運動、娛樂的最大投資者，透過TBO天貓影院提供電影線上串流。位於美國加州帕薩迪納（Pasadena, California）的阿里巴巴影業，曾投資《不可能的任務：失控國度》（*Mission: Impossible – Rogue Nation*）及其他電影。二〇一五年，買下香港的《新報》、《南華早報》，並解除付費專區，以將它們推向全球讀者。評論說此次買下報社是為了軟化報紙編輯立場，以取悅中國政府，但馬雲堅稱這是為了幫助世界瞭解中國。他說，有太多國外記者無法超越政治立場，看見這個國家充滿活力、持續革新的企業，它們不只是複製過去的企業，也開創新格局。

馬雲知道中國共產黨仍對企業主反感，克拉克提到二〇一五年「中國巴菲特」復星集團董事長郭廣昌的失蹤事件，儘管後來郭廣昌仍有現身，但企業家及富豪們仍無法確定，什麼時候會惹惱政府。共產黨希望中國主宰經濟大權，又不希望失去手中緊握的權力及公眾秩序。雖然馬雲擁有大筆財富（二百八十億美元，並持續增加中）及響亮的名聲，仍必須非常謹慎地行事，尤其是他的企業開始踏進傳統國有企業的領域，例如金融及媒體，並將其取而代之時。他也不諱言中國工業崛起的成本，在水質、空汙、食安及癌症發生率方面，都可能被視為冒犯國家政策。在馬雲心中，阿里巴巴和其他私人企業是為了取得與國家權力間的平衡，透過買賣能力讓人們更富裕、更幸福。對中國來說，共產黨應滿足於日漸增長的經濟大權，至少是由中國企業驅動，而不是從投入中國的外資。

總評

馬雲從與eBay及雅虎的爭鬥中學到教訓，再也不會被大企業欺壓，就像《聖經》故事中大衛打敗高大的歌利亞巨人一樣。而現在，阿里巴巴成為歌利亞巨人，它的挑戰是保持快速前進的步伐，保持創新精神，維持特有文化。克拉克說，馬雲發展出一種「不可預測且持續培育」的管理風格，就像他心目中的英雄，小說中的劍客馮慶陽一樣。雖然每個阿里巴巴的員工，草創時都累得像狗，但馬雲在發放少量股票時非常慷慨（尤其最初的十八名員工，其中還有六名女性），因此他在阿里巴巴的股份也持續減少。

二〇〇九年，馬雲悄悄創辦了一間公司，並將支付寶的所有權從阿里巴巴轉移到自己手上，只付了五千一百萬美元。投資者雅虎和軟體銀行表示憤怒，因為支付寶市值至少十億，而馬雲的理由是，為了保住支付寶，它必須成為以法律層面來看，完全由中國持有的公司，尤其現在它是中國最大、最重要的支付系統。這段插曲引發了對馬雲行事透明度的質疑，但其他企業家、投資者可以理解他這麼做的原因：以前他在阿里巴巴的金融股份持續被削減，而現在他有充分的個人動機，可以讓阿里巴巴及其支付系統支付寶，取得長遠的成功。

雖然騰訊是中國「即時通訊之王」，它有最受歡迎的微信（Wechat，即時通訊 app），百度則是中國的預設搜尋引擎，但是阿里巴巴集團似乎持續主宰著電子商務，一如其名地取得成功。若中國政府真的以任何理由來壓迫阿里巴巴，但此時的阿里巴巴可能已經成功滲透其他國家、市場，就像其他同樣具有遠見的國際企業一樣。

鄧肯・克拉克

鄧肯・克拉克出生於英國，一九八六年畢業於倫敦政治經濟學院（London School of Economics），從銀行業開啟職業生涯，曾在倫敦及香港工作。一九九四年搬到中國，在摩根史坦利國際金融公司（Morgan Stanley）工作四年，後來創辦了博達克諮詢有限公司（BDA China），為大型投資者、海外公司及企業，提供中國科技與零售業的諮詢服務。克拉克曾任中國當地的英國商會（British Chamber of Commerce）主席，為英國政府提供中國數位經濟提出建議而獲頒大英帝國官佐勳章（Officer of the Order of the British Empire，簡稱ＯＢＥ）。曾以企業家身分受邀為史丹佛大學（Stanford University）訪問學者，並於史丹佛商學研究所開辦「中國2.0」系列講座。

儘管在阿里巴巴草創時，克拉克並沒有接受收購股份的邀約，但阿里巴巴二〇〇七年及二〇一四年公開募股時，克拉克確實把握住機會購入股份。目前克拉克持續投資中國及海外的新創公司，也是盤谷銀行（中國）的董事會成員。

2011

十倍勝，絕不單靠運氣

Great by Choice

「我們的工作始於這個前提，面對的許多事情都超乎掌控，生活充滿不確定性，未來尚未可知……但如果一間公司變得更好，而另一間在相同環境下，運氣也差不多，卻沒有變得更好，最根本的原因絕對不會是環境或運氣。」

「所有的研究中，最傑出的領導者既關心勝利，也在意價值；既關心利益，也在意目的；既關心成功，也在意用處。他們的動力與標準都起於內心，自某個深處崛起。」

「我們研究中最好的領導者們沒有透視能力能預測未來。他們不比競爭者更勇於冒險、更勇敢、更有遠見、更有創造力；他們自律、有經驗、擇善固執。」

「革新並不是我們期待的王牌；更重要的是擴大革新的規模，結合創造力與自律。」

總結一句

衡量一間公司的標準，不在於景氣時能拓展多少，而是它是否能抵擋衰退及危機，開拓出長遠的未來。

同場加映

克雷頓・克里斯汀生《創新的兩難》（6章）
約翰・凱《迂迴的力量》（19章）
艾瑞克・萊斯《精實創業》（33章）

08

詹姆・柯林斯

Jim Collins

二〇〇一年，身為作家的詹姆・柯林斯有兩本書躍上暢銷排行榜：一九九四年的《基業長青》（*Built to Last: Successful Habits of Visionary Companies*）及二〇〇一年《從A到A+》（*Good to Great*），似乎為成功的商業做出定論。接著遇到了股市崩盤、九一一事件、伊拉克戰爭等災難。活躍的一九九〇年代末期，地緣政治充滿不確定性，而科技持續變換，也改變了企業及社會的根基。

柯林斯和研究團隊開始思考改變，以及組織該如何應對。他想知道，當世界情勢越來越糟糕，為什麼有些企業似乎依舊繁盛？柯林斯開始一個九年研究計劃，研究「十倍勝」企業，這些企業在過去至少十五年間，表現遠超於其產業指數十倍之多。舉例來說，西南航空（Southwest Airlines）在一九七二年至二〇〇二年間，儘管面臨燃料大漲、美國航空業管制鬆綁、勞工罷工、經濟大蕭條、恐怖主義橫行，西南航空還是發展為一間大型、高利潤的航空公司。航空業一直以來都是不穩定、低利潤的行業，西南航空為什麼可以、又是如何逆轉勝的？

柯林斯發現，每一間「優秀」的公司，都有一間可與之相較的公司，在同一產業、同一時期中有大致相似的機會，但並沒有戰勝平均值，或者被其他公司接手。例如英特爾（Intel）與超微半導體（AMD）、微軟（Microsoft）與蘋果（直至二〇〇〇年，蘋果都還是一片沉寂）、西南航空與太平洋西南航空（Pacific Southwest Airlines）、醫材廠商史賽克公司（Stryker）與美國外科公司（United States Surgical Corporation，USSC）。

雖然這本書不如早期著作暢銷，《十倍勝，絕不單靠運氣》可以說是柯林斯最引人入勝的著作。畢竟，當幸運與環境都成為他的後援，任何人或公司都可以是「最優秀」；只有面對挑戰時，人和公司才能顯露其真正的毅力。

堅守紀律

柯林斯以十八世紀的一則小品文作為本書的開始，關於挪威極地探險家羅爾德·阿蒙森（Roald Amundsen）及英國探險家羅伯特·史考特（Robert Scott）的遠征南極點競賽。阿蒙森非常有組織性、有紀律，他做的每件事都有設下安全界線，堅持每天必須走一定的英里數（約十三英里至二十英里），不管是嚴酷的天氣，或是好天氣，若是後者他可以走得更遠。史考特則相反，他帶領團隊在好天氣中走很長的距離，住在帳篷裡，睡在床上，阿蒙森的方法平均每日英里數顯然更多，最終，阿蒙森輕鬆地贏得比賽，而史考特在回程中去世。

柯林斯觀察十倍勝企業時，阿蒙森與史考特的比較似乎是值得參考的。他提到醫療材料及設備供應商史賽克公司，在執行長約翰．布朗（John Brown）二十年的帶領下，公司每年堅守百分之二十的淨利成長目標。在不斷成長的市場中，布朗可以達到更高的成長率，但他相信穩健的步調意味著更能持續發展的企業。而競爭對手美國外科公司野心很大，目標是更高的成長率，然而一九九〇年代中期至晚期，需求銳減、競爭加劇，衝破了美國外科公司的底線，一九九八年正式消失於市場（被泰科國際併購），史賽克仍保有其市場地位。

柯林斯觀察到其他公司也有類似的模式。從長遠看來，比起逐年穩定達成明定目標的公司，積極擴展的公司通常表現得更差。他們在景氣差時，像超人一般努力達成目標，卻在景氣好時故步自封。西南航空的利潤一年比一年好，他們認為一年內過度擴張，反而會減損來年的收益，成立八年後才首度拓展，試探性地拓展德州航線，成立二十五年後才拓展至東岸。自律原則讓西南航空在一九七二年至二〇〇二年成為最好的投資標的，而當時所有航空業都持續衰退、一片低迷。

與快速、不穩定的發展相反，「二十英里行進速度」的好處是，讓你的公司在不穩定的環境中得到一定的控制權。舉例來說，英特爾的成長速度刻意遵守摩爾定律，每十八個月就讓電路的複雜度及功率加倍成長，他們認為只要這麼做，就可以維持競爭力。英特爾尋求高度且持續的成長，但超微半導體的目標是成為積體電路領域的龍頭。一九八〇年代前半，超微半導體的成長率是英特爾的兩倍，但一九八七年代開始至一九九五年，它開始嚴重落後英特爾。為什麼？一九九五年至一九八六年的半導體產業經濟大蕭條中，超微半導體為擴展規模而負債累累，拱手讓了半壁江山給英特爾，損失慘重。柯林斯的重點是：當你將公司運作到極限，任何外部震盪都可以讓你暴露弱點。相反的，成功的企業因為足夠審慎、有紀律，能在不穩定的時期保持領先。

十五年來，生物科技公司基因泰克（Genentech）被視為「下一個大企業」，一直被看好卻表現不佳。直到首席科學家亞瑟・萊文森（Arthur Levinson）晉升成執行長，柯林斯說，這間公司才終於有點紀律，專注於本身具優勢的領域，追求每年穩定成長，如萊文森所說：「第一年、第二、三、四年都成長百分之二，第五年就能成長百分之九十二。」當基因泰克可以將其著名的革新技術與紀律結合，就此蓬勃發展。

柯林斯觀察到，企業總是在尋找下一件大事：能扭轉命運的藥物、殺手級應用轉體、或一本暢銷書，但很可能會不停的尋找。透過紀律與專注力，更加努力工作，充分利用手中資源，就能成為真正成功的企業。或者如柯林斯所說：「下一件大事，或許就是你握在手中的那件大事。」

經驗式創造力

柯林斯在這些非常成功的公司中發現一件非常驚訝的事：他們通常不具創新力。例如說，西南航空其實是太平洋西南航空的翻版，太平洋西南航空是一間加州企業，西南航空的特色大多是它開發出來的，包括點對點航線、週轉時間短、逗趣的空服員等。柯林斯說，史賽克表現得比美國外科公司更優異，也是因為創新程度**低**，其執行長約翰·布朗曾說：「永遠不要第一個踏進市場，也不要是最後一個。」最好的狀況是永遠「落後一點」。

柯林斯觀察其他公司的創新紀錄，發現這些成功企業「在該產業及競爭案例中，創新程度比我們想得更低；他們的創新度**足以**使他們成功，但通常**不會是最創新**的企業」。有些領域需要的創新度很低，例如航空業；有些則很高，例如生物科技，不過一旦克服了創新，要獲得成功，其他事就更為重要了。

另一個例子是英特爾，其高層承認自家的晶片經常不如競爭對手，如德州儀器（Texas Instruments）、摩托羅拉（Motorola）、超微半導體。超微半導體在一九七〇年率先突破一千位元記憶體晶片的極限，成功打入市場的時間比英特爾早了數月，然而三年內，因為英特爾在製造、交貨、擴大規模方面具有優勢，進而成為市場龍頭。它的名言是：「英特爾說到做到。」提醒自己和世界，他們的願景是足夠創新，工程及行銷方面也同樣優秀。畢竟，半導體晶片不只關乎速度及功率，也必須以合理的價格出售，品質也必須穩定可靠，英特爾執行長安迪·葛洛夫（Andy Grove）曾說，希望這間公司可以成為晶片市場中的麥當勞。柯林斯寫道：「創新本身並不是我們設想的王牌，更重要的是擴大創新的能力，將創造力與紀律結合。」

事實證明，以長遠發展角度來說，「先射子彈，後發砲彈」的方式更為靈活。柯林斯的意思是，在新想法或新科技上賭注押小一點（子彈），創立一個小型團隊發展新項目、推向市場，或者併購已經在發展這項科技的公司；即使沒有成果，也不會拖整間公司下水；一旦成功，就能成為未來公司發展的種子。許多公司犯下大錯，早早就發射未經校正的「砲彈」（鉅資投入新項目，或花大錢在併購案上），幾乎拖垮了整間公司。柯林斯說：「小心從錯誤的過程中獲取的好結果。」贏得風險高的大賭注，只會讓你的公司下更多類似的賭注，而大部分都不會成功，很容易成為早早成功、傲慢自大的受害者；而十倍勝公司會保持樂觀、保持創造力，面臨可能失敗的恐懼，他們認為無論最終決策是什麼，都必須經過謹慎的研究過程。

建設性多慮

柯林斯研究的成功企業，保持著「大幅度不理性」的安全範圍，以備厄運或壞事降臨。舉例來說，《金融經濟學雜誌》（*Journal of Financial Economics*）研究了八萬七千間企業的中間值，全都保有公司資產三到十倍的現金在手上。另一個例子是九一一事件時，西南航空還有十億現金可運用，在航空業中保持最佳信用等級。

十倍勝公司可以成功，並不是因為敢冒風險，而是規避風險。在混沌不定、瞬息萬變的世界裡，這樣的自律相當重要。面臨不好的結果時，成功企業不會因此認定原則過時，反之，他們「首先考量是否偏離既定路線，或者摒棄了原則，放棄堅守既定路線」。許多公司陷入一個思維，認為問題的解決方案是徹底檢視工作方式，但有時候只是偏離了核心路線。柯林斯說：「只是因為你的環境被劇烈的變化震盪，不代表你應該徹底改變自己。」事實上，成功企業比其他企業改變得更少，他們視自己的核心價值與實踐方式如國家憲法，鮮少更動，也絕不輕易更動。舉例來說，一九九〇年代中期，比爾・蓋茲將微軟產品導向網路發展，而他也面臨一系列控訴壟斷的告訴。然而微軟並沒有屏棄他們的核心目標及產品，從Windows到Office，造就了微軟的王者地位。

總評

《十倍勝，絕不單靠運氣》其中的新穎觀點，就是研究成功企業中運氣的角色為何。柯林斯寫道，好的企業和其他企業一樣有運氣好壞的時候，但是他們更能利用運氣好時乘勝追擊。反之，大部分企業浪費了好運，沒抓住機會，卻在一落千丈時怪運氣不好。優質企業不惜一切避免指責或放棄的文化，並且深知唯有與眾不同的紀律，才能帶領企業走向成功。

柯林斯補充最後一個因素，區分成功企業與落後企業。成功企業的領導者更有雄心，卻是一種不同的野心，他們會追求實現更宏大的目的，而不僅是商業進步。柯林斯寫道：「我們所有的研究中，最傑出的領導者既關心勝利，也在意價值；既關心利益，也在意目的；既關心成功，也在意用處。」這種良好意圖的結果無法量化，卻似乎讓一個組織超出常規。或許也因為他們的眼光被抬得更高了，也更處於危險之中，唯一能實踐目標的途徑，就是超乎平常的嚴格及紀律。柯林斯在其中一章的開頭引用了詩人朗・瑟瑞諾（Ron Serino）的話：「自由選擇，紀律就是絕對的自由。」

詹姆・柯林斯

詹姆・柯林斯出生於一九五八年，數學學位及工商管理碩士學位皆於史丹佛大學（Stanford University）取得。在管理諮詢公司麥肯錫（McKinsey）及惠普（Hewlett-Packard）工作過一段時間後，他於史丹佛商學院任教，一九九五年設立自己的「管理研究實驗室」，研究成功企業。二〇一二年至二〇一三年間，他在美國軍事學院（United States Military Academy at West Point，或稱西點學校）教授領導課程。

其他著作包括一九九四年《基業長青》、二〇〇一年《從A到A+》（*Good to Great: Why Some Companies Make the Leap... and Others Don't*）、二〇〇九年《為什麼A+巨人也會倒下：企業從卓越走向衰敗的五個階段，以及如何谷底翻身、反敗為勝》（*How the Mighty Fall: And Why Some Companies Never Give In*）。

1982

轉危為安：管理十四要點的實踐

Out of the Crisis

「管理績效應該透過為未來改進產品及服務，以持續經營、保護資產、確保未來分紅與就業的潛能來衡量，而不只是季度紅利。」

「這個假設在世界各地廣為流傳：如果生產工人用我們教導的方式工作，生產或服務端就不會有問題。真是個美夢。工人受限於系統，而系統受管理管轄。」

「你可以設置一張新桌子，一條新地毯，或一個新的領導者，但不會是品質管制。任何提議『設置品質管制』的人，對品質管制的知識出奇地低落。任何企業要在改進品質及生產力方面取得成功，必須成為年復一年的學習過程，並由管理階層領導整個公司。」

總結一句

品質不是個體工作者的產出，而是系統中的一部分。

同場加映

阿爾弗雷德·錢德勒《看得見的手》（4章）
詹姆·柯林斯《十倍勝，絕不單靠運氣》（8章）
彼得·聖吉《第五項修練》（38章）
弗雷德里克·溫斯洛·泰勒《科學管理原理》（44章）
詹姆斯·沃瑪克＆丹尼爾·瓊斯＆丹尼爾·魯斯《改變世界的機器》（50章）

09

威廉・愛德華茲・戴明

W. Edwards Deming

一九四七年，日本到處都是被炸毀的城市，現有工廠生產的劣質品根本無法出口，西方世界中的任何人都難以相信數十年後，日本的汽車及電子產品會成為品質的象徵。一九五〇年，威廉・愛德華茲・戴明與其他美國人，如工程師約瑟夫・朱蘭（Joseph Juran），辦了多場講座及課程，教授日本的工程師及管理者統計方法，以提升品質管制及生產力。輸掉戰爭後，日本極其渴望重拾驕傲，傾注於軍事勝利中的所有力量，都轉為一股決心，要從廢墟中崛起成為工業強權。

戴明職業生涯最大的諷刺之處就是：一個美國人教日本人如何創造高品質產品，讓日本產業開始超越美國（汽車、電子等其他領域）。儘管日本人視他為先知（豐田汽車公司的大廳掛著戴明的肖像，與其他創辦人並列），在美國卻經常被忽視。《轉危為安：管理十四要點的實踐》是他對美國發出的懇求，美國產業已經變得傲慢自大且不珍惜資源，國內市場受關稅保護生產劣質品，戴明希望找出工藝中的品質、價值與驕傲。它的「十四項」品質與生產力要點（詳述於後文），最終被美國管理學者採納，晚年大眾開始視戴明為先知者，但或許為時已晚。

戴明的努力提醒我們一個問題，「什麼是品質？」羅伯．波西格（Robert Pirsig）的經典著作《禪與摩托車維修的藝術》（*Zen and the Art of Motorcycle Maintenance*）中曾提到，品質很難以理性方式定義，但經驗到品質時，我們就知道它是什麼。品質不只是「卓越」，而是它真的走進某物的事實。有人在意與無人在意之間的不同之處，是豐富生活或讓人崩潰的機器或服務之間，我們必須擇一購買。戴明很清楚地知道，他的思想超越了工程學及統計學，已然成為一種哲學，包含了個體潛能與一個事實，就是偉大的組織是一個系統，比任何人偉大的系統。豐田汽車的「精實生產」系統，幾乎被全世界成功的製造商複製，而這正是源自戴明哲學。

全在於管理

戴明說，商業中最大的錯誤，就是沒有能力計劃未來及預想可能發生的問題。「美國工業的根本病灶，」他寫道：「以及導致低就業率的因素，就是管理高層的失敗。一間公司會失敗，通常會歸咎於創業成本、成本過高、過多庫存折舊、競爭等——總之不會有真正的原因，單純管理不善。」

當戴明強調「管理必須宣布未來方針，專注於經營，為人們提供工作機會，更多工作機會」，為了展望整個世代，甚至更遠的未來，這幾乎是一種歐洲式的敏銳度，與美國快速進程的思維完全不同，一如熊彼得學說，必須對舊產業及商業進行「顛覆性破壞」，為新產業開路。

戴明的格言是「顧客是生產線中最重要的部分」。顧客想要什麼？真正有用的產品，耐用度高，才有價值。與戰後美國及歐洲製造商的做法完全不同，當時對商品及服務的需求如此之高，以至於品質一般的商品也能僥倖過關。但是，一九七〇年代日本產品開始輸入西方市場，人們看到它的價值，開始購入日本商品。

戴明說，戰後的日本只剩下一個空殼，淨值為負，也缺乏許多國家視為當然的天然資源，甚至無法提供國內農業支援。他們曾以低劣的商品品質聞名，為了生存及引進食物與原料，必須生產品質更好的**產品**。日本很幸運，「這個國家的財富仰仗其人民、管理人才及政府，而不是天然資源」，戴明寫道。日本早在一開始就已「獲得」品質，並能以此獲利。

品質與生產力：硬幣的兩面

美國管理階級的傳統觀點想提出疑問：「以另一個角度看，投資於高品質的成本太高，是否意味著成本將提高，而競爭力下降呢？」戴明說，這個問題「是由片段詞彙拼湊的理解」。

一九五〇年起，日本製造商投注資源以提升品質，不惜成本。未來三十年日本迎頭趕上美國製造商，他們絲毫沒有意識到「改善品質可以減少浪費及錯誤，進而降低成本」的良性循環。

戴明經常被問的問題是：「為什麼隨著品質提升，生產力就會提高？」他的答案是，越少必須修正的錯誤，意味著越能減少浪費，本來拿來解決問題的資源，就能用來製造更好的產品或服務。降低成本意味著更有競爭力，創造更多就業機會及更快樂的勞工。勞工開始覺得游刃有餘，並對自己的技能感到驕傲，於是開始幫公司及它的未來思考，而不只是他們個人從中獲得的好處。對他們來說，管理人員不只是抓出錯誤，而是創造及改善**系統**，讓錯誤不再發生。

戴明寫道，首先你必須做出清楚的定義，以品質來說什麼可接受、什麼不可接受，只有開始衡量並看清楚這件事，才能知道要做什麼，才能解決問題。戴明提到標籤印刷公司Nashua copier company，他們開始在自己的無碳紙生產過程，使用詳細的統計測量方法，如此可以降低不必要的化學品成本，增加產品的穩定度及品質。測量或追蹤的細節，都可以用來改善現狀。

逐步降低錯誤比率直至為零是可能的，因為所有錯誤都可以回溯至原始來源，是否問題出在廠區的進料，機械沒有正常運轉，或是品質可接受度模糊不清。與其和便宜的供應商購買零件、原物料、需求品，品質才應該是選擇合作夥伴的決定性因素。如果你選擇以品質為基礎，與供應商發展長期合作關係，採購規格就能更詳盡，而供應商也能根據你的需求提供更好的解決方案。合作關係的品質也關乎到成品的品質。

戴明特別說明，新的機器或小工具不是提升生產力及品質的神奇答案，除非有完整的系統，緊密地結合人與機器，否則就會像以前一樣浪費力氣與時間。「企業不能以購買提升品質，」戴明說。他寫作的同時，電腦正在企業中扮演重要角色，但他警告，前所未有的大量數據只存於電腦裡，缺乏真正的分析就不是解答。真正重要的是人拿著數據，展示產品或服務的品質改變是如何、在哪裡、以及發生的因素。非預期的變化就是產品的終結。對顧客來說，他們不會抱怨，只會直接走向其他商家。要完全意識到你的品質還不夠好，需要花上數月、甚至數年時間。將變異減為零，生產力就會飆升，所有成本都能降低，進而回饋給顧客。

問題在系統，而非員工

有一次，戴明拿到了一疊他的論文印刷複本，他很快地發現其中一兩頁是空白的，印刷廠老闆因為員工犯錯而生氣，不知道為什麼他們不願意看到真正的問題出在管理：為什麼開商店是為了生產，而不是生產品質。

戴明說，問題**總是**出在系統，而不是員工。美國管理階級認為品管圈（Quality Control Circles）是創造品質快速提升的答案，由員工提出生產問題的資訊。但是這個循環迴避了一個事實，錯誤不只是由特定員工造成的，而是對產品的設計與規格方面，缺乏訓練及好的機器。他強烈反對個人績效評估、績效評比、年度評比，其實都是靠恐懼在管理。它專注於中短產品，系統掩飾了人與流程的問題，從一開始產品的命運就已註定，必須先建立起共同理解，整個系統才能變得更好。績效評比成為潮流，戴明認為這會帶來腐蝕性的後果。與之相反，組織應該關注兩點：一開始就慎重地選擇人才；灌輸領導能力教育。應該以下列兩點來評估：

- 「對系統好的一面」（客觀衡量貢獻良多）
- 「對系統壞的一面」（管理階層的工作就是幫助員工）

戴明說，美國勞動力流動及管理的變化太多。人們工作時間太短，以及短視的管理眼界，無法建立實質與長遠的未來。人們需要穩定及安全的工作才能實踐潛能，他寫作時共有八十位諾貝爾獎得主，「他們有終身職位、足夠的穩定性，他們只需對自己負責」。意思是他們對自己的工作有責任感，所以只發表自己引以為傲的成果。日本的終身聘僱制及資歷為本的升遷制度，在西方世界引發很多評論，但其中有很多好處。相較之下，美國勞動市場的快速流動性，創造了一種「人人為己」的氛圍，職業生活成為加薪、升遷、取悅老闆而已，這種氛圍下，人們不願為公司利益、長遠發展考量，甚至不會以他的工作為傲。

服務品質

即使到了一九八〇年代，美國就業比率百分之七十五還是服務業，從餐廳、飯店、銀行、保險、新聞、宗教組織、建築、傳播。這項數值只增不減，顯然生活水平仰仗服務產業的品質與生產力。戴明認為服務性組織提高品質的方法包括：

- 讓每個人都非常清楚服務及目標的新重點，並以訓練貫徹重點。任何員工都是呈現企業形象的人，例如貨車司機或客服中心的電話員。
- 打破管理階層與勞工間的溝通障礙，驅散勞工對管理人員的恐懼。例如明確地讓大家知道，老闆會聽取下屬意見。
- 打破各分支與部門間的藩籬。
- 取消以口號及海報讓員工「更好」，明確地讓大家知道，管理階層的工作目的就是幫助員工好好工作。
- 重新調整期望，以品質取代數量。只要提升品質，數量自然直線上升。
- 訓練所有員工有分析數字的能力，如此員工可以看到是否符合標準，並快速採取行動。

無庸置疑，所有成功服務的關鍵是計劃與設計：「一旦計劃中某部分偏離了，就很難在產品中建立品質。」例如說，大多數飯店的品質，早在開幕第一天就已經成立，客房的陳設、管道設備、電梯、空調。戴明說，一旦設備中有一項出錯，即使有親切的員工接待，也無法彌補。

總評

戴明相當有遠見地說，美國產業要進步，靠的不是恢復而是改造。也就是說，不是讓現有之物變得更好，而是運用新流程及新系統，從頭開始想像、創造新產物。但如果管理高層只以達到股息目標或追求短期利益，這些都不可能發生。戴明認為併購、重組、企業接管、收購都是「毒瘤」，對企業變動的恐懼會轉移「堅定目標」的決心，這種「紙上談兵的企業精神」總是會轉移建立生產基礎的目標。戴明說，管理者「有道德責任保護企業資產」，知道他們最首要的目標就是經營企業，讓企業不斷發展至下一個世代。

有人認為戴明的思想強調團隊凌駕個人，強調企業凌駕老闆，為了維持生計必須放眼未來的永續企業，是對西方個人主義及短期企業文化的詛咒，他的思維特別適合亞洲，重視社區意識而非個人。確實，戴明寫作時日本企業正佔上風，高品質產品及更低的價格，讓美國製造商憂心忡忡。但是書中提出的幾個糟糕實例都來自日本，今天看來許多日本企業失敗都歸咎於缺乏透明度及領導力。品質不是「美國」或「日本」的，而是透過一間間企業、一個個系統來實現。

威廉．愛德華茲．戴明

威廉．愛德華茲．戴明出生於一九〇三年美國愛荷華州蘇城（Sioux City, Iowa），成長於懷俄明州（Wyoming）的農場中。在懷俄明大學取得電子工程學位，後於耶魯大學取得數學物理學博士學位。一九三六年曾於倫敦大學學院學習一年。

在貝爾電信公司（Bell Telephones）品質管制小組工作一段時間後，轉到美國農業部（US Department of Agriculture）工作，一九三九年成為美國人口普查局（US Census）統計學家，二次大戰期間推廣統計方法，以提高工業生產標準。戰爭結束後，戴明成為紐約大學（New York University）統計學教授，直至一九九三年戴明逝世。

一九四七年戴明應麥克阿瑟將軍（General MacArthur）之邀，首次造訪美國軍事佔領下的日本，協助安排一九五一年人口普查相關事宜。旅日期間，受日本科學技術聯盟（Japanese Union of Scientists and Engineers）邀請，講述他的統計方法及管理思想。他對日本相關從業人員說，如果他們建立起品質管制原則，很快就能提升產業水平，並及時生產出世界真正需要的高品質產品，而與談的管理人員之一，包括索尼（Sony）創辦人盛田昭夫（Akio Morita）。

戴明的職業生涯一直為私人企業提供諮詢服務，於底特律（Detroit）為福特汽車工作的經歷，也被視為該公司在一九八〇年代復興的原因，成為製造高品質汽車及利潤豐厚的成功企業。晚年曾於哥倫比亞商學院（Columbia Business School）教學，該校以戴明之名創辦了競爭力與生產力中心。一九八七年美國總統雷根頒予美國國家科技創新獎章（National Medal of Technology）。其他重要著作包括一九九四年《新經濟學：產、官、學一體適用，回歸人性的經營哲學》（*The New Economics for Industry, Government, and Education*）。

1967

杜拉克談高效能的5個習慣

The Effective Executive

「如果管理者任由事件走向，來決定他該做什麼、未來規劃、重點發展，將會把自己浪費在經營中。他可能是優秀人才，但肯定會浪費自己的知識與能力，丟失自己可能達成的一點成就。管理者需要的是一個標準，能專注於真正重要的事，也就是貢獻與成果，即使無法在事件走向中找出這個標準。」

「從不問自己『我可以貢獻什麼？』的管理者，可能不只是目標太低，甚至設定了錯的目標。最重要的是，他們可能將自己的貢獻定義得過於狹隘。」

總結一句

沒有人生來效率就很好，就像沒有人生來就是領導者。效率取決於明確的目標，以及想要有所貢獻的欲望。

同場加映

阿爾弗雷德・錢德勒《看得見的手》（4章）
道格拉斯・麥格雷戈《企業的人性面》（29章）
湯姆・雷斯＆拜瑞・康奇《發現我的領導天才》（31章）
彼得・聖吉《第五項修練》（38章）
羅伯特・湯森《提升組織力》（46章）

10

彼得・杜拉克

Peter Drucker

彼得・杜拉克寫道，直到一世紀以前，大多數人還是根據社會地位取得職位、工作。不管是國家職位、宗教組織或軍隊，崗位中的「效率」遠不及由誰任職來得重要。

今日，我們生活在菁英路線運作的社會組織中，我們的工作在企業、政府機關、非營利組織，持續關注績效與進步的組織中，無論一開始有什麼優點或缺點，都不如工作時的效率重要。然而杜拉克大膽地斷言，人們的高效率「之所以顯著，是因為他們沒有擔任高階管理職位」。高階職位中有許多優秀人才，有些人的想像力卓越，有些人則對該產業、部門有豐富的知識，但其中許多人只是不善於**把事情做好**。在同一個組織中，總是會有一些辛勤工作的人，不那麼傑出、有創造力、有魅力，卻表現得很好。

效率不等於努力工作、優秀或知識豐富，杜拉克說，而是在於一系列實踐及思考的方式。

管理者的目的

杜拉克的時代，人們對效率的關注驚人地低，原因很簡單，就是管理這件事只落在很少部分人身上，無論軍隊、醫院、公司都是這些人下命令，大多數人遵守而已。沒有多少人必須認真思考事情運行得好不好，只需高效率地完成自己的工作。

今日的知識工作者應聘來**思考**，也就是找出組織中應該做的事，並付諸行動。有些人被稱為「高階管理人」，因為很多人「從屬」於他們之下，但杜拉克說，真正的高階管理人並不仰賴職位或報告數量，而在於從根本上為組織做出貢獻——例如，營運實驗室，為公司未來指點方向；看出市場動向，獻上聰明的策略。

有時候我們可能會聽到，好的管理人「會做出很多決策，並且很迅速地對正發生的事做出回應」，杜拉克說這是謬論。真正的管理人不是受聘來「滅火」的，而是來做出真正至關重要的決策，幫助組織定位及達到目的。這些決策都需要時間且深思熟慮，而真正的管理人具策略性，而非被動反應。

杜拉克與許多組織合作顧問工作時發現，沒有「效率性格」這回事。高效率人有各種不同的性格、能力、興趣。有些人是話說起來滔滔不絕的外向型人格，有些人是沉默寡言的學者型人格，有些人符合「領導者」形象，還有些人平淡無奇、沒沒無聞，有些人只是憑勇氣做事，有些人則為每個抉擇掙扎痛苦。他們唯一的共同點就是有一系列實作方法，能夠完成對的事，並配合下述這些條件。

時間

有效率的管理人知道他們的時間花去哪裡，並且熱衷於守護真正屬於自己的時間。

有效率的人首先找出他們的時間分配，時間是最短缺的資源，你永遠可以得到更多資金或人才，但無法從任何地方「得到」時間。杜拉克寫道：「愛惜時間這一點，就是高效管理人最與眾不同之處。」

大多數管理人必須花很多時間做沒有價值的事，只是別人期望他們忠於職責的事。為了做真正重要的事，必須適度地留下絕大部分時間——例如說，為一個報告初稿留下六至八小時，因為一旦思路被中斷就等於全毀，必須重新再來，這與為了一個報告持續兩週每天花十五分鐘，所得到的效果完全不同。同樣地，你也無法透過十分鐘，就能與下屬建立融洽的關係。與下屬建立重要的關係，每次至少一小時，透過匯報討論看出他們在組織中的角色，以及可以做什麼來提升效率。反過來看，有許多看起來是高階管理人的工作，其實沒有那麼重要，也可以由別人代之。這不是「授權」的問題，授權意味著讓別人做**我的**工作，而是：「這真的是非我不可的工作嗎？我本身需要做這件事嗎？」例如讓更年輕的員工多多為公司出差，他們會樂在其中，面對工作的辛勞更游刃有餘。

高效管理人非常清楚他的百分之二十時間可以產生百分之八十成果，於是小心翼翼地保護這些時間。有些管理人一週會在家工作一天，另一些會將重要電話及會議安排在下午等等。最重要的是，不要將一天浪費在對長遠之計無益的事上，塑造組織的那些重大、重要事務，才需要使用你的腦力與洞見，需要你應有的關注。畢竟，這才是請你來的目的。

貢獻

杜拉克觀察到，多數管理人都看重他們的努力，而非成果。他們總是在想，組織虧欠他們曾付出的努力，心心念念他們的地位與權力。當他們被問及，在公司中怎樣的地位才算公平，他們會說：「由我負責三百人的銷售團隊」或「由我掌管工程部門」，或許是很踏實的回報，但你會聽到高效管理人的答覆是：「由我負責挖掘明天顧客想要的產品是什麼。」他們以明確的目標衡量自己的表現，而非想著他能行使的權力有多少。高效管理人會持續地發問：「我能做出的貢獻是什麼？」他們不會在一天之初說，「我今天會工作十小時」，而是「我想完成某事」。

高階管理人失敗的最常見因素，就是無法調適新工作的需求。但是當高階管理人問：「我可以貢獻什麼？」一開始他們會專注於一兩件足以產生大影響的事，即使他們必須學習新事物或改變一貫的模式，在意結果會讓管理人無法發揮特長，反而將重心整個組織的目標。為了實踐組織目標，他們必須專注於組織為了顧客、客戶、患者，在世界上達成的成就，如果組織無法達成既定目標，那他們的頭銜也就不重要了。

當管理人注重貢獻，所有為他工作的人自動會提高標準，他們會不斷地意識到更高的標準，為達到目標努力工作，而非受瑣事煩擾，看重貢獻可以讓高階管理人免於日復一日地生活於事件及危機中，所以創建好團隊非常重要，如果沒有明確的目標，眾人也無法齊心協力有所成就。

強項

當美國總統亞伯拉罕．林肯（Abraham Lincoln）任命格蘭特將軍（General Grant）為美國內戰期間的總司令，有人提醒他格蘭特有酗酒的習慣，但林肯並非尋找一個滴酒不沾的人，而是能贏得戰爭的人。他所任命「人格完美」的將軍們，表現都讓人失望，最終林肯發現他需要的是不那麼完美，卻實力堅強的人。

杜拉克說，只在意一個人不擅長的事，「即使不是濫用，也是人力資源上的耽誤人才」。現代工作評估是評斷一個人弱點的機會，如果一個人覺得自己的弱點被隱藏起來，而強項卻引人矚目、受到鼓舞，他們就會更努力地為老闆工作。杜拉克說，不受規則約束、不做工作評估的高階管理人，才是走在正確的道路上。

高階管理人的工作很簡單：組成一個團隊，讓他們將一件事做到「非凡地完美」。稅務會計師非常善於自己的工作，卻不善於處理人際關係，而團隊中其他人可以在這方面做得很好，就可以讓他專注於自己的工作中。

杜拉克建議，只讓已證明自己是最適合這份工作的人升遷，而這個人是否「太年輕」或「不被其他人接受」，甚至會打破某些內部規則，像是「從不任命沒有相關經驗的人」，一點都不重要。而另一個角度來說，必須無情地開除任何表現不好的人，因為整個組織將因此衰敗。這不是評斷個人，只是他們不適任這份工作。

要成為一名高效管理人，不僅要運用下屬的強項，也要運用老闆的強項。如果對數字很在行，就確保每個你提出的建議，都有豐富的數據做後盾；如果他只在相關人等都在場時才能做決定，就不要寫他不會讀的長篇大論，準備好總結三個要點口頭報告即可。記得你的老闆一旦成功，你也很可能會成功。

專注

人們擅長很多事，我們是「多工工具」。當我們將所知及能力專注於一**項任務**，就可以成就大事。一個組織的新領導者可以依循傳統路線並進行分析，找出一系列「必須完成的事」。但新領導者需要的不是分析，而是勇氣——專注於某一項優先事件或機會，讓整體組織朝著方向前進，一旦實踐目標，組織就可能成為該領域的先驅。而另一個選項是，追著其他公司的既定路線，則成為平庸的跟風者。

只專注於單一機會，是否可能讓高階管理人或領導者變得死板？其實，一旦目標實現，組織就可以很快地轉移到下一個目標。高效管理人永遠關注未來，將資源投入表現最好的部分，截斷不合時宜的資源注入。就像某些法律會自動被廢除，除非它們持續證明自己的價值，這個規則在私人單位也一樣通用。高效執行機構會「有系統地淘汰舊產品」，你的公司開發產品，不代表它必須永遠佔有一席之地。為了推出一個新產品，或許需要屏棄一個產品或服務。

決策

高效管理人花費許多時間與努力，做出正確的少數、基本決策，知道其他多數決策的因果關聯不大，也還有轉圜餘地。

做決策的傳統思維是「找出事實」，但一個人認知的事實可能與別人不同，我們總是可以找到符合自己論述的事實，最好的方式是從一個前提開始，它可以被你或其他人測試，看看它是否站得住腳。一個決策就是一個評斷，而所有評斷都立基於不確定性。因此，有其他選項在手裡更為明智；有時候效率來自放下不切實際的計劃。前美國總統富蘭克林．羅斯福（Franklin Roosevelt）走進辦公室時，他想透過緊縮政策重建經濟。競選時他主打保守派經濟策略，也就是審慎的財政方案。但他很快地發現，這個策略只會在正常情況下奏效，緊急情況下是無效的。他很快轉向激進的金融政治革新策略，推出

「羅斯福新政」。

傳統思維認為好的決策來自共識，杜拉克說，恰恰相反，好的決策來自充分可行的競爭立場。法庭上，律師進行「對抗制」（辯論式訴訟）也是為了挖掘、得到真相。一個高效管理人鼓勵他的員工有強烈不同意的意見，並允許他們的職位受到現實考驗，只有這樣才能做出正確的決策。很多時候，幾乎是「決策本身」做出決策，因為它產於已知的事物。

做決策的另一個好方法是，完全不採取行動。決策的影響力通常很驚人，會導致許多負面影響，因此，杜拉克說，除非決策的好處明顯大於代價時，才應該採取行動。但是一旦做出決策，就不該迴避或妥協。

杜拉克說，電腦永遠不會取代人類的決策能力，人類才能更好地看清全貌。電腦擅長的只有邏輯，無法考量傾向、意見、價值觀，以及最重要的人際關係等因素，而這些都是做出好決策的要事。電腦可以處理數據，但只有管理人可以說這些數據對組織的意義為何。

然而杜拉克也預見到，因為更多人可以接觸到數據及資訊，運算能力會讓讓決策能力下滑。然而，仍然需要如何運用豐富資訊的判斷力，弔詭的是，運算能力越好就有越多決策要做，也就是需要人力。即使他們不穿西裝、不打領帶，組織也必須增加員工人數，才能應付日趨增加的管理需求，以做出更多精確的決策。

總評

杜拉克很樂於承認，成為高階管理人不是多偉大的成就，毫無疑問地還有更偉大的目標。同樣的，社會需要越來越多的高效管理人，來運作組織組成現代生活。如果一個國家想要維持生活水平，知識工作者與管理人就不只需要良好教育，還要提升效率。為了經濟，我們必須確保組織昌盛；為了人們與社會，必須讓人們生活富裕。組織需要個體，而組織提供學習與實踐潛能的最好方式，所以，個體也需要組織。

彼得・杜拉克

彼得・杜拉克出生於一九〇九年奧地利維也納，中學畢業後前往德國，於法蘭克福大學（Frankfurt University）取得國際公法博士學位。一九四三年成為美國公民。一九五〇年至一九七一年於紐約大學任管理學教授。一九七一年被指派為加州克萊蒙研究大學（Claremont Graduate University）社會科學與管理學院克拉克講座教授，直至二〇〇五年逝世。

杜拉克共有三十九本著作。一九七五年至一九九五年，也任《華爾街日報》（*Wall Street Journal*）專欄作家。一九四六年出版的《企業的概念》（*Concept of the Corporation*），內容主要是通用汽車公司內部運作之研究，這本書讓他一舉成名。其他著作包括一九五四年《彼得・杜拉克的管理聖經》（*The Practice of Management*），一九九三年《後資本主義社會》（*Post- Capitalist*）。

二〇〇二年，杜拉克九十二歲，時任美國總統喬治・布希（George W. Bush）授與總統自由勳章。

2011

哈佛這樣教談判力：
增強優勢，談出利多人和的好結果

Getting To Yes

「簡而言之，這種方法是以原則為基礎找出解決方案，而不是壓力，對理性抱持開放態度，反對威脅。你的具體問題中有越多公平、高效率或科學價值的標準，就越可能產出睿智且清楚明瞭的最終方案。」

「好的談判者鮮少立即做出重要決策，想求好或放棄的心理壓力太大。多一點時間與距離可以幫助人們從問題中解脫出來。」

「參考前例更有利於做出決策，所以找找前例吧。找找看其他人在相似情況下可能做出的決策或聲明，以此為基礎擬定協議。這會為你的要求提供一個客觀標準，也更容易進行下去。」

「人們認為談判力是由財富、政治關係、體力、人際關係、軍事實力這類資源決定。事實上，兩個團體間的談判力取決於雙方不達成協議的吸引力有多大。」

總結一句

好的談判者專注於原則，而不會企圖操縱。

同場加映

彼得・杜拉克《杜拉克談高效能的5個習慣》（10章）

派屈克・蘭奇歐尼《克服團隊領導的5大障礙》（25章）

11

羅傑・費雪&威廉・尤瑞&布魯斯・派頓

Roger Fisher, William Ury & Bruce Patton

很多人害怕談判，就像害怕公開演說一樣。好好談判的能力似乎就像外交官、組織官員、或銷售員運用的一門「暗黑藝術」，像是我們永遠無法擁有的天賦。事實上，我們每天在做的每件事都在不停地談判，不管是和另一半討論家用的收支，或是為孩子制定家庭規範。只要我們踏入職場，就不停地和老闆、同事、供應商、顧客談判。

三十五年前《哈佛這樣教談判力：增強優勢，談出利多人和的好結果》出版時，「談判」還是會讓人想起槍林彈雨的畫面、工廠倒閉的威脅、國際政治危機的詞彙。這本書成功地讓談判技巧的印象平民化，成為全世界法學院、商學院、公共管理學系的課程。

在這之前，法學教授費雪及人類學家尤瑞曾出版一九八一年版本，一九九一年及二〇一一年版才有國際調解人布魯斯・派頓加入合著。他們是一九七九年哈佛談判專案中心（隸屬哈佛法學院）的三位創辦人，發展辯論方法的理論與實務。最新版本更新書中範例，更能親近年輕讀者群。如果你想學「如何和平達成協議」，這是值得一讀的書。

協議取代階級

過去，每件事都有清楚的階級，有人給規則，有人執行。但今日，隨著組織結構變得更民主，快速革新的需求，以及越來越多合約商出現，他們既非上級也不是下屬，所有事務都以協議達成，而非強迫接受。對員工來說也是如此；如今，如果不理解背後的道理，或對老闆的觀點與哲學「不買帳」，很少人會盲從指令。

作者說，一場無聲革命正悄悄上演，「權力金字塔正轉向談判網絡」。他們說談判革命會帶來更多衝突，不是減少——但這是好事。傳統階級結構，包括組織及社群團體，甚至家庭，都經常壓抑衝突，只有結構不那麼嚴謹時，問題和爭議才會浮現。想像一下吵雜、好爭執的民主體系與威權政體，作者說：「這似乎很奇怪，但世界需要更多衝突，而非減少。」

談判立場

傳統的談判形式是**地位協議**，談判中每一方都有自己的立場，也就是賣方及買方對某物的價值認知，透過讓步達成最後協定，或者無法達成協定。從一個極端價格開始，你知道不可能達成的價格，試著讓對方摸不著你真正可以接受的價格。這種談判的問題是，我們執著於自己的立場，為了「面子」

談判很容易破裂，產生敵意，或導致糟糕的結果。在大多數人的心裡，「談判」讓人想起針鋒相對的畫面，一方為了得到他們想要的，而另一方不得不讓步。

採取立場談判通常需要很多時間，因為要花時間找出另一方真正的立場。拖拖拉拉、遲遲不答覆、或威脅退出，都成為耗時的情況，總歸是意志的競賽。一方可能覺得受到不公平的待遇，而拒絕再和另一方交涉。

為了避免這種談判，人們通常走向另一個極端，試著把對方當朋友，讓步更多，就不會有太多負面情緒帶入框架中，也不會讓關係陷入危機。關係凌駕於結果的談判，通常會導出糟糕的結果。當一個溫和的談判者遇到強硬、有地位的對手，後者總是會佔上風、贏得談判。

以原則為基礎的談判

這是比較好的方式。作者說，真正的談判是「一起尋求共同利益及合理標準」。哈佛談判專案中心發展的**原則談判**概念，關注事情的客觀價值，而不是一方可以堅持自己的立場多久。原則談判保護你「免於被人利用你的善良」。不像其他談判策略，成功取決於另一方是否不知道你知道的事情，當雙方都在進行一樣的事，其實原則談判才能達到最好的效果。沒有必要耍小手段、套話、裝腔作勢，雙方都以事實為基礎導向。這個方法無法每次達到雙贏效果，但顯然更公正。

取向與立場的差別在哪？作者說：「你的立場是你早就決定的，而取向是你決定的因素。」有技巧的談判者會觀察對手採取立場的背後因素——他們的欲望、需求、恐懼、關注點。好的方案就要靠觀察這些才能找到，超越既定的立場。

一九六七年第三次中東戰爭（又稱六日戰爭），埃及襲擊以色列，以色列反擊並取得西奈半島（Sinai Peninsula）。埃及無望奪回西奈半島，一九七八年與以色列在大衛營談判（大衛營協議，Camp David Summit）。以色列希望保住戰爭中所贏，但無論提出什麼提議，埃及都堅持除非西奈半島重歸埃及，否則什麼提議都不必談。畢竟，從法老時期開始，這裡一直屬於埃及，而以色列也不希望埃及軍隊時時接近邊陲，時時準備侵犯。在大衛營，美國幫助前埃及總統沙達特（Anwar Sadat）及以色列總統比金（Menachim Begin）達成協議，互相考量彼此的需求、欲望、關注點及恐懼：埃及重得西奈半島，但會有很大的非軍事區保護以色列的安全。

作者說，仔細地觀察任何衝突，通常都牽涉到共同利益。舉例來說，房東與租客關係，雙方都希望彼此可靠：租客希望能長住的居所，房東希望是穩定的租客；雙方都希望保持屋況良好：如此租客有好房子可住，對房東來說也可以增加房子的價值；雙方都需要和對方保持良好關係：租客需要能尊重租客隱私及會固定修繕房屋的房東，房東也需要準時付房租的租客。彼此利益重疊時，就可能獲得長久租約，即使他們有歧異（例如：「如果租金不漲，房屋維修就不能完善」），關注彼此利益仍可以達到雙方滿意的交易。

什麼是公平，什麼是對的

更詳細地說，地位協議外的另一個選項，就是**根據是非談判**，包括：

把相關人員從問題中區分出來

不要把自己和對方視為對抗的兩方，想像你們是並肩合作要解決問題。暫時忘掉你的底線，問自己：「對你們來說有什麼利弊得失？」

仔細留意桌子另一方的人有什麼情緒，找出他們特別自豪或敏銳的事，與其相應地表達你的提議。不要對引發爭議的言論或憤怒的情緒做出反應，這可能只是發洩情緒，或者讓談判者看起來很強硬，有機會在同事面前表現。

如果一場談判（或夫妻間的爭執）充滿情緒，就很難真正聽到另一方的想法。但如果我們要找出好方法，就必須試著這麼做，讓他們解釋自己的立場，大聲地重複講述。要記得，理解與同意不是同一件事。

創造許多雙方都有所收穫的選項

開一場讓人自在的會議，每個可能選項都有想像及考慮的空間，可以增加提出創造性方案的機會：留下下次會議達成真正協議的可能性。

如果你有希望達成協議的提案，儘早讓對方加入，他們就會覺得參與其中，將某事表達得像既定事實，通常會招致反彈或怨懟。開始談判時要「闡明細節」，例如說，一名運動員經紀人可能一開始就說，他的客戶在職涯的這個階段，認為年薪五百萬美元才能好好表達他的價值，他相信自己有這個價值，而五年一約可以為他的工作提供保障。這可以讓對方清楚地知道你要什麼，也展現開闊的心胸，證明你不是死板的人。表達你的傾向遠比立場重要得多，「兩個談判者，因為積極於自己的方向，」作者說，「這會激勵對方的創造力，想出互惠互利的解決方案。」

堅持任何結果都符合客觀標準

避免讓談判成為意志戰爭，「最頑強的人才能勝出」。堅持任何協議都必須以獨立的標準衡量，例如市場價值、專家意見、風俗或法律。如此，任何一方都不會「輸」。

根據《聯合國海洋公約》（Law of the Sea）協商深海採礦，印度提議採礦公司預付六千萬美元給東道國。美國擁有許多大型採礦公司，首先反對。這兩種觀點似乎沒有交集，直到麻省理工研究員開發模型，評估深海海底採礦的經濟效益，雙方認同這客觀且有益。結果是，印度同意比原本低許多的金額，也不妨礙採礦商鑽探，美國也認為收取一些費用是合理的。如果各方都堅持己見，就不可能達成任何協議。在這個事件中，沒有一方退縮，看起來軟弱或沒有面子，只是根據事實證據改變角度。

作者說，人們「深受合法觀念影響」，如果你想讓所有人知道什麼是對的，就必須提出「公平、合法、高尚」的解決方案，也可以剔除談判過程中的個人因素。

如果……？

談論客觀標準當然很好，但如果對方比你強大許多呢？

作者說，財富、體力、軍事或政治實力的力量遠比我們想像得少。更重要的是在談判桌上拿出有吸引力的替代選項，才能在未達成協議時，笑著離開談判桌。如果你心中已有最好的解決方案，就不會對談判感到絕望，也有更強大的後盾。誰才是手握權力的人，取決於哪一方考慮了達成協議的替代方案，並滿意該方案。不要問「誰更強大？」如果你發現自己手握權力，自然會更放鬆，也不會妥善地準備協議。同樣地，如果你認為自己勢單力薄，可能會輕易放棄。

如果另一方拒絕看到協議的優缺點，只想玩猜忌立場的遊戲，對你發出攻擊呢？人們對批評及攻擊立場的自然反應是不合理，而這些只會讓他們更為防備，並為自己的立場辯護。最好的回應是「談判柔道」，不要試著抵抗或反駁他們的強項或個人攻擊，假設他們的立場都出自真誠意圖，並希望顧及各方。那麼你就會問：「現在我們可以做什麼，盡快地達成協議呢？」

談判中提問比陳述更有力，每一方都可以用非防禦的方式，完整地表達原則與利益傾向。如果另一方做出不公正的假設，最好的回應之一，就是不回應。沉默會帶出解釋及新的意見。

如果另一方使出骯髒手段、威脅、不合理的提議和要求，那就大聲說出他們的舉動，告訴他們你需要休息一下，再決定是否值得繼續協商。這樣你有機會避免做出輕率且糟糕的決定，也能讓他們反思自己的行為，是否達到預期的效果。

小心黑臉白臉的招數和階段策略，另一方可能意圖操縱你接受他們的要求。如果你坐在一張較矮的椅子上，背對著門，先不要生氣，問問自己：「我坐在這裡的理由是什麼？」如果沒有好答案，明天要求你的對手坐在同一個位置上。確保對方知道你也知道他們在做什麼，甚至可以這麼說：「我們每天輪流把咖啡潑在對方身上好嗎？」一般來說，清楚地表達你知道對方的手段及策略，可以削弱他們的影響力，將談判帶回議題上。

總評

開始任何談判前，重要的是為所有人帶來最好結果的共識。只要考量到這一點，就很容易往回找出雙方需要排序或滿足的事，並逐步實踐它。作者說：「最好的經驗法則是樂觀。不要浪費大把時間在毫無希望的事，要知道還有很多事情值得一試，即使可能無法成功，但只要你嘗試得越多，就越可能達成。談判的研究中，一致顯示願望與結果有強烈的關聯性。合理範圍內，正向思考能帶來好處。」

只要是對所有人有利的結果，就值得盡力尋找，畢竟執行協議的過程還需要持續與對方合作，也可能達成未來的協議。如果他們知道你只以原則基礎談判，下次再坐下來談判就容易得多，契約或情緒上都是如此。確實，不需要將談判視為一種對抗，如果你和對方的關係良好，隨著時間推移，你會很自然地尋求共同利益，也會樂於被對方影響。「你的誠實與公平交易名聲，是作為談判者最重要的資產。」作者說。

在人口更多、連接性更強的世界中，我們如何互相影響彼此更加重要。作者想起詩人華萊斯．史蒂文斯（Wallace Stevens）的話：「當最終的否定迎來肯定，未來世界即仰賴這個肯定。」

羅傑．費雪&威廉．尤瑞&布魯斯．派頓

羅傑．費雪出生於一九二二年，二〇一二年逝世。曾任哈佛大學法學院教授及哈佛談判專案中心負責人。年輕時曾參與馬歇爾歐洲復興計劃，實習律師一段時間後，於一九五八年加入哈佛法學院。

他安排了大衛營協議（Camp David）的談判流程，促成埃及與以色列的和平協議，並曾在德黑蘭人質事件[1]中，擔任美國與伊朗政府的顧問。費雪致力於為薩爾瓦多（El Salvador）帶來和平，而致力於為南非制定新憲法的各團體，也運用了費雪的利益基礎談判流程。其他著作包括二〇〇五年出版的《超越理性的談判》（*Beyond Reason: Using Emotions As You Negotiate*）、一九九二年與尤瑞合著《不再說不：從對抗到談判的合作之道》（*Getting Past No: Negotiating With Difficult People*）。

威廉・尤瑞是哈佛談判專案中心共同負責人，曾就讀耶魯大學及哈佛大學，並取得社會人類學博士學位。在委內瑞拉（Venezuela）、車臣共和國（Chechnya）、中東及南拉斯夫（Yugoslavia）發生衝突時，擔任國際調解人，並建議美國政府降低由意外、過失、錯估情勢、恐怖主義引發的核戰風險。與前美國總統吉米・卡特（Jimmy Carter）一同創辦國際談判網路（International Negotiation Network），以調解內戰。其他著作包括二〇〇七年出版的《學會說不：不傷和氣，又讓人服氣的溝通法則》（*The Power of a Positive No*）、二〇一六年《說服自己，就是最聰明的談判力：哈佛頂尖談判專家最強效的溝通心理學》（*Getting To Yes With Yourself*）。

布魯斯・派頓是哈佛談判中心副主任，一九八五年至一九九九年任哈佛法學院 Thaddeus R. Beal 法律講師。在許多重要的國際談判中派頓均扮演重要角色，如促進南非解除種族隔離政策、一九八

---

1 一九七九年，伊朗軍人扣押美國大使館中六十六名美國人為人質，稱德黑蘭人質事件或伊朗人質危機。

〇年德黑蘭人質事件中美國與伊朗溝通橋梁。派頓也是一名作家，一九九九年曾與席拉·西恩（Sheila Heen）合著《再也沒有難談的事：哈佛法學院教你如何開口，解決切身的大小事》（*Difficult Conversations: How To Discuss What Matters Most*）。

2015

被科技威脅的未來：
人類沒有工作的那一天

Rise of the Robots

「在矽谷，『破壞性創新』一詞經常被隨意使用，沒有人懷疑科技有能力毀滅整個產業，並顛覆經濟及就業市場的某些領域。在這本書中，我會問一個更大的問題：如果我們要維持繁榮，加速科技是否會破壞整個體系，以至於必須進行基礎重建？」

「假如自動化消除了大部分消費者依賴的工作，或者普遍薪資太低，只有非常少數人有大量可支配的收入，就很難看到現代大眾市場經濟如何能持續繁榮。幾乎所有構成西方經濟支柱的主要產業（汽車、金融服務、消費型電子、電信服務、醫療保健等），都是面向數百萬潛在客戶組成的市場。」

總結一句

人工智慧及自動化，不但給予商業可能性，也將改變經濟及政治的樣貌。

同場加映

弗雷德里克．溫斯洛．泰勒《科學管理原理》（44章）

詹姆斯．沃瑪克＆丹尼爾．瓊斯＆丹尼爾．魯斯《改變世界的機器》（50章）

12

馬丁・福特
Martin Ford

寇特・馮內果（Kurt Vonnegut）寫於一九五二年的小說《自動鋼琴》（*Player Piano*），描述一個機器幾乎取代所有工作的社會，大多數人淪為毫無意義的存在。馮內果於二〇〇七年逝世，但他相信他的遠見正被證實，「一天比一天更切中現況」。

有相當可觀的歷史因素為背景，經濟學者通常輕視科技為就業帶來的影響。當農業社會轉為機械化，數以百萬計的務農工人逐漸集中至城市，並在新產業找到工作。當製造業的自動化及全球化掌握主控權，逐漸增加的白領階級和服務業填補了就業市場的空缺。科技革新及生產力提升讓工作者變得更有價值，就能有更好的收入。二次大戰後數十年中，先進的科技及生產力有著完美的互生關係，就業機會增加以及不斷成長的盛景，更是遍布整個勞動市場。

未來學家馬丁・福特在《被科技威脅的未來：人類沒有工作的那一天》中說，經濟學家們直到二〇〇〇年左右才跟上腳步，舉例來說，統計數據顯示美國在二〇〇〇年至二〇一〇年間，並沒有創造新的就業機會，相較於一九七〇年至一九八〇年間，即使在各種金融危機中，仍創造了百分之二十七的就業機會。簡單來說，美國應該創造出一千萬個就業機會，實際上卻沒有。福特說，原因在於資訊科技的革新不同。對，過去三十年中，有大批大批的人被聘來撰寫程式及管理電腦系統，但整體來說，電腦卻沒有讓人們變得更有價值，反而讓他們失業。我們不能再認為機器是工作者的工具，它們正取代工作者。

不只是電腦本身的計算能力會消除許多工作需求、藍領及白領，還有它結合的大量數據，福特說。有鑒於演算法可以取代大部分的人類思考，並做出決策，單單具備更好的教育程度及技術，無法保證能為你的未來帶來光明，或者守住你的工作不被淘汰。舉例來說，放射治療師需要數年的訓練，才能精準地解讀醫學影像，但是具備足夠的數據及訓練，即使不比人類做得好，電腦也已經在做一樣的事了，而且成本更低。仔細想想，被認為需要高技術分析專業的職業，例如法律、醫學、科學、甚至新聞業，大部分思考都只是常規思考，並沒有太多職業需要持續性的創造力。

當飛機、電話、電視問世，世界就已經改變了。福特指出，機器人及人工智慧會持續存在，無論多少勞工遊行、工會組織、政治策略，都無法將這個妖怪塞回瓶子裡。

你無法阻止它：第一個消失的就是製造業及基礎服務業……

每個人都聽過摩爾定律（每十八到二十四個月計算能力就會增加一倍），但很少人真正了解它的意義。例如說，如果汽車動能與電腦晶片以同等速率增加，現在我們可以以時速六．七一億英里（大約十億公里）駕駛汽車，或許可以在五分鐘內開到火星。

如今，許多機器人已經擁有三維視覺，就像人類一樣，所以可以執行越來越精密的任務，那些過往數十年間他們一直做不到的事，例如多工作業，以及將產品打包進箱子裡。大多數機器人、機器人作業系統（ROS）的編碼，都是免費且公開來源，有公共平台的存在，才有接下來數年內爆炸性的革新。以往機器人都需要數百萬的資金才能開發及製造，如今可以用一台桌上型電腦的價格買到許多套件。

機器人的成本銳減意味著，美國及英國急遽衰退的織品及服飾就業市場宣告終結，在國內製造服飾（回流）更有經濟價值，不再是發包產線到貧困國家，可以結合技術精良的人員與機器一同作業。因此，產業再次茁壯，好處還有降低了運輸成品及時間，更可以密切監管生產品質。然而，福特說，機器人越來越精密，未來即使產業回流也無法提供就業機會，尤其現在製造業在美國及英國的經濟佔額不到百分之十，但是在一些國家，例如中國，製造業仍佔就業市場中的絕大部分，推動機器人將對經濟及社會產生重大影響。舉例來說，蘋果產品的製造商富士康，計劃以機器人取代數以千計的勞動力，一旦這麼做了，就無須面對廠內多起自殺事件的工作實況毫不留情的評論。就這個部分，蘋果及其他公司，例如在印尼創造數千個就業機會的Nike，自然會轉向帶來更高品質、更低成本、又不會被批評為血汗工廠疑慮的自動化。這本書正在寫成時，Adidas正在引進「紡織機器人」（sewbot），一天就能大量生產出八十萬件上衣。

在較富裕的國家，自動化的真正影響在於服務業，也就是大多數人的職業。雖然人們常說我們還是需要人力來剪髮、做漢堡，但即使是後者都已面臨威脅。一個舊金山新創公司Momentum Machines，已經研發出機器人系統，可以從無到有客製出美味的漢堡，並計劃開第一間店。麥當勞共聘用一百八十萬個人力，而速食業工作目前提供「沒有太多選擇的工作者，一個私營企業的社會保障網路」，如福特所說，這很可怕。麥當勞已經有很多自助點餐系統，象徵著未來將至。「經濟學者將速食業視為服務業的一部分」，但福特指出：「以技術層面看來，它其實比較像一種即時製造業的形式。」

線上零售更是就業市場的一大破壞者。影視出租供應鏈百視達，曾有九千間店面，有六萬名員工。網飛（Netflix）有一樣的功能，卻不需要這麼多員工，不需要真正的房產才能經營，更沒有相關支出。業務人員、結帳人員、倉庫員工以及經理人的成本，都包括在你去百貨公司或其他商店買東西的價格裡，而這些工作正逐漸被自動化取代，未來的實體店面可能成為規模更大的「大型自動販賣機」。意味著商品的價格會降低，不過前提是，你仍然有工作，任何工作都好，讓你還可以購買這些商品。

任何可以被分解成簡單內容或步驟的過程都可以自動化，而大多數的新企業都配置降低人力技術。再想想科技業龍頭Google和Facebook，他們市場資本及僱員人數的比例，讓工業時期的企業都相形見絀，他們只需要數千名精挑細選的菁英，因為軟體科技的進步代表著其他工作都可以用電腦完成。二〇一二年Google的利潤將近一百四十億美元，聘僱三萬八千名員工。而一九七九年通用汽車

(General Motors)的利潤雖有一百一十億美元(已調整過通膨率),卻聘僱了**八十四萬**名員工。

要知道服務業的下一步在哪,看看農業吧,曾有一半的美國人以務農維生,而今日卻只佔就業市場百分之二的勞動力,並持續降低中。已經有機器可以移動杏仁樹木,搖動樹木讓杏仁果實落下,再用另一種機器撿拾落果。同樣的方法也可以用來採集橘子和番茄,透過低勞工成本以及更有效地運用土地及水源,帶來讓人驚喜的富足,改變了對外籍勞工的需求。像澳洲、英國這些有人口老化問題的國家,都需要外籍勞工幫他們收割大片農作物,自動化就可以解決這些問題。

弔詭的是,如果科技走了一大步,已經讓勞動力需求降低,企業卻會聘用更多人力,因為人力成本仍然不高,而站在某個觀點,人力依然比機器更有吸引力。所以,即使表面上科技並沒有改變勞動力市場,其實卻已產生微妙的改變。福特說,未來有許多人仍然有工作,但是薪水不會增加,因為他們仍然沒有價值。

他以倫敦黑色計程車為例,取得黑色計程車司機執照,必須經過一連串疲憊不堪的測試,熟記這個城市的大街小巷,也就是他們所說的「知識大全」。但是GPS導航讓這些知識變得一文不值,而計程車app的出現,例如優步(Uber),快速地吃掉了傳統黑色計程車的市場,唯一能保障計程車司機薪水的只剩下法規。我們甚至還沒開始思考,無人汽車可能引進軍隊,影響目前受聘負責運輸人員及物品的駕駛。

……接著是中產階級

網路時代來臨，曾被視為一種偉大的平等降臨，每個人都可以使用部落格、出版網路書籍、開發app，這些的成本極低，也不需要接受教育或訓練。但是，很快地我們就發現，網路也是「勝者為王」的世界，而所有「機會」都無法取代父母、祖父母所擁有安全、穩定、高薪的工作。

福特說，科技樂觀主義者往往屬於高收入族群，或者他們的公司受益於網路發達。雷蒙德・庫茲威爾（Ray Kurzweil）就是其中之一，他總是說，與數十年前相比，現在大多數人的智慧手機都有強大的計算功能。福特寫道：「但他沒有說的是，一般人應該如何利用這個技術得到更好的收入。對大多數失去中產薪資工作的人來說，有智慧型手機只能讓他們在失業隊伍中玩玩憤怒鳥（Angry Birds）罷了。」

世界的數據總額增加的速度與摩爾定律相似——每三年增加一倍。「大數據」結合強大的分析軟體及演算法，意味著以往白領的工作內容，包括人工搜集資訊、分析、發表分析結果都將消失。福特說，中階經理人及分析團隊將被取代，可能只剩下「單一經理人及強大的演算法」。但是，我們還是需要人類把這些數據寫進報告裡？寫作似乎是大學畢業者的專利，似乎是最後一個被取代的，但是軟體每個月都在進步，未來將有更多寫作工作將不復存在。你在網路上讀到的短篇運動報導、金融報告，很多都已經是機器人代工處理數據，雖然稱不上多好的文筆，但通常已無異於一般人。美國中央情報局（CIA）已經在使用這類軟體，處理海量的數據資料，並寫成一般人能理解的散文。

許多其他中產階級或服務業可能消失，而企業將所有數據存於雲端（便宜、安全、外部伺服器），也降低了聘請無所不在的資訊技術人員，處理內部電腦系統及伺服器的需求。未來將有更多工作消失於金融產業，演算法取代了貿易員及分析員，而百萬個與顧客相關的工作，將被非常智慧的自然語言系統取代，例如IBM的「華生」（Watson）電腦。未來，和機器說話會成為再平常不過的事。律師及助理律師在「蒐證」程序中，為了找到對案件重要的資料，往往必須從堆積如山的紙本資料及電子文件中一一篩選，但是所有文件電子化後，電子蒐證軟體就可以做一樣的事，而且更有效率、成本也低很多。

如艾瑞克．布林優夫森（Erik Brynjolfsson）及安德魯．麥克費（Andrew McAfee）曾說，與機器一起更具生產性合作，這樣的未來工作是否可行？福特說，這樣的合作可能相當短命，無論什麼時候人類與機器合作，都會被編碼檢視人類的貢獻為何，是否要複製工作內容，或是做得更好。簡而言之，「你也在訓練終將取代你的軟體」。福特說，那些存活下來的工作，人類將成為「沒有成就感、甚至機械化」的角色。

如風險投資人馬克．安德森（Marc Andreessen）所說：「軟體正在吃掉世界。」大學新鮮人的起薪還在下修，同時學貸還在攀升，失業人口到處都是，畢業生放棄尋找專業工作，轉而在咖啡店上班。這就是現實，即使工程及電腦科學本科畢業生也是。自二〇〇〇年起畢業生之於就業市場，就已是供過於求。以現況來說，我們已經很難看到現在的畢業生，可以擁有和父母一樣的薪水，以及充實的職業生涯。福特說，教育固然能有益於個人及社會，只是不能再期待它和過往一樣，成為一張通往成功的門票。

不只是工作有危機，資本主義也是

亨利・福特（Henry Ford）一天支付五美元的高薪給員工，讓他們負擔得起自己製造的汽車。而自動化的一大風險是，將不再有足夠的人領得到漂亮的薪資，也就不再有人能負擔得起自動化生產的商品。福特說，工作者會消費，但他們卻被機器取代，而機器並不會消費，「幾乎所有構成西方經濟支柱的主要產業（汽車、金融服務、消費型電子、電信服務、醫療保健等），都是面向有數百萬潛在客戶組成的市場。」

有錢人買一台非常昂貴的車，甚至擁有一車庫昂貴的車，也無法取代一千人各買一台價格一般的車。我們的經濟仰賴大量需求，從電話、貸款到牙膏，橫跨整個經濟體，因為合理的購買力而存在。沒有工作，或是薪資越來越低，就沒有購買力，讓人質疑整個當代資本主義的基礎。我們可以回溯十九世紀的薪資分配，當時只有非常少數的有錢人幾乎買得起所有東西，包括很多僕人，而其餘的人都以一般水平生活著。福特稱之為「技術封建主義」，讓人想起二〇一三年的電影《極樂世界》

（*Elysium*），世界上的有錢人都回到地球之上的原始世界，而數十億的窮人只能活在持續毀滅的環境中。

數億人失業或就業不足的問題，福特傾向的解決方案是：一個基本最低收入保障或「普遍生活薪資」。一九七〇年代自由市場經濟學者弗里德里希·哈耶克（Friedrich Hayek）就曾提出這個建議，他針對的是因某些原因無法在開放市場中謀生，或不能仰賴傳統家庭結構維持生計的人。他認為，一個已經達到某個富裕水平的社會應該負擔得起這個方案。如今，右派人士認為保障最低收入是促進社會「平等」，從而降低自由，但哈耶克認為，這麼做只是為了維持社會完整，而不是眼睜睜看它支離破碎。福特認為，與其侵蝕市場體系，確保每個人都有基本收入（不能太高，以免人們不再積極工作），就是確保每個人都能以消費者的身分，成為經濟體中的一份子，進而勇於冒險展開自己的事業，或者回到學校進修。另一個選項是擴大國家基本福利，但必須付出更高成本，意味著必須持續測試及管理，更別提受惠者可能承擔的汙名。

與「保障所得」相比，福特更喜歡「公民分紅」，因為「它捕捉了這個意義，那就是對於國家整體經濟繁榮，每個人都應該有最小的要求」。舉例來說，透過美國國防高等研究計劃署（Defense Advanced Research Projects Agency，簡稱DARPA），許多資金灌注於建造網路，而這些資金都來自納稅人；而國家科學基金會（National Science Foundation）的資助，促成了摩爾定律的研究。

福特提出論述，雖然工作機會和薪資可能越來越少，自動化代表商品及服務的價格將降低。事實上，一直抵抗自動化的產業，像教育、醫療保健、不動產，成本只會提高，在可預見的未來中也會持續上揚。你看到的是，人們拿著他們獲得的薪資，將不再能負擔得起在他們成長的城市裡租屋、購屋，不再能支付他們接受大學教育時欠下的學貸，甚至在美國，他們無法負擔健康保險。如果長期趨勢停滯，或者薪資降低、成本提高，將面臨嚴峻的長期需求銳減，而政府的「刺激注資」或赤字支出都無法解決這些問題。這就是為什麼二〇〇七年至二〇〇九年後，這些方法並沒有激發大衰退後會出現的成長水平。沒錯，股票市場（截自二〇一七年）持續走高，但也再次表明了長期趨勢：即使需求不如以往，企業仍在勞動力方面省下不少錢，利潤已然提升。你得到的是一種食利經濟，獲益都流向所有者及投資者，就像國家財富流向勞動者的比例減少一樣——這張藍圖在湯瑪斯．皮凱提（Thomas Piketty）的《二十一世紀資本論》（*Capital in the Twenty-First Century*）中有清楚描述（請參考《一次讀懂經濟學經典》）。

總評

福特所說的收入不平等越發嚴重，是真的嗎？中產階級真的要枯竭了嗎？舉例來說，自從《被科技威脅的未來：人類沒有工作的那一天》出版後這幾年，英國及美國的失業率已經掉了百分之四到百分之五，但是在這本書中，他並沒有著眼於仍就業的人口數，而是工作的品質。有多少零工時契約（雇主沒有每週必須確保特定工作時數的責任）？成千上萬的年輕人以咖啡師為業，同時徒勞地申請專業及科技職缺？他提出美國勞工統計局一些讓人吃驚的數字，列出每年美國經濟中的總工作時數。一九九八年，工作時數有一千九百四十億；二〇一三年，還是一千九百四十億。但是這段時間裡，產出（創造出的商品及服務總數）增長了百分之四十二，有數千個新創企業，而美國也增加了四千萬人口。

福特寫道：「不幸的現實是，許多人都在做對的事——追求高等教育或專業技術，卻無法在新的經濟中找到堅實的立足之地。」不管你在教育或技能方面做了什麼，是否都不足以稱為成功？如果與你競爭的是一台機器，道德修養或良好品格真的能為你帶來好處嗎？雖然福特並沒有明說，甚至並不打算回答，貫穿這本書的提問是：「對幸福而言，有意義的工作有多重要？」英國經濟學者約翰・梅納德・凱因斯（John Maynard Keynes）想像了一個未來，生產的問題大致已經解決，人們可以放心享受生命中的美好事物。但是這個目標會有兩個阻礙：一是科技的獲益不一定能散播於社會中，但是在資本主義中，只有相對少數人可以享受到這些好處；二是如果人們不以有意義的方式貢獻於社會，或是透過工作發揮自己的才能，他們很快就會厭倦「美好的事物」。

福特在這本書最後承認，可能要數十年才能完全實踐他的願景，同時眼前的一切都會看似平常、漸進。這就是革命到來前的景象。

馬丁・福特

福特在密西根大學（University of Michigan）取得電腦工程學位，並於加州大學洛杉磯分校（University of California, Los Angeles）安德森管理學院（Anderson School of Management）取得商業碩士學位。他的著作相當廣泛，也經常主講人工智慧及自動化主題講座。《被科技威脅的未來：人類沒有工作的那一天》榮獲二〇一五年《金融時報》及麥肯錫最佳商業書籍獎。其著作還有二〇〇九年《隧道之光》（*The Lights in the Tunnel: Automation, Accelerating Technology and the Economy of the Future*）。

2001

創業這條路：
掌握成功關鍵，勇闖創業路必須知道的「方法」與「心法」！
The E-Myth Revisited

「我不認為你的事業會成為我們排程上的首要之務。你已經是我們的首要之務。」

「人類有能力表現出非凡的行為。有能力登上月球，有能力創造出電腦，有能力製造足以毀滅我們的炸彈。所以至少，我們應該有能營運小型企業的能力。」

「看起來井然有序的企業說，雖然世界可能不那麼有序，但某些事情可以。」

總結一句

讓事業真正蓬勃發展的關鍵是成為公司的影響力來源，而非埋頭苦幹。

同場加映

蓋・川崎《創業的藝術》（18章）

艾瑞克・萊斯《精實創業》（33章）

弗雷德里克・溫斯洛・泰勒《科學管理原理》（44章）

13

麥克・葛伯

Michael E. Gerber

一九八五年《創業這條路》初次問世，即成為地下暢銷書，銷售量突破百萬本。最初版本已經很難找到，一九九五年麥克・葛伯出了新版《創業這條路》（*The E-Myth Revisited: Why Most Small Businesses Don't Work and What to Do About It*），修改部分內容，但傳遞的訊息依然強大，並於二〇〇一年再版。

儘管年代久遠，還是很少人能比麥克做得更好，成功地解析小型企業，包括人們在其中做了什麼，以及他們從自己的努力中贏得什麼。葛伯在諮詢工作中發現，小型企業中，人付出的努力遠多於回饋，「例行公事的專制」意味著永遠沒有時間客觀檢視他們正在做些什麼。本書的目的就是幫助這些深陷沼澤的人。

這本書中一部分是與葛伯諮詢的「莎拉」對話內容，她是一位餡餅店店主，她的問題與困難完整地概述了大多數人創業面對的境況。具體而言，這本書是幫助你好好地掌控工作時間，讓你能在自己的事業中發揮影響力，而不是埋頭苦幹。以往從沒有這麼多人想創業，如果你也是，在踏入創業之途前，請先讀讀這本書吧。

事業就是自我發展

葛伯傳遞令人驚訝的訊息是，踏入商業界不只關係到事業本身，也在於你是什麼樣的人、想成為什麼樣的人。他說，如果你處事毫無條理、貪得無厭，或不清楚自己的事業正在發生些什麼，你的事業就會反映出這些事實。如果你的目標是蓬勃發展事業，它也會鼓勵你持續發展自己。為了有所改變，你也會改變自己。

葛伯引用英國作家阿道斯・赫胥黎（Aldous Huxley）的名言：「他們總是埋頭苦幹，所以無法看清自己。」如果你完全清楚創業對自己的意義為何，也知道為什麼自己要創業，這將會是一次美好的經驗。盲目地創業，就會如許多人體驗過的——噩夢一場。

創業者迷思

葛伯說，「創業者迷思」認為任何創辦小型企業的人都是創業家。然而，像英雄般能創造出龐大財富的創業家其實非常罕見，大多數人只是為了替自己找工作，不要再為別人賣命，他們的思維是：「為什麼我老闆可以利用我的工作賺到那麼多錢？」

會有這種想法，是因為這個人只專精於自己擅長的工作，卻不清楚企業整體運作。創業初期他們認知到自己是（自己的）老闆那種興奮感，很快會筋疲力竭而委靡不振。他們對自己的所長瞭若指掌，卻沒有準備好營運一間公司，事實上，這就是一種負擔，因為他們不願意將工作移交給別人。

如葛伯所說：「忽然間，一份他知道如何做好的工作，變成了一份他知道怎麼做、外加一連串他不知道怎麼做的工作。」他發現他必須成為這三種人的綜合體：

- 技術員：實際知道如何工作的人。
- 管理人員：確保所有事都井然有序，督促技術員以確保達成目標。
- 創業家：規劃公司整體方向的夢想家。

每個角色都互相衝突，大多數人很難從中取得平衡。創業中最常見的失敗是這個創辦小企業者，在角色比例中有百分之十的創業家、百分之二十管理人員的心態，卻有百分之七十的技術員狀態。

哪裡出錯了

技術員心態的問題是，他認為只要更努力工作，所有事都能迎刃而解：當莎拉的餡餅店開始出現問題時，她認為做更多更好的餡餅就能解決問題——事實是不會。她需要後退一步，用做生意的眼光看自己的店。葛伯要她問自己：「這是無論誰來都能做好事情的系統嗎？」還是這只是一名女性做著餡餅並試著賣掉餡餅的店？葛伯說，技術人員創業的常見模式是：先是興奮，接著害怕、疲憊、絕望，曾經他們最喜歡的工作，如今開始厭惡。

小型企業初期很容易出現的狀況是：老闆包辦一切，或試著包辦一切。畢竟，他們是唯一知道如何做所有事的人。而隨著事業發展，他們不得不聘用員工，這就是一種解脫：他們不用再想他們不喜歡的部分工作了（通常就是成為教學指南）。

但到了某個時候，員工要離職，公司再度陷入混亂，而老闆的應對方法是做更多工作、更努力工作，忘記所有長遠目標，只要想辦法把產品賣出去！但你知道的，沒有人可以像你一樣工作，公司必須保持在某個規模裡，你才能承攬所有事務。葛伯說，當老闆不願意踏出他們的舒適圈，依舊像個技術員一樣掌控一切，這個時候就是所有小型企業最危險的時刻。這樣的退縮是一種悲劇，老闆的志氣低落，最終公司因為自然限制而走向失敗。

採取大膽策略

不一定要走到這一步，葛伯告訴莎拉，「創辦公司的目的是從工作中解脫，從而為別人創造更多工作機會」，並不是「擺脫老闆」，而是在你的領域中走得更遠，不再只是為自己工作——從你的工作中創造新事物，自然需要更大的組織及資源。莎拉了解到，關鍵不是在她的生意能做得多小，而是在對的系統及組織下，她的生意可以自然發展到什麼程度。

葛伯建議，如果你要採取大膽策略，首要之務就是具體化你想要的企業規模，並**將目標寫下來**。他很訝異很少小型企業有實際地將目標寫下來，但是「任何計劃都比沒有計劃好」。如果沒有這種目標或計劃，我們應該對大多數企業缺乏方向、組織的營運，以及多數企業被普遍恐慌籠罩的狀態感到驚訝嗎？

葛伯寫道，成熟的公司和其他公司的起步相當不同，大多數成功企業會設定他們想達到的願景。ＩＢＭ的創辦人湯瑪斯・華生（Tom Watson）曾說過：「我了解ＩＢＭ要成為成功企業，就必須在它成為成功企業前，像個成功企業般行事。」華生有一個模型或願景，每天都照著那個樣子塑造公司，不管它和理想的樣子還差多遠，在他心裡有一個未來公司的藍圖，以及「最終完成的樣貌」。

技術員的企業模式只有工作，而創業者的企業模式就是企業本身，工作次之。這個矛盾可以用一句華生的話概括：「ＩＢＭ的每一天都奉獻於企業發展，而不只是做生意。」

這也是葛伯要傳遞的訊息：**對**企業發揮影響力，而非埋頭苦幹。

這就是系統

葛伯提到麥當勞就是「有效運作」的完美商業典範。這個概念的絕妙之處就在於它可以重複運作數千次：雖然麥當勞創辦人雷・克拉克（Ray Kroc）也非常喜歡麥當勞的食物，但他更喜歡草創麥當勞的麥當勞兄弟開發的美妙**系統**，它快速、簡潔、井然有序。

大多數小型企業認為聘請優秀人才可以讓公司成長，例如提升企業的優秀管理人。事實上，這是一種投機的方式。你真正需要的是簡明可靠的系統與流程，讓優秀人才去做更高階的事——這種運作可以保證顧客滿意度，**不是透過單一人力，而是系統本身**。這似乎是用冷漠的態度看待這件事，但任何滿意飯店或餐廳運作方式的人，都會理解其中的差異。葛伯說，如果你聘用一群普通人就能打造成功企業，就不用擔心找不到優秀人才了。

創造訂單世界

你必須從小細節開始，精心地安排、組織、標準化你的企業，因為企業中唯一具有確定性的，就是你的員工一定有超出預期的舉動。有了適當的標準、系統、責任制，才能消除這個風險，產出能滿足顧客的結果。企業就像產出金錢的機器，越是標準化、改善這個機器，價值就會越清晰。

你或許會說，我沒辦法制定出標準，我在我的工作領域中是傑出的大師！但葛伯回應：一個傑出大師學習了所有知識後，他會做什麼？傳給下個人，履行職責時，你的技能就會數倍成長。透過企業系統編排運作你了解的工作，顯然就是你的優勢所在。

葛伯說，大多數人認為他們的人生缺乏目標，或者無法融入他人。一個好的事業可以填補這些缺失，帶來友情與秩序，否則就可能有缺憾。它也為顧客及員工充實生活，提供「基準點」——在無秩序的世界中，成為一座充滿目標的平靜之島。

總評

葛伯要莎拉想像一下，如果她的事業體是現在的五千倍之大，會如何運作？她的想法與哲學延伸至如此龐大的規模，是否意味著她會「出賣自己」？或者她非常喜歡她創造的系統自然表達，而**值得**被複製？

《創業這條路》的成功，某一部分必須歸功於它出現的時機，恰好是加盟創業崛起之時。葛伯稱加盟是「傳遞鑰匙的革命」，人們可以買下權利運用這個商業系統，而他們要做的（付一些資金和合理的工作量）就是「轉動鑰匙」，啟動運作，獲取利潤。加盟企業建立於這種認知上，「企業真正的產品就是企業本身」，然而，你可以買下加盟經銷權，當然也可以自己創造一種企業系統——就像莎拉開始理解的。

葛伯的書有時候有點難懂，也會引用他喜歡的作家名言，如卡洛斯．卡斯塔尼達（Carlos Castaneda）、心理學家羅伯特．阿薩鳩里（Robert Assagioli），以及《禪與摩托車維修的藝術》作者羅伯特．波西格（Robert Pirsig），因為葛伯自認以前是寫詩的嬉皮士，如此看來就不意外了。讓人驚豔的是他將精神感知力灌輸於商業本質中，也是這本書成功的關鍵，因為這本書的主題是非常吸引人，關係到最終你將成為什麼人，在人生中希望走向什麼方向，而不僅僅是商業。與葛伯商業成功的首要原則相呼應，他說：「偉大的人對自己的生活有個願景，每天都在揣摩。他們在生活中加入工作，而不是讓工作占據生活。」

《創業這條路》有時候有自我推銷的感覺，但是在傳遞的強大訊息中，這可以理解。在行銷章節中，清楚地展現為什麼你賣的商品有那麼重要，單看這本書的價格就值得了。

麥克・葛伯

麥克・葛伯出生於一九三六年，長大後在加州發展，曾以銷售百科全書維生。一九七七年創立了E-Myth Worldwide公司，八年後寫了《創業這條路》（*The E-Myth*）。該公司旨在為小型企業提供諮詢與規劃服務。葛伯也是經常受邀的演講者。其他著作包括二〇〇三年《E神話承包商》（*E-Myth Contractor*）、二〇〇七年《經理人的7項修練》、二〇一五年《*The E-Myth Real Estate Investor*》、二〇一六年《*Beyond The E-Myth*》。

1957

賓至如歸

Be My Guest

「對我有吸引力的那種夢想，與幻想、白日夢無關。這並不是我的妄想，也不是偉人專屬的啟示，或所謂的遠見。我說的是一種富有想像力的思維，以熱情、活力、期待為後盾，所有人心之所向。」

「我23歲時，已經工作了11年。目前在我出生的小鎮裡，和一間商店奠定夥伴關係，但那是我父親的商店：A. H.希爾頓父子。A. H.希爾頓影子？內心有個小小的聲音質疑著，難道不是該規劃自己夢想的時候？我有一個想法……」

總結一句

勇於夢想是所有偉大企業與事業的基礎。

同場加映

理查・布蘭森《維珍旋風》（2章）
鄧肯・克拉克《阿里巴巴》（7章）
霍華・舒茲《Starbucks咖啡王國傳奇》（37章）

14

康拉德・希爾頓

Conrad Hilton

如今看來，康拉德・希爾頓是一個歷史人物，相較於知名的曾孫女芭黎絲（Paris Whitney Hilton），他似乎很不起眼。我們很容易遺忘，現在擁有的財產其實都源自父母、祖父母的辛勤工作與遠見。

實際上，希爾頓的自傳也不如預期那麼引人注目，大多數人都是入住希爾頓飯店時，偶然在床邊的抽屜看到它。但是，這卻是數以百計「我如何做到」的自我激勵商業故事中，最引人入勝的一則，可與山姆・沃爾頓（Sam Walton）所著的《富甲天下：Wal-Mart創始人山姆・沃爾頓自傳》（*Made In America*）相媲美。與大多數這類書籍不同的是，希爾頓的自傳確實是自己寫的。

《賓至如歸》開啟一扇迷人的窗口，讓我們得以窺見二十世紀初，作為開拓者的美國家庭，在飯店品牌寥寥可數的時代，打造了全世界最宏偉的商業帝國，一個如此吸引人的故事。同時，它也是一本激勵人心的書，講述堅守自己的信念、大膽思考的重要性。

年輕的康拉德

康拉德・希爾頓出生於一八八六年的聖誕節，他的父親格斯（Gus）是挪威移民，靠著出售民生物資給新墨西哥偏遠地區的工人維生。他的商店位在聖安東尼奧（San Antonio，不是德州那個）的小鎮裡，最後終於賺夠錢讓全家搬離西南方這個塵土飛揚的小鎮。希爾頓全家搬到加州長灘（Long Beach, California），希望希爾頓太太可以過著比較輕鬆的日子，但一九〇七年美國金融大恐慌事件，格斯積累過多庫存且無法售出，無奈地重回新墨西哥，守好僅剩的財產，包括一間緊鄰主要鐵路幹道的大土磚屋；希爾頓太太的好廚藝；幾個孩子，也就是幾個小幫手。格斯決定將他們的房子改為一間飯店，一間附有三餐的客房，一天只要二・五美元，生意很好。

年僅二十三歲的希爾頓，已經跟隨父親工作十一年，終於成為父親的事業夥伴，但仍渴望自己闖出一番事業。他對貿易或飯店業並不特別感興趣，雖然參與了新墨西哥州聖塔菲（Sante Fe）當地的議員選舉，他的夢想是擁有自己的連鎖銀行。然而，一次世界大戰爆發，一九一七年希爾頓受徵召入伍。加入軍隊的希爾頓，大部分時間都在法國服務，役期結束後回到美國，等著他的卻是父親因車禍意外逝世的消息。回到新墨西哥，他覺得家鄉如今看來就像「有著土磚及樹木的模型小鎮，周遭滿是空虛」。

尋找機會

已經邁入三十歲的希爾頓，必須處理父親留下來的財務事宜，並評估情勢。他有五千零十一美元存款，和一些「遠見」，但不確定能做什麼。父親的朋友提出建議：「想開大船，就必須到水深的地方。」所以他來到新墨西哥州的阿布奎基市（Albuquerque），只有一萬五千人的城市，但與家鄉相比，已經是非常國際化的城市了。希爾頓持續追尋連鎖銀行的夢想，卻只是到處碰壁。

他就像一個垂死的人，另一個父親的朋友建議他去德州，他說：「那裡可以讓你賺到錢。」於是一九二〇年，三十三歲的希爾頓搬到錫斯科（Cisco），想在那裡買一間小銀行，卻仍然未果。有一天，筋疲力盡的希爾頓走進一間狹小且擁擠的旅社，想要一間房間休息一晚。忽然想法湧現，或許這間忙碌、破舊的莫布利（Mobley）旅社，會是比銀行更好的選擇。於是他和旅社主人談交易，儘管營業額和利潤都很好，旅社主人還是不顧一切地想賣出。那是人人想藉石油暴富的城市，旅社主人也是，想大撈一筆石油財。希爾頓計劃買下一些破舊的房子，而莫布利就是眾多「老舊寶藏」的第一位，預訂人潮很多，還有潛力繼續發展。

希爾頓改變心意，想打造連鎖飯店，遍布德州。他買下達拉斯市中心的華爾道夫酒店（Waldorf，不是那個有名的Waldorf Astoria），包括經理圖書室中，勵志作家阿爾伯特．哈伯德（Elbert Hubbard）的一系列著作《大人物》（*Little Journeys to the Homes of the Great*）。當時的希爾頓已經很有野心，也難說是不是受到這些金融家、企業家的故事所激發，例如邁爾・羅斯柴爾德（Meyer Rothschild）、安德魯・卡內基（Andrew Carnegie）、史蒂芬・吉拉德（Stephen Girard）、彼得・庫伯（Peter Cooper），還有其他偉大的政治家、藝術家、科學家、哲學家。

營運這些破舊旅館數年後，他開始有其他想法，也就是位於達拉斯的「希爾頓」飯店，這是他從未做過的大事業。希爾頓必須與時間賽跑，快速集資到一百萬美元，一九二四年希爾頓飯店動工。經過兩次資金週轉不靈後，一九二五年八月，希爾頓飯店正式開幕。

時機好壞

事業成功自信大增的希爾頓，結婚後接連有了兩個孩子，尼克與巴隆。四十一歲那年，他有九間飯店，包括最新的艾爾帕索希爾頓酒店，一九二九年開幕，耗資最大，就像這個飯店王國的王冠一樣令人眩目。然而，就像希爾頓感傷地寫道：「十九天後，股市崩盤了。」

回想往事，希爾頓訝異於自己是如何撐過大蕭條的悲慘歲月，好幾次已經要宣布破產，但總是會有「奇蹟發生」（親友或生意上的夥伴在最後關頭注入資金），讓他得以繼續經營。反映於天主教信仰，他說那些年就像帶著「內疚的安全感」，為了維持經營所耗的時間、精力、來往奔波，意味著失去與妻子、家庭的相處時間，導致婚姻破裂。

熬出來的成功

這本書中還提到另一個讓人訝異的事：儘管後人皆稱希爾頓為國際連鎖飯店創始人，但年近五十時，他才買了德州以外的第一間飯店。

併購知名的舊金山德雷克爵士酒店（Sir Francis Drake, San Francisco）後，他還買了垂涎已久的芝加哥史蒂芬斯飯店（Stevens Hotel），當時世界上最大的飯店，共有三千間客房。而鮮為人知的是，他花了六年時間談判交涉，才完成此次交易。如此規模龐大的併購，對金融及組織方面都是很大的挑戰，希爾頓說：「如果你勤於埋下蘿蔔種子，幾週後就可以採收蘿蔔。當你開始埋下橡樹子，經過數年才能得到成熟的橡樹。而我開始懂了所有園丁都知道的道理——耐性。」

當時看來太緩慢，但確實有好處。希爾頓飯店取得特許經營權前，透過併購、經營已邁入正軌的飯店，可以讓他熟悉飯店產業，不用以希爾頓之名承擔風險。一九四六年，希爾頓正式成立希爾頓連鎖飯店集團。

希爾頓開始拓展海外事業版圖，他將自己的飯店事業視為推廣美國自由、民主思想的方式。他說，提供人們進行商業會面的地方，是「透過國際貿易、旅行，實踐世界和平的好方法」。希爾頓寫道，冷戰期間，他希望希爾頓飯店可以呈現「自由世界的甜美果實」，他的產業在開發中國家成為商業及投資的樞紐。

夢想之所需

希爾頓的一生印證了大衛・舒茲（David Schwartz）《大膽思考的力量》（*The Magic of Thinking Big*）中的觀察：「大多數的失敗人生，不是因為好高騖遠、無法實踐目標，而是目標太低、太容易達成。」經濟大蕭條最嚴重時期，債台高築、官司纏身，連衣服都拿去典當的希爾頓，剪下一張新落成的紐約華爾道夫飯店（Waldorf Astoria Hotel）照片，存夠錢買了桌子後，他將這張照片壓在桌子的玻璃桌面下。當時，擁有這間飯店像是一個荒誕的夢想，對他來說卻是一種認證，人必須有追尋的目標。

他回想起母親對成功人生的建言，總歸來說就是「祈禱」，父親的哲學則是「工作」。他和兄弟們長大後，聽了「祈禱與工作」不下數百次，而他的兄弟曾說：「這其中一定還有別的，但我說不上來。」寫這本書時，希爾頓已經七十歲了，回想當時坐在紐約華爾道夫飯店的宴會廳——現在已經是他的了，想著父母的人生智慧中，是否真的還有其他東西，希爾頓唯一可以想到的是：「**勇於夢想！**」他很快發現，「從來沒有人稱我為夢想家」，但他相信，真正偉大的東西就是從這裡開始。

「我確信，要完成偉大的事，必須先勇於夢想。真的，但它必須符合人性與神性，否則你就在浪費自己的祈禱；必須以工作及信仰支撐，否則就像沒有手腳。或許還有一點運氣成分，但我非常肯定，沒有遠大的計劃，必一事無成。」

總評

希爾頓於一九七九年逝世，他的故事為還不知道自己想做什麼、卻渴望機會的人，帶來靈感。睜大眼睛、豎起耳朵，因為下一次聚會、購物、旅行的機緣，都可能成為改變人生的轉捩點，就像希爾頓發現莫布利旅社一樣。如果還沒找到你的人生目標也沒關係，只要準備好自己，把握到來的機會。如果你認為機會已經從身邊溜走，那也不重要。畢竟，希爾頓三十歲才開始走自己的路，走出父親的庇蔭，到了五十歲才開始走出德州，還有數十年的人生可以發展事業。

現在，希爾頓是上市公司，在八十個國家有五千間飯店。希爾頓集團中最豪華等級的酒店就以康拉德為名。

2014

什麼才是經營最難的事?:矽谷創投天王告訴你真實的管理智慧

The Hard Thing About Hard Things

「掙扎在於回想當時為什麼創辦這間公司時;掙扎在於人們問為什麼你不辭職,而你不知道答案時;掙扎在於員工認為你在說謊,而你開始思考他們或許是對的。」

「如果有一項特別突出的技能,那就是沒有好的下一步時,有能力專注且踏出最好的下一步。作為執行長,感受到自己傾向躲藏或死亡的那一刻,才能有最大的改變。」

「如果你想打造一個有影響力的公司,有時候必須擴張規模。創業初期的人很少談論最初的Google或Facebook,其實是少數人創造的奇蹟,而如今的Google有兩萬名員工,Facebook則有1,500名員工。所以,如果你想做出一番成就,就必須學習拓展人類組織的魔法。」

總結一句

沒有任何事能幫你做好準備,來領導組織以及帶領組織度過危機。

同場加映

詹姆・柯林斯《十倍勝,絕不單靠運氣》(8章)
艾瑞克・萊斯《精實創業》(33章)
艾力克・施密特&強納森・羅森柏格《Google模式》(35章)
彼得・提爾《從0到1》(45章)

15

本・霍羅維茲

Ben Horowitz

每一本霍羅維茲讀過的商業和勵志書，都有一個簡單的方法，可以普遍地運用於各處。但是本質上不穩定、複雜的情況，無法以簡單的方法應對。沒有祕訣可以面對生命中真正困難的事物，從經營一間成功的公司到幸福的婚姻，甚至成為總統。

有一個「宏大、無畏、驚人的目標」很簡單，難的是如何實踐；聘請傑出人才很簡單，難的是他們開始索求更多，開始產生權力感時，該如何應對。或者，困難的不是勇於夢想，「難的是，當夢想轉為夢魘，夜半醒來冷汗涔涔」。作為前執行長，如今是科技新創公司諮詢的風險投資家，霍羅維茲認為他唯一能提出的建言，就是當你的新創公司無可避免地面臨危機，你還有哪些事可以做。

《什麼才是經營最難的事？：矽谷創投天王告訴你真實的管理智慧》內容源自霍羅維茲非常受歡迎的部落格，人們開始詢問他的想法與建議背後的故事。這本書另一個特別之處是，其中霍羅維茲引用的歌詞，源自他最喜歡的嘻哈歌手。他說，他們在「競爭、賺錢、被誤解」的經驗，與企業家們面對的困難並無不同，達到成就、產生新想法、讓大眾聽見他們的想法、從零開始塑造公眾認同。

矽谷驚險之旅

一九九〇年代，霍羅維茲在蓮花軟體公司（Lotus Development）工作時，看見了Mosaic，第一種可以連結網路的瀏覽器。他為之驚豔，馬上感覺到網路就是未來。當他聽說一間新公司網景（Netscape），創辦人是二十二歲Mosaic的研發者馬克·安德森（Marc Andreessen），以及視算科技（Silicon Graphics）的創辦人吉姆·克拉克（Jim Clark），他確信自己將在那裡工作。

一九九五年，網景公司首次公開募股，取得歷史性的巨大成功，改變事業願景，將公司分為「新經濟體」與「舊經濟體」。這間公司最終在瀏覽器戰爭中敗給微軟，安德森與霍羅維茲離開被AOL併購的網景，於一九九九年創辦第一間雲端運算平台公司LoudCloud，主要為數千間新創公司提供便宜的伺服器空間，其中也有一些大型企業如Nike。

霍羅維茲初次擔任執行長，LoudCloud成長飛快，有很多可以靈活運用的資金。接著受到網際網路泡沫事件衝擊，該公司很快用盡了現金，霍羅維茲回憶：「我覺得我快玩完了。」他們籌措一些錢，但銷售額直線下降，他是否會耗盡所有投資者（包括他母親）的錢？是否必須解雇數百名精心挑選的員工？霍羅維茲萌生了瘋狂的想法，讓公司上市。同類型公司的大半市值都已消失，他們竟然計劃上市！或許是最糟糕的時間點，但這是唯一能籌措資金的辦法了。

最終，首次公開募股完成，LoudCloud避開破產危機，但在霍羅維茲的職涯中，那是最低潮的時期。雖然資金到手，接下來數月他不得不解僱大量員工，一通通打給投資人，通知收益金額降低的電話，更是讓投資人憤怒。股價從六美元跌到二美元，也失去最大客戶Atriax，並欠了Atriax共二千五百萬美元。鑑於雲端事業顯然在劫難逃（除了Atriax的債務，銷售額也不夠支付固定開銷及其他債務），霍羅維茲組織了一個祕密小組，開發LoudCloud具所有權的軟體，如此就能成為可以銷售的產品。從儲存資料到開發軟體，這個轉變讓投資人及多數員工不知所措，但霍羅維茲認為這是唯一的生機。LoudCloud近乎所有雲端事業轉賣給美國電子數據系統公司（EDS）後，轉型成為定局。保留下來的只有專利軟體，再以每年二千萬美元向美國電子數據系統公司租用雲端空間，並以新名稱營運公司：Opsware。但少數留下的員工沒有被此方案說服，股價跌至三十五美分。

後來幾年事業漸入佳境，Opsware被視為該領域的領航者。從一間幾乎一文不值的公司，到二〇〇七年霍羅維茲以十六億美元價格，將公司賣給惠普。八年間傾注於這間公司的血、汗、眼淚，以及全心全意的付出，賣出公司後他覺得糟透了，但後來發現這是他做過最棒的決定。這筆錢足以讓他和家人衣食無憂，他也學到所有作為創辦人及執行長最重要的課題。在他與馬克・安德森創辦科技創投公司Andreessen Horowitz時，他之前學到的一切都變得珍貴無比。並沒有很多風險投資家實際運作過頗有規模的公司，他深知創辦及擴張一間科技公司，其中危機四伏的心理戰。

掙扎

霍羅維茲花了數頁篇幅描述他所謂的「掙扎」，每個公司創辦人在自己光明願景與現實結合後，最終發現自己身處的那個世界：你的員工失去信念，紛紛離開；你不再相信自己那些誇誇其談，市場正在轉變，媒體不停地寫出可怕的報導，而分析師認為公司已經危在旦夕，為什麼你認為公司可以發展下去呢？白痴。

每個企業家都曾經歷掙扎，霍羅維茲說。不同的是他們如何應對，他只能提出一些如何應對的方針：

- 不要攬下所有責任一肩扛。作為創辦人或執行者，你覺得一切都操之在手，這的確是真的，但重要的是不要把問題都留給自己。讓它成為可以共同分擔的掙扎。
- 即使事情看起來很糟，總是有你可以做的事。霍羅維茲讓一間公司在最糟糕的經濟條件，以及收入和商業模式也不穩定的情況下上市。「總是有可以做的事。」
- 「待得夠久，就可能抓住幸運。」科技產業瞬息萬變，如果你能在產業中待得更久，事情就可能忽然心想事成。
- 偉大必須付出代價，你正經歷的就是代價。「記住，這就是女人與女孩的不同。如果你想變得偉大，這就是挑戰。如果你不想變得偉大，那一開始就不該創辦公司。」

作為公司的負責人，霍羅維茲要做一個正能量先生，讓團隊團結起來，這讓他感到壓力很大。但他發現企圖掩蓋或消除壞消息傳播，是相當危險、易遭受攻擊的事。每個人都發現事情有多糟時，通常為時已晚，最好是直接面對害怕被人視為失敗者的恐懼，坦白地說出真實情況。這麼做之後，有趣的事就會發生：你的團隊會欽佩你的坦率，支持你的決定，日夜不分地工作，讓公司重新振作起來。

不管是多傑出的公司，每個公司面對既有威脅時，都會經歷這段掙扎。這期間，很容易會找藉口、或提出新策略來愚弄競爭對手，或試圖進入高端或低階市場佔領整個新興市場，但是沒有任何法寶能從艱困中拯救你的公司，霍羅維茲說，只能全力以赴。他說的是直接、醜惡、全面性地與競爭對手抗爭，不管是深入開發更好的產品，或以銷售額直接猛攻，或兩者兼具。當你和團隊開始像個藉口製造機，記住每個公司都會有一段時期，必須起身為生存抗戰。霍羅維茲說：「如果你發現自己，在應該戰鬥的時候卻在跑步，你需要問問自己：『如果我們的公司不夠優秀到可以贏得戰爭，那我們還有必要存在嗎？』」

你能接受嗎：執行長心理學

霍羅維茲說，作為執行長必須學會最困難的技能，毫無疑問地是「管理我自己的心理狀態」——換句話說，就是避免心理崩潰。在職場生涯中，控制錯誤到最小化這點可以做得很好，但突然必須管理一千人、甚至一萬人，處於快速變化的市場環境中，事情經常會錯得離譜，對於總是取得亮眼成績的資優生來說，對心理的挑戰非常大。每間公司都會經歷兩次到五次「我們玩完了，一切都結束了」這種時刻，而身為執行長的感受尤其深刻。

霍羅維茲的應對訣竅是：「**把腦子裡想的通通寫在紙上。**」將慎重的下一步或決定，以精心挑選的詞彙寫出來，可以幫你從情緒位置隔離出來，看清楚它的理性價值，「**專心於道路上，而非阻撓你的牆。**」擔任執行長時，會一直有百萬件事出錯，但你必須專注於目標上。「**不要放棄**」，霍羅維茲詢問其他執行長如何度過那些艱困時期，真正優秀的人不會談論偉大策略或超群技能，他們只會說：「我沒有辭職。」總是有些時候，你覺得很糟糕、壓力很大、非常恐懼，認為自己該辭職，而這幾乎都會是錯誤的決定。勇於留在職位上，找出現階段能做的事，即使事情似乎在走下坡，但卻是平庸與優秀執行長的區別所在。

人們仍有一種想法，偉大的執行長是天生如此，而非後天造就，但霍羅維茲坦率地告訴大家，在他站穩腳跟之前曾在犯下的各種錯誤，即使在當時，他還是經常懷疑所做的決策。領導組織沒有什麼是自然發生，你還必須違背人類天性希望被喜歡的部分，持續做出與之相反的行為。他寫道：「要成為好的執行長，為了能長期受到喜愛，短期內你必須做很多會讓人失望的事，違反天性的事。」

霍羅維茲說，他必須做出許多真正重大的決策，大多憑藉勇氣而非智慧，而他在創業者身上找的正是勇氣（還有才華）。做出每個艱難、正確的決定，能讓你更有勇氣；相反地，簡單卻錯誤的決定會讓你更為懦弱，結果就是產生懦弱或勇氣十足的公司。霍羅維茲寫道：「過去十年間，科技進程大幅度地降低了創立新公司的經濟門檻，但是經營偉大企業的勇氣門檻，卻前所未有地高。」

創辦一間好公司

霍羅維茲觀察到，人會辭職有兩種原因：一是「討厭主管」，「他們訝異於自己受到的待遇，缺乏指導、生涯發展及反饋」；二是「他們學不到任何東西：公司沒有投資資源，幫助員工發展新技能」。好的訓練計劃既要解決上述的問題，也要囊括公司產品的所有相關知識，以及具體管理細節，例如建立團隊、協商技巧、績效評估、面試、財務。

很多公司短視近利，認為訓練付出的時間或成本都過於昂貴，霍羅維茲說：「太忙所以不能訓練，道德意涵等同於太餓所以不能吃東西。」你可以有一間產品與市場需求完美契合的公司，但事情一旦出錯，幾乎是一定會出錯，組織或文化脆弱的公司，很快就會分崩離析，但是有良好組織及文化的公司，就有更多彈性能迅速回到正軌。霍羅維茲說：「成為一間好的公司本身就是目的。如果你只要做一件事，那就創辦一間好公司吧。」永遠將人放在產品及利潤之前。

即使是最好的公司，正經歷關鍵時刻，也必須解僱員工。不得不解雇員工時，請誠實以對。你可以說：「公司失敗了，為了能再站起來，我們必須割捨一些優異的員工。」員工可以看到這不是針對個人，他們可以意識到事情並沒有按照計劃發展。聘請該員工的人，也必須是解僱他的那個人，不要把事情丟給人力資源部，或「更殘酷的同事」。你解僱員工的方式，也會影響你在該產業裡的聲譽。拿出好處與資源，盡可能地盡量幫助他們，你如何對待必須離開的員工，對於留下來的員工也有深刻的影響。願意承認錯誤、且盡可能善待對公司失望的員工，是他們唯一想待下去的公司。

如何擴展

每個成功企業的創辦人都會面臨到這個問題，如何將一群想法相近、性格難以定義的個體，轉變為一個上百、甚至上千人的組織，其中甚至有你根本不認識的人。霍羅維茲說，想像新創企業的執行長，「他對公司瞭若指掌，每個決策都可以獨下判斷，不需和任何人討論，完全與自己一心。隨著公司成長，事情在各方面都會變得更糟。另一方面，如果公司沒有擴張，就永遠都不會成為一間大公司」。

即使覺得自己正在失去主控權，仍必須「不情願地讓步」。讓你為難的是，不希望成長中的公司背負太多組織負擔，同時也不想因為成長過快而毀於一旦。你必須花費時間導正組織架構，但一切都值得。

對的野心

霍羅維茲及合夥人與新創企業創辦人面談時，看重的三個特質是：有能力精確地表達願景，讓人們願意追隨你（想想賈伯斯）；有能力實踐它；有一種對的野心——也就是，為公司好的野心，而不是個人野心。科技公司通常以高智商為標準聘請員工，但如果所有人都只為了自己，這間公司如何能有所發展。反之，為公司著想、思考公司未來的人，才有內在價值。

還沒做什麼？

大多數會議都在談論你、你的團隊、或公司正在做的事，以及正在解決的問題。但你必須繼續問下去：「我沒做什麼？」例如某些重要的產品、服務、交易，仍在某個角落，需要有人給予關注。其他事情或許會因為你的關注而有所改善，但那些**未**完成的事情可能改變整個公司。

總評

霍羅維茲說，不僅沒有事情能為你營運公司做好準備，甚至沒有任何管理書能區分出「太平時期的執行長」與「戰爭時期的執行長」。他在公司順利時必須扮演的領導者，與公司面臨危機時的角色截然不同。在組織出現嚴重問題，或失去重要客戶，或新科技、競爭對手從你手中奪走生意時，一個友善、親和、有教養的形象是沒有用的。這類事件需要全面且激烈的舉動，會讓所有太平時期精心培育的員工及投資者大吃一驚，但追根究柢，領導者的價值就是他們在最糟糕的時刻應對的方式。面對各種糟糕的選項，優秀的領導人會變得很有創造力，他們堅持一定有一種方法可以與現實抗衡。

《什麼才是經營最難的事？：矽谷創投天王告訴你真實的管理智慧》不同於一般的商業書，其中有窺視執行長精神層面的章節，與如何運作組織的各種細節。我們已經知道很多組織中什麼可行、什麼不可行，而霍羅維茲努力地將這些以文字表達，值得讚賞。而關於「執行長心理」的部分，如果你曾經投入領導者的位置，這本書會在你開始這趟驚險旅程時，不會感到太孤單。

本・霍羅維茲

本・霍羅維茲出生於一九九六年英國倫敦，成長於以左翼政治著稱的美國加州柏克萊（Berkeley, California）。高中時數學成績相當優秀，作為足球隊一員，經常聽Run DMC的音樂，融入了非裔美國人文化。他在哥倫比亞大學及加州大學洛杉磯分校取得電腦科學學位。二〇〇九年創辦創投公司Andreessen Horowitz，投資企業超過三百間，包括Skype、Facobook、Pinsterest、Foursquare、推特（Twitter）。

2011

賈伯斯傳

Steve Jobs

「他的性格全然反映在他創造的商品上。從一九八四年發表的第一台麥金塔電腦，到一世代後推出的iPad，硬體到軟體的終端整合，一如蘋果的核心哲學，而史蒂夫·賈伯斯亦是如此：他熱情、完美主義、工作狂、藝術性、冷酷、控制狂的性格，完整地展露於他創造的王國與產品中。」

「對賈伯斯來說，信仰軟硬整合是正確的態度。但這個世界充斥著劣質設備、不可預測的錯誤訊息、令人煩躁的介面，因此標榜流暢的用戶體驗，就成為產品令人驚喜的原因，使用蘋果產品就像走在賈伯斯喜愛的京都禪寺般絕妙，這種體驗不是透過神壇上膜拜或讓百花齊放所創造。有時候，被控制狂掌握也是一件好事。」

總結一句

絕佳的產品不只在於技術，也在於藝術。

同場加映

艾力克·施密特＆強納森·羅森柏格《Google模式》（35章）
布萊德·史東《貝佐斯傳》（42章）
艾胥黎·范思《鋼鐵人馬斯克》（48章）

16

華特・艾薩克森
Walter Isaacson

史蒂夫・賈伯斯（Steve Jobs）早在一九八〇年代就曾耳聞華特・艾薩克森，當他主動聯繫艾薩克森，並提議讓艾薩克森為他寫一本傳記，艾薩克森卻一口回絕了。這位《時代雜誌》風格的作者，只為已逝世很久的名人寫過傳記，例如班傑明・富蘭克林（Benjamin Franklin）、阿爾伯特・愛因斯坦（Albert Einstein），而賈伯斯顯然仍在世，職業生涯也仍是進行式。

後來有兩件事讓他改變主意：一是賈伯斯的妻子羅琳（Laurene）告訴艾薩克森，賈伯斯得了胰腺癌，將不久於人世；二是這位傳記作家發現，賈伯斯的一生就站在科技與人文的交會點，就像富蘭克林與愛因斯坦一樣。

艾薩克森說，賈伯斯「對完美的熱情徹底翻轉了六個產業：電腦、動畫、音樂、手機、平板電腦、數位出版」，這些產業都可以增設零售商店。同時「他的第二步」，就是創辦了一間完全灌輸他想法的公司，而這間公司的壽命能比他更長久。

為了寫這本六百頁的自傳，艾薩克森與賈伯斯進行超過四十次訪談，並從他的朋友、親戚、同事、敵人處瞭解更多關於賈伯斯的事。

從哪裡開始

德爾・尤肯（Del Yocam）是與賈伯斯長期共事的同事，他猜測因為賈伯斯曾被親生父母遺棄（一九五五年他出生不久後，雙親是威斯康辛大學畢業生，父親名為阿卜杜拉法塔赫・錢德里，母親喬安妮・席貝爾），才導致他控制狂的性格，因而賈伯斯問世的產品，就像賈伯斯的延伸。賈伯斯深層的不安全感源自他的出身，加上過度溺愛他的養父母（保羅・賈伯斯、克拉拉・賈伯斯），從小就任性妄為、聰穎出眾，讓他覺得世界就像一片空白，可以任他創造或改變。如艾薩克森所說，賈伯斯有「被遺棄及被揀擇」的雙重心理狀態，被惡魔驅使又保持優越感的綜合體，經常讓他難受得不知所措。

賈伯斯於加州帕羅奧圖（Palo Alto）南方長大，就是如今矽谷（Silicon Valley）的中心，其中一塊名為山景城（Mountain View）的新興地區。該地區的房子都由建商約瑟夫・艾克勒（Joseph Eichler）建造，建築特色是簡單、平價、設計完善。賈伯斯對艾薩克森說，有一天他們看著這棟舊房子，為公眾打造優雅、又不會太貴的商品概念浮現腦海，這就是所有蘋果產品背後的靈感。

高中時，賈伯斯曾吸食大麻及ＬＳＤ[1]，並讀了《李爾王》（*King Lear*）、《白鯨記》（*Moby-Dick*）、

1 ＬＳＤ是一種迷幻藥物，又名「啟靈藥」、「一粒沙」，許多西方名人坦承曾使用ＬＳＤ，宣稱ＬＳＤ使他們靈感大為提升。台灣則列為二級毒品。

迪蘭．托馬斯（Dylan Thomas）及柏拉圖（Plato）的著作。對人文學科的深厚興趣讓他的交友圈也有所改變，包括聰明過人的怪才史蒂夫．沃茲尼克（Stephen Wozniak），沃茲尼克年輕時曾自製計算機和對講機系統。

如何開始

一九七〇年代初期賈伯斯結束學校生活，著迷於巴布．狄倫（Bob Dylan），力行果食主義，在公社中種植蘋果（對，這就是蘋果公司名稱的起源），並鑽研東方靈性學。賈伯斯並不想上大學，但養父母曾向生母保證一定會讓賈伯斯上大學，所以他選擇了里德學院（Reed College），一所位於波特蘭的小型、昂貴的人文大學。在里德大學，賈伯斯受到一些著作影響，如拉姆．達斯（Ram Dass）的《活在當下》（*Be Here Now*）及鈴木俊隆的《禪者的初心》（*Zen Mind, Beginner's Mind*，可參考《一次讀懂心靈探索經典》），經常赤腳在學校裡漫步。為了幫父母省錢，他中輟離校，前往印度旅行。後來賈伯斯覺得很慶幸，他是加州反主流文化晚期的一份子，這個世代「受禪學及LSD的滋養」，他說LSD讓他看見更大的藍圖，「創造出偉大的事物，而非只知道賺錢，盡我所能地將事物拉回歷史的洪流，以及人類的意識之中」。

當大多數嬉皮士認為電腦是獨裁者的工具，賈伯斯則認為電腦是解放的工具。賈伯斯在一間名為雅達利（Atari）的新電腦遊戲公司工作一段時間後，他和沃茲尼克浮現開發「個人」電腦的念頭，並借用沃茲尼克電路設計的才華，果不其然，一九七五年沃茲尼克創造了第一台機器，在鍵盤上打字就能出現在螢幕上。沃茲尼克非常樂意將他的電路設計及訣竅和科技業餘愛好者分享，但賈伯斯說他們可以製造並銷售他們的產品，沃茲尼克被說服了。他們收到第一張來自電腦公司的訂單，在親友的幫助下，「蘋果電腦第一代」（Apple I）問世，就放在賈伯斯父母的車庫裡，所有商品都銷售一空，開始做起生意。

後來是「蘋果電腦第二代」（Apple II），有著硬殼、看起來很專業的機器，由創投家邁克・馬庫拉（Mike Markkula）投資開發，也讓他們離開車庫，創立了蘋果電腦公司（Apple Computer Inc）。借助雷吉斯・麥肯納（Regis McKenna）的行銷才能，後來六年內賣出近六百萬台蘋果電腦第二代，正式打入個人電腦產業。講述產品焦點、形象及包裝時，艾薩克森提到馬庫拉在開發蘋果公司時的重要性，特別是他認為公司所做的每件事，都必須將其價值「歸因」於公眾。賈伯斯承認他欠馬庫拉人情，蘋果產品給人的感覺，甚至是漂亮、好質感的包裝，都是為了讓用戶愛上它們而設計。

成為主流

很多人曾評論蘋果的螢幕外觀及排列都竊取自全錄公司（Xerox），雖然一九七九年賈伯斯與其團隊確實曾參觀全錄公司實驗室，也深受啟發，但事實是全錄公司並沒有將「圖形化使用者介面」軟體商業化。艾薩克森說，是賈伯斯看見了革命性的發展，讓這項技術拓展得更遠，創造了更易於使用、更平價、運用球體使用的滑鼠，並讓他的團隊開發重疊視窗，也就是如今我們習以為常的功能。全錄公司最後確實在一九八一年發表了全錄之星（Xerox Star）商用電腦，但為時已晚，而每台要價一六五九五美元，更是價值不菲。賈伯斯認為蘋果可以做出更好的產品，但只需其價格的一部分。於是，一九八四年麥金塔電腦（Macintosh，取名靈感是一種名為McIntosh的蘋果）問世，同時推出知名的超級盃廣告，將ＩＢＭ（國際商業機器公司）打造為惡魔形象。

麥金塔電腦的成功之處，在於它讓一般大眾更容易接觸電腦，賈伯斯甚至要求它看起來像一張人臉，顯得更平易近人一點。賈伯斯認為好的產品本身就必須包含「所有物件」，讓軟體及硬體不可分割地呈現於一個產品上，他也不希望程式設計師和駭客可以輕易地依照個人喜好肆意改造他的產品，所以他要求麥金塔團隊將自己想成藝術家，四十五名工程師必須在麥金塔電腦出貨前，將自己的名字刻在電路板上。他對字體的堅持也讓工程師們非常苦惱，但對賈伯斯來說，字體和硬體一樣重要，他帶團隊參觀位於曼哈頓的大都會藝術博物館（Met museum）展出的蒂芬妮（Tiffany）藝術展，希望傳遞的訊息是：為一般市場打造漂亮的商品是可行的，如果這個團隊正在創造一個產品，為什麼不讓它兼具美感？曾為麥金塔團隊的電腦工程師安迪．赫茲菲爾德（Andy Hertzfeld）曾說：「我們的目標從來不是擊敗競爭對手，或賺更多錢。我們的目標是盡可能做出更好的產品，即使只是更好一點。」艾薩克森說，賈伯斯最偉大的成就是「以特定團隊推動產品進步，並在消費者沒有注意到自己的需求前，開發出全新的設備及服務」。

一九八〇年蘋果上市時，市場估價為十七．九億美元，三百名員工的公司都成為百萬富翁，而年僅二十五歲的賈伯斯，身價二．五六億美元。他看見蘋果的員工們去買豪宅、遊艇，他自己卻更偏好設計精美或漂亮的東西，艾薩克森說，像保時捷（Porsches）、博世（Bosch）產品、攝影師安塞爾．亞當斯（Ansel Adams）的作品。賈伯斯出入從來沒有隨行人員或聘請傭人、保鑣，他忠於自己反主流的思想，更喜歡維持自己的簡單生活。

回到美感基礎

上市交易到達高峰後，接下來十年蘋果在個人電腦市場逐漸失去份額，被搭載微軟的ＩＢＭ個人電腦（IBM-PC）取代。賈伯斯與「成熟的」執行長約翰．斯卡利（John Sculley）共事的非常不快，他們對於蘋果未來的走向有著極大的歧異。一九八五年，衝突終於爆發，賈伯斯被迫離開蘋果。

賈伯斯離開蘋果後的故事，以及他創立的另外兩間公司：NeXT（線上工作站）、皮克斯（Pixar，動畫工作室），又是另一段故事。布蘭特．史蘭德（Brent Schlender）及瑞克．特茲利（Rick Tetzeli）合著的《成為賈伯斯：天才巨星的挫敗與孕成》（*Becoming Steve Jobs*），其中有關於這些年更細節的內容。

但其實只要說一件事就足夠了，蘋果後來專注於利潤最大化，而不再是卓越的產品，因此蘋果陷入財務困境是可以預見的。

一九九七年賈伯斯回到蘋果，作為臨時執行長，直到董事會找出合適的人選，在諸多壓力之下，他後來出任蘋果的正式執行長。艾薩克森說，賈伯斯的家庭生活美滿，也非常享受在皮克斯工作的時光；重回蘋果，單純因為他熱愛蘋果，沒有任何陰謀。他知道蘋果將重新打入市場，不僅會帶來全新的產品（同時終結之前一系列失敗的產品），同時也提醒大眾蘋果代表的意義。廣告公司BBDO／Chiat／Da的李．克勞（Lee Clow）提出了「不同凡想」（Think Different）概念，艾薩克森說，「不是為了宣告電腦能做什麼，而是充滿創造力的人們可以用電腦做些什麼。」這支非常有影響力的廣告由好萊塢影帝理查．德瑞福斯（Richard Dreyfuss）配音，穿插愛因斯坦、甘地（Gandhi）、畢卡索、安塞爾．亞當斯、達賴喇嘛、舞蹈家瑪莎．葛蘭姆（Martha Graham）等人的影像，而廣告中最後一句話是：「這些認為自己可以改變世界的狂人，就是能改變世界的人。」

賈伯斯與英國籍設計師強納森．艾夫（Jonathan Ive）的合作，是重生的蘋果成功的關鍵因素。賈伯斯說，對他們來說，設計不僅僅是某樣物件的外表，而是「人造創造物的基礎靈魂，最終將自身表達於成功的外表之上」。製造物品與它的外表及呈現方式一樣重要，整體物件必須「純粹且毫無接縫」。正是設計理念：將藝術帶入技術，將iMac、iPod、iPhone、iPad與電腦市場分割開來，讓蘋果成為世界上最有價值的公司。

賈伯斯的名字與其他開發者一起列在超過二百項的蘋果專利上，他深入參與各項微末細節，例如iMac上使用的磁吸式電源連結器，兼顧美觀也方便使用。另一項賈伯斯的決定是iPod上沒有開關鍵，在使用者按下任何按鈕時，iPod就會自動開啟，不使用時則自動休眠，這個功能之後也應用在所有蘋果產品上。艾夫主張iPod要「全白」，包括耳機，當時就像一項創舉，賈伯斯也支持這個想法。

賈伯斯從不害怕創造新產品可能衝擊現有產品，他認為即使自己不這麼做，其他公司也會。當iPhone上市時，他清楚地知道這會瓜分掉iPod的市場，而iPad則會削減iMac的銷售，但賈伯斯認為這都不是問題，只要蘋果不斷推陳出新，仍然可以打出新市場。

艾薩克森說，第二次職掌蘋果，賈伯斯不再是莽撞的夢想家，而是腳踏實地的管理者，懷抱著對設計及生產品質的熱情與初衷，同時也是一位思緒理性的執行長，開放製程分工外包。他改造的蘋果不只在於產品翻新，更打造了一間偉大的公司。賈伯斯花了很多時間尋找最好的人才，讓各個不同部門的人才一起工作，從工程、設計到行銷，因此新產品才能完整一體地呈現，避免分支或分散公司結構。

藝術與魔術

就像創造出象徵性產品，蘋果開發了音樂下載軟體iTunes，打造為一個「平台」，也是這間大型科技公司的遠大目標。如今得到數以百萬計的用戶信任，將他們的信用卡資料及電子信箱資料留給蘋果。賈伯斯開發iTunes的同時，也擔起監督盜版侵害之責，他欽佩這些藝術家與他們創作的音樂，並認同知識產權。賈伯斯認為，唱片公司有創造力，但缺乏技術，而科技公司則相反。皮克斯工作經歷教會他：

「科技公司不理解創造力，他們不喜歡直覺思考。我算是少數理解科技也需要直覺與創造力的人，創造藝術也需要紮實的訓練。」

賈伯斯非常喜歡披頭四的《永遠的草莓地》（*Strawberry Fields Forever*）這張唱片，他們花了數月時間才創作出這張唱片，歷經數次打磨才得以呈現在世人眼前，為蘋果的開發及製造過程提供完美的樣板：「這必定非常耗工，但最終會得到更好的成品，很快就會得到這樣的反饋：『哇！他們怎麼做到的?!螺絲都在哪？』」賈伯斯非常喜歡在新產品發表時，親自揭開產品的面紗，他希望創造藝術與魔術。

他一直很討厭將蘋果的產品和其他品牌的產品放在一起銷售，像戴爾（Dell）、IBM、捷威（Gateway），或者讓只在意抽成、不在意品牌的業務員銷售蘋果產品。因為電腦不是消耗品，是一次昂貴的消費，人們會願意開好幾哩路到另一個城市，一個大型、醜陋的電子商店買電腦。但他想到馬庫拉的名言，公司所做的每件事，都必須將其價值「歸因」於公眾，他說服蘋果董事會投資開設商店，只銷售蘋果的商店，必須座落於最好的地點，美國的主要幹道或大型主流購物中心。舉例來說，如果公司認為品牌比服飾品牌Gap還大，蘋果商店就必須比Gap商店更大、更精緻。儘管蘋果銷售主管羅恩・詹森（Ron Johnson）開發了蘋果商店的原型，賈伯斯則更深入地參與其中，並做出最後決策，他追求效果呈現，包括天花板使用的材質以及蘋果商店的特色樓梯。

二〇一七年蘋果共有四百九十八間商店，遍布美國及全世界。雖然這些商店只佔了蘋果總營收的一小部分，但艾薩克森說：「透過實體店面打出口碑及品牌形象，間接地幫助公司提升整體業績。」

總評

艾薩克森說，賈伯斯的尼采式信念「相信意志力量可以改變現實」，或許也是所有偉大企業家的特色，也就是說，不夠好的、能做到的，都必須做到。賈伯斯拉斯普丁[2]式的催眠能力催生了「現實扭曲力場」這個詞彙，最早出自早期蘋果軟體開發者巴德・崔博爾（Bud Tribble）之口。崔博爾回憶，在賈伯斯面前，人們都會同意他所提出荒謬的截止日，因為他讓

2 俄羅斯籍神祕主義者，擅長催眠術。

大家覺得做得到，或者說服他人相信沒有事實根據的論述。他總是對工程師的表現和想法表示不屑，甚至說：「這是垃圾。」有些人無法接受，但其他人認為在蘋果工作的這些年，是生命中最美好的日子。儘管賈伯斯作風殘暴，但他的完美主義確實實踐了他們的才能。

安迪．赫茲菲爾德談論賈伯斯：「他認為有一些人是特別的，例如愛因斯坦、甘地、以及他在印度遇到的古魯（靈性上師），而他也是其中之一。」正是賈伯斯展望人類未來的一面，讓他的前女友克里斯安．布倫南（Chrisann Brennan）形容他是「一個開明理性的存在」，即使他有時極度傲慢且冷酷（尤其對布倫南來說，儘管所有證據顯示女兒麗莎就是賈伯斯的骨肉，賈伯斯仍矢口否認）。

賈伯斯極度渴望改變世界，某部分是他有預感自己不會長壽，所以他必須付出更多努力以實踐他的願望。他將自己的健康問題歸咎於在皮克斯及蘋果工作期間，每天都工作十四小時，而二〇〇四年癌細胞從胰腺擴散到肺部時，身為一個終生素食主義並嚴守食素者，他堅持自然排毒療法，拒絕化療，而這些完全沒有幫助。賈伯斯一生成功盡其所能，也無法阻止死亡降臨。

華特・艾薩克森

艾薩克森出生於一九五二年美國紐奧良（New Orleans），於哈佛大學取得歷史及文學學位，並獲得羅德獎學金（Rhodes Scholar），在牛津大學取得哲學、政治學、經濟學學位（PPE）[3]。他的記者生涯始於倫敦的《星期日泰晤士報》（*Sunday Times*），一九七八年進入《時代雜誌》（*Time*）工作，一九九六年任《時代》總編輯。二〇〇一年至二〇〇三年間，艾薩克森出任美國有線電視新聞網（CNN）執行長，之後出任亞斯本研究院（Aspen Institute）總裁，該機構由許多基金會資助，負責提供政策建言並培養領導者。二〇一七年，為了出任紐奧良杜蘭大學（Tulane University）歷史系教授，辭去總裁一職。

艾薩克森的著作包括二〇一四年《創新者們：掀起數位革命的天才、怪傑和駭客》（*The Innovators: How a Group of Hackers, Geniuses, and Geeks Created the Digital Revolution*）、二〇〇七年《愛因斯坦傳》（*Einstein: His Life and Universe*）、二〇〇三年《富蘭克林傳》（*Benjamin Franklin: An American Life*）、一九九二年《季辛吉傳》（*Kissinger: A Biography*）、二〇一七年《達文西傳》（*Leonardo da Vinci*）。

3 PPE（Philosophy, Politics and Economics），由牛津大學首創的跨學科學位，課程內容極具寬度，近年非常受歡迎，而後許多知名大學也跟進設立PPE學位。

2010

不花錢讀名校MBA：二百萬留著創業，MBA自己學就好了

The Personal MBA

「大多數當代商業實踐只需要嘗試、簡單算數、和一些重要的思想與原則知識。」

「雖然管理及領導在商業實務中非常重要，卻不是商業教育的全部與終結：沒有堅實的商業知識，就可能組織及帶領一群人朝向錯誤的方向前進。商業無非是創造利潤及為付費顧客提供有價值的服務——管理及領導只是為了達到目的的手段。」

「除非你工作的產業中，競爭對手異常有野心、能力出眾、資金充足，否則無需擔心別人『偷走』你的創意。創意很廉價，真正有價值的是能夠將創意變成現實的能力。」

總結一句

一些好書和實務經驗，和唸商學院的效果一樣好，甚至更好。

同場加映

本・霍羅維茲《什麼才是經營最難的事？：矽谷創投天王告訴你真實的管理智慧》（15章）

艾瑞克・萊斯《精實創業》（33章）

17

喬許・考夫曼

Josh Kaufman

每本商業書都有厲害且新穎的想法，宣稱能提供解答，卻往往與商學院中所傳授的傳統認知相悖。但是，如果我們要適切地評斷這些想法，難道不該先意識到傳統認知，也就是商業實踐的核心概念嗎？

《不花錢讀名校MBA：一百萬留著創業，MBA自己學就好了》在短短一本書的篇幅中，希望達成的目標。考夫曼的書不是要一再重複商學院的課程內容，而是以最清晰的方式表達二百四十八個商業概念。

考夫曼大膽地說，讀他的書就是「讓自己成為前百分之一的頂尖人才」，成為真正知道商業如何運作的人。但也或許不會，不過，至少別人談論這類話題時，你會開始意識到這些概念，而他是對的，「有一種共同語言來標記及思考你注意到的事物，也對重大進步打開大門」。當然，經驗是不可取代的，但許多工商管理碩士（MBA）學生並沒有太多商業相關的經驗，他說。

前通用電氣執行長傑克・威爾契曾說：「人們總是高估商業的複雜度，這可不是什麼高深的科學——我們選擇了世界上最簡單的專業。」考夫曼說的大部分都是常識，如果你已經在商業界工作，可以略過許多章節。有時候，這本書會看起來很像商業術語的擴充詞彙表，但是如果你正要起步，或者在非營利組織工作，這會是一本有趣的入門書，讓你思考商學院教育的價值。

工商管理碩士：值得嗎？

在電影《心靈捕手》（*Good Will Hunting*）中，麥特戴蒙（Matt Damon）的角色威爾・杭汀（Will Hunting）嘲笑哈佛學生克拉克，花了十五萬美元接受教育。杭汀認為，只要在當地圖書館多付一些逾期還書費，他也可以獲得一樣的資訊。

每年有超過一萬兩千本商業書，更別提數以百萬計的部落格文章，都在寫商業理論與實務。而考夫曼想知道的事：真正值得被瞭解的是什麼？大學時期的他已經開始在自己的網站發表一些研究發現，馬上引起人們的興趣，但直到部落客兼作家賽斯・高汀（Seth Godin）將考夫曼的文章列入閱讀清單時，考夫曼網站的流量才開始暴增。高汀曾道：「我很難理解為什麼『取得工商管理碩士學位』是花費時間與金錢的最好方式，而不是有一些實際經驗，再加以閱讀三十至四十本有益的書籍。」

在〈商學院的末日：看得見的成功不多〉（The End of Business Schools? Less Success Than Meets the Eye，二〇〇二年《管理學習與教育學會》發表）一文中，傑弗瑞・普費弗（Jeffrey Pfeffer）與克里斯汀娜．馮（Christina Fong）發表研究成果，他們發現擁有工商管理碩士學位，或者在研究所中成績優異，對長遠的職涯發展「毫無關聯」（薪水或升遷都無益）。意思是：工商管理碩士課程中傳授的，並不是在真實商業世界中取得成功的必需品。普費弗說，事實上，「無論如何，如果你很優秀能踏入這個領域，顯然你有足夠的天賦可以做得很好」。

那麼商學院是為了什麼呢？工商管理碩士學位對雇主來說像一種「社會證明」，證明你了解明確的概念，你相當聰明，你不是一個特立獨行的人。考夫曼寫道：「商學院不會打造成功人士，它只是接納他們，把他們的成功歸功於商學院。」但不代表商學院本身有這個能力。你可以接受同樣的教育，而不需抵押你的人生，用可能需要數十年才能還清的貸款交換。即使你可以取得更高的薪資，在短短幾年內還清學費，合理化這筆支出，但也必須考量就學的這兩年期間，與商業世界實戰經驗的機會成本。考夫曼承認，頂尖商學院所做的是增加進入頂尖企業的機會，如高盛（Goldman Sachs）、麥肯錫（McKinsey）、世界五百大企業或投資銀行。然而，接受頂尖企業招募是一回事，在三到五年內，個人表現仍是唯一重要的事，如果你毫無成績，仍可能背負巨額債務。

考夫曼說，商學院是在大企業為王的時代發展起來的。意味著他們可以教一些非常精心設計的課程（模型、統計等），而學生可以在毫無相關經驗、沒有基礎概念的情況下瞭解創業之所需。而這些學校也傳授過時的想法，例如如何接管一間公司，讓它背上債務以尋求快速擴張，只為了將它高價轉手給另一個買家。但是金融工程並非商業的全部，商業也包括為了改善人們的生活，提出新的生產及服務。商業的步調遠比之前更快了，如果你想要的是員工可能無法提出的新點子，就需要多多閱讀書籍、部落格，以及多與人談話來增長視野。花上兩年的時間，耗盡大筆金錢，或許不是達成這個目標最明智的方式。支付商學院的學費債務，會讓你不得不被工作追著跑，也很快會厭惡這一切。

首先，創造價值

考夫曼的「創造價值」章節內容非常基礎，但足以說明每個成功企業都必須創造人們想要的價值，同時也有合理的價格，企業的財務運轉得當，才能繼續發展下去。

每個成功的產品或服務都迎合了某一項人類的驅動核心，例如社會地位的渴望、建立關係的渴望、學習的渴望、安全感的渴望。商業必須充分考慮人類心理，非常清楚人類購買的最終因素（而不是產品本身）。人們願意支付額外費用，來消除一些麻煩事：需要耗費太多時間、太複雜或傷腦筋、需要一定經驗或知識、或他們沒有的特殊資源。考夫曼寫道：「如果你在尋找新的商業創意，從那些麻煩事下手。哪裡有麻煩，哪裡就有機會。」在創造者眼中很多「廣大市場」並不存在，他提到賽格威電動平衡車（Segway）：這是很有趣的科技，但是一台五千美元（約十五萬新台幣）過於昂貴，無法吸引取代簡單的步行或自行車。賽格威仍然有買家，但僅限特定族群。

考夫曼強調創建價值的更迭方法，那就是相信開發、回饋、更正產品的循環，讓你的產品走在正確路線。看起來似乎需要花費很多力氣，確實如此。絕妙的商業計劃與產品創意往往在第一次接觸到真實顧客時就不復存在。不要只拿產品給朋友或親戚試用，必須把產品拿給真正願意購買的人，真心願意聽取他們的意見。越是重複做這些事，最終產品會越好，你也會越瞭解這個市場，真正知道人們願意買些什麼。如果沒有需求，你也可以很快地轉向另一個創意。

創造最小可行訂單，對人們來說似乎有價值，你認為可以從中談成生意，也能說在你覺得準備好之前，這件事就已經開始進行了。然而就像領英公司（LinkedIn）創辦人雷德・霍夫曼（Reid Hoffman）所說：「如果你對自己產品推出的第一版，絲毫不感到窘促，那麼你推出得太晚了。」產品一旦推出，就可以對核心產品做很多調整，增加或移除某些東西。Google的Gmail及AdSenese廣告計劃開發人保羅・布赫海特（Paul Buccheit）說：「挑選三個最關鍵的屬性或特性，讓它們極其精確，將其他細節全部拋開。關注產品第一版的幾個核心特色，你就會發現產品真正的本質與價值。」

第二步，賣出產品

考夫曼說，所有行銷都關注於「最終結果」，也就是用過你的產品後，人們是否會覺得自己變得精明、聰慧、充滿力量、健康、快樂或富有朝氣。努力銷售產品必得讓產品接觸到越多感官刺激越好，如此人們才能輕易地想像使用它的感覺。如果能強調一些產品特性外的其他小優點，也會有所幫助。

蘋果推出的第一台iPod廣告詞是「放一千首歌在你的口袋裡」，這可比MP3科技的奇蹟來得更迷人。

記住，任何產品或服務的大部分行銷工作都在創造過程中完成。如演員羅伯特・史蒂芬斯（Robert Stephens）所說：「廣告是平庸創意的稅務。」如果你提供的產品和競爭對手的很相似，就必須投入大量資源在銷售與行銷上，只為打敗對方。也可以採取這樣的商業策略，但這畢竟不是長遠的成功之道。

商業書總是在談論「品牌化」，但考夫曼認為品牌只是一種名聲。名聲自然產生，你從來無法控制它。唯一可以做的就是持續改進，讓人們主動談論，從人口中說出的話和信賴感就是最好的行銷。當你開始打廣告、做公關或行銷，規則就是不要無趣，如果製造一些爭議無傷大雅，又可以讓人們想知道更多你正在做些什麼，那又何妨。

最後，記得「你的顧客都想成為英雄」。談談你已有忠誠顧客的故事，吸引更多顧客上門。「故事越生動、越栩栩如生、越能勾動人的情緒，就越能吸引潛在顧客」。

財務的具體細節

每個企業都涉及五項元素，考夫曼說：創造價值、行銷、銷售、價值交付及財務。如果你對後者所知不多，這本書就能讓你受益良多，其中有可能聽過、卻不是很了解的專業術語：

- **貼現現金流／淨現值法：**計算一項資產現在的價值，思考未來幾年它將產出的現金。
- **現金流量表：**公司在某個明確期間內的財務概況，明確地紀錄了花在營運、投資未來產品及財務的各項費用。
- **資產負債表：**顯示任何時候公司的資產與債務（不限於現金），表明淨值及「股東權益」。資產負債表可以囊括各種假設，例如品牌的價值、名聲，或公司庫存的價值估算。
- **自由現金流：**減去公司營運所需的資本設備及資產需求，有多少現金流入。有越多自由現金流越好，可以用來取代維持製造產品及生意的債務。
- **毛利率：**以百分比表達利潤，計算收入與為獲得收入的支出間的差距。
- **權責發生制：**銷售或服務的收入立即與創造銷售的花費相比，提供更準確的持續毛利率概況。
- **損益表：**一段確切時間的利潤狀況。損益表之重要在於能看清什麼對生意真正有幫助，並協助做出投資決策。
- **財務比率：**其中包括很多，例如毛利率、投資報酬率（ROI）、負債／權益比（槓桿過多通常不是好事）、利息覆蓋率（有多少利潤必須支付債務利息）、流動資產（這間公司是等著破產，還是坐擁巨額現金）。
- **攤銷：**將你購買的一些資產成本分攤在一段時間內。如果你用五百美元買了一些軟體，未來五年內使用這些軟體可以換取收入，那麼你可以將此次購買計算為每年花了一百美元。攤銷可以讓購買資本看起來更合理。

- **應收帳款**：他人的付款承諾，也可以用於某些形式的會計計算。
- **購買力**：銀行裡的現金以及你可以使用的信用額度，購買力的強度對企業生存來說至關重要。

《不花錢讀名校MBA：一百萬留著創業，MBA自己學就好了》的另一半篇幅包括「人心」、「善用自身的能力」、「與人合作，眾志成城」。這些涵蓋了丹尼爾・康納曼（Daniel Kahneman）思想中的思維偏差、如何管理自己的能力、談判策略，但如果你已經讀過一些熱門的心理學、個人發展書籍，這裡就沒有什麼新知。這本書最後的章節介紹了解體系、系統分析、改善系統。

總評

《今日管理雜誌》（*Management Today*）有一篇書評指出，相信工商管理碩士的人，與同意傑弗瑞・普費弗的說法，認為這個學位越普及其價值越低的人之間，存在著近乎「神學的分歧」。但是看一本書真的能取代緊張的工商管理學位課程中，那些完成的作業及團隊合作嗎？更別提你接觸到的那些人了。你真的能透過看書「擁有」這些概念，而不用在專業教授的學術環境中，透過個人研究取得知識嗎？

是否要攻讀工商管理碩士學位這個問題，完全取決於你的環境，但最聰明的方式，不是去問這個學位能為你「帶來什麼」，而是你想要什麼。例如說，工程或非營利性背景的人，可以透過更深入的沉浸式、高品質的工商管理課程，取得商業理論、策略的知識，長遠看來確實能增加職涯發展的可能性。將分析模型應用於商業情況中，或看出潛在新興市場的能力，可以讓他們從人群中脫穎而出。換句話說，對於已經在商業界打滾多年，只是想洗高學歷的人，去讀工商管理碩士無疑是浪費時間與金錢。

考夫曼的書，一方面不過是商業教育入門書，另一方面是昂貴、耗時的自學工商管理課程。另一種選擇是大量的工商管理在線課程。大多數頂尖商學院，包括賓州大學華頓商學院（Wharton）、布斯商學院（Chicago Booth）、史丹佛大學、麻省理工，都有免費或平價的線上課程，由知名學者講授，可以透過他們自己的平台，或Coursera這種線上課程平台取得。

喬許・考夫曼

喬許・考夫曼在美國俄亥俄州北部一處務農城鎮長大，母親是圖書館員，父親是老師，他回憶道：

「書曾是我人生最重要的部分，商業則不是。」從辛辛那提大學（University of Cincinnati）畢業後，他在寶僑公司（Procter & Gamble）工作了三年，工作內容包括產品開發、生產、行銷、主要零售部門。對內部鬥爭及革新步伐緩慢感到失望，他離開寶僑公司，成為全職商業教育家。

其他著作包括二〇一四年《學得快才會想學！黃金20小時學習法》（*The First 20 Hours: How to Learn Anything...Fast*）。

2004

創業的藝術

The Art of the Start

「創辦一間公司最好的理由就是意義——創造產品或服務，讓世界變得更美好。所以你的首要任務，就是決定如何製造意義。」

「越具體越仔細越好。你可以向顧客敘述得越準確越好，許多企業家都擔心一條路走到黑，也無法將自己的事業推廣出去。大多數成功企業一開始就會瞄準特定市場，局部個別發展，成長為更大的規模（通常在意料之外）。很少企業可以在一開始就設定宏大的目標，並得以達成。」

總結一句

創辦任何新企業，必須置於首要的根本目的，就是意義。

同場加映

理查．布蘭森《維珍旋風》（2章）
本．霍羅維茲《什麼才是經營最難的事？：矽谷創投天王告訴你真實的管理智慧》（15章）
艾瑞克．萊斯《精實創業》（33章）
霍華．舒茲《Starbucks咖啡王國傳奇》（37章）
賽門．西奈克《先問，為什麼？》（39章）

18

蓋・川崎

Guy Kawasaki

一名軟體公司創辦人、風險投資家、蘋果公司前首席「宣傳長」蓋．川崎，當他開始著手寫《創業的藝術》，他假設每個想創業的人，都不希望受困於理論中——他們想改變世界。他的目標是「不說廢話」，只提供真正有用的資訊。最初的一個見解是，作為一名企業家，更重要的是心態而非頭銜，涵蓋人的心理及精神狀態，並揭露重要的實務策略。

川崎說，這本書不只是為了矽谷人而寫，還有所有企圖新創公司的人。當然也包括現有企業中，希望為市場帶來絕佳的新產品、新服務的人，以及想開辦學校、教會、非營利組織的「聖人」。創辦組織可能是、也可能不是為了創造財富，但全都必須有一個有意義的理由。

意義與真言

川崎說，開創任何全新的東西，最好的理由就是**創造意義**。「意義」可以只是為了讓世界更美好，也可以意味著糾正錯誤，或是從末路中拯救美好事物。他加入蘋果公司時，這間公司正從目標中找到意義，要以麥金塔電腦取代IBM的打字機。之後，他們轉移願望，希望接手微軟及旗下Windows的操作系統地位。川崎的重點是，你需要一個原因，驅使你願意早上出門工作，這會是一個很棒的挑戰，與金錢、地位無關。

這個世界充斥著無聊的企業「使命宣言」，但誰記得？誰又相信它們？川崎說，更好的是**真言**（一種涉及力量及情緒的「神聖口語形式」，或對外的口號），將你的組織意義濃縮在裡面，它非常簡短，每個人都知道並且深信不疑，甚至不需要寫出來。例如可口可樂公司的使命宣言：「讓全球人們的身體、思想及精神更加怡神暢快」。如果該公司有一個真言，川崎說，那會是簡短有力的**暢快世界**。真言（真正給員工力量的話）和給顧客看的廣告詞是不同的，Nike的廣告詞是「Just do it」，真言是**不打折的運動表現**。

招募及組織挑選人才方面，川崎提供許多祕訣，但最重要的是，即使聘來的人資格不夠或缺乏經驗，都必須信任組織意義與願景。偉大的組織是透過這些「靈魂伴侶」打造的，而不是傳說中的「獨立個體」。許多企業都有動力推手或虛有其表的領袖，但更深入地挖掘，你就會發現它們都有商業上的靈魂伴侶，幫它們實踐夢想。

你做了什麼？怎麼做的？

川崎指出，好的商業模式（在網路泡沫世界中經常被忽略）是成功基礎。你可以在其他方面有無窮無盡的革新，但商業模式（或者可靠的賺錢方式）必須腳踏實地——或許，你的模式是現有模式中的變種，可以在十個字內總結出來。川崎一項特別祕訣是，一開始先聘用女性執行商業模式，他在經驗中發現，女性對於一個想法的真正經濟概率，更實事求是、洞察力過人。

你可能會擔心產品的定位市場太小，但川崎說，所有大型、成功企業最初都是從瞄準小型市場的特定產品出發，這些小市場不斷長成，揭露了其他、通常是意料之外的市場。即使微軟的出發市場很「小」（特殊程式語言BASIC，只有特定操作系統使用），仍成功擴展並發展出更多潛在客戶及產品。他說，這就是真正的成功之路，並沒有多宏大的目標。

他建議先把組織的「MAT」放一邊——里程碑（milestones）、基礎假定（assumptions）、目標任務（tasks）。你必須有一個希望達成的清楚目標，必須知道基礎假定是商業模式的一部分，必須知道完成什麼任務才能創造出絕佳的組織。

行銷與計劃

在「電梯遊說」、向潛在金融家卑躬屈膝的時代，川崎提出激進的建議，比《精實創業》的作者艾瑞克．萊斯（Eric Ries）的作者更早提出這個概念：不要專注於行銷及計劃，首要之務應該是製造及銷售你的產品，幾乎是在創業之前先有客戶。對正在起步的企業來說，商業計劃的用處有限，這些計劃都基於未知，不能在沒有過往紀錄的前提下預測未來，實踐與執行更為重要。雖然商業計劃是很好的方式，可以幫助相關人員釐清目的，而投資者也確實需要一份計劃，但事實上計劃不太可能左右投資者，他們可能早有定論，而計劃只是確定立場而已。

川崎寫道，進行遊說或簡報時，想像有一個小人坐在你的肩膀上，不管你說什麼他都回嘴：「所以咧？」可以預防自我感覺良好，認為自己所說的都是不證自明、令人敬畏、甚至非常有趣。反之，當你進行正式的發表，請舉出一個事例為證，人們會想知道**實務運作**的方式。

以小搏大

從風險投資家或其他投資者，為你的期業取得緩衝資金的另一個選項是以小搏大——從低成本起步，保持成本架構不變。

對以小搏大的事業來說，首先要考慮的不是建立市場份額、成長率、帳面利潤，而是現金流。至少在初期，你需要規律的現金收入，即使犧牲長期、更有利潤的銷售也在所不惜。意味著你必須儘早將產品打入市場，即使產品還不甚完美。川崎說，如果你會讓你的父母使用現階段的產品，那就開始銷售吧，即使只能將產品賣給有限的市場，仍是有現金收入，以及來自真實市場的反饋，這可以幫你更快地推出更好的版本。缺點是這麼做是在拿自己的聲譽冒險，但是或許有聲譽能冒險，總比完全沒有生意來得更好。

這些方式都可以讓企業成為專注於結果及執行的精實機器。川崎說，如果一開始就伴隨大筆風險投資資金，就像類固醇：一開始可以蓬勃發展，但也可以扼殺企業。以現金為資金基礎，從起步開始就會是健壯的企業。

行銷規則

為了賣出大量產品，你的產品本身必須實在、好用、用途明確。套句彼得．杜拉克的話：「它應該只做好一件事，否則就會讓人困惑。如果它不好上手，就一無是處。」

推動產品時，重點在於「感染」。那就是只要人們聽過或用過，就無法不與別人分享，口碑就此產生。但是為了打入更大的潛在市場，你必須降低門檻（讓產品更便宜、更易於使用），就會有更多人使用它、知道它。這些人會創造熱潮，吸引媒體，他們會撰寫關於你們的報導，進而產生免費、可靠的廣告。

人們經常犯的錯誤是將他們的公司看得太大，川崎建議在行銷中「加入人情味」，這包括在行銷中凸顯用戶的特色、在廣告中自嘲、瞄準年輕人、或分配資源給有需要的人。川崎也提出忠告，「在你需要關係之前建立良好關係，在他們有能力之前就成為朋友」。就像他在蘋果時，樂於協助那些從未聽過的新聞媒體從業人員，而不只是《紐約時報》（*New York Times*）或《富比世》（*Forbes*）的記者。後來，這些記者都轉到更大的媒體公司就職，他們仍記得當初川崎的幫助。

川崎也提供一些企業命名的訣竅：

- 企業名稱的首字母越靠前面越好，可以很快在列表中找到你的公司
- 企業名稱中不要有數字
- 可以當動詞使用的名字（例如「全錄」（Xerox）它或「Google」她）
- 避免盲從潮流（例如小寫字母）

「做人的藝術」

猶太語中的「Mensch」意思是人行為端正、樂於助人。如果你想創辦一間很棒的公司，川崎說，你必須有高道德水準，為他人樹立榜樣。舉例來說，遵守合約精神，以及無論是否要收費，只要有獲得必要有付出。

正確的事，永遠不是最容易的事，但你必須創造出好的因果循環。對無法回報你的人伸出援手，是感謝宇宙對你有所賜予的方式，包括家庭、朋友、健康、財富。

總評

財富與繁盛總是從一個想法開始，但只有想法並不值錢。如川崎所說，讓企業有好的開始，這門藝術需結合了實務及心理層面。沒有很多書會像這樣勸告讀者，專注於「創造意義」、「做個好人」，而與此同時，也確保你的商業模式足夠可靠，以及擁有好的現金流。但是不管忽略哪一個層面，肯定會導致企業倒閉或無法達到預期規模。想要長期繁盛，你必須有意義、高尚的意圖，以及具備實用性的商業頭腦。這樣全面性的思維，讓《創業的藝術》如此值得一讀。

儘管這本書關注於科技產業，但其中多數章節都可以運用於任何新創事業，就像這本書的副標，這是一本**經過時間考驗、身經百戰的指南，適合所有創業者**。其中當然也包括教養孩子，川崎在他的獻辭中寫道：「小孩是終極新創企業，我有三個孩子，我因此而富有。」就像養育小孩不應該是隨便的決定，過程需要多年的關愛與認真工作，所以也不該沒有足夠的動力就決定創業。這就是為什麼「創造意義」必須被置於首位，如果你有「為什麼」（驅動你的有力因素），就有能力預見並妥善處理生命如何丟於你的障礙與困難。

蓋・川崎

蓋・川崎出生於一九五四年夏威夷檀香山（Honolulu, Hawaii）。就讀史丹佛大學，畢業於一九七四年，主修心理學。曾短暫修讀法律，後進入加州大學洛杉磯分校（University of California, Los Angeles），修習工商管理碩士。還是學生時，他就開始從事珠寶生意，銷售非常成功，後來對軟體產生興趣，機緣之下進入蘋果公司。

川崎創辦了車庫科技創投公司（Garage Technology Ventures），從事風險投資。現任線上設計平台Canca的首席宣傳長，以及加州大學哈斯商學院（Haast School）的執行研究員。二〇一五年至二〇一六年，川崎出任維基媒體基金會（Wikimedia Foundation）董事，參與了吉米・威爾斯（Jimmy Wales）的WikiTribune新網站計劃。

川崎是一位知名演說家，其他著作包括一九九九年《策略革命家》（*Rules for Revolutionaries*）、二〇一一年《迷人：不著痕跡影響他人的12堂課》（*Enchantment: The Art of Changing Hearts, Minds, and Actions*）、二〇一四年《玩轉社交媒體：蘋果前首席宣傳官談新媒體營銷祕訣》（*The Art of Social Media*）、二〇一五年《*Word of Mouth Marketing*》。《創業的藝術2.0：創業者必讀手冊》是原書的增訂版。

2010

迂迴的力量

Obliquity

「過著充實的生活、創造成功的事業、打造傑出的藝術品、頌揚上帝，這些高標準的目標，對我們而言總是太模糊不清，以至於不知如何達成，但並不代表這些目標缺乏意義或實踐的可行性。我們理解其意義，轉化為中繼目標及行動來落實它們，當我們更清楚所處的環境，就會不斷地重新理解。這就是為什麼成功的方法總是隱晦而不明顯。」

「幸福並非靠追求幸福而來；最賺錢的企業也並非利字優先。追逐財富方面，最有錢的人也並非最有自信的人；最好的畫作並不是最精準表達主題的作品；最能抵禦火災的樹林，也不是因為林務人員最善於滅火。比起市場經濟中順應、無序的過程，蘇聯經濟計劃者處理經濟問題，離成功二字還遠得很。」

總結一句

為了實踐潛能，人和組織都需要超越個人收穫或收益的高標準目標。

同場加映

詹姆・柯林斯《十倍勝，絕不單靠運氣》（8章）
蓋・川崎《創業的藝術》（18章）
道格拉斯・麥格雷戈《企業的人性面》（29章）
賽門・西奈克《先問，為什麼？》（39章）

19

約翰・凱

John Kay

「迂迴」一詞是詹姆士・布拉克爵士（Sir James Black）的靈感，他是一位英國化學家，曾獲頒諾貝爾醫學獎，在帝國化學工業（Imperial Chemical Industries Ltd，簡稱ＩＣＩ）、葛蘭素史克（GlaxoSmithKline）工作期間，他的研究讓處方藥劑產出數十億美元的利潤。布拉克對利潤不感興趣，只專注於研究，他經常告訴同事，利潤並非透過研究而來。之後他承認自己錯了，他了解到迂迴原則，「達成目標最好的方式，就是在無意間達成」。

這與英國經濟學家約翰・凱觀察成功企業及經濟的成果一致。在《迂迴的力量》一書中，他提到我們欺騙自己，精良的計劃與掌控可以導出我們預期的結果。但是這個世界太複雜了，理性控制太過狂妄自大，比起定量的目標，有品質的目標不是更好嗎？

邁向成功事業的迂迴之路

當化學業巨人帝國化學工業喊出的使命宣言是：「以可靠的化學應用，提供顧客國際化的服務」，它取得極大的成功。後來轉變為：「以市場領導地位、技術優勢、具有世界競爭力的成本基礎，成為產業龍頭，為顧客及股東創造價值。」諷刺的是，化學應用在改善生活方面創造的價值，遠比「具有世界競爭力的成本基礎」為股東創造的價值還多。

一九四五年至一九六八年，比爾．艾倫（Bill Allen）任波音董事長時，開發出波音737，成為歷史上最成功的客機。當波音開始開發747，後來數十年皆被視為民營航空的代表，而該公司一名非執行董事要求「投資報酬」相關資訊時被拒絕了，因為營運公司的人都是站在工程師的角度，而非會計端，凱寫道：「波音創造了最成功的民營航空公司，不是基於對利益的熱愛，而是對飛機的熱愛，這種間接的盈利方法導出驚人結果。」新的執行長菲利浦．康迪特（Phil Condit）非常強調削減單位成本及股東價值，將公司總部從西雅圖移到芝加哥，離華盛頓更近，波音卻迷失了方向。一開始波音的股價上升，接著停滯，後來被控與政治圈有貪腐行為。

通用電氣總裁傑克．威爾契曾說：「股東價值最大化，不是能幫你了解每天上班該做什麼的策略。」確實，凱寫道：「在商業界工作的人，都非常清楚商業的本質，瞭解工作時的手段。」他所說的「手段」，就是一種被利用的感覺。過去數十年，瑪莎百貨（Marks & Spencer）就做得很好，因為員工知道公司不只在乎利潤，也在乎他們的感受。對席蒙．馬克斯（Simon Marks）來說，這正是他想創立的那種企業，在員工間創造出非凡的忠誠度。他們知道公司的福利制度是「採用於價值評估，而非因果計算」。

記得為什麼我們要做這件事

一九九四年《基業長青》中，詹姆．柯林斯和傑瑞．波拉斯（Jerry Porras）曾提出製藥公司默克（Merck）的例子，他們引用其創辦人喬治．默克（George Merck）的話：「我們永不會忘記藥是為人類存在，而非利潤。只要我們記得這一點，利潤便會隨之而來，它從未缺席。我們記得越牢，利潤就越高。」

十五年後《為什麼A+巨人也會倒下》一書中，柯林斯與波拉斯再次檢視默克公司，提到執行長瑞．基爾馬丁（Ray Kilmartin）所說的新公司使命：「成為一間成長最快速的公司。」這看似無害的目標，導致過度活躍地行銷產品，如關節炎止痛藥物萬絡（Vioxx），有些人反映此藥可能誘發心臟病，該公司因此訴訟纏身，多出不少支出。相較於一九四三年羅伯特．強生（Robert Johnson）所寫的嬌生（Johnson & Johnson）信條：「對醫生、護士、病人、父母，以及所有使用我們的產品、接受我們服務的人負責，」只到最後一行，我們才看到：「如果我們依照這些原則經營，股東們就會獲得合理的回報。」

比較同產業中同規模的公司後，柯林斯與波拉斯發現一個違反直覺的事實：「在公司宗旨中，越是強調獲利的公司，其財務報表上的獲利越少。」凱指出，把錢擺在第一位，並支付高薪給身處高位的高層自己，這類公司名單很長。二〇〇八年，雷曼兄弟（Lehman Brothers）宣布破產，其執行長迪克．

傅德（Dick Fuld）非但沒有擔起責任，還試圖證明自己高達三億美元的薪資是合理的。凱挖苦地說：「宣揚貪婪的企業文化，最後也無法保護自己不受員工的反擊。」成功的企業靠的是長期團隊合作，以及對事業的熱愛，並不全然是收入問題。

理性決策的迷思

政治科學家查爾斯・林德布洛姆（Charles Lindblom）的「漸進式決策」理論相當有名。凱說，長遠看來，比起對確定目標的每個選項——理性評估，漸進式決策其實是公司決策過程中更有效的方式。林德布洛姆的方法是，從當下少數、有限的選項中，以眾人的共識為基礎，當時沒有清楚的論點也沒關係，就選擇當下最好的選項。

聽起來很抽象，但凱提出沃爾瑪早期的事例，當時沃爾瑪仍是家族事業。山姆・沃爾頓（Sam Walton）在選擇開設第一間商店時，並沒有檢視整個美國，然後做出理性的決策，甚至沒有參考市場資訊。他開在本頓維市（Bentonville），只因為那是他居住的城市，第二間商店也開在一個小城鎮裡，因為他的妻子不想搬去大城市。

林德布洛姆的漸進式決策並不只是直覺、無組織式的過程。在某個程度上是有原則、秩序的過程，一個人只能靠當前的資訊做出決策；如果有需要，也必須願意快速地改變意向。這種現實主義的方式，似乎不若由上而下發出指令、清楚地消除疑慮的方式更有吸引力。然而這樣的方式必然會失敗，因為沒有全盤考慮到變化莫測的環境，並且必須根據環境改變目標，以達到更遠大的目的。拿破崙認為勝利源自於他的意圖與策略，托爾斯泰不這麼認為：一場好的戰役，是數千名士兵的意向所趨。如凱所說：「結果是透過複雜的過程產出，沒有人能掌握一切。」如果是這樣，我們的決策過程就該更靈活。

凱提出建築師柯比意（Corbusier）的願景，希望一切從零開始，將舊有的模式拋開。他將房子想成「可以住在裡面的機器」，但是房子與家之間仍有不同，隨著時間推移，它呈現的是人的經驗、觀點、情緒。凱寫道：「以迂迴的方式認知到想要的家、社群，其實有很多元素，我們從未成功地敘述出完整的樣貌，在我們能做到、發現的程度上，它們通常無法相容且前後矛盾。」他說，巴黎聖母院也是經由數個世紀、數千隻手塑造而成。

凱說，「被歷史拋棄」的學派思想包括波布（Pol Pot）、法國革命派、列寧（Lenin），但他們的精神仍活在商業文學中，例如麥可・漢默（Michael Hammer）及詹姆斯・錢辟（James Champy）所著之《改造企業：再生策略的藍本》（*Reengineering the Corporation*）。那些苦苦掙扎尋求快速解決問題的企業，因為過度簡化問題，反而很快招進更多問題。反之，接受複雜的方案反而更實際、更具可行性，而對一間營運不佳的企業來說，最好的辦法或許是回歸核心價值，善待員工。

總評

凱經營一間經濟顧問公司十年，他發現他賣給客戶的方案並沒有真正被落實，或者至少不是他設想的樣子。他說，公司買了經濟模型方案，只是為了證明他們已經做出的決策，然而，這並沒有錯。一個具有良好主觀決策的過程比弱的定性決策，更能好好地發揮。我們對社會、商業、自然環境的認知永遠是不完整、片面的，因此我們最希望實踐實質、恆久，打開複雜性及歧異性的接受度。這聽起來很虛無縹緲，卻奠基於經濟事實之上。如亞當．斯密觀察到的，一個複雜的系統，例如自由市場經濟，即使沒有人能了解全貌，仍然可以有效地分配資源。這經常被拿來與失敗的社會計劃經濟比較。

迂迴的方法在當下看似贏弱且讓人不滿意，但最後通常可以取得成功，因為充分地考量過現實與人類的非理性層面。更重要的是，他們允許組織有不可量化的宗旨或目標，追求不合理的事情——至少在短期內，底線內。就像詹姆士．布拉克爵士所說，只有追求更高標準的目標時，你才能創造一個有動力且優於他人的組織。唯有提供世界及為你工作的人越大的意義與價值，利潤才能伴隨而來。

約翰・凱

約翰・凱出生於一九四八年英國愛丁堡（Edinburgh），於牛津大學就學，並於一九七〇年代起於牛津教授經濟學，曾任倫敦財政研究所（Institute for Fiscal Studies）研究主任暨所長數年，一九八六年任倫敦商學院（London Business School）教授。一九九〇年代晚期，出任牛津大學賽德商學院（Oxford University's Saïd Business School）第一任院長。一九九五年起，任《金融時報》（*Financial Times*）專欄作家凱曾針對倫敦市公平交易市場有效性，向倫敦政府提出建言。二〇〇七年至二〇一一年間擔任蘇格蘭首席部長顧問。二〇一四年獲頒大英帝國司令勳章（CBE），獎勵其對經濟的貢獻。

其他著作包括一九九三年《企業成功的基礎》（*Foundations of Corporate Success*）、二〇〇九年及二〇一六年《*The Long and the Short of it: Finance and Investment for Normally Intelligent People Who Are Not in the Industry*》、〇一五年《別人的錢：真正的金融生意》（*Other People's Money: The Real Business of Finance*）。

2015

企鵝與萊恩兄弟

Penguin and the Lane Brothers

「保持敏銳、大膽進取、隨手可及。專注於讀者、以讀者為中心、尊重讀者。企鵝出版社以低廉的價格、大規模發行通路、包羅萬象的內容，包括文學、科學、政治、新聞、教育、童書、經典、烹飪、地圖、音樂、遊戲、藝術、工程、歷史、社會、興趣、性學，企鵝出版社成為大型『窮人大學』，由紙張與墨水組成的網路原型。」

「適中好讀的字體、紙質封面、『理想』的矩形格式，價格合理、設計良好、鳥類系列品牌、顏色編排、大量印刷、廣泛鋪貨——萊恩兄弟並沒有發明任何一樣元素，而這些元素湊在一起就造就了企鵝出版社；這些在公共領域中可以完全自由運用的元素，有些甚至已存在好幾世紀，但萊恩兄弟將它們揉合、創造品牌、呈現出迷人的組合。」

總結一句

人們想要的東西總是會有巨大的市場存在，隨著價格下跌，如今也負擔得起了。

同場加映

金偉燦＆芮尼．莫伯尼《藍海策略》（21章）
理查．柯克＆葛雷格．洛克伍德《極簡策略》（23章）

20

斯圖爾特·凱爾斯

Stuart Kells

現代生活中有太多事情容易被視為理所當然。自一九三〇年起，企鵝出版社的平裝書為出版業帶來革命性改變，將頂尖小說家與知識普及於大眾。企鵝出版社的小說與非小說書籍平價卻極具吸引力，被稱為『窮人大學』的企鵝出版社變得非常受歡迎，一九六一年的股份認額超過了百分之一萬五千。公司的代表人物艾倫·萊恩（Allen Lane）的名聲，就像現在Facebook的馬克·祖克伯（Mark Zuckerberg）一樣響亮。

艾倫·萊恩的傳記有很多，他是創辦企業出版社的萊恩兄弟中「最年長、最詭計多端、也最有野心的一位」，而這位澳洲古典書籍專家與作家斯圖爾特·凱爾斯認為，是時候讓萊恩兄弟中另外兩人：理查與約翰得到更多讚譽。凱爾斯認為，正是三兄弟間的創造性對立，成為企鵝出版社的推動力，出版社創立的前七年，他們就像三巨頭一樣一起營運公司。約翰·萊恩死於二次世界大戰時，終結了合夥關係，之後艾倫與理查的關係，與其說像朋友，更像是對手，而企鵝的概念如此強大，使它成為「第一個真正成為全球媒體的企業」，凱爾斯說。二〇一三年，企鵝出版社與藍燈書屋（Random House）合併，成為一間市值二十四億的大型企業。

對於商業讀者來說，《企鵝與萊恩兄弟：一場出版革命中不為人知的故事》中或許有太多資訊圍繞在創辦人的生活，但也傳遞了出版業全盛時期那些令人振奮的事，而更重要的是，告訴我們創新如何可以忽然動搖傳統產業。

小企鵝們

艾倫．威廉斯（Allen Williams）出生於一九〇二年，隨後是一九〇五年出生的理查，及一九〇八年出生的約翰，還有一個妹妹諾拉。這些孩子在布里斯托及英格蘭西部的農村度過愜意的童年，男孩們早早就脫離學校生活，因為沒有上大學的必要。

艾倫原本已經準備好要過務農生活，而孩子們的母親有一位遠房叔叔約翰．萊恩（John Lane），有一間知名博德利．海德出版社（The Bodley Head，以一位愛書的慈善家湯姆斯．博德利命名），開出一個職缺給艾倫，就在倫敦的這間出版社，並希望最終能由艾倫繼承他的事業（萊恩沒有小孩）。開過家庭會議後，他們同意艾倫接受這份工作，但有一個條件。艾倫（與其兄弟）都必須改姓萊恩。

博德利．海德出版社是出版作家奧斯卡．王爾德（Oscar Wilde）及藝術家奧伯利．比亞茲萊（Aubrey Beardsley）的頂尖出版社，並引進櫥窗展示及廣告至書籍行銷中。艾倫就這樣忽然從外地被丟入倫敦文學圈的核心，他跟在約翰・萊恩身邊學習時，曾至巴黎與小說家阿納托爾・法朗士（Anatole France）、安德烈・莫洛亞（André Maurois）會面，與湯瑪士・哈代（Thomas Hardy）在倫敦多徹斯特飯店（Dorchester）茶敘，和另一位博德利・海德出版社的作家阿嘉莎・克莉絲蒂（Agatha Christie）成為朋友。作為一間備受尊崇的出版社後代，萊恩開始享受這種風流公子的生活。

當艾倫生活在倫敦期間，弟弟理查卻在巴威爾男孩計劃[1]（之後失效）下，在南澳洲及新南威爾斯州擔任契約農場工人，忍受了三年悲慘的生活。他住在沒有書籍的破舊屋子裡，他下定決心要回到英格蘭，開創文學生活。當理查終於回到英格蘭，第一份工作就在一間書店，後成為First Edition Club出版社的祕書，他們的出版物品質極佳，封裝精美，相對售價也高。他也開始為博德利・海德出版社挑選書稿，正式成為該出版社的海外銷售代表。後來他成為作者與出版經紀間的重要聯繫橋梁，和艾倫比起來，更像一位天生的愛書人。同時，更年幼的弟弟約翰也來到倫敦，在倫敦金融城公司（City of London）工作一段時間，善於精算，在一次長時間海外旅行後，成為博德利・海德出版社的海外銷售員。

各走各路

一九二五年，對萊恩兄弟來說一切都變了。約翰叔叔忽然過世了，之後是他的妻子，來自他國且富裕的安妮於一九二七年逝世。她將她的巨額財產留給這群孩子，還有大筆現金，於是艾倫・萊恩握有博德利・海德出版社的大多數股份。

然而，約翰・萊恩過世後幾年，公司下滑的程度遠多於新氣象。書本編輯方面，博德利・海德出版社不再佔有頂尖地位，萊恩兄弟發現他們很難再讓價格與產品完美結合，而大蕭條期間他們也必須竭力擺脫破產危機。凱爾斯說，畢竟出版是成本（接受作者出版委託，將其付印）與預期需求（意味著投資生產及明確的印刷量）間的權衡，非常容易低估成本或高估需求，或者一本書的定價過高或過低而導致損失。艾倫・萊恩經常在這些問題上做出輕率的決策，這讓較為冷靜的理查必須與之抗衡。

公司的商業策略飄忽不定，其編輯與商業模式也瀕臨瓦解，萊恩兄弟將希望都放在新的書籍與出版模式，但是他們並沒有握有整個公司的股權，仍必須面對其他股東。他們決定採取一項不尋常的做法，而公司董事會也同意讓他們做實驗，前提是這必須獨立於公司的公共財務之外，一切成敗都由萊恩兄弟承擔，他們必須自行承受損失——或者收益。

這間「公司中的公司」第一本出版品是彼得・亞諾（Peter Arno）所繪的《彼得・亞諾的遊行》（*Parade*），他生動的畫作賣得很好，給足他們信心。第二本成功之作是英國出版的詹姆斯・喬伊斯

---

1 Barwell Boys scheme，又稱南澳大利亞農場學徒計劃，由當時總理亨利・巴威爾（Henry Barwell）設立，藉由移民制度讓青年到澳洲農場工作，以取代一戰時大量死傷造成的人力缺損。

（James Joyce）所著之《尤里西斯》（*Ulysses*），這本書被禁好幾年，近年才在美國解禁。萊恩兄弟冒著可能被起訴的風險，再次以精裝限量版出版《尤里西斯》。

兄弟們在倫敦時同住一處，使得兄弟情誼更加緊密。奇怪的事，他們花很多時間待在新裝修的浴室裡，幾乎成為公司「實際上的會議室、控制中心、腦力激盪室」。

替代方案：可能可行

雖然在小規模、高品質出版品方面取得好成績，但經濟大蕭條讓萊恩兄弟產生另一條思路：大規模重新出版、低價銷售受歡迎的小說。凱爾斯說，一九三〇年代一本新的精裝書平均要七先令，對多數人來說是奢侈品。劇作家蕭伯納（George Bernard Shaw）在《書商》雜誌（*The Bookseller*）曾呼籲為一般人提供平價的圖書；而另一方論點，史坦利・昂溫爵士（Sir Stanley Unwin）曾警告，平價版會衝擊精裝書的銷量，減少出版商的利潤。

這些論點假設品質與成本間的權衡。人們可以取得他們想要的平價版，但成本必須降到最低，這些書相較於精美的精裝版，就會看起來、感覺起來就比較廉價。然而理查・萊恩開始思考，為什麼書不能「賣得很便宜，做得很精緻」呢？

企鵝出版社誕生的由來是，有一天艾倫・萊恩在火車月台等車，在火車站的書報攤卻找不到好讀物，唯一一本供閱讀的小說非常枯燥，很小一本的平價版，就像Reader's Library[2]的出版品。於是，萊恩決定推出一系列精美包裝、價格合理的優質讀物。凱爾斯說，可惜，證據顯示這個故事是虛構的，就像許多傑出科技公司的開創故事那種「車庫神話」，刻意地忽略其他合作者與牽涉其中的因素。舉例來說，博德利．海德出版社的會計員亞諾（H. A. W. Arnold）曾向艾倫．萊恩提議，可以使用沒有版權的圖書，以平裝版六便士出售（大概是今日的二至三美元，約六十至九十新台幣），從而吃下Everyman's Library出版的銷量。同時，歐洲出版商Albatross Verlag也在販售歐洲色彩鮮明、低成本的讀物，Albatross Verlag也曾向博德利．海德提議合作分攤印刷成本，共同將這類讀物推廣至英語閱讀市場。

雖然婉拒了合作提案，萊恩兄弟開始著手計劃英國版的「Albatross」。但他們必須想出名字，海豚、鳳凰都已經被其他出版商當作企業象徵，但企鵝——它黑白分明的顏色，非常適合作為白底黑字印刷的象徵，而且是很受歡迎的形象，當時倫敦動物園剛設置了新的企鵝館。

從商業角度看，企鵝出版品要達到預期的六便士售價，作者必須接受非常低的版稅抽成，印刷量必須非常大量，才能賺到錢。凱爾斯說，給大眾的平價讀物不是新想法，但這個想法的可能性忽然提升，是因為讀物世界的種種革新：排字機，意味著更精確、便宜的印刷；能以明亮顏色印刷書本封面；看起來更優質的新紙質。另一個更大的因素是喜歡「企鵝」系列的概念，如今識字率在富裕國家

---

2 Readers Library Publishing Company Ltd.，英國出版社，出版了一系列廉價印刷、價格便宜的口袋書。

相當普遍，隨著人口增加，閱讀市場也是空前廣大。

萊恩兄弟為企鵝系列讀物設計了第一版封面，小說類是橘色，犯罪小說是綠色，傳記類是藍色。首批出版的十位作家包括阿嘉莎・克莉絲蒂、厄尼斯特・海明威（Ernest Hemingway）、康普頓・麥肯齊（Compton Mackenzie）、安德烈・莫洛亞、多蘿西・塞耶斯（Dorothy L. Sayers）。理查・萊恩計算過，他們必須賣出一萬七千本才能達到收支平衡，這是很大的問題，因為這些書都被某種形式出版過，不是博德利・海德，就是其他出版商，當時很少有書能賣出幾千本的銷量。

成功：企鵝長征

這個系列必須接到二十萬張訂單才能和成本打平，但截至發行日，一九三五年八月，萊恩兄弟只收到七萬張訂單。如今看來這個大膽的舉動似乎很狂妄，注定會失敗。

但是，明亮的橘色封面非常適合用於展示。在灰暗且經濟蕭條的英國，企鵝看起來與眾不同，帶來生氣，所以人們開始購買，只為了收藏。當折扣商店沃爾沃斯（Woolworths）下了六萬張訂單，萊恩兄弟開始覺得成功唾手可得。不同於一般的鋪貨路線，像沃爾沃斯，而非一般的書店，就是企鵝成功所需的高銷量關鍵。

現在，最重要的問題不是取得訂單，而是滿足野心。萊恩兄弟租下倫敦尤斯頓路聖三一堂不通風、沒有窗戶的地下室，作為他們的倉庫，開始沒日沒夜地出貨。一版又一版地印刷，四個月內企鵝系列賣出百萬本銷量，一年內就賣出三百萬本的好成績。一九三六年初，萊恩兄弟成立新公司，企鵝出版集團（Penguin Books Limited）。同年，原本就岌岌可危的博德利．海德出版社情勢更緊張了。

一九三〇年代晚期，企鵝擴張得很快。其分支鵜鶘鳥叢書，極具特色的淺藍色非小說系列取得成功，首先推出蕭伯納的《社會主義與資本主義：為智識階級婦女作》（*The Intelligent Woman's Guide to Socialism and Capitalism*），接著是探險家阿普斯利（Apsley Cherry-Garrard）寫關於南極探險家史考特（Scott）的著作。企鵝與軍方合作，推出Forces Book Club，提供數以萬計的圖書供士兵閱讀。當時只有企鵝可以在紙張供給只有定量供給時做到這件事，說明企鵝與英國政府的關係正在加深。戰爭期間，儘管企鵝是民營企業，它就像英國廣播公司（BBC）一樣，儼然是國家文化機構。企鵝圖書無所不在，共六百本出版品（新版或再版），並涉足兒童讀物，推出海雀圖畫書系列（Puffin），以及藝術雜誌《當代畫家》（*Modern Painters*）。

成熟與傳奇

二戰期間弟弟約翰服役於英國海軍時死亡，改變萊恩兄弟的關係。性情飛揚的艾倫塑造一種形象，企鵝與他是密不可分的存在，事實上卻是腳踏實地的書籍愛好者理查，持續推動企鵝的文學出版，包括戰後格雷安・葛林（Graham Green）及維吉妮亞・伍爾芙（Virginia Woolf）的暢銷書。也是戰後那段時間，萊恩兄弟努力讓企鵝在美國站穩腳跟，員工認同「便宜且精美平裝書」想法，成立了新公司，包括Bantam與Signet。理查與艾倫也努力拓展澳洲市場，想讓企鵝成為當地的最大出版商。同時，澳洲也佔據企鵝全世界銷量的四分之一。

一九五九年，企鵝出版大衛・赫伯特・勞倫斯（D. H. Lawrence）煽情之作《查泰萊夫人的情人》（*Lady Chatterley's Lover*）後，因為一場官司聲名大噪，也為企鵝賺進響亮的名聲與大筆財富。賣出無數本讀物後，稅前利潤成長了三倍，為公司股票上市鋪平道路，也能賣給眾多對企鵝有興趣的人。其中之一是《經濟學人》（*The Economist*），它是企鵝的早期支持者，盛讚企鵝「將嚴肅、精美的書籍與絕妙的文學，帶入以速食垃圾為主食的家庭」。

作為企業，企鵝大規模生產、低利潤的生產模式，使其獲利能力不穩，但有大量的資產與不動產，包括位在倫敦邊陲地帶哈姆斯沃斯（Harmondsworth）的新總部。然而，其市場價值很大部分來自企鵝品牌本身。一九六〇年，企鵝賣出一千七百萬本圖書，上市隔年，企鵝共出版三千二百五十本，有二・五億的銷量。企鵝辦公室堆滿了信件，全是想買企鵝股份的懇求信件。企鵝正式上市時，共有一億英鎊的資金，要購買只有市值四十五萬英鎊的股份，如此大規模的超額認購，讓企鵝股份在上市首日就大漲百分之五十。

艾倫・萊恩和其他股東非常開心，理查則不然，因為艾倫向他施壓，在公司上市前就售出他持有的百分之二十五股份。理查還是很富有，但失去了透過辛苦創建的企業獲得大眾評價的機會。如凱爾斯所說，企鵝珍貴的精神與目標是打破出版的高姿態，傳遞偉大文學給潛在的廣大讀者，而這正是理查．萊恩所做的。他少年時在澳洲的經歷，讓他汲取澳洲謙遜、平等的觀念，將這些觀念應用於傳統的英國出版業。

總評

萊斯兄弟視自己為書籍產業的門外漢，但有時候知道的不多也是優勢。傳統出版人如貝西．布萊克威爾（Basil Blackwell）與史坦利．昂溫認為企鵝的概念一定會失敗，一旦企鵝成功，將會敗壞他們品質精良的精裝書市場。喬治．歐威爾（George Orwell）也為作者們感到憂慮，沉重地警告便宜的書代表人們輕易地滿足對書的欲望後，就會把錢花在其他地方。但就像其他產品與服務一樣，可以忽然以更便宜的價格販售，需求也隨之增長。

企鵝平裝書引發一場罕見的革命，在這之中人人都是贏家：作者（有更多新讀者）、出版商（更大的市場）、大眾（用更少的錢欣賞更多文學作品）。突然間，低收入的人第一次買得起書，而不再需要去圖書館借書。理查．柯克（Richard Koch）與葛雷格．洛克伍德（Greg

Lockwood）分析企鵝的商業模式，認為企鵝達成了「良性權衡」，也就是萊恩兄弟「屏棄傳統價格與品質的權衡，重新定義品質是書本的內容，而不是封面的材質」。企鵝的成功是一次提醒，「書是軟體，而非硬體」，柯克與洛克伍德說，「一個需求量大的產品，出現了比以往更低的價格，往往會創造出更大的新市場。而且，市場的規模通常都被大大地低估了。」而企鵝代表的不只是平價書，也是人口普遍大幅成長。企鵝提供的服務，使其成為受人喜愛的品牌。

斯圖爾特・凱爾斯

斯圖爾特・凱爾斯出生於一九七二年，就讀於墨爾本大學（University of Melbourne），取得經濟學碩士學位與榮譽學位，後於蒙納許大學（Monash University）取得法律博士學位。其他著作包括二〇一一年《*Rare: A Life Among Antiquarian Books*》、二〇一七年《圖書館：奇蹟的目錄》（*The Library: A Catalogue of Wonders*）。

2005

藍海策略：再創無人競爭的全新市場

Blue Ocean Strategy

「高階管理人因這種混亂感到無力，很少員工知道公司真正的策略是什麼。更細看後會發現大多數的計劃都沒有策略可言，合起來無法變成一致、清楚的方向，無法讓企業變得與眾不同——競爭力也變得無關緊要。聽起來是不是像你公司的策略計劃呢？」

「價值創新的意思是價值與創新一樣重要。沒有創新的價值會偏重規模增量的價值創造，可以提高價值卻不足以讓你在市場中脫穎而出。而沒有價值的創新側重科技導向、開發市場或未來化，往往超出顧客願意接受並買單的範圍。在這個層面上，從科技創新及開發市場中區分出價值革新非常重要。」

總結一句

企業犯的錯在於，應該專注於為顧客創造飛躍式價值提升時，卻專注於競爭力。

同場加映

理查・柯克＆葛雷格・洛克伍德《極簡策略》（23章）
傑佛瑞・摩爾《跨越鴻溝》（30章）
彼得・提爾《從0到1》（45章）

21

金偉燦&芮尼・莫伯尼

W. Chan Kim & Renée Mauborgne

當金偉燦與芮尼・莫伯尼看著商業策略領域，發現這些全都錯了。一般來說，公司起步時會檢視該產業，讓公司長處與市場機會相匹配——也就是，找出競爭力。市場似乎就是一場零和遊戲，一方有得另一方即有失。實際上新的產業、產品類別、市場，總是透過新思維、新發現、甚至從明顯衰退市場中的新方法創造出來，就像約瑟夫・熊彼得（Joseph Schumpeter）所說，經濟重塑總是透過新事物掃除舊事物，或者作者所謂的粉粹「認知藩籬」。資本主義不是由競爭驅動，而是由完全避免競爭的欲望驅動。想超越產業同行似乎很合理，但是想成為佼佼者就必須將競爭拋諸腦後。

在《藍海策略：再創無人競爭的全新市場》中，商業理論家金偉燦及莫伯尼（來自法國商學院INSEAD）寫給所有經營企業或組織，「發現自己面對著血流成河的競爭大海，萌生離開之念」，想做一些與眾不同的事，讓爭鬥與妥協都不再必要，他們想要的是無限需求及高利潤的藍海，而非充斥競爭者不斷在血海中掙扎的紅海。

如此有力量的畫面，在二〇〇五年出版時得到出乎預期的迴響，大賣三百五十萬本，如果當時策略理論尚未受人矚目，這本書使其成為商業研究中最有魅力的部分。這本書傳遞具啟發性的訊息，非常接近個人發展，如出版引言中作者所寫：「這本書並非為了生活目標僅是過活糊口或安於現狀的人而寫……如果這樣就滿足了，就不用讀這本書了。」

二〇一五年推出增訂版，加入了作者十年間的觀察與範例，人們及組織如何將自己的想法付諸實踐，也有新的例子與章節，寫企業如何與其員工、系統、同樣運行藍海策略的夥伴產生更好的連結。

不是便宜或更好，而是出眾

從這個案例開始說起：美國葡萄酒產業。直到二〇〇〇年，該產業有既定頂尖印象，所以成長速度不快。酒廠在多元性及複雜度中競爭，有大量的葡萄酒種類涵蓋了許多葡萄品種。雖然在大眾心中，市面上的葡萄酒並沒有太大差別，有很多高檔葡萄酒互相競爭，也有平價葡萄酒互相競爭，各自迎合不同市場，但它們都以「同樣的方式展現不同」。作者說，如果你身處這樣的產業，僅提供品質好一點、低價一點的產品並不會讓你脫穎而出，你必須提供完全**不同**價值的產品——也就是，不要再執著於現有顧客，想像全新的客群（金偉燦及莫伯尼所謂的「非顧客」），也就是他們還沒發現（目前為止）從該產業中消費的理由。

美國釀酒師投入許多精力，在某個價格定位上，他們似乎過度致力於維繫既定印象及品質，因為該產業（包括品酒師與釀酒師）認為複雜性是釀酒業中最重要的一環。澳洲酒廠Casella Wines看出複雜性及既定印象對許多潛在葡萄酒顧客是一道阻礙，他們發現或許大多數人真正想要的，是一款不複雜、形象有趣的葡萄酒。葡萄酒可以重新塑造形象，成為「人人都可以喝的社交飲品：適合喝啤酒的人、喝雞尾酒的人以及喝傳統葡萄酒的人」。

短短幾年，澳洲酒廠Casella的黃尾袋鼠葡萄酒品牌，憑藉單純、迷人的口味，不追求年分或釀酒木桶，紅酒以葡萄品種希哈（Shiraz）釀造，白酒只以夏多內（Chardonnay）釀造，很少促銷或廣告，推出後橫掃美國市場。今日，該品牌已在逾五十個國家販售，成為陽光澳洲平易近人的象徵。其中最重要的關鍵是：Casella並不是從競爭者手中搶走市場，而是開創自己的市場，在非葡萄酒飲用者中創造喝葡萄酒的人。面對排山倒海的選項，他們購買葡萄酒的決定變得簡單：黃尾袋鼠葡萄酒，或者非葡萄酒飲品。甚至在比黃尾袋鼠更高階的葡萄酒引用者中，也創造了喝黃尾袋鼠葡萄酒的人，他們早就受夠葡萄酒產業的自命不凡了。

除去年分或製造過程的技術帶來的不同感知，並降低整體產量，只保持一種紅酒、一種白酒，Casella發現只需投入少量資本，就可以長期生產高品質的葡萄酒，即使只是中等價位的葡萄酒，與其他釀酒廠的產品相較反而利潤豐厚。黃尾袋鼠品牌的行銷策略不僅聰明，也與眾不同，使得該品牌與其他品牌的成本結構大不相同。

作者也不拐彎抹角：「當一間公司的價值曲線沒有重點，它的成本價格就會變高，業務模型實踐與執行時也會變複雜。當一間公司策略只是模仿，缺乏辨別度，就不可能從市場中脫穎而出。當一間公司沒有可以對顧客喊出的口號，就可能是由公司內部掌握主導，或者是為了創新而創新的無趣案例，沒有龐大的商業潛力，也沒有成功發展的能力。」

沒有獨特價值的企業可能可以快速成長，但全憑運氣，剛好身處於快速發展的產業。

四個關鍵問題

從策略層面看，Casella在高度競爭的產業中，如何創造出藍海需求？商業書籍中充斥著對高階管理人的勸諫，要勇於冒險、有企業家精神、承擔風險，而成功最佳途徑就是運用實務分析及數據分析，找出組織或企業中的藍海在哪。作者提出四項行動框架，帶你好好思考你的企業或產業，如下：

- 哪些因素受產業重視卻應該一起被**消除**？
- 哪些因素應該降低至產業標準**之下**？
- 哪些因素應該**創造**、加入於產品中，卻尚未提供？
- 哪些因素應該**提升**至產業標準**之上**？

許多產品及服務都被過度設計以求出眾，讓產業中其他人也覺得必須提供一樣的特質，經常發生於顧客不需要或不希望增加複雜性的情況。因此，將產品或服務簡化的公司，就可能創造新市場。透過消除或減少多元性，你可以馬上降低成本，以更低廉的價格滿足人們的需求。

作者寫道，或者，你可以走向另一個極端。一九八〇年代，太陽馬戲團（Cirque du Soleil）改變了馬戲團的形象，將馬戲團提升至高端市場，原本瞄準兒童的陳舊市場，瞬間有了一群高收入的成人觀眾。

顧客不知道的事

作者認為大量的顧客研究通常都在鑽牛角尖，因為買家通常對革命性產品一無所知，直到它真實地出現在眼前。人們跟企業一樣，傾向從現有的產品或服務類別來思考，但是這些類別都忽略或不重視某些需求時，藍海需求便由此而生。

隨著企業在市場上相互競爭，他們開始更精緻地細分市場，以「贏得」一部分的市場，實際上卻是贏得越來越小的市場。為了找出藍海需求，你必須翻轉這個定律，「反」分眾市場，找出或開發一項產品迎合未開發需求。

金偉燦及莫伯尼用「非顧客」一詞描述沒有被現有市場滿足的顧客，如果有更吸引人的選項，這些人非常願意一試。舉例來說：很多人因為一件事而不再打高爾夫：把球從球座上打下來。推桿或切球都是方法，但開球木桿的尺寸很小，要能成功開球需要技術。有鑑於此，卡拉威高爾夫球公司（Callaway Golf）推出「Big Bertha」木桿，尺寸略大一些，開球就容易許多。這讓許多人願意打高爾夫，也讓卡拉威進帳頗豐。

英國健康速食品牌Pret A Manger於一九八六年創立時，城市裡的上班族通常都在餐廳裡吃午餐，卻不滿意坐下來吃午餐耗費的時間、開銷及食物的分量。Pret A Manger的概念是提供品質好、非常新鮮、價格合理的食物，有各種選擇，挑好後到櫃檯結帳，在舒適的環境中享用，從走進店裡到吃飽離開只需二十分鐘，不用在正式餐廳裡花一個多小時吃午餐。Pret發現了大量「非顧客」族群，他們已經準備好嘗試其他選項，在Pret發現之前沒有人知道這個需求。而如今，Pret在英國有超過三百間分店，營業額高達八億美元。

德高集團（JCDecaux）以絕妙的靈感顛覆了街頭廣告世界，他們出資並建造如公車站這類的街道家具給市民使用，而他們在這些家具上出售廣告作為回報。鑑於許多地方政府沒有足夠資金建造街道家具，德高集團藉此創造大筆收入，透過長期、約十年至二十五年合約，負責建造公車站，成本很容易被廣告收益吸收。很多廣告商拒絕買廣告看板，但他們看見了公車站廣告的好處，能讓更多等公車的人看見，而且可以頻繁地替換廣告。

這很聰明，金偉燦與莫伯尼說，找出顧客現在拒絕使用產業現有產品及服務的理由，因為「效用的最大障礙通常就是解開非凡價值最大、最近的機會」。只要可以找出現有的問題，就是提供選項的機會，去抓住未被滿足的需求。奢華電影劇院「picture palace」取代了傳統平價且舊式劇院，其創辦人薩謬爾．羅西．羅塔菲爾（Samuel "Roxy" Rothapfel）說：「給人們他們想要的，是徹底且災難性的錯誤。人們並不知道他們想要什麼……所以給他們更好的吧。」

藍海組織

如何阻止其他公司仿效你的藍海策略？作者也論述這這點。首先，人們不喜歡仿效者，他們更喜歡藍海產品或服務的原創者，藍海產品有龐大的品牌優勢，足以延續數十年。其次，僅僅效仿其他公司的藍海策略，會與其自身現有的許多產品及策略互相衝突，或者必須做出太多組織異動。而許多藍海產物都是單一組織DNA的表現。

很多藍海靈感及概念很容易仿效，但很難取得專利。因此，為你的藍海服務或產品訂價非常重要，別人可以仿效，卻不值得這麼做。如果可以結合卓越性能與合理價格，被仿效的機會就大幅降低。

雖然藍海需求不會一直持續下去，如果要避免紅海競爭，組織必須發展不斷再造的文化，有時候也可能涉及蠶食現有產品。想想蘋果創造的各個藍海：Apple II電腦、iMAC、iPod、iTunes音樂平台、

iPhone、iPad，結合現有技術，開創廣大的新需求，更大的用戶價值翻倍成長。每次蘋果產品開始被仿效，他們就以新產品更進一步。作者說，相較於微軟高度依賴Office軟體及Window作業軟體這兩棵搖錢樹，讓他們不再關注創新。

總評

風險投資家本霍羅・維茲曾說，在管理者或執行長的一生中，遇到沒有「法寶」可以做些什麼徹底顛覆、創造新市場，或是進入高端、低階市場時，你必須正面迎擊競爭對手，奮力浴血一戰。或許只能這樣，但這種情況只會發生在企業還沒站穩腳跟時，還沒在市場上找到自己的定位。

「如果攻進敵人尚未設防的地方，就一定要佔領它。」

孫子在《孫子兵法》曾這麼說，「行無人之地也」——或開創更好的地方，在沒有敵人的情況下起步——這就是經典的藍海策略。不管是戰爭或人生，孫子的方法就是找出機會，考量手中資源，就能發揮影響力。只有少數情況下才會與敵人正面對決，更常見的情況是必須全面性評估，確保你可以找到自己最好發揮的領域。而孫子也說：「其下攻城」提醒我們《藍海策略》的原則才恆久可靠。金偉燦及莫伯尼說：「畢竟，策略不只運用於商業，它運用於每個人——藝術、非營利組織、公眾部門、乃至國家。」

金偉燦、芮妮・莫伯尼

金偉燦出生於一九五二年，南韓人，畢業於密西根大學，也在該校擔任商學院教授，開始任教生涯。後前往法國巴黎區外的楓丹白露市（Fontainebleau），成為歐洲工商管理學院（Institut Européen d'Administration des Affaires，簡稱INSEAD）戰略與國際管理學碩士。身為世界經濟論壇（World Economic Forum）參與者，金偉燦也是許多國際企業的董事會成員，並為各國提供商業策略諮詢。

芮尼・莫伯尼同為INSEAD的戰略學教授，與金偉燦共同領導藍海策略研究所。作為世界經濟論壇參與者，他在前美國總統歐巴馬兩屆任期間，擔任傳統黑人大學（Historically Black Colleges and Universities）的顧問團隊。

2016

跑出全世界的人：

NIKE創辦人菲爾．奈特夢想路上的勇氣與初心

Shoe Dog

「將這些全稱為『商業』似乎是不對的。那些忙碌的白天與無眠的夜；輝煌的成就與絕望的奮鬥；將這些都丟在平淡無奇的『商業』旗幟下，似乎不對。我們所做的遠多於此。我發現，對一些人來說商業是竭盡全力地追求利潤和週期，再無其他，但對我們來說，商業之於賺錢，並不像人必能造血一樣絕對。就像所有偉大事業，我們希望創造、貢獻，才敢驕傲地大聲說話。當你製造產品、改善產品、交送產品；當你新增某項新產品、新服務給陌生人，讓他們變得更快樂、更健康，或是更安全、更好；當你讓一切如此俐落、高效率、智慧化，所有事物都應該遵循這個方式完成，實際上卻少之又少——你正全然地參與這場人類大戲，不只是單純地活著，你正幫助他人活得更充實。如果這只是商業，好吧，那就叫我商人吧。」

總結一句

只為了賺錢而踏入一個產業，通常不是好主意。必須以某種具體的方式，為人們改進事物的願望為動力。

同場加映

康拉德．希爾頓《賓至如歸》（14章）
本．霍羅維茲《什麼才是經營最難的事？：矽谷創投天王告訴你真實的管理智慧》（15章）
華特．艾薩克森《賈伯斯傳》（16章）

22

菲爾・奈特
Phil Knight

當一個品牌規模大、夠知名，我們知道它的產品，就以為自己知道這間公司背後的故事。事實上，多數大型企業並不希望我們知道那些年造就他們的低谷與奮鬥，我們被要求相信不費吹灰之力的完美幻象。

菲爾・奈特寫下《跑出全世界的人：NIKE創辦人菲爾・奈特夢想路上的勇氣與初心》，因為Nike成為許多商學院研究的主題，但在他心裡，他們只抓到一些表象，沒有抓到精髓，或太認真捕捉精髓而遺漏重要的事實，尤其是草創時的Nike。奈特承認他曾做出數百個不為人知的錯誤決策，威脅到公司命脈或導致數百人失去工作。

奈特比一般執行長更有想法，這本書可能不像你讀過的多數商業書。有時他是哲學的，甚至像形而上學，他讓Nike故事的戲劇性活靈活現，寫作本身也非常細膩。這本書大部分內容寫於二〇〇七年，直到二〇一六年才公開出版，因為家庭事件影響出版計劃，似乎花了數年時間斷斷續續地寫成這本書。

《跑出全世界的人：NIKE創辦人菲爾・奈特夢想路上的勇氣

與初心》以時間順序寫成，從一九六二年開始至一九八〇年，那年Nike公開上市。這是對的，這間公司草創時就是最迷人的時候，當時幾位關鍵人物因為一項任務被解雇，創造一種文化。確實，奈特非常執著地讓Nike取得成功，但也熱愛**過程**，所以，他只有一件事想和讀者分享：「在某個地方的某些年輕男女，正在經歷同樣的考驗與折磨，這一路上的起起落落，或許能啟發他們、得到寬慰，也或許得到警醒。」

Nike崛起的點滴值得回顧，展現其中的困難，尤其在這間公司早期，即使取得成功，一九八〇年公開上市後，作為企業仍隱約存在著不穩定性。讓奈特繼續走下去的原因，是他覺得自己不只是在創造一番事業，而是順應天賦。

瘋狂的點子

一九六二年，菲爾．奈特二十四歲，搬回奧勒岡州（Oregon）與父母同住。當時他沒交過女友，一直很守規矩，從未叛逆過。從一個學校到另一個學校：奧勒岡大學（University of Oregon）、史丹佛商學院（Stanford business school），還有一年加入美國軍隊。奈特一直以來的願望是成為很厲害的運動員，在奧勒岡大學時曾參加田徑隊，受經驗豐富的教練比爾．包爾曼（Bill Bowerman）指導。他的天賦不足以讓他繼續發展運動員生涯，但他想知道是否可以用同樣的熱忱，終生投入運動競賽中，讓自已能總是「參與其中」。

就讀史丹佛大學時，奈特曾修過創業精神這堂課，著迷於研究一篇文章中的論點，認為日本跑鞋有一天會主宰美國跑鞋市場，就像日本相機遍布相機市場一樣。有一天在奧勒岡森林跑步時，忽然靈光乍現，開始認真思考並策劃落實這個想法，去一趟日本造訪製鞋商。奈特說服他的父親，受人尊敬卻不富有的出版商，出資贊助這趟旅程。奈特父親對此構想並不感興趣，但他非常樂於讓兒子出去看看世界——金字塔、喜馬拉雅山、死海、大城市。一九六〇年代初期，九成美國人沒有搭過飛機，很多人甚至沒有離開自己的州；環遊世界是「披頭族或嬉皮士做的事」，奈特寫道。

一九六二年九月奈特啟程，和大學同學一起到檀香山工作數月，販賣百科全書和共同基金，賺夠錢後前往日本。他參觀神社，著迷於禪學，而且終於與製作鬼塚虎運動鞋的鬼塚會社（Onitsuka）高層會面。奈特自稱是美國鞋業進口商的代表，「藍帶公司」（他隨口取的名字），要安排一些樣品寄回辦公室（他父母的家）。

回美國的途中，奈特也到亞洲、歐洲旅行。到雅典時曾參觀巴特農神廟（Parthenon）及雅典娜女神廟（Temple of Athena），在雅典娜身旁的就是能帶來勝利的女神，「Nike」女神。離開女神廟時，他注意到神廟旁的雕刻，雅典娜女神正彎腰調整她的鞋帶。

不進則退

一連串旅程結束回到家鄉，奈特在一間會計事務所做正職工作，其餘時間他會開著小貨車，在運動會上販賣鬼塚「虎」運動鞋。他很快賣光第一批共三百雙鬼塚「虎」運動鞋，和鬼塚會社再訂了九百雙，向銀行貸款三千美元買下第二批貨。運動用品店對他的鞋沒有興趣，所以他成為北美太平洋西北地區田徑賽事的固定班底。雖然他不認為自己是好的銷售員，但鞋子不一樣：「我**相信**跑步。我相信如果人們每天願意走出家門，跑幾英里路，世界會變得更美好。而我相信穿著這些鞋跑步會更好。」一九六四年，「慢跑」還沒被發明，在雨天出門跑個三英里（約四．八公里），只有怪人才會這麼做，跑者經常被開車經過的人咆哮，或者將飲料潑灑在他們身上。

奈特覺得自己與跑者有著同伴之誼，他的大學同學們也紛紛加入鬼塚虎銷售團隊，生意成長得很快，但是奈特卻以銀行的形式面對現實，當時非常堅持必須「零負債現金餘額」，他們討厭任何資金要求，當時也沒有風險投資這行業，沒有人能對快速成長事業估算它的高價值。一九六六年，奈特的第一名員工，書呆子傑夫．強生（Jeff Johnson），在聖塔莫尼卡（Santa Monica）開了第一間藍帶零售店，專門販售跑步相關產品。同年，他對鬼塚高層說謊，說他在東岸有一間辦公室，商談取得全美國的獨家銷售權，訂了另外五千雙運動鞋。

從創業開始一直在奈特身邊的事業夥伴比爾．包爾曼，他稱包爾曼為設計運動鞋的「達文西」，包爾曼重新設計鬼塚鞋，讓它更適合美國人大且厚實的腳形，美國的鬼塚鞋銷量直線上升。一九六七年是豐收的一年，營收八萬四千美元，但對奈特來說，仍然不足以支付正職員工的薪水。二十九歲時，他辭去工作，到波特蘭州立大學教授會計學，工作工時不長，工作以外的時間都可以用來經營藍帶公司。大學教職也帶來另一個好處：遇見年輕的會計員佩妮洛普．帕克斯（Penelope Parks），一九六八年他們在波特蘭結婚，隔年佩妮懷孕，奈特思考著是否應該和以前一樣，找一份有穩定薪水的工作。反覆思考後，他決定：「生命就是不斷成長，不成長就會死亡。」

陣痛期

儘管每年銷售額都翻倍，銀行家們仍對奈特不屑一顧。流動資金是一大問題，於是他開始向朋友、熟人、家人借錢。奈特聘用鮑伯．伍德爾（Bob Woodell），他原是運動明星，一次悲慘事故後便癱瘓，只能靠輪椅移動。伍德爾的父母借了八千美元給奈特，那是他們所有積蓄。這樣的行動支持馬上就能見效，但一九七一年末，即使有一百三十萬美元的銷售額，藍帶公司仍然只能「勉強維持」，因為往來的美國第一國家銀行（First National Bank），始終拒絕提供信用額度。

同時，鬼塚會社開始積極尋找新的美國經銷商，取代藍帶公司。為了維持公司生機，奈特偷偷計劃從生產Adidas鞋品的墨西哥工廠，進口三千雙足球鞋，但他們需要一個新的公司名稱。奈特詢問藝術系學生卡洛琳・戴維森（Carolyn Davidson），請她為這些鞋設計商標，她最終設計出知名的「炫風」商標，但公司名稱可就難產了。「獵鷹」（Falcon）是最初的構想，但奈特個人非常喜歡「六度空間」（Dimension Six）。後來傑夫・強生非常雀躍地說他做了一個夢，出現一個奇怪的詞彙「Nike」，奈特想起當時在巴特農神廟看到的希臘勝利女神，那時還沒到最後一刻，他在傳真機前猶豫不決，但是他必須告訴墨西哥工廠最終決定，即使奈特已經發出給工廠，仍然不十分肯定。但他想起伍德爾說的：「或許這個名字會因我們發揚光大。」

快速成長

一九七二年全國運動用品協會展覽中，他正式將Nike介紹給全世界。如果大眾以及銷售代表不喜歡這些鞋，藍帶公司將就此劃下句點。當奈特打開鞋盒準備展示，他的心沉了一下。品質太糟糕了。但是讓他驚喜的是：銷售員們非常愛炫風商標，也喜歡Nike這個名字。大量的訂單湧入，接著鞋子開始出貨了，是由位於日本的新製造商Nippon Rubber製造，而且品質很好。

但是，一大打擊迎面而來：鬼塚會社聽說了新品牌「Nike」，直接與鬼塚虎運動鞋競爭，立即切斷供應鏈，表示他們要對藍帶公司提出違反合約告訴。奈特認為，這似乎是一個時代的終結：經濟衰退、尼克森、越戰，以及現在。他假裝對未來很有信心，告訴員工：這是我們的一大機會，打造自己的品牌，不再只是別人的銷售員。每個美國人，尤其奧勒岡人，都受一個年輕跑者鼓舞，他是史蒂夫．普雷方丹（Steve Prefontaine）。他打破所有紀錄，即使以策略性來看並不重要，但每一場比賽他都全心全意、全力以對。奈特寫道：「我告訴自己，從這種熱情的展現中，我們可以學到很多事情。不管是跑步或營運公司，面對接下來的挑戰，必須向普雷方丹看齊，面對競爭的態度就像我們靠它生活。因為我們確實仰賴競爭而生存。」

一九七〇年代持續發展，Nike越來越茁壯。包爾曼設計的「鬆餅」鞋底，加上多角形的鞋釘，靈感來自太太製作鬆餅的鐵器，非常受到歡迎。Cortez是第一雙為減輕阿基里斯腱（跟腱）的鞋款，成為許多跑者的首選。許多運動明星穿著Nike鞋款，造就Nike的成功，一九七三年創造了四百八十萬美元的銷售額。一九七四年，藍帶在與鬼塚的訴訟中取得勝利，並獲得賠償金。沒有這些煩心事，奈特覺得自己可以自由地前進，夢想成為和Adidas、Puma一樣大的企業。

現實總是伴隨衝擊，每個月都有巨大挑戰，像是必須支付第一國家銀行及其他債權人的款項。銀行停止與藍帶公司來往——凍結款項、不提供信用額度，通知聯邦調查局，必須調查藍帶公司是否有作假帳。對奈特來說，這是人生低點，後悔於他做過的決定，因為這些決定如今危害到他的家人，難以繼續下去。幸運的是，他開始與日本貿易公司Nissho合作，他們同意以財務滾動計劃，給予藍帶出口經費，Nissho還清了藍帶欠第一國家銀行的債務，藍帶的危機忽然又迎刃而解，聯邦調查局也終止調查。

終於，邁向穩定

一九七六年末，藍帶公司——如今稱為Nike公司，銷售額來到一千四百萬美元，得益於一九七六年蒙特婁（Montreal）奧林匹克運動會上，運動員們穿著Nike鞋出席，達到廣告效益。奈特對上市的想法很感興趣，將帶來他們極度渴望的大量資金注入。Nike總是對他人抱持感謝之心，也改變了企業文化。

Nike文化是什麼？Nike的管理階層是一群「雜碎」——一群奇怪的偏執狂、酗酒者、有點精神錯亂的年輕人，對公司有強烈的部落意識，對彼此直言不諱。一個坐輪椅的，兩三個過胖的胖子（真是非常符合運動鞋公司的形象），有些人肩上扛著挫折與缺憾，大多數來自奧勒岡這個小地方，有著「向世界證明自己」的心態。雖然某種角度來看，他們都是些魯蛇，奈特說，但他們都渴望成為勝利的一部分。

而Nike的勝利是，被視為真正創新的製鞋業者，也成為演員們的第一選擇，電影《警網雙雄》（*Starsky & Hutch*）、電視劇《無敵金剛》（*Six Million Dollar Man*）、電影《無敵浩克》（*The Incredible Hulk*）中都曾出現。當法拉·佛西（Farrah Fawcett）在《霹靂嬌娃》（*Charlie's Angels*）中穿著Senorita Cortezes鞋款，隔天這雙鞋即在美國銷售一空。

然而，另一個打擊來了。一封來自美國海關的信落在奈特的桌上，要求支付二千五百萬美元的海關稅金，源於一條老舊的法則，進口尼龍鞋比國產鞋貴了百分之四十。二千五百萬美元相當於Nike前一年所有銷售收入，支付這筆錢會毀了Nike，儘管走過多年來的各種壓力，奈特仍然無法承受這個打擊。為了應付需求，Nike每年都要開立更大的辦公室及倉庫，Nike品牌越來越出名，但仍然有「明天這一切都會消失」的感覺。Nike發起公關活動，將自己定位成為自由及企業自由而戰的偉大美國企業，對其他密謀讓Nike背上巨額關稅的製鞋公司，採取反壟斷行動。經過冗長的法律及遊說行動，Nike終於壓低支付金額，與美國政府協商以九百萬美元結案。如果沒辦法達成此次協議，Nike就不可能公開上市，儘管美國的銷售額都在翻倍成長（一九七九年已到一億四千萬美元），但他們仍需要更大的資金注入才能持續發展。

一九八〇年Nike在華爾街的公開發行分為內部人士及管理階層的A等級，方便Nike掌控大局；以及大眾可以取得的B等級股份。距離奈特第一次飛去日本，與鬼塚會社談合作後，已經十八年了，奈特讓Nike在紐約證交所正式上市，蘋果公司也在同一周上市。奈特的同事包爾曼、伍德爾、強森，都成為千萬富翁；伍德爾當初借的八千美元，如今市值一百六十萬美元；奈特自己持有公司百分之四十六股份，現在富可敵國，手上的股份相當於一億七千八百萬美元。但是上市後第二天早晨，他並不快樂，更多的是後悔，覺得Nike生涯的第一篇、那個迷人的章節已然結束。錢從來不是驅動他的因素，雖然沒有錢讓Nike公司數度陷入再也不願想起的困局，這是他和團隊從零到有打拚出的成就，唯有公開上市才能讓成就持續發展。

快速前進

奈特足足擔任了四十年的Nike執行長。二〇〇六年，距離他退休只剩一年，銷售額到了一百六十億美元，輕鬆超越銷售額一百億美元的Adidas，他也成為富翁。如今，Nike總部仍座落於波特蘭（Portland），佔地二百英畝，有五千名員工。

書的最後奈特談到Nike「血汗工廠」的爭議（海外工廠），嚴重地傷害了公司。他的肖像在波特蘭旗艦店外被燒毀，Nike成為貪婪企業的象徵。一開始奈特非常憤怒，他認為媒體從來沒有報導過，多年來Nike為了改善工廠環境，非常盡責地擔起監督之責，Nike創造的就業率，以及東道國現代化中扮演的角色。他提到多數經濟學者都認同，貧窮國家要進步，只能靠創造不需技術的基礎工作來達到，就像Nike創造的就業機會。

即使如此，Nike還是重建了所有工廠，盡可能地提供最好的條件，企圖成為其他企業跟隨的榜樣。奈特非常驕傲地說，公司開發了水性黏著劑，消除黏接上下鞋底時，可能產生毒性、誘發癌症的氣體，並且將知識產權分享給所有競爭對手。現在奈特將重點放在慈善事業，他和佩妮每年共捐出一億美元給各項需求，支持女孩效應（The Girl Effect）——一項Nike與聯合國、非營利組織及其他企業共同運作的計劃，向世界各地的女性教育與進步注入資源。

總評

奈特給所有有抱負的企業家的建言很簡單：不要停止腳步。遇到阻礙時，停下來是最簡單的一件事，他說，但他能成功的唯一理由就是持續前進，即使好像已經失去一切，也不能停下來。

奈特暗指成功中缺失的一環，運氣、因果或上帝，我們本能地意識到它，卻很少人承認：「幸運的運動員、幸運的詩人、幸運的企業。努力工作很重要，好的團隊也是必要，智慧與決心無法用價值衡量，但運氣可能決定成果。有些人可能不會稱它為運氣，他們可能稱之為道、邏各斯、智慧、法，或者靈，或者上帝。」最後他認為：「相信自己，同時相信信念。」

2016

極簡策略

Simplify

「在我們一生中，簡化像一條隱形的紅線，貫穿整個商業歷史，我們的父母和祖父母也一樣。」

「需求量大的產品，出現比以往更低的價格，往往會創造出更大的新市場。而且，市場的規模通常都被大大地低估了。」

「成功的簡化者總是會產出新關鍵，或者多個關鍵，開啟或轉換市場。這些關鍵幾乎不以市場研究為基礎，反之，它們源於洞察力——通常是忽然頓悟或意外事件，通常都不會源於辦公室。而本書中，我們的目的就是簡化及系統化洞察力。」

總結一句

商業中真正的贏家是簡化者，而非創新者。

同場加映

克雷頓．克里斯汀生《創新的兩難》（6章）
華特．艾薩克森《賈伯斯傳》（16章）
西奧多．李維特《行銷短視症》（27章）
布萊德．史東《貝佐斯傳》（42章）

23

理查・柯克＆葛雷格・洛克伍德

Richard Koch & Greg Lockwood

文學家拉爾夫・沃爾多・愛默生（Ralph Waldo Emerson）曾說：「方法可能有百萬種，也可能沒那麼多，但原則總是少。抓住原則的人可以成功地選擇自己的方法，嘗試方法忽略原則的人，肯定有麻煩上身。」

商業中有沒有永恆的原則，而不是方法或策略？作為資深投資人，理查・柯克用其一生試圖找出一些原則。出版《80／20法則》（*The 80/20 Principle*）一書後，柯克名聲遠播，書中理念是大部分成果都來自很少一部分的努力。他說，但他變得富有是因為另一項原則：吉星原則——也就是，只投資「吉星」，快速擴展市場中最大的企業。

然而柯克也了解到，最好的企業不只是快速擴展市場中的佼佼者，也是最簡單的企業。當柯克與風險投資家葛雷格・洛克伍德開始著手《極簡策略》時，非常明顯過去百年間所有成功企業的故事，都涉及極端簡化，大部分偉大的企業家，包括宜家家居（IKEA）創辦人英格瓦・坎普拉（Ingvar Kamprad）、西南航空（Southwest Airlines）的赫伯・凱萊赫（Herb Kelleher）再到企鵝出版的艾倫·萊恩，他們都是簡化者。儘管讚揚思想家、創新家、投資家天經地義，但簡化者才能「為人類帶來最多經濟效益」，「為大眾市場帶來發明與新知的果實」。作者說，商業中至關重要的公式是**讓利益與人互相影響**。真正改變世界的不是讓少數人享受創新產品或服務，而是讓多數人享受到好處。

簡化之路

有兩種簡化的方式或策略，透過價格和定位。對一間公司而言，最糟的情況是發現自己既非產品卓越，價格也不夠吸引人。接踵而來的，是發現自己將被競爭對手趕上、超越。企業必須非常清楚自己的策略：產品，或是價格。

簡化價格

涉及產品或服務的價格削減，幅度可能一半甚至更多。但這不代表徹底地削弱產品的品質，而是重新組織產品供給，以達到更大量或更好的效能，也意味著成本更低。當產品的價格減半，有趣的事情就會發生，作者認為：就如你的預期，需求不僅僅倍增，經常增加至「五倍、十倍、百倍、千倍、甚至更多」。書中第四章以數據顯示，能夠成功將價格減半的企業，都獲得驚人的投資報酬率。

簡化定位

隨著定位簡化，首先「讓產品或服務不只變好一點點，而是整個等級提升，就可以提高市場辨識度」。不僅是方便使用或更多功能，而是完全地簡化產品，加入「美感」元素，讓人們更愛使用你的產品。舉例來說，蘋果的iPad、Google搜尋引擎、Uber叫車軟體。這些類型的產品通常會開創出全新市場，釋放了被壓抑的需求，因為過去太複雜或困難而不被滿足的需求。

如果產業中的專業人士提供各種不同定位，同一產業中的專家就會有很多發展空間，柯克與洛克伍德說，因為每個人都在迎合不同區塊的市場。但是同個產業中，所有企業大致都是相同定位，簡化價格的企業就會脫穎而出，徹底擊敗其他對手，而定位簡化者的產品會變得更好，購買人潮必會踏破門檻。避免被淘汰的唯一方法就是發展出獨特的定位：你的產品比別人的更好，或你的價格更吸引人。

因此，價格簡化者經常走向大眾市場，定位簡化者自然會拿下**更高層級**的市場。後者的市場較小，但利潤更高，所以每個定位的投資報酬率都一樣。有時候，高級產品可以走向大眾市場，例如蘋果的iPhone，但這種情況較為罕見。

福特的價格簡化天才

四十五歲時，亨利·福特（Henry Ford）已經是成功的汽車製造商，但他在自傳《汽車大王——亨利·

福特》（*My Life and Work*）中承認，他的汽車與別人的並沒有太大差異，製造汽車的方法也根據業界的標準流程，業界標準是極低的生產率。二十世紀初，福特汽車一天只製造**五**台車，當時市場已經充滿汽車愛好者。

而福特的想法並不符合當時潮流，汽車不該只是一種嗜好，而是成為大眾的必需品，讓數以百萬計的人活得更輕鬆、更有生產力。一九〇五至一九〇六年間，他只賣兩種價格的車款，一種一千美元，另一種二千美元，這一年的銷售量是一千五百九十九輛汽車。隔年他將兩款車型的價格簡化，調降至六百美元及七百五十美元。你可能認為，這個舉動會帶來雙倍的銷售額，事實上，福特賣出了八千四百二十三輛汽車，足足是原價銷售量的**五倍**之多。聽起來是不可能達成的成功事蹟，但福特只是做了價格簡化。後來他決定只賣一款車型，一九〇九年，實質地簡化了工程及設計的車款：福特T型車（Model T）。

然而，更便宜不代表是劣質品。為了讓福特T型車更輕巧、更堅固，福特率先將釩鋼使用於汽車底盤，發現這種釩鋼比一般鋼材更便宜，車身更輕巧意味著油耗更好，駕駛們很開心。接著，一九一三年起，福特開發流水生產裝配產線，為汽車製造業帶來顛覆性改變。此舉大幅提升產線速度，直到一九一四年，底特律的福特高地公園廠區一年產出二十五萬輛汽車，也提升品質。工匠們不再需要逐批組裝汽車，只需僱用員工，做好單一任務的基礎訓練，持續練習到熟練即可。而這一切的背後意義是，一九一七年，福特T型車價格暴跌至三百六十美元。

如科克與洛克伍德所說，即使是福特也對降低價格帶來的需求暴漲感到驚訝：從售價六百美元、七百五十美元的車型價格調降了百分之四十，到單一車型售價三百六十美元，需求增加了七百倍。福特T型車不僅平價，與其他車型相比，操作也更簡單，福特希望賣出的車人人都能輕易上手。非常簡化的車，代表製造成本也更低，但每個部件都確實檢測過。好上手、夠穩定、價格實惠的組合根本無懈可擊。

作者說，大幅度價格下降的指數反應是「宇宙中最強大的經濟力量之一」，創造出良性循環，高銷售量進一步代表成本與價格降低，導向更大銷售量。福特簡化與平民化汽車運用，創造出更大的全球市場，創造出衍生產業與就業機會，塑造出二十世紀的樣貌。這就是柯克與洛克伍德的重點之一：徹底的價格簡化不只會帶來更多利益與簡化者公司的長遠發展（當代範例是沃爾瑪及亞馬遜），其好處也將遍及整個社會。如湯瑪斯．愛迪生（Thomas Edison）所說：「我們會讓電變得便宜，只有富人才點蠟燭。」

簡單＋精巧＝用途更廣

定位簡化企業可以急遽地擴大市場，讓人**更想**使用他們的服務，因為使用起來非常便利、有趣，或者其中含有美感元素。定位簡化者的應用軟體及網站，如Uber、Spotify、Airbnb都符合這一點。不用以一塊美金下載一首音樂，就像iTunes一樣，Spotify的精妙之處在於開創訂閱服務，只需支付一些費用，就可以聽到很多音樂（如果不想付費，你還是可以免費聽，只是要忍受廣告）。吃到飽的方案，以及簡單優雅的應用軟體與網站，意味著人們會透過Spotify產生更多音樂的消費力。用Airbnb找到住宿是再簡單不過的事，與投宿飯店相比你會獲得更貼近當地生活的體驗，而屋主可以也利用閒置的房屋賺點錢。一般來說，房價也會比飯店便宜一點，Airbnb更鼓勵你多出外走走。

史蒂夫・賈伯斯希望他早期的電腦產品麥金塔，可以看起來「友善些」。之後還推出iPod、iMac、iPad、iPhone，他說：「我們以當代藝術博物館的質感為目標。」即使是產品外盒也要漂亮、有質感。當然，蘋果產品的美麗之處，在於它隱藏著不可置信的複雜度，與一系列技術相結合，正是關鍵所在。作者引用奧利弗・溫德爾・霍姆斯（Oliver Wendell Holmes）之言：「我願追求複雜事物下的簡單。」人們通常願意掏出更多錢，買下能讓生活更簡單、輕鬆、更有美感的產品。重點就在於產品中的「美感」，創造出與使用者間的**情感連結**——這在競爭激烈的各種產品間可說是無價之寶。

一九九七年，賈伯斯重回蘋果，帶著產品簡化、類別簡化的任務，讓公司市值飆升，超過二十億美元，至二〇一五年市值超過七千億美元——翻了**三百三十倍**，這就是簡化的力量。還有多少產業已經成功，可以進行徹底的簡化，帶來更廣泛的用途、更多實用性、或更高的審美觀？

良性權衡

如果你決定走向價格簡化的大眾市場，可以為大眾帶來更有趣的權衡。柯克與洛克伍德說的是

「良性權衡」，企業**似乎**無償提供了某些東西，其實卻帶來雙倍效益。宜家家居商場中有便宜、好吃的食物，以及兒童遊樂區，對公司來說不算「損失」，卻間接鼓勵人們一整個下午待在那裡——可能花得更多。坎普拉可以在可負擔的價格內提供絕佳的設計，讓人們願意自己開車去買**家具**，自己回家組裝。對許多人來說，這就是一次開心的「權衡」。

一九三〇年代，英國出版商艾倫・萊恩想為大眾帶來更高品質的文學作品，他也了解唯一的方式就是把當代頂尖作家的著作放進平裝書中。讀者們必須放棄漂亮的精裝書，他們樂意這麼做，因為企鵝系列的獨特設計與更實惠的價格。

企業變得更成熟，產品自然會變得更精巧且複雜，往往超越了市場需求。大型市場是為了走反方向的企業所準備：從產品中**簡化**特色。柯克與洛克伍德認為，從克雷頓・克里斯汀生的研究中可以看出，認為大型企業往往執著於他們在該產業的領先地位，以至於他們無法發現人們真正想要的是更便宜、簡單的產品。

總評

柯克與洛克伍德寫道：「更有效且成功的價格簡化者，認為他們的所為是任務，是一場革命，至少讓以前無法負擔的人，可以享受到生活的美好。」亨利・福特用他的車做到了；麥可・馬克斯（Michael Marks）與湯姆・史班瑟（Tom Spencer）帶來價格平價、勞工階級可負擔的質感衣飾；英格瓦・坎普拉也用不昂貴卻好看的家具，達到這個成就。

但是，如何提出這種改變產業或創造產業的概念呢？一個最明顯的方式就是「找出一個已經存在於小規模中的簡化系統，可以運用在更普遍的產品中，並推向全世界」。這就是雷・克洛克與麥當勞的模式。另一個方式是採取現有模式，使其自動化，例如Uber自動叫車、Tinder自動配對交友、Betfair自動投注，Vanguard透過創造股市指標追蹤基金，完成自動投資，降低人力基金分析師的需求，過程中大幅降低人力成本。

你很容易被身處產業的模式嚇住，你以為你是誰敢質疑這一切？然而，福特提出關於汽車製造與行銷的質疑後，他發現「做生意的常態模式並不是最好的方式」，產業中的人總是喜歡說商業模式本身就很複雜，或者後天變得複雜，但對這些模式感到失望，希望事情變得簡單、更簡單的人，往往才能得到**最大**的收穫。

理查・柯克&葛雷格・洛克伍德

理查・柯克一九五〇年出生於倫敦，於牛津大學取得當代歷史學位，後於賓州大學華頓商學院取得工商管理碩士學位。後來展開管理諮詢的職業生涯，先進入波士頓諮詢公司（Boston Consulting Group），接著進入貝恩策略顧問公司（Bain & Company），並成為合夥人。一九八三年創立自己的顧問公司，艾意凱諮詢公司（LEK Partnership），七年後為了進行私人投資與寫作正式退休。因為投資有成，柯克曾登上《星期天泰晤士報》（*Sunday Times*）富豪榜，投資項目包括管理手冊品牌Filofax、Belgo餐廳、普利茅斯琴酒、線上博弈公司Betfair。其著作包括一九九七年《80／20法則》、二〇〇四年《80／20生活經》（*Living the 80/20 Way*）、二〇一〇年《超級關係》（*Superconnect: The Power of Networks and the Strength of Weak Links*）、二〇一〇年《吉星法則》（*The Star Principle: How It Can Make You Rich*）、二〇一三年《*The 80/20 Manager*》。

葛雷格・洛克伍德是倫敦風險投資公司Piton Capital的董事，該公司專門投資具有網路優勢的企業。他先在電信業、公司金融、媒體出版業工作。洛克伍德畢業於凱洛管理學院，取得管理學碩士學位。

2012

10個關鍵詞讓管理完全不一樣

Management in Ten Words

「接下來所講的可能會讓你感到震驚，它們如此簡單明瞭。然而，當我遇見這麼多來自世界各地不同文化背景的人，並與他們共事，我也被生活中——而不僅是商業——如此基本、簡單的真理所憾動，這些事『太過明顯』而被聰明人遺忘或忽略，誤將『簡單』變得『過於簡單』。我們允許自己這麼想，因為我們生活的世界如此複雜，問題的解答也必然如此複雜。」

「整體經驗都證實了我的信念，如果你傾聽客戶，依照他們所說的真理行事，你會訝異於即將發生的事。」

「弔詭的是，企業越成功，越容易合理化地不追求真理及困難決策。」

總結一句

調查客戶想要什麼是一回事，真正站在他們的立場又是另一回事。

同場加映

約翰・凱《迂迴的力量》(19章)

理查・柯克&葛雷格・洛克伍德《極簡策略》(23章)

賽門・西奈克《先問，為什麼？》(39章)

布萊德・史東《貝佐斯傳》(42章)

24

泰瑞・李希

Terry Leahy

一九七九年，泰瑞・李希進入特易購（Tesco）時，特易購仍被視為英國零售業中不起眼的小角色，儘管一九八〇年代發展迅速，仍不及森寶利超市（Sainsbury's）及馬莎百貨（Marks & Spencer）。二〇一一年，李希離開特易購，擔任執行長十四年，特易購的規模已超過當時競爭對手足足六倍，版圖不再限於英國本地，成為世界第三大零售業。雖然二〇一二年撤出美國市場，李希離開五年內，特易購經歷了一段很糟糕的時期，但二〇一七年成功翻轉，營業額超過五百五十億美元，共有六千五百間店面，四十萬五千名員工，事業版圖橫跨十二個國家。

特易購成功的祕密是什麼？李希帶領之下成長飛快，讓英國超市的零售商市場份額從百分之二十拉高至百分之三十，當中的祕密究竟是什麼？

世界很複雜，李希在《10個關鍵詞讓管理完全不一樣》中這麼寫道，但成功卻出人意表地簡單。我們總是想找出最尖端的解決方案，通常最基本的策略（還有毅力）就能達成目標。當然，祕訣是看出這個簡單的策略或解決辦法是什麼。要做到這一點，首先必須看出企業目前的狀況是什麼；要保持領先地位，就必須有強大的價值觀，包括對客人的忠誠度及感激之心。

「真相」、「忠誠度」、「簡單」、「價值觀」：這本書的十個章節都圍繞著這十個關鍵字，以下我們將關注其中最有用的幾個詞彙。

真相

一九九二年，李希在特易購擔任行銷總監時，行銷在公司裡就像一個離散在外的「獨立個體」，「顧客滿意」也是獨立部門，和生產及物流一樣重要。李希讓顧客及顧客需求成為特易購事業的核心，如今聽來理所當然，但當時除了少數團體，並沒有很多企業會做客戶研究。李希推動一項全方位計劃，研究顧客心中對特易購的**真實**想法，通常都很直白。不再只是以特定問題進行死板的焦點團體訪談，李希舉辦的是與顧客之間自由、暢所欲言的談話，顧客可以談天說地，不僅限於購物體驗，也可以聊聊各自的**生活**。這個計劃讓特易購確立**存在的理由**：沒有階級，為各種薪資收入的人提供可負擔且多樣的選項，特易購的目的是在所有顧客心中培養忠誠度，而不只是能花大錢的人。

很多公司宣稱他們傾聽顧客的心聲，但其中只有極少數真誠地想知道顧客的想法及感受。李希說，找出並接受真相，是特易購大幅拓展的基礎。如果企業不願意誠實地看待自己，就不可能做出必要的改變，從英國中小企業搖身一變成為領航者。

特易購的創舉，還包括讓顧客決定如何重新設計、改造店面，顧客的想法很重要，經常也與設計師、管理者的想法大不相同。有一些來自家長的良性反饋，他們看到特易購設置針對特殊飲食需求的區塊，希望每個家庭都可以在同一個屋簷下，採買適合家庭成員的日常用品，不需再跑去其他專門店，善意的舉動帶來意想不到的獲益。

身為一個軍事歷史迷，在這本書中李希一再提及英國第一代斯利姆子爵（William Joseph Slim）。斯利姆曾說，每個組織「都必須有偉大且高尚的目標」。對特易購來說，表示必須要有超越短期獲益動機的目標，如果你能先拿出好處，就可能創造忠誠度，以及長遠健康的銷售模式。此外，還有一種情感聯繫，會讓人願意一直回來購物。

忠誠度

所有企業都有相互競爭的目標：銷售、市場份額、利潤、員工滿意度、投資報酬率、企業聲望。但李希說，「最重要的是所有人心中有共同目標，像指南針一樣帶領他們」。對他來說，任何組織最好的目標就是贏得並掌握忠誠度，任何面臨未來抉擇或決策時，應該問自己：「是否會讓人們對我們更具忠誠度？」

把忠誠度作為首要目標完全合理，因為過去三十年間，給消費者的選擇與訊息爆炸性成長。李希說，一九八〇年只有八個牛仔褲品牌，現在卻有八百個品牌。在所有選擇與資訊中，只有和人建立起聯繫的企業才會成功，你必須成為購買、投資、取得資訊的首選。李希寫道：「忠誠與不忠誠的顧客行為，不會與營利無關，反之忠誠度是獲利的最大關鍵。能留住顧客越久，就不用花錢吸引更多人來。」一間企業有忠誠的顧客，就能成長得更快，因為流失現有顧客的速度，遠比得到新顧客的速度慢得多，而忠誠顧客也會在你的企業花更多錢。事實上，李希發現，顧客願意花越多錢在你的企業，表示他們越信賴你，而他們的信任度越高，就越願意嘗試你的新產品或服務。

以此為目標的核心計劃，就是特易購會員制。一九九五年正式推出，特易購會員每次消費都有百分之一回饋，而特易購也可以藉此取得購買者的有效資訊及取向。同時產生的另一個問題是電腦儲存的費用，取得越多數據、越需要電腦篩選，支出成本就越高，但李希極需從顧客身上取得資訊，如果公司不知道顧客是誰，要怎麼適當地提供服務？森寶利捨棄這個計劃，但李希認為這個計劃可以讓特易購做些好事：「從競爭對手的創新中尋找優點比尋找缺點更好，你可能覺得攻擊對手是比較好的策略，但長遠來看，向他們學習更為明智。」

計劃關鍵就是每個人都是一樣的回饋折數，無論你花得多或少，這不是「招攬生意」的計謀，只是單純的感謝之意——每個人都會感受到，並感謝這項回饋計劃。李希寫道：

「特易購會員制讓我明白簡單的真相：人們喜歡被感謝，如果他們得到你的感謝，你即將贏得他們的忠誠。這或許是一個很簡單的真相，力量深遠，正如我們的競爭對手從成本中發現的一樣。」

作為英國首張超市會員卡，特易購會員制勾起的是真正的良善循環。李希說：「證明我們不僅是為了賺錢，更是因顧客的需求而產生動力後，顧客開始以全新的角度思考與特易購的關係。」

員工忠誠度也同樣省下企業龐大的金錢與時間，也大幅提升**團隊精神**。這是一種歸屬感，李希掌握了這點，在他離開特易購之前，特易購是全英國最多員工股東的企業。

勇氣

李希形容自己天生靦腆謹慎，他衡量過所有風險及因果後，包括可能出錯的部分，才可以踏上這條路。

當他等著前往愛爾蘭的飛機時，忽然有一刻「清晰的瞬間」，關於特易購應該設定完成的目標。那時他才剛上任執行長沒幾個月，他記得向其他高階管理人公開計劃時，現場一片「不可置信」：

● 成為全英國首屈一指的零售業者。當時特易購已經買下森寶利，但仍不及馬莎百貨。

● 非食品類產品必須與食品類產品一樣具競爭力。當時非食品類產品僅佔百分之三銷售額。
● 發展較能獲利的服務部門（如金融、通訊）。一九九六年時，這些甚至不存在於特易購企業。
● 海外發展必須與英國本地一樣強大。當時特易購在全球版圖佔比甚至不到百分之一。

回應詹姆・柯林斯的想法「宏偉、艱難、大膽的目標」（源自他的著作《從A到A+》），李希堅持「好的策略必須大膽無畏」，人需要被激發，目標必須能讓人雀躍，「或許也需要一點恐懼」。但最重要的是，勇敢的策略必須做出選擇：抓住時機，追求更遠大的目標，或停滯不前；創造人們的生活中的改變，或一成不變。李希也受索尼（Sony）共同創辦人盛田昭夫（Akio Morita）的激發，盛田昭夫深知企業要進取，就必須征服日本以外的市場。李希無法容忍特易購安於現狀，他知道「什麼都不做往往就是最大的風險」。

行動

英國超市業第一個提供線上服務的是特易購。沒有任何線上購物的前例，所以起步非常簡陋。當美國電商寵兒Webvan籌措了三・七五億美元，打造一個大型物流中心，特易購只透過電話、傳真、電腦接受訂單，從現有的貨架上打包商品，寄出到幾個實驗區域。李希記得，「這並不是什麼偉大的發明，但至少我們正在實踐，我們有服務，正在落實這項服務。更重要的是，我們開始了一個過程，我們開始去學習所有必須做的事，也必須有所改進，讓這間公司可以獲利。」

因為龐大的開業成本，Webvan 破產了。而特易購低調、極度重視細節的方式，最終取得成功。李希寫道：「計劃失敗是因為那些委任他們的人，並沒有想清楚他們想要新系統做到什麼，也沒有寫下清楚的計劃內容。」成功實踐有五個要素：清晰的初步決策、簡單的流程、清楚的定位、可用的系統，以及原則。商業中，流程與落實有時候被視為無趣或次於策略的事，但它們對成功來說至關重要。

李希的評論與卡爾．馮．克勞塞維茨（Carl von Clausewitz）的名言，溫斯頓．邱吉爾（Winston Churchill）贏得二戰時也銘記在心：「業餘者專注策略，專家則專注實務。」

價值

特易購是在一九一九年由傑克．寇恩（Jack Cohen）創辦，他是倫敦東區的一個市場貿易商，李希進特易購時，它還充滿著混亂的街頭銷售氛圍。公司內部有很多爭吵叫囂，競爭非常激烈，幾乎不把資歷或資格放在眼裡。隨著時間發展，這種文化已然成熟，但平等主義的文化仍在，很大程度上仍是有才能的人得以重用的企業，而組織架構相對扁平，在一線收銀員和執行長間只隔了六個職稱，表示不管是誰有好的提議，都有機會被聽到。

與他的成長背景及基督教教育相應，李希說：「他深切地希望幫助每個人能有更好的生活，不管他們的背景如何。」這個願景與特易購的無階級文化完美契合，「每個人都有美好的願景，並專注於價值」。

人們對事物的反應，情緒多於理性，李希說。他們會和某人買東西，絕不僅是效益主義的因素，他們更需要分享價值——喜歡你的背後意涵。特易購原可以單純地關注「市場份額」或「股東價值」，但他們知道不懈地專注於顧客價值，是特易購存在的原因。一旦失去這點，特易購就完了。

總評

李希沒有迴避在他領導期間公司一連串的失誤與失敗，包括以「Fresh & Easy」子公司涉足美國食品零售業。李希的解釋是，這些錯誤大部分的問題都在於時機：推出這些服務的時候恰巧經濟大蕭條正開始，「面臨艱困時人們不會想嘗試新事物」。

如果特易購的想法和競爭對手一樣，就不可能大規模擴張並擊敗對手。「唯有想得遠大，並託於遠大的計劃，才有機會看到真正的改變」，李希說。他提到美國建築師丹尼爾．伯哈（Daniel Burnham）的名言：「不做短小的計劃，它不具備攪動人心的力量，也可能根本不會實現。」長遠觀點也是李希的成功祕訣，「它像一根線穿過我們做的許多決定。例如說，花十年在新的國家打造商店網路，又或許再花十年創造一個領先的消費品牌」。宏大的思想如果沒有配套，也無法實踐，所以想得更遠些吧。

李希在這本書最後反思人類歷史中，組織的角色是什麼。組織為許多人帶來好處，也為另一些人帶來壞處。他認同特易購「在歷史上只是微不足道的一點」，但李希認為特易購的成功是超越零售業的一課，追求更好的願景讓《10個關鍵詞讓管理完全不一樣》從自吹自擂的商業自傳脫穎而出。李希給人的印象是謙虛，而正如詹姆·柯林斯及彼得·杜拉克所說，謙遜就是頂尖成功管理者的重要特質。

泰瑞·李希

泰瑞·李希出生於一九五六年利物浦，雙親皆為愛爾蘭人。父親本想移民美國，卻在利物浦定居，他曾在海軍商隊中擔任木匠，後來成為獵犬訓練師及出版商，母親是一名護理師，兩人育有四子，泰瑞是第三個小孩。一家人住在利物浦地方政府的組合屋中。

李希在當地天主教小學就讀時，老師曾特別誇獎他天資聰穎，李希也獲得就讀聖愛德華中學的獎學金，該校被視為當地最好的中學。在某個夏季，李希到倫敦旅遊，並在旺茲沃思市（Wandsworth）當地特易購打工，負責補貨上架。從聖愛德華中學畢業後，他的成績不足以讓他讀最有興趣的建築或法律，於是他到曼徹斯特學管理。

畢業後，他進入零售企業合作社聯盟（Co-Op）工作，負責到英國各地銷售冷凍肉品和起司至該企業往來的區域。一九七九年，特易購聘請李希做行銷工作，一九九二年成為特易購行銷總監，一九九七年成為特易購執行長，當年他四十歲。二〇〇二年，李希獲封為泰瑞·李希爵士。

從特易購退休後，他為新創企業提供諮詢服務，也在利物浦海濱區域及利物浦一號（Liverpool One）購物中心重新開發規劃中扮演重要角色。李希說：「這個規劃案告訴我們，永遠不要讓你的未來成為過去的俘虜，它的復甦教導我們：大膽規劃、時機、風險，以及最重要的勇氣。」

2002

克服團隊領導的5大障礙：洞悉人性、解決衝突的白金法則

The Five Dysfunctions of a Team

「不是財務，不是策略，也不是科技，團隊合作才是保持最終競爭優勢的關鍵，它的力量如此強大，也如此難得。」

「諷刺的是，有那麼多人以效率之名避免衝突，事實上健康的衝突可以節省時間，那些避免衝突的人，注定必須一遍又一遍地重蹈錯誤，找不出解決方案。」

「好的團隊自豪於能夠在決策上團結一致，儘管無法保證決策一定正確，也一定遵循明確的行動方針。他們明白一句古老的軍事格言，有決策總比沒有好；他們也明白大膽地做出錯的決策，然後同樣大膽地修改方向，也比猶豫不決來得更好。」

總結一句

越來越多組織發現，興衰取決於團隊品質。

同場加映

羅傑·費雪＆威廉·尤瑞＆布魯斯·派頓《哈佛這樣教談判力》（11章）
史丹利·麥克克里斯托《美軍四星上將教你打造黃金團隊》（28章）
湯姆·雷斯＆拜瑞·康奇《發現我的領導天才》（31章）
彼得·聖吉《第五項修練》（38章）
羅伯特·湯森《提升組織力》（46章）

25

派屈克・蘭奇歐尼

Patrick Lencioni

「如果你能讓組織中每個人都朝著同樣的方向前進，就能在任何產業、任何市場、任何競爭、任何時間裡居主導地位。」

這句話是派屈克・蘭奇歐尼的朋友說的，他創辦了一間十億美元的企業，直覺理解最終創造企業成功的並不是財務、科技或策略，而是高階管理團隊中發生了什麼，才產生這個結果。

你的職業生涯中，可能會發現聘請你的組織士氣低落、過度政治化，這些都會消耗你的能量；也可能幸運地能在團隊精神很好的地方工作，個人目標都包裹於團隊中。兩者間存在很大的鴻溝，而串起它們的橋梁就是團隊品質。

然而，蘭奇歐尼說：「團隊中的事實是，所有人都是不完美的人類，有與生俱來的缺陷。」打造好的團隊並不複雜，但所有有價值的事都一樣，一樣困難。就像許多商業書，《克服團隊領導的5大障礙：洞悉人性、解決衝突的白金法則》提出很多事例，讓事情變得好懂一些，蘭奇歐尼提到加州科技公司DecisionTech試圖重建往事輝煌的故事。

虛構的企業神話

只是幾年前，DecisionTech還是矽谷新興企業之星，有最好的工程師，還有頂尖風險投資公司的大筆資金。然而未能在最後期限有所表現，士氣和前景都跌落谷底。執行長及創辦人尚利（Shanley）被解除最高管理職務，降為事業發展經理，如此一來，公司上市他還是能領到一大筆獎金。

董事會指派凱薩琳．彼得森（Kathryn Petersen）取代他的位置。彼得森當時已經五十七歲了，她已經是「矽谷標準中的老人」，四十歲時才踏入商業界，之前曾待過軍隊，養育三個孩子，還曾擔任教師。前幾年她在低技術的製造業工作，成功經營一間美日合作的汽車廠。對DecisionTech的員工來說，彼得森就像老派藍領產業的高階管理人，與他們輕鬆自在、隨心所欲的作風截然不同。為什麼董事會主席在眾多成員中，就是選擇了彼得森？主席觀察到儘管她沒有任何高技術產業的相關經驗，但創建團隊的絕佳能力證明了一切。

凱薩琳獲聘後的頭幾個月，似乎說明這是很糟糕的決定。她不太會做一般管理階層會做的事，甚至要團隊從忙碌的工作中抽出兩天參加納帕谷的靜修活動。她對軟體或程式幾乎一無所知，但她並沒有因團隊的不信任而困擾。凱薩琳的理由是，畢竟通用汽車的傑克．威爾契也不是製造渦輪機或烤箱的專家，而西南航空的赫布．凱勒埃（Herb Kelleher）也不需要是傑出飛行員才能創辦企業。他們都清楚知道團隊合作的力量。

凱薩琳的第一個考驗來了，她必須駁回首席技術長及銷售主管馬丁的要求，因為他的業務會面時間與公司的靜修活動撞期了，馬丁認為大的銷售機會顯然比離開辦公室的內部團隊活動更重要，但凱薩琳糾正他的想法，她說一次大生意可能只是暫時提振生意，但是管理團隊如果不妥善合作，必然會引發更長遠的衰退。在靜修活動第一天早上，馬丁在九點一分時開門走進來，凱薩琳才鬆了一口氣。

障礙

靜修活動會從一些簡單的活動開始。管理團隊的每個成員都必須回答五個關於他們自己的問題，例如家鄉在哪、家裡有幾個小孩、小時候的興趣及遇過的挑戰是什麼、第一份工作是什麼？凱薩琳認為，這些人每天都一起工作，卻對彼此認識甚少，這些訊息可以建立親密感及信任感，讓氣氛更融洽。

凱薩琳也讓團隊做MBTI性格測試，這份測驗中可以展現行為傾向，例如內向或外向，性格如何影響同事間的相處。沒有人比別人好或不好，只是人與人的不同，每個團隊成員首先必須認知到，正是各種思想與觀點造就了團隊。

這些對話與平日在DecisionTech工作的反差實在太大了，會議成為一件沉悶的事，沒有辯論和意見交流。這就是團隊的第一項障礙：**缺乏信任**。如果人們彼此信任，凱薩琳說，他們就會毫不保留地說出自己的意見。信任的敵人是覺得自己無懈可擊，反之，好團隊的成員會為了團隊好，願意被揪出錯誤。

凱薩琳向團隊解釋，缺乏信任的大問題是害怕起衝突：「如果我們不互相信任，就不會產生公開、有建設性、思想上的衝突，那麼我們只會持續保持表面和諧。」**害怕衝突**這種障礙，會顯現為表面和諧，衝突浮不上檯面，會得到秩序良好的會議，表現得一團和氣，實際上沒有討論或決定任何重要事務，工作場域進而政治化。凱薩琳將「政治」定義為「當人們選擇說什麼話、做什麼事，是基於他們希望獲得別人什麼樣的反應，而不是他們真實的想法」。當某些事似乎已經被決定了，就是**缺乏認同**，關鍵人物缺乏「參與」決策，結果可想而知：就像漂浮在含糊大海上的組織。

缺乏認同和另一項障礙密切相關：**逃避責任**。好團隊要求每個成員為他們贊同的團隊方向負責，即使包裹著人際關係中的不適感。凱薩琳團隊中有人反駁，為某些不達標準或目標的報告或下屬板起臉孔，相對容易得多，但對同僚這麼做就難了。為什麼？如果你在平等的團隊中，告訴別人如何做好自己的工作，好像不對。**但是**如果每個人都完全同意所選的方向，團隊目標一清二楚，有人被指出不符標準時，個人不適感也會降低……因為他們和我都清楚，只是就事論事。如果沒有人願意指出別人的錯誤，標準就會逐步下滑。好團隊不只對自己的單位或部門有責任感，也對整體組織有責任感。

凱薩琳寫道，逃避責任顯然是**忽視結果**的障礙，結果是人們總是踩在整體團隊或企業的成果上，追求自己的「數據」或榮譽。凱薩琳說，自我意識並沒有錯，只要是集體的自我意識，專注於團隊成果，個人自我意識自然會被約束。凱薩琳的丈夫肯恩（Ken）是學校籃球隊教練，團隊運作好，所以球隊表現得也好。所有愛賣弄的球員都成了板凳球員，團隊自然運作得好。運用在企業中，代表著每個人都對銷售有責任，每個人都對行銷有責任，每個人都對產品開發有責任，每個人都對客戶服務有責任，每個人都對財務上發生的一切有責任。結果必須以月為單位衡量，並清楚地分類（例如收入、支出、開發新客戶、現有客戶滿意度、員工流動率、產品品質），每個人都必須盡其所能達到目標，不管目標是否「不在工作範圍」。凱薩琳指出，當每個人都非常清楚目標所在，個人自我意識就不可能阻礙團隊，個人無非是備受讚揚或被指出錯誤而已。

靜修活動第一天結束時，DecisionTech團隊開始發現「軟性」因素如何顯著地幫助或傷害公司。顯然這五項障礙：缺乏信任、害怕衝突、缺乏認同、逃避責任、忽視結果，會讓儘管有龐大優勢的公司，也很快會輸給更具凝聚力的競爭對手。

團結一致

靜修活動的最後一課，凱薩琳看到組織衝突的主場：會議。我們討厭他們，因為他們很無聊，但**為什麼**他們很無聊？她說，沒有利害關係，所以無謂熱情或衝突。她鼓勵團隊對公司面臨的**難題**熱烈地辯論，但不是人身攻擊或嘲笑。凱薩琳寫道，願意容納衝突的團隊不僅會有生動、有趣的會議，會議的強度會也提升，想法交流更頻繁，有了團隊的集體智慧，**很快**就會解決難題。

最後一小時，團隊試圖制定每個人都認同的首要目標。市場份額？他們甚至不知道市場有多大，或是這個產業的未來在哪。降低成本？如果產品賣不出去，成本問題又算什麼。產品品質？該公司的產品已經有目共睹，超越競爭對手。團隊爭論不休，將範圍縮小為「增加營收」或「關注重點客戶」（知名企業），作為衡量成功的依據。他們最終同意：「開發新客戶」，因為這可以增加媒體曝光率、增加員工信心、為工程師取得更好的反饋、取得參考資料以獲得更多新客戶（以及接下來的銷售）。團隊訂下明確的數字——今年結束前要增加十八個新客戶，接著訂出每個管理人員必須在自己的工作內容中做到什麼，以達成這個目標。

回到辦公室，凱薩琳很快發現剛產生的團結感消失了，「團隊成員似乎認為暴露自己是件很尷尬的事」，她想，「所以他們假裝這一切都沒發生過」。另一件事吸引了她的注意，有些管理人員對自己的部門忠誠度，似乎比整體組織來得更高。但她堅持他們的**首要**忠誠度，必須是同坐在會議桌上的團隊——管理團隊。

凱薩琳對管理團隊組成有了重大決策。作為行銷部門負責人，邁琪（Mikey）生產力很高，也受人敬重，似乎是公司成長的資產之一。但是她愛挖苦人的性格、不願意傾聽或援手相助、認為自己是最棒的，都讓其他管理人員相當感冒。這些對創建團隊一點幫助都沒有，甚至造成破壞。凱薩琳決定開除邁琪，震驚了團隊成員，但他們了解凱薩琳是認真想打造能團結思考與行動的**團隊**。

故事最後，有一間競爭企業向該公司提出收購，董事會將決定權留給管理團隊。他們拒絕了這項提案，促使他們成為更緊密的團隊。

擔起決策責任

說完這個故事後，蘭奇歐尼提出出人意表的論點：**未經**大量分析或研究做出的團隊決策，通常就是最好的決策。不是說研究不重要，而是展開行動前，無止境地蒐集資料及分析，意味著這是個運作不良的團隊，而多方下注的舉動只會讓團隊疲弱、缺乏信心。他說，團隊必須「拒絕共識與確定性的誘惑」，組織可能永遠無法取得行動的完美共識，也很少需要取得所有資訊。

懷疑明確決策的團隊成員，可能最後會全力支持這項決策，似乎很矛盾，甚至錯誤，但蘭奇歐尼的觀點是，無法承擔決策的責任，組織就會像失去船舵的船。雖然沒有提到這件事，但英國內閣政府制就是很好的例子。內閣會議是祕密進行，通常依議題進行激烈、甚至充滿煙硝味的辯論，決定一旦做出，就會由政府為代表發聲。如果首相強烈表示不同意決策，首相將可能辭職，以維護內閣與政府的團結一致。

蘭奇歐尼提出確保團結的實用祕訣。當會議來到尾聲，確保在場的人都非常清楚地知道最後決策，以及將向組織其他人傳遞些什麼訊息。這是非常好的辦法，消除在場所有人理解或解釋的歧異，不讓已決定的事情有「回旋」的餘地。

總評

蘭奇歐尼將團隊置於創造好公司、好機構的核心，哲學家彼得・聖吉（Peter Senge）也贊同這個想法，在《第五項修練：學習型組織的藝術與實務》中描述團隊為「組織中的基礎學習單位」。

《克服團隊領導的5大障礙：洞悉人性、解決衝突的白金法則》已經出版超過十五個年頭，書中虛構的角色如今看來有點過時（八位管理人員中，有六名是白種美國人，二名拉丁美裔，沒有印度人或華人，在矽谷肯定是不正常現象）。但是，它仍然是了解好團隊改革力量最好、最易懂的媒介。

派屈克・蘭奇歐尼

派屈克・蘭奇歐尼出生於一九六五年，在加州貝克思菲爾德（Bakersfield, California），當時年紀小小的他，卻記住了父親曾說過他就職公司遇到的障礙。他就讀於克萊蒙特麥肯納學院（Claremont

McKenna College），主修經濟學，之後在貝恩策略顧問公司（Bain & Company）任管理顧問。曾任大型企業軟體公司甲骨文（Oracle）人力資源部主管，及企業軟體公司Sybase組織發展副總。一九九七年蘭奇歐尼創辦了管理顧問公司圓桌集團（the Table Group），顧客包括西南航空、Google、聖地牙哥閃電隊。目前是喜願基金會（Make-A-Wish Foundation）董事會成員。

其他著作包括一九九八年出版《董事會的前一夜》（*The Five Temptations of a CEO*）、二〇〇〇年《傑出高階主管的四大迷戀》（*The Four Obsessions of an Extraordinary Executive*）、二〇〇四年《別再開會開到死》（*Death by Meeting*）、二〇一二年《對手偷不走的優勢：冠軍團隊從未公開的常勝祕訣》（*The Advantage: Why Organizational Health Trumps Everything Else in Business*）、二〇一五年《*The Truth About Employee Engagement*》、二〇一六年《*The Ideal Team Player*》。

2006

箱子：
貨櫃造就的全球貿易與現代經濟生活

The Box

「貨櫃出現之前，運輸商品非常昂貴——很多東西要運到國家另一端都貴得不得了，更別提運到地球另一端了。貨櫃讓運輸變得更便宜，也改變世界經濟型態。」

「1956年，世界上到處都是只在當地銷售的小型製造商；至20世紀末，任何僅來自當地市場的商品源頭已經少之又少。」

「1961年，貨櫃尚未投入國際貿易用途時，光是海運運費就佔了美國出口額12%、進口額10%。」

總結一句

偉大的發明其實簡單又顯而易見。

同場加映

阿爾弗雷德・錢德勒《看得見的手》（4章）
理查・柯克＆葛雷格・洛克伍德《極簡策略》（23章）
西奧多・李維特《行銷短視症》（27章）
詹姆斯・沃瑪克＆丹尼爾・瓊斯＆丹尼爾・魯斯《改變世界的機器》（50章）

26

馬克・李文森

Marc Levinson

「為什麼有人想寫一本和無聊金屬箱子有關的書？」經濟歷史學家兼記者馬克・李文森開始寫貨櫃運輸的故事時，非常疲於面對這類否定的反饋，他幾乎想放棄這個主題。

但他堅持下來了，當《箱子：貨櫃造就的全球貿易與現代經濟生活》得到廣大的迴響，他大吃一驚，似乎必須有人將這看似平凡的創新置於聚光燈下，才能得到欣賞。巧合的是，李文森正好碰上好時機，貨櫃正是一股潮流，用來做為臨時藝廊、住處、也經常成為城市工業時尚的象徵。

李文森的研究告訴我們，全球化不僅僅是靠網路平台和國際客服中心拉近世界的距離，更是一種物理現象，涉及將物品從一個國家運輸到另一個國家的能力。貨櫃化讓運輸成本驚人地便宜，才讓這一切成真。

《箱子：貨櫃造就的全球貿易與現代經濟生活》也是麥爾坎・麥克林（Malcolm McLean）的半部傳記，他就是貨櫃的發明者。李文森說，麥克林真正的洞察力在於管理，他看出了船、鐵路、卡車公司並不是真的從事船務、火車或貨車業務，而是貨運業務，貨櫃化對他們來說是非常合理的一步。貨櫃出現讓大批碼頭工人失業，讓曾經繁榮的港口沒落，也讓亞洲得以融入世界貿易之中，就像所有顛覆性科技，以意想不到的方式改變了世界。二〇一六年增訂版中，李文森說不管是政府還是商業界，沒有人預想到貨櫃化會如此轉變了長途貿易。今日，完全電腦化及自動化超級港口、巨大的貨櫃船以及運河拓寬，都延續著這場革命。

沒有解答的問題

貨櫃還沒出現前，貨物都從船上運下來，裝在箱子、桶子、木製貨箱、木桶裡，人們用鉤子將貨物吊起，再用纜繩及小型起重機搬運。銅棒、香蕉串、袋裝咖啡、原木、袋裝水泥都必須以不同的方式處理，每年都有一半的碼頭工人或裝卸工人工作時受傷，被移動的纜線或物件擊中。儘管受傷率是建築或製造業的數倍之多，卻幾乎沒有任何保健或安全措施。

濱海工作都由當地家族牢牢掌握，通常只有給工頭回扣才有工作機會。一九五一年時，紐約與倫敦各有五萬人在碼頭工作，但幾乎沒有人是全職，招募都是以日計算，向來如此。綜觀世界，像英國倫敦、法國馬賽（Marseilles）、比利時安特衛普（Antwerp）、美國波特蘭（Portland）、澳洲弗里曼特爾（Fremantle）、英國利物浦（Liverpool）這樣的城市，人們大多住在緊鄰碼頭一．六公里左右的距離，儘管碼頭工人的薪資高於平均薪資，在社會上還是被人看不起，但這或許事出有因。碼頭有很多偷盜事件，有太多貨物可供選擇，一艘大貨船可能有二十萬件不同的貨品，從箱子、桶子、大木箱，裝了非常多不同的物品，從葡萄酒、衣服到收音機。

一卡車的貨品從美國運到歐洲，其中的運費及港口費大約佔去貨物價值的百分之二十至百分之二十五，而最主要的成本不在運輸本身，而是貨物從陸地裝載至船上，而另一端也需要人力將貨物從船上搬運至等待裝載的火車或卡車上。每個人似乎都意識到船運的低效率與高成本，尤其強大的船運公會會保障碼頭工人及裝卸工人的薪資。從一九二〇年代開始有各種推動貨櫃的行動，二次世界大戰後已使用了數千個新數或木製貨櫃，但並不是如今熟知的貨櫃，尺寸更小，通常沒有上蓋，只用帆布蓋住，沒辦法使裝載或裝卸變得更輕鬆或更便宜。

革命開始

麥克林對貨櫃運輸的靈機一動，源於一次塞車的車陣中，他的卡車上裝滿了要上船的貨物。他滿懷疑問，真的沒有更好的方式嗎？

一九五四年麥克林創辦了大型貨運公司，名下有六百輛貨車。隨著道路日漸壅塞，他開始思考從美國東岸上下貨或許是更合理的選項，但是貨車公司只負責貨車，船運公司也只負責船務，他的計劃是建立整合系統，他公司的貨車可以開上坡道，派遣拖車到某間公司的船上裝載，卡車會和另一端的拖車連結。由於沿海船運不再興盛，紐約港口管理局很喜歡麥克林的提案，在紐澤西州紐瓦克（Newark, New Jersey）建造了新的倉儲場。因為聯邦法律禁止貨運公司也有船運公司，他賣掉了所有貨車，將所有資金投入泛大西洋船公司（Pan-Atlantic）。

他很快發現，即使是新模式的運費還是太貴，因為船上的空間幾乎都被貨車拖車的板台和車輪佔去了。他買下一些油罐車，將底盤與油罐分開，這樣就可以疊上一個又一個貨櫃，這就是貨櫃運輸的起源。麥克林花了很長時間才讓這個系統臻於完美，包括強化港口和一種新的船用起重機，用來裝載及卸載貨櫃，還要取得州際貿易委員會及海岸防衛隊的規章批准。但是，降低成本的幅度非常驚人。一九五六年，麥克林的「海陸聯運」計劃上路，將貨物裝載到中型貨船上的成本，每噸只需五・八三美元，同樣的工作內容可以用每噸美元二十分的成本完成。

發現好處

就像許多大型革新，貨櫃化也需要被接受的時間，它帶來的好處才能明確地展現出來。世界各地的企業及工廠都花了很多時間，才能好好運用貨櫃化帶來的機會。轉變的重點在於一致性。

一九五〇年代後期，運輸貨櫃的數量大幅上升，但是多了很多形狀與尺寸。每個運輸公司都投資在自己的系統，與別人的不相容，於是省下的成本與時間非常少。還好，美國海事局（United States

Maritime Administration）這個政府的小單位，與美國國家標準協會（American Standards Association）合作，確立了一「系列」貨櫃尺寸，包括十呎、二十呎、四十呎長度的貨櫃，每個尺寸的亮度和寬度都是八呎。自此之後，唯有使用這些尺寸貨櫃的運輸業者才能獲得美國聯邦海事委員會（Federal Maritime Board）的船隻建造補助。連同國際標準化組織（International Standards Organization）也以此方法推動，以實踐全球標準化及貨櫃互通性的目標。

逐漸地，標準化的目標終於實現。李文森說，你可以在堪薩斯城（Kansas City）裝滿一個貨櫃，確信所有卡車、火車、港口、船隻都能幫你運輸到吉隆坡（Kuala Lumpur）。然而，直到一九六三年，大多數的貨物仍照舊的方式運輸，船公司的高階管理人員認為貨櫃永遠無法處理百分之十以上的海外貿易。讓人驚訝的是，貨櫃化真正開始蓬勃發展，是從國內運輸開始，一些像伊士曼柯達（Eastman Kodak）、通用電氣（General Electric）大型企業發現在國內運輸大量貨物，可以透過新型火車貨櫃，不用再用卡車分批運輸，省下大筆運輸成本。

一九六〇年代後期，海外貨櫃運輸發展快速，越戰推動了貨櫃進程。李文森認為，如果美軍無法透過貨櫃運輸，集運大量物資到越南，美軍在世界另一端的作戰能力就會大幅受限。這場戰爭也起到另一個作用：越南的空櫃改道經過日本，裝滿了日本消費性商品回來，日本西海岸航線奠定了現代世界貿易的基礎，這是大型貨櫃運輸的前身，如今則是裝滿了便宜的中國製商品來到西方海岸。

由於運輸貨物的成本「一落千丈」，貧窮國家希望將他們的商品賣到富裕國家，而小公司也可以期望透過出口商品成為大企業。曾經，製造商必須將工廠建置在供應商附近，因為從海外運輸零件及物料的成本太高，但改變來得很快，現在即使把一件服飾類產品運輸到世界各地，馬來西亞的製衣商仍可以勝過美國本地的製衣商，本地製衣商甚至曾在大型百貨中佔據一角，現在也必須買外地廠商的衣服。李文森寫道：「一九五六年，世界上到處都是只在當地銷售的小型製造商；至二十世紀末，任何僅來自當地市場的商品源頭已經少之又少。」顧客有許多種類的商品可選擇，大多數商品也比以前便宜很多。

因為裝卸變成可預測、一致的流程，世界各地的貨物供應商及需求者可以更精確地計算需要多少庫存。李文森說，只有貨櫃化才能實現及時生產、幾乎零庫存，長線的全球供應鏈是現今經濟體的特徵，不管是芭比娃娃的部件、iPhone或小型汽車，都可以分為六個國家製造，再運輸到最終封裝地。

……以及成本

貨櫃化帶來一致性，還有社會成本。無論何地的貨櫃港口，都和其他港口看來一般無二，碼頭工人大軍以及與港口緊密的社區，都成為遙遠的回憶。像利物浦這樣的地方，曾經是繁榮的航運中心，因為其港口及地點都不適合貨櫃運輸，在世界貿易革命中卻被邊緣化了。一九七〇年早期，幾乎所有知名如倫敦泰晤士河（Thames）的港口都已關閉，與港口相關的製造業都從利物浦遷走，離開這座城市，使得倫敦經濟崩盤。

舊的運輸公司逐漸凋零，他們無法負擔貨櫃化所需的龐大資金，運輸也逐漸移至少數大型港口，如英國的菲力斯杜（Felixstowe）、荷蘭的鹿特丹（Rotterdam）、德國的漢堡（Hamburg）、法國的利哈佛（Le Havre）。在美國，西雅圖、奧克蘭、洛杉磯、長灘都出現了新的港口，搶走舊金山與波特蘭的生意；曼哈頓與布魯克林港口受貪腐與經常性罷工影響，成為運輸產業中的一灘死水，紐澤西的紐瓦克及伊莉莎白港便成為貨櫃運輸的中心。這個變化重創紐約製造業，數千人因此失業，生意及就業率都轉往紐澤西州、其他紐約州的港口，或康乃狄克州。

一九七六年《金融時報》曾寫道：「這是幾世代來運輸運動中最大的進展，貨櫃化帶來的革命性影響，已經大幅解決許多問題。」而真正的革命已經到來。整個一九七〇年代，全世界貨櫃運輸量每年增加百分之十五至百分之二十，而船也變得越來越大，如巴拿馬船（Panama）可以裝載三千五百個貨櫃，會以此命名是在製造此船時，尺寸盡可能地做得很大，以適合行駛至巴拿馬運河（Panama Canal）。船隻越大，每個貨櫃所佔的燃料及港口費就越便宜。李文森說：「如果有什麼產業真正需要規模經濟，那就是貨櫃運輸了。」一九八〇年代後期，「超巴拿馬極限型」開始建造，雖然對巴拿馬運河來說太大了，卻可以行駛香港、洛杉磯、新加坡、鹿特丹等世界大型港口。

而這本書寫作時，一種新型的貨櫃船才剛推出，可以裝載一萬五千個貨櫃，非常驚人，如果沒有裝載太重的貨物，甚至可以乘載一萬八千個貨櫃。

總評

經濟學家總是低估運輸成本的重要性，而李文森指出，全球採用貨櫃運輸後十年間，製造業的國際貿易量成長了兩倍，與製造業的全球生產量一樣快。儘管十年間遇到世界經濟成長趨緩及石油危機，但運輸成本大幅降低確實推動貿易發展（事實是運輸成本仍然很重要，最好的例子是非洲，那裡的發展受到國家間薄弱的運輸聯繫拖累，透過海外運輸將貨物送往另一個國家的運費比內陸運輸更便宜）。

由於凸顯關稅對納稅人造成的成本，貨櫃化也推動自由貿易及降低關稅保護等知識理論。這帶來意料之外的影響，過去，堪薩斯的工人並不關心其他國家的工廠工人每小時時薪多少，忽然間，多虧了運輸成本降低，美國人的就業機會很快地「被出口」到勞力成本更低的國家，如中國。因此，也可以說貨櫃化是反全球化、反自由貿易、國家主義運動崛起的重要因素。李文森的著作提醒我們，儘管科技創新可以降低國家間的藩籬，這種進步也還是可以被政治翻轉。

馬克・李文森

馬克・李文森原是《時代雜誌》與《商務週刊》（*Journal of Commerce*）的記者，後成為《新聞週刊》（*Newsweek*）的主筆及編輯。曾任《經濟學人》金融經濟編輯，摩根大通銀行（JPMorgan Chase）研究分析師，美國國會的交通與工業事務顧問，以及美國外交關係協會（Council on Foreign Relations）國際事務資深委員。於喬治亞州立大學（Georgia State University）及普林斯頓大學（Princeton University）伍德羅・威爾遜公共與國際關係學院（Woodrow Wilson School）取得碩士學位後，於紐約市立大學（City University of New York）取得博士學位。

其他著作包括一九九九年《*The Economist Guide to Financial Markets*》、二〇一一年關於美國零售業霸主的著作《*The Great A&P and the Struggle for Small Business in America*》、二〇一六年《*An Extraordinary Time*》則是寫一九七〇年代的經濟概況。

1960

行銷短視症

Marketing Myopia

「每個主流產業都曾是發展中產業。現在某些乘著成長熱潮的產業，正被衰退的陰影籠罩，而其他經驗老到的發展中產業，其實已經停止發展。在任何情況下，發展受到威脅、趨緩或停滯的因素都不是市場飽和，而是管理失敗。」

「產業是滿足顧客的過程，而不是製造產品的過程，所有商人都必須了解這個重要觀點。產業都始於顧客及其需求，不是專利、原物料或銷售技巧。」

總結一句

企業不再成長是因錯誤理解自己的產業。

同場加映

克雷頓·克里斯汀生《創新的兩難》(6章)
金偉燦&芮尼·莫伯尼《藍海策略》(21章)
理查·柯克&葛雷格·洛克伍德《極簡策略》(23章)
艾爾·賴茲&傑克·屈特《定位：在眾聲喧嘩的市場裡，進駐消費者心靈的最佳方法》(32章)
賽門·西奈克《先問，為什麼？》(39章)

27

西奧多・李維特

Theodore Levitt

曾經，石油公司自稱為石油公司，如今他們是「能源供應者」；巴士公司也曾自稱為巴士公司，如今則是「運輸供應者」。

這樣的發展可以回溯至一九六〇年哈佛商學院教授西奧多・李維特在《哈佛商業評論》（*Harvard Business Review*）曾發表一篇極具影響力的文章，在〈行銷短視症〉中，他指出企業乃至於整個產業，可能僅是錯誤理解自己身處的產業。

他提出的知名事例是鐵路產業。宏大的鐵路產業之所以衰退，不是因為乘客及貨物運輸市場衰減——兩者皆大幅成長，問題在於這些公司視自己為鐵路產業，如果他們將自己視為**運輸**業，其中某些人還可以參與汽車、貨車或航空業，他們過於專注在自己的產物——鐵路運輸，而非顧客，也就是人們及需求品都需要使用運輸工具。

同樣的事也發生在美國大型電影製片廠。顯而易見地，他們是電影產業，但如果他們將自己視為**娛樂**產業的一環，或許可以成為電視新世代的一份子。實際上，他們卻反其道而行，李維特寫道：「好萊塢應該歡迎電視，視其為一個機會——能夠拓展娛樂產業的機會時，卻加以輕蔑並拒之於門外。」

企業衰敗不是因為市場或產業飽和（需求太少，競爭太多），而是因為管理階層不夠清楚企業的目的，狹隘地專注於現有產品或服務，而非人們真正的需求或渴望。

當心不可替代性市場

二十世紀初期，有一名波士頓的富翁在遺囑中寫下，留下的錢都必須投資於路面電車，因為「人們會對高效率的城市運輸有很大需求」，李維特寫道，他等於宣判了後代的貧窮，因為錯估了路面電車，這只是城市運輸的臨時方案。人們總是認為當下令人雀躍的發展中產業會一直持續蓬勃。李維特寫作時，電學及化學都是未來的象徵（回想一九六〇年代電影《畢業生》（*The Graduate*）中給達斯汀・霍夫曼（Dustin Hoffman）的建議，「你應該去塑膠業」），而如今，都是平淡乏味的產業。

李維特說，每個產業一開始都會被視為發展中產業，因為它提供的產品或服務似乎具有「不可替代性」，乏味如乾洗產業都曾被視為快速成長的產業，因為這簡直棒呆了！羊毛衣物也可以洗得又快又乾淨，乾洗業者也認為他們有無可限量的未來……直到成衣及型態改變，越來越多衣物使用棉料和合成纖維，乾洗的需求從而降低。

投資於任何「沒有競爭」的產業都注定失敗。例如說，投資電力事業，因為它壟斷電網的能源供應，你可能會發現其他能源（風力、太陽能、核能）將降低其回報率。直到其他選擇變得可行之前，數年內、甚至是數十年內，工業似乎是不錯的選擇，想想煤油燈曾經是很不錯的產業——直到愛迪生發明了電燈。李維特寫道：「為了存活下去，任何企業都必須規劃淘汰現在賴以為生的某項產品。」換句話說，開發可以吞食現有產品的新商品，這是唯一可以在**新**市場中保持領先地位的方法。

曾經，人們從附近商店可以買到大多數生活必需品，這也是大型生活零售業的一環。當超市開始崛起，該產業不相信人們為了省一點點錢，就開好幾哩路買東西，失去親切、個人性的服務。對商業模式崇高又死板的信念，讓他們自我感覺非常良好……直到顧客消失，新的生活零售龍頭成為最瞭解顧客需求的超市企業。

當心「擴展中市場」

李維特說，沒有發展中產業，只有發展中企業。認為自己搭著某種「自動上升電梯」的企業，只是他們正好在對的領域，但很快就會看見衰落。是**理念**與**管理**使企業走在正確的路上，而不是該產業中固有的品質或人口動向。李維特說，企業與投資者認為他們種下一棵搖錢樹，在日漸增長的人口中，他們的產品或服務變得越來越如魚得水。製造商也想錯了，只因為規模經濟意味著可以用更低的成本製造商品，而他們的商品也有市場。事實上，人們一旦變得富有，他們就不會想要更多現有產品，不論多便宜都一樣，他們想要不同以往且更好的新產品或服務。李維特說，而擴展中市場就是讓企業懶得思考，畢竟似乎只要人們持續買下他們的產品，就是件好事，對吧？

當底特律大型汽車製造商最終開始生產小型汽車，也賣出很多小型汽車，他們自然認為這是他們理解行銷的例子。事實上，小型汽車的成功展現了底特律大型企業並沒有迎合他們似乎很熟悉的市場，而是將市場留給其他製造商。他們砸下數百萬美元研究市場，卻沒有問人們真正想要什麼，只是向大眾展示計劃，要求人們在更迭的選項中選擇。李維特對底特律的直覺非常有先見之明，接下來二十年內，他們逐漸流失市場份額給國外汽車製造商，後者更了解美國人的需求與渴望，更勝於美國汽車製造商的高階管理人。

產業怠惰與團體思維

李維特寫道，石油也似乎是看似沒有替代性的好例子，**同時**也是擴展中市場。全世界路上有數億台汽車在跑，大型石油公司分割看似壟斷的市場，從中獲取巨額利益。沒有創造新需求的必要，需求早就存在，企業只需專注在增加效能及降低成本，以確保高利潤。

然而這就是資本主義創造／毀滅的本性，而不可或缺性鮮少持續很久，此誘因促使企業家或科學家想出更便宜或更好的替代方案。一九六〇年寫作時，李維特就觀察到，遲早會有某些外來者推翻石油產業，可能是讓石油不再那麼重要，或創造新的石油需求，而大型企業並不參與其中。李維特說，石油產業非常幸運，能和汽車同時發展起來。畢竟，電燈取代煤油燈的市場，燃煤集中供暖取代燃油暖氣機，而成為汽車動能的汽油也成為石油產業的救星，後來也成為航空業所需的能源。這些發展都源於產業**之外**，只是大企業站對了位置得以抓住機會。然而，他們過於短視地專注於石油，甚至沒有在新的天然氣產業中卡位，寧願站在一旁藐視天然氣的前景。不只天然氣，燃料電池、充電電池、太陽能、風力的新發展都源於產業之外，又因「觀察發展」而滿足。

李維特寫道，人們都不喜歡每週或固定時間必須幫汽車加油，停在加油站買一種看不到、只能聞到的東西。所以無論是誰可以製造出不用加油的汽車（或者可以在家加油，就像電動車），就能橫掃市場。

真正的行銷

李維特說，行銷不是找出顧客對你現在做事的方法有什麼想法，或者對現有產品及服務的想法。真正的行銷是挖掘人們的基本需求與渴望。看看任何產業的雜誌，幾乎都在沾沾自喜，想著該產業做得多好，或是效率上的些微提升。而該產業的基礎運作方法卻從未被質疑過，產品或服務的長遠替代方案，或者可能被外部發展蒙蔽的可能，都不在考慮之列。但是，這卻是決定產業與企業命運的關鍵。

諷刺的是，很多企業在「研發」（R&D）方面講求科學，卻對於運用可檢驗的假設，辨別真正目的或潛在客戶真正的渴求感到興趣缺缺。當然，這確實是項艱鉅的任務，但只要行銷一直是商業中「不被重視的繼子」，產業仍會在衰敗時感到震驚，企業也會在人們不再想要他們生產的產品時，感到不可置信。

二十世紀初，鐵路具有至高無上的地位：它們是最好的投資標的，象徵著未來。但僅僅三十年後，卡車與汽車出現後，鐵路承受不住打擊，只能靠政府的補助維生。李維特說，為了避免踏上後塵，今日的公司必須成為「為顧客打造、滿足顧客的有機體」，管理者不能將自己視為產品製造者，而必須是**價值創造者**。執行長扮演其中尤其重要的角色，因為能讓整個組織變得更富想像力、創造力、思慮周詳，需要整體員工及大眾都受到鼓舞，期盼企業可以成為能夠達到的願景，不只是一個大工廠及辦公室不停的大量生產產品，而是特別符合人類需求、渴望的地方。

總評

或許李維特會對如今的大型傳統汽車製造商點頭致意，在電動車及無人駕駛車領域，他們可能已經被汽車產業以外的後起之秀取代（特斯拉、Google）。如果福特或通用汽車視自己為個人運輸產業，而不是內燃機汽車產業，今日的價值也許會高得多。

這也是另一個議題。正如阿爾．里斯（Al Ries，二〇一三年文章〈行銷短視症的回顧〉）所說，李維特的文章成為許多公司的阻礙，而非鼓勵他們超越自己的特長，踏入他們不曾、或註定失敗的領域。舉例來說，IBM從大型電腦的老大，要轉向發展其他產品時，就曾跌了一跤。有些火車公司之所以存活下來並持續發展，不是因為成為「運輸企業」，而是更加努力扎根，專注於所在的領域。二〇〇九年，華倫．巴菲特（Warren Buffett）的波克夏．海瑟威控股公司（Berkshire Hathaway）以二百六十億美元買下柏林頓北方聖塔菲鐵路公司（Burlington Northern Santa Fe），其鐵路網絡涵蓋美國西部，這間公司仍然利潤豐厚，因為專精於所長：運輸貨物。

確實，李維特的文章讓許多公司更深入的思考目的及策略，但是每間公司都不一樣。通常，要能好好服務現在的顧客，需要透過專注與特長，同時也要定位公司的優勢，甚至創造未來市場，才能達到巧妙的平衡。傳統智慧告訴我們，產業始於發明、過程、發現，但產業核心是「顧客滿足的過程」，李維特說。它始於顧客的需求，然後才深入發展。

西奥多・李維特

西奥多・李維特出生於一九二五年德國沃爾梅茲（Vollmerz）一個猶太家庭，十歲時舉家移民至美國，在俄亥俄州代頓市（Dayton, Ohio）長大。兵役後於安蒂奧克學院（Antioch Colleg）取得學位，後於俄亥俄州立大學（Ohio State University）取得經濟學博士學位。在北達科他大學（University of North Dakota）工作一段時間，又在石油業任顧問幾年後，一九五九年開始於哈佛商學院擔任教職，一九八五年至一九九〇年間曾任《哈佛商業評論》編輯。一九八三年他在《哈佛商業評論》發表〈市場全球化〉（The Globalization of Markets）一文，認為民族差異正在消失，而「全球化」一詞正被廣泛使用。

二〇〇六年李維特逝世時，《哈佛商業評論》曾公開《行銷短視症》銷量已達八十五萬本。其他著作包括一九八三年《引爆行銷想像力》（*The Marketing Imagination*）、一九九〇年《管理思維》（*Thinking About Management*）。

2015

美軍四星上將教你打造黃金團隊：
從急診室到NASA都在用的領導策略

Team of Teams

「互聯性及即時傳遞訊息的能力，可以帶給小團體意料之外的影響：車庫樂團、宿舍新創公司、爆紅部落客、恐怖組織。21世紀與20世紀有著截然不同的操作環境，札卡維[1]就是順勢而生的人。不只是聊天室和YouTube：蓋達組織[2]的結構——網絡及無階級，具體呈現了新世界。某種程度上，我們和《財富雜誌》(*Fortune*)列的500大企業遇到的困境相同，試著擊敗一群新創企業，而不是二次大戰時，與盟軍一同擊敗納粹德國。」

「對努力嘗試的人來說，天堂裡或許有一方天地，但最重要的還是能成功到達。如果要求你有所改變，這就是你的使命。」

總結一句

廣泛分享訊息及權力下放可以讓組織團結、強大。

同場加映

派屈克・蘭奇歐尼《克服團隊領導的5大障礙》(25章)
道格拉斯・麥格雷戈《企業的人性面》(29章)
弗雷德里克・溫斯洛・泰勒《科學管理原理》(44章)

---

1 Zarqawi，札卡維，伊拉克激進份子，被認為是國際恐怖份子，與賓拉登危險程度相同，後被美國軍隊炸死。

2 al-Qaedain Iraq，簡稱AQI，伊斯蘭教軍事組織蓋達。聯合國將其列為世界恐怖組織之一。

28

史丹利・麥克克里斯托

Stanley McChrystal

九一一事件後，美國軍隊於二〇〇三年推翻前伊拉克總統薩達姆・海珊（Saddam Hussein）政府，用的是傳統戰爭方法，卻很快發現還要面對另一種敵人，團結起來的叛亂遜尼派（少數曾統治伊拉克的遜尼派，在海珊政權傾倒後被剝奪權力），由神祕的聖戰主義份子札卡維領導。

美國上將史丹利・麥克克里斯托帶領的聯合特種作戰司令部（Joint Special Operations Command）——又稱為聯合特種作戰特遣部隊，「資源豐富且訓練有素」，卻無法應對瞬息萬變的環境。他寫道：「在西點軍校受訓的軍官就像工程師，但問題在不同時間會有不同的解決方案，這種概念讓人打從心底不安。」

《美軍四星上將教你打造黃金團隊：從急診室到NASA都在用的領導策略》寫的是特遣部隊的轉變（原本是為了給個交代，因為伊拉克人質危機中拯救美國人任務失敗），從建立於傳統思維，變成反映出二十一世紀現實的組織。

然而這不是策略問題，而是必要性，唯有如此才能就管理理論及實務，做出理論及研究思考。麥克克里斯托及共同作者們，兩名海豹部隊隊員及麥克克里斯托的學生、耶魯大學領導研究所的畢業生，發現他們開發的模式，包括「授權執行」與「共享意識」，可以運用於任何組織。這個模式其實只是道格拉斯・麥格雷戈「Y理論」的現代版，而作者們自然地寫出他們的想法，在軍隊中加入了一些企業案例。

難以察覺的敵人

光是在二〇〇五年，伊拉克就有八千五百人死於恐怖攻擊之下，這種恐懼感使人們害怕出門，商店關閉，國營事業也停擺。這本書從一次盛大的汙水廠啟用儀式開始，通常代表著公民生活提升與驕傲，卻因為叛亂份子開著裝滿炸藥的車駛向人群，轉變為一場血腥屠殺，共三十五名孩童、十名美國人死亡，一百四十名伊拉克人受傷。

這種混亂正是札卡維想要的，以及遜尼派和什葉派[3]間的宗教戰爭。摧毀這個國家，就為伊斯蘭阿拉伯帝國開了一條路，也驅逐美國入侵者。札卡維曾宣誓效忠賓拉登（Osama Bin Laden），他的叛亂組織就是知名的蓋達組織。暴動狀態並非一日兩日，但真正讓伊拉克情勢改變的是叛亂份子開始使

---

3 遜尼派與什葉派是伊斯蘭教的兩大教派，如今全球十六億穆斯林人口有百分之九十都屬於遜尼派，雙方各有主掌的國家。

用手機及網路，在沒有核心指示的情況下就可以引發毀滅性災難。

蓋達組織沒有傳統階級制度，每次美國認為他們除掉該組織的首領，馬上又會產生新的，麥克克里斯托有了簡單的領悟：還沒從環境中展現出來前，你無法理解該組織的任何優異之處，無論在環境中勝出與否，就如美國有壓倒性的資源，還是輸。

麥克克里斯托每天在美軍基地時，都會重溫羅伊・亞京斯（Roy Adkins）所著的《尼爾森的特拉法爾加海戰：改變世界的那場戰役》(*Nelson's Trafagar: The Battle that Changed the World*)，關於一八〇五年英格蘭與法西聯合艦隊那場幾乎不可能獲勝的戰役。儘管敵眾我寡，英格蘭尼爾森將軍仍然擊垮敵軍十九艘戰艦，自己一無所失。他的攻擊策略是把交戰細節交給每艘戰艦的指揮官，與拿破崙艦隊服從最高領導指揮的策略完全相反。英格蘭艦隊的每個指揮官都是「作戰企業家」，每一位都是尼爾森花了數年時間培養的菁英，才能在戰爭最激烈的時候，為我方做出最正確的決策。在麥克克里斯托眼裡，尼爾森所做的，也適用於伊拉克。

軍事效率

麥克克里斯托花了些篇幅談論弗雷德里克・溫斯洛・泰勒，及其《科學管理原則》如何影響了當代世界。顯然，軍隊認為泰勒思想可以增強效率及強化特長。彼得・杜拉克曾說，沒有泰勒式的效率，一九四〇年的美軍不可能短時間內動員，並擊垮納粹。

今日的美軍可能是「精良的機器」，麥克克里斯托說，但不代表百戰百勝。出人意表的監視技術及軍事力量，可以輕鬆地主宰每個戰場，但是敵人的武裝空前強大，科技讓世界變得更複雜、更不穩定、更多難以預測的事，而非減少。誰能想到一名突尼西亞市場攤販為了抗議政府而自焚，該影片在網路上流傳開來，卻成為推翻中東政府的助力，包括埃及前總統胡斯巴・穆巴拉克（Hosni Mubarak）？即使有追蹤公民的強大能力，今日的政府似乎也無力阻止起義，這就是即時通訊及社交媒體的力量。麥克克里斯托說，蓋達組織的在線操作，意味著一個城市的恐怖攻擊可以快速地在另一個地方掀起效仿，激發一個沒人知道的組織，導致招募人數激增或宗教報復。

泰勒研究的內容涉及可見因素及決定因素，本身並不**複雜**，是後天環境造成它的複雜性。其本身的複雜性在於你不知道所有的因素為何，或者即使知道，也不知道何時顯現出來。而美軍的存在就是為了處理後天環境造就的複雜性，卻不知道如何處理蓋達組織，「與我們的指揮架構不同，其網路可以自我擠壓、散播、滲透為任何形式」。麥克克里斯托的特遣部隊開始流傳一句話：「以網絡擊敗網絡。」不再將效率擺第一，而是適應性。舉例來說：曾有媒體說黑鷹直昇機墜毀事件幾乎毀了襲擊賓拉登住所的計劃，事實上海豹部隊非常嚴密地執行這項計劃，也非常清楚敵軍的動向，所以他們很快地採取另一條滲透路線。他們深知突襲行動中，永遠會有至少一項因素無法依據計劃執行，但並不影響整體任務，「架構才是策略，而非計劃」。

共享意識

麥克克里斯托觀察蓋達組織後，認為「小團隊的連結性，可以拓展為整體企業的規模」，特遣部隊的成功關鍵是灌輸「數千人組織有團隊般的完整性」。首先就是提供基礎的資訊共享，他設立每日行動與情報會議，同時直播發給數百個單位，不只是伊拉克的美軍，還擴及華盛頓及世界各地，甚至不限於美國軍方，任何可能有貢獻的安全調查單位都在此列。每次突襲中蒐集到的數據都會及時發布給有關單位及部門，可以有效利用，而非收在無人查閱的黑色證據袋中。

美國軍方的「資訊分級」限制，使得沒人知道其他情報部門掌握了什麼。麥克克里斯托說，發生九一一事件是因為資訊沒有在對的時間分享出來。對，可能會有愛德華・史諾登（Edward Snowden）及布拉德利・曼寧（Bradley Manning）這類的資訊外洩意外，但資訊共享的好處仍大於風險，人們不會在組織天井中服從指示，有了基礎的資訊共享，就會得到團結的整體意識。如果人們可以知道整體局勢及其他單位正發生的事，就可以在自己專注的領域中做出更好的決策。

麥克克里斯托說，美國太空總署（NASA）可以在七年間讓人登上月球，是因為將自己轉變為資訊共享的組織，他決定以同樣的方式改變特遣部隊。這並不是要把每個人變成通才，而是將「廣博知識與特殊專長」融合，取代「資訊分級」，讓**共享意識**成為目標。

賦權執行

科技讓處於當下的人可以做出好決策，但重大行動仍需美軍的指揮系統批准，例如對蓋達組織的首領發動攻擊，麥克克里斯托可能必須在深夜醒來，以接收中央的許可，或必須回到華盛頓等待決策結果，這些事情都必須花上數小時，機會也流失了。然而麥克克里斯托坦承，過程中他很少出意見，通常都會依據指示行事。

當他開始讓前線團隊做決策，事情就不一樣了。「我發現……我克制住自己想掌控所有細節的欲望，我把下屬的開關打開了：他們總是把事情看得太嚴重，但現在他們身上有前所未見的莊重感。」因為身上有責任，他們會盡可能確保所有決策都有所依據。麥克克里斯托寫道，此結果確實讓人意外：不僅決策做得更迅速，也更**精確**。行事標準變成以速度為準，以此獲得七十分的解決方案是值得的，而非一再空等換來九十分的完美。但與之相反的結果是：「我們可以在今天得到九十分的解決方案，不用等到明天的七十分方案。」他觀察到，這個結果「顛覆許多傳統假設，如高層人士才有更高的智慧」。

只要下屬持續向麥克克里斯托彙報正在做些什麼、為什麼這麼做，他就樂於給他們完全的行動自由。科技讓他可以「監視」每個行動，觀察或聽到即時情況，仍可以保持「旁觀」的位置，讓現地指揮官可以依照他們認為對的方式行事，「在科技範圍允許下，組織對下屬實施最大的控管」，這與傳統管理思維完全相反。

然而，「賦權執行」的新模式發生另一個問題：「如果領導者不再需要對重要行動或任務作出正確的決策，那麼他們為何**存在**？」

領導者的責任

傳統管理理論中，聘用執行長或組織領導者是為了讓他們吸收大量資訊，需要他們從組織架構中的最高處向下俯瞰，提供獨特的觀點及大環境的警覺性，做出未來幾年內可能影響企業的判斷及決策。唉，在如今共享訊息越來越多的世代，執行長們不一定能比下屬接收到更多重要訊息，即使可以，也沒有超能力可以處理所有資訊。麥克克里斯托說，現在全知領導者已不復存在，改造特遣部隊的過程，他毫不懷疑「高階領導者的角色已不再是操控魁儡大師，而是善解人意的文化藝術家」。他認為，如果札卡維不是有名無實的領袖，蓋達組織不可能取得成功，他並不會對組織細節瞭若指掌，組織背後的哲學力量才是其致命文化的創造者。

麥克克里斯托在西點軍校時，以及軍旅生涯初期，被訓練為必須像棋藝大師般行動，像戰略監督者般接收訊息，做出最明智的決定。猶豫不決或讓他人做決定，會讓他看起來很軟弱。但是在伊拉克，棋藝大師的比喻並不適用，他的角色更像園丁——創造人們可以在自己的位置上成長的環境，培養團隊合作精神（創造「黃金團隊」），造就共享意識及權力下放的文化。麥克克里斯托在書最後強調，「世界會變得越來越複雜，而領導者的重要性則有增無減」。不管人工智慧如何進步，人們仍會希望有人——通常是最高領導者，能以道德勇氣、同理心、使命感來領導眾人。

透過以上所述思維及行動上的轉換，特遣部隊「不再是運轉良好的機器，而是適應力強、多樣性高的有機體，不停地扭轉、轉換，學著戰勝我們變化多端的敵人」，麥克克里斯托寫道。就像二〇〇六年，阻止蓋達組織的進程，促成追蹤、辨識札卡維，最終空襲成功，札卡維死亡。

總評

《美軍四星上將教你打造黃金團隊：從急診室到NASA都在用的領導策略》寫作時，伊斯蘭國（Islamic State of Iraq and Syria，簡稱ISIS）佔領伊拉克北部摩蘇爾市（Mosul），對首都巴格達（Baghdad）形成威脅，彷彿像十年前的事件重新上演。麥克克里斯托必須面對一個問題：「如果一種不同形式的極端主義可以忽然崛起達到目的，是否特遣部隊成功對抗蓋達組織只是一種幻象？」

他深思後，認為這只是強調了一個事實，任何組織要在持續變動、複雜的環境中取得成功，就必須持續革新、更迭。他說，面對失敗有兩種反應：卸責於外部因素，或者在原有基礎上加倍努力，但這兩者都太簡單，幾乎不可能有效。我們可以在「努力嘗試過」的基礎上為自己辯護，但這是藉口，在戰爭或商業中，唯一的目標就是贏，即使必須從根本上改變現有模式，也是我們必須做的事。

史丹利・麥克克里斯托

史丹利・麥克克里斯托出生於一九五四年，一九七六年畢業於西點軍校。二〇〇三年伊拉克戰爭開打時，他在軍隊中晉升得很快，位列美國參謀長聯席會議（Joint Chiefs of Staff）中，成為美國總統顧問，並在美國國內電視簡報戰爭現況。二〇〇三年十月受指派負責聯合特種作戰司令部，十二月擄獲前伊拉克總統薩達姆・海珊。二〇〇八年，伊拉克作戰五年後，成為聯合參謀部主任，二〇〇九年晉升為四星上將，成為北約駐阿富汗部隊指揮官。然而，隨著一篇《滾石雜誌》（*Rolling Stone*）報導，他批評歐巴馬總統的國家安全團隊，隨後提出辭呈，並從軍隊退役。

麥克克里斯托成為許多企業的董事會成員，他的麥克克里斯托集團（McChrystal Group）以《美軍四星上將教你打造黃金團隊：從急診室到ＮＡＳＡ都在用的領導策略》中的各項原則，為許多公司、企業提供諮詢。二〇一三年出版自傳《我在部隊的職責》（*My Share of the Task*）。

《美軍四星上將教你打造黃金團隊：從急診室到ＮＡＳＡ都在用的領導策略》共同作者包括：國際關係學者譚頓・柯林斯（Tantum Collins）、前美國海豹部隊，現任跨域領導顧問公司（CrossLead）執行長大衛・席弗曼（David Silverman），該顧問公司與麥克克里斯托共同創辦、以及克里斯・福塞爾（Chris Fussell），麥克克里斯托的副官，現任麥克克里斯托集團合夥人，及旗下領導學院負責人。

1960

企業的人性面

The Human Side of Enterprise

「我們很容易發現一個營養不良的人生病了，而生理需求匱乏會連結至行為上的因果關係。儘管人們鮮少發現，更高層次需求的匱乏也一樣。穩定、結社、獨立、地位，這些人之需求受阻就會生病，就像患有佝僂病的人一樣，心理疾病將導致外顯疾病。如果將他的疾病歸於他的被動、仇視、拒絕接受內在『天性』的責任，那我們就錯了。這些行為模式都是病徵——源自社會及自我需求的匱乏。」

「在現代工業生活環境下，大多數人的智力潛能都只發揮了一部分。」

總結一句

如果人感覺到他們的個人發展需求得到滿足，自然會願意為組織竭盡所能。

同場加映

彼得・杜拉克《杜拉克談高效能的5個習慣》(10章)
史丹利・麥克克里斯托《美軍四星上將教你打造黃金團隊》(28章)
彼得・聖吉《第五項修練》(38章)
艾弗雷德・史隆《我在通用的日子》(41章)
弗雷德里克・溫斯洛・泰勒《科學管理原理》(44章)

29

道格拉斯・麥格雷戈

Douglas McGregor

《企業的人性面》是道格拉斯・麥格雷戈的唯一著作，也是社會科學領域最常被引用的著作之一。麥格雷戈在麻省理工的學生，知名學者華倫・班尼斯（Warren Bennis）在這本書的前言寫道，如所有經濟學者都以某種方式向凱因斯致敬，所有管理學及組織學思想家都必須向麥格雷戈脫帽致敬。

《企業的人性面》寫作時，朝向的對象是「組織人」，為了滿足企業，人們被期待將自己的個性與企業磨合。與一九六〇年代的主流相反，麥格雷戈不強調個人潛能及發展，反而深受亞伯拉罕・馬斯洛（Abraham Maslow）自我實踐心理學的影響。

麥格雷戈也帶入新的權力理論，降低管理者與員工間的階級關係，透過實誠的想法及權力交流為實踐過程，取代高壓威權的工作方式。對命令壓制管理方法深信不疑的人來說，這本書無疑是一種汙衊，他們認為麥格雷格的風格過於消極、軟弱，如果領導者不給予命令，那還要他們做什麼？

麥格雷格的另一個貢獻是，推翻弗雷德里克・溫斯洛・泰勒假設人要工作只是害怕不工作的後果，而相信除了錢及地位，人為了滿足心理滿足而工作的時刻已然到來。當代有許多著作提出許多工作動機的論點支持麥格雷戈，例如丹尼爾．賓克（Daniel Pink）的《動機，單純的力量》（*Drive: The Surprising Truth About What Motivates Us*）、一九五九年弗雷德里克．賀茲保（Frederick Herzberg）的《工作的激勵因素》（*The Motivation to Work*）及一九六一年大衛．麥克利蘭（David McClelland）的《*The Achieving Society*》。

管理：人性應用模型

麥格雷戈說，不僅商業界，生活也是，我們的許多行為都由未經檢驗的人類行為理論或假設所塑形。我們做出假設，企圖控制局勢，都基於不科學的理論。每個經理人都有自己的信念，或相信拇指法則[1]，例如「人要學著擔起責任」、「最瞭解情況的人可以做出最好的決策」。但經理人通常與這些信念相矛盾，他們會安排一個資訊管道，讓他知道下屬們都在做些什麼，其中蘊含其他信念，例如「不能信任人」。

管理學不是科學，麥格雷戈說，但是可以用現有的社會科學塑造出更好的應用方式。當然，也不是藝術，會這麼說的人，只是為了證明他們的直覺決策，不需源自系統知識。其中一個例子就是薪資，

1 又稱「經驗法則」，可用於許多情況下，一種簡單、經驗式、準確性不高的原則。

薪資是為了報酬員工努力工作，立於人為了錢而工作的前提。如果這個前提不是真的，報酬增加能增強工作效率或生產力的激勵員工計劃，就沒有作用。不管激勵的方式多好，人們都不會對工作、職場或職場倫理感到滿足或快樂，他們沒有動力發揮所能。事實上，因為待在消磨自尊的地方，忍耐著浪費時間的痛苦之下，他們會想從組織中榨取最大的金額或好處作為回報。麥格雷戈說，在這樣的職場，確認人們是否賺取應得的薪資或者激勵方式的成本通常很高，甚至超過潛在的生產力成長價值。

如果一間公司失利於企業目標，很難在評量及獎勵員工上找出問題，多半是責怪員工偷懶、不團結或愚笨。要能看見人對自己的預設，為什麼他們以這種方式行動，並與現實結合，管理階層才能達到企業目標。

X理論

這個思想是從觀察兩個機構如何運作得來的「普遍原則」：也就是軍隊與天主教會。在軍隊中，軍事法庭可以強制服從，極端案例甚至涉及死刑；而教會管控的最終手段則是逐出教會。在兩種案例中，人們都受控於秩序中，組織利用可怕的威脅手段達成目標。

一樣的思維運用於商業組織中，就是被開除的威脅，以及對倖存者的恐怖暗示，被視為一種有效的威嚇，讓人們遵從指示努力工作。在富裕國家，失業補助及法律禁止任意解僱，都降低了威脅的嚴重性。

麥格雷戈說，但是一般人心中仍有這種想法：「打從心底不喜歡工作，能不工作就不工作。」因此他們「必須以懲罰強迫、管控、命令、威脅，讓員工以企業目標為動力，付出足夠的努力」。這種想法又被另一個概念強化，大多數人不喜歡責任感，沒什麼野心，渴望安全感。他寫道，一九六〇年代這一系列關於人性的思想及假設，他稱之為「X理論」，並沒有被公開討論，但我們仍然知道這是企業運作的方式。

麥格雷戈承認，X理論並不會存活太久，除非假設中有夠多的真實性，但其中的矛盾點相當明顯。舉例來說，X理論假設人的自然需求（食物、衣服、家、休息、運動）得到滿足時會快樂，顯然被滿足的方式就是透過工作。但滿足需求並不足以成為**動力**，麥格雷戈說，因為一旦你有食物，有一片遮風避雨之地，就會開始尋找其他待滿足的需求，包括歸屬感、社會認同、渴望給予及接受、以及愛。這些社會需求都是自我需求，有兩個層面：一是自尊——自愛、自主、成就感、渴求新知；二是聲譽——地位、認同感、朋友的欣賞。

麥格雷戈發現的大問題是當代資本主義，有著大規模生產系統，似乎是特別設計破壞人們的自我需求，特別是低階工作者。泰勒的「科學管理」將企業的人性面視為需要管理、壓制、引導的某物，只有少數高層被允許有思考的能力。職場對待人們的方式，彷彿他們只是小孩，所以毫不意外，他們的行為也像小孩，試圖以鬼祟的方式滿足自己的需求。

Y理論

X理論的反常現象是公司付出優渥薪資、保障條款、穩定及附加福利，然而就像俄亥俄州立大學（Ohio State University）的研究顯示，員工生產力並沒有相對提高。而麥格雷戈提出合理解釋：如果所有公司都提供基本需求，當然人們就沒有動力，因為他們的社會及自我需求被忽略了。

在這類組織中，員工會覺得只有**不在**工作場域時，只有他們「自由」地追求自己**真正**喜歡的事物時，才能享受勞力帶來的獎賞。如果這份工作本身有價值，如果該組織支持發展團體及小組感受，如果對知識及進步的自我需求，可以透過更進一步的訓練及自我發展得到滿足，那麼這個假設完全浪費了能夠更投入、更有生產力的人才。如果雇主可以設計能滿足更高層次需求的環境，薪資和福利將成為激勵員工留下並努力工作的因素之一。

麥格雷戈的另一新論點，他稱之為「Y理論」，有很多不同前提的假設：

- 工作的欲望就像休息或玩樂的欲望一樣自然。當人們認同團體或組織的目標，他們會自我導向、激勵自己，用想像力及獨創力幫助組織完成目標。
- 人們不只是接受責任，其實也尋求責任。他們希望實踐自己的潛能。

簡而言之，如果組織無法好好運作，很少是員工的問題，錯在管理階級無法讓員工發揮長才。舉例來說，X理論中，晉升（或晉升可能性）是使員工做出承諾達到組織目標的主要手段，但對沒有晉升的人來說，缺乏責任感及自我導向將拖累組織，這些人會發現，組織想要的運作方式與自己需要的工作方式大不相同。在X理論中，人的個人目標與公司目標一樣重要的想法過於牽強。結果會是什麼呢？一團混亂？不，這對員工來說代表「持續被鼓勵自願性發展且運用自己的能力、知識、技能、獨創性，以對企業成功有所貢獻」。Y理論單純是個體與組織目標的整合。

麥格雷戈承認彼得・杜拉克的「目標管理」，在當年是主流理論，但他認為實際只運用於公司策略改變，保持導向與控管模式中而已。他較認同威廉・愛德華茲・戴明（W. Edwards Deming）的觀點，當組織出現問題，是系統及管理的過失，而非員工。與戴明一樣，麥格雷戈非常反對績效評估，原因很簡單，「很大程度上，任何個人績效只在於如何被管理」，上司指出績效不好，下屬就有動力改進，這似乎是常識。但事實上，大多數時候只是製造防衛及埋怨。更好的方式是員工以先前設置的目標自行評估表現。

文化很重要

今日強調的組織「文化」源自麥格雷戈的思想。麥格雷戈說，公司頒布的正式策略或任務宣言一點都不重要，重要的是「日常交流的品質」，這才是創造公司「氛圍」的關鍵。

以特定計劃尋找「最好的人才」並招募或提拔他們是不夠的，必須在組織中創造具潛力及成長的文化。直至麥格雷戈的時代，許多研究仍專注於辨識「領導才能」，但麥格雷戈認為沒有天生的特質或性格能造就領導者，組織不該只有狹隘的執行領導計劃，而該在組織中發展多樣化的領導才能，這預示今日領導組織的「分散式領導」，每個員工都以某些能力帶領組織。

麥格雷戈也更偏好「斯坎倫計劃」（Scanlon plans），也就是員工參與及組織成就為優先的激勵計劃，專注於個體員工的收穫及成就。這些都與Y理論一致，麥格雷戈說，內部競爭不再，利於整體組織達成目標。

水平取代垂直

看起來似乎很諷刺，寫作《企業的人性面》時所需要研究及時間，是由艾弗雷德・史隆基金會贊助，史隆正是通用汽車的總裁，也是《公司的概念》（*Concept of the Corporation*）一書的作者，描述傳統管理形式，包括公司部門結構及指揮鏈。

但是麥格雷戈的思想並不是建立於百無禁忌的文化，而是期望每個人都能獨立思考、解決問題——一起參與，而非縱容。他寫道：「這是可能的，有一天我們可以開始描繪組織架構，以一系列彼此相關的小組，而非個人『報告』式的階級架構。」

麥格雷戈認為，好的團隊合作價值不只是開始彼此欣賞，管理及技術來來去去，但真正有合作關係的企業非常強大，具備經濟（公司層面）及心理（員工層面）的優勢。

而這正是進步組織所做的事。例如史蒂夫．賈伯斯，他再度回到蘋果時，為了讓公司以整體模式進步，將組織改為團隊網路，彼此互相交流，而非一座座孤島或部門。即使以級別關係嚴明著稱的美國軍隊，很多時候為了處理暴動團體，團隊力量取代了垂直命令，而這種情況下，效率和生存都取決於思考速度。

總評

雖然麥格雷戈極具影響力，但X理論確實出人意外地流傳許久。舉例來說，像三星（Samsung）及沃爾瑪（Wal-mart）這樣的企業是否以Y理論運作，其實很難論斷。公司文化可以追溯至創辦人及他們對人性的觀點——信任或不信任。麥格雷戈討厭組織打著個人成長的旗幟，實則強制參與性實踐，也就是模仿Y理論以拉長底線。而這類諷刺的運用手法並不罕見，似乎每個世代都必須重新挖掘麥格雷戈的思想。

麥格雷戈寫作時，就業環境正在變得更穩定、安全，薪資也正在成長，自動化還沒像今日一樣威脅有償工作。在不確定的世界裡，許多人認為自己非常幸運還有工作，而X理論的職場就能藉此捲土重來，人類潛能發展失去明確的必要性。麥格雷戈的核心問題仍然具有重大意義，那就是人究竟是一個組織中的關鍵價值來源，或者是需盡可能裁減的成本。

道格拉斯．麥格雷戈

麥格雷戈於一九〇六年出生於美國密西根州底特律。二十多歲時於哈佛大學取得社會心理學碩士及博士學位，一九三五年起開始於哈佛任教。於麻省理工時期創辦了工業管理學系，並成為史隆管理學院（Sloan School of Management）教授。一九四八年出任安蒂奧克學院校長，任職六年後回到麻省理工任教。一九六四年麥格雷戈死於心臟病發。

1991

跨越鴻溝

Crossing the Chasm

「每個真正創新的高科技產品一開始都會成為時尚——未知的市場價值及目標，卻極具特性，能夠在『眾多』初期使用者中掀起狂熱。這就是早期市場。接下來一段時間，世界各地都在看是否可以從中撈到好處；這就是鴻溝。」

總結一句

市場對新產品接受度有一套明顯模式，許多新創企業總是忽略這點。

同場加映

克雷頓・克里斯汀生《創新的兩難》（6章）
詹姆・柯林斯《十倍勝，絕不單靠運氣》（8章）
本・霍羅維茲《什麼才是經營最難的事？：矽谷創投天王告訴你真實的管理智慧》（15章）
艾爾・賴茲&傑克・屈特《定位：在眾聲喧嘩的市場裡，進駐消費者心靈的最佳方法》（32章）
彼得・提爾《從0到1》（45章）

30

傑佛瑞・摩爾

Geoffrey A. Moore

傑佛瑞・摩爾問，一個產品如何在該領域中勝出，但產品特性不及競爭對手，甚至顯然不是「最好的」？這種事情一旦發生，在營運不善的企業中，負責開發產品的人就會開始找替罪羊，就像 LinkedIn 的行銷勝於 Plaxo，企業雲計算公司 Salesforce 勝於 RightNow 一樣，他們認為，這顯然是行銷過失。

事實上，如摩爾在銷售百萬本的《跨越鴻溝》中所說，通常這類失誤中，潛藏著更基本的因素：在小型、初始市場過渡到大型、主流市場時，會對產品或服務產生誤解，兩者間存在著可怕且深不見底的巨大鴻溝，將持續吞噬數千個對此一無所知的新創企業。摩爾寫道：「高科技的命運由成功跨越鴻溝而來，而嘗試中的錯誤就是失敗原因。」

這本書是數百個科技公司諮詢工作的成果，摩爾專精於科技業行銷，但他說這些成果也可以運用於其他領域。曾有兩次增訂版，最新一次是二〇一四年版本，本書就以二〇一四年版本探討，其中有較近期的案例，讓理論不那麼生硬。摩爾有英國文學博士學位，進入矽谷前也曾擔任英國文學教授。除了很有幫助的內容，他的寫作風格俐落，也非常幽默，讓這本書在眾多談論策略、行銷的書籍中脫穎而出。

地圖

想想建立於新科技之上的產品：特斯拉電動車Model S。假設它簡潔、安靜、對環境更友善，就行銷觀點來看這個有趣的問題，這台車已經無關值不值得，而是消費者**何時**可能考慮購買。

如果你想在親朋好友間成為第一個擁有特斯拉電動車的人，也著迷於公司的先進科技，以「技術採用生命週期」（Technology Adoption Life Cycle）的概念，你就是「早期採用者」；如果你在等路上有足夠的充電站，才願意購買，你就是「早期大眾」；如果你覺得可能會買電動車，前提是電動車成為主流時，你就是「晚期大眾」；如果你非常抗拒新事物，永遠無法從汽油引擎中走出來，但承認可能有天願意改變，你就是「晚期採用者」，或者「落後者」。

早期大眾會想等等，看看這個新科技是否是一時潮流，或者即將成為主流，當他們判定它會成為主流，一個新的大眾市場就開始形成。如果一間公司首先將新科技引進市場，並且能夠讓它成為產品，就有機會享有實質的壟斷，或至少一半的市場份額。矽谷的例子包括微軟的軟體、甲骨文公司（Oracle）的數據資料庫、思科系統（Cisco）的路由器和交換器、Google的搜尋廣告。這就是大筆財富的來源。

地勢

技術採用生命週期背後的思維是，你的新產品有一連串順利的轉換期，從早期採用者開始至落後者。以蘋果的iPad平板電腦為例，二〇〇九年推出，Mac的狂熱者很快地接受這個新產品，很快地就在高階管理人及銷售人員的桌上發現它的蹤影，因為它是第一台不像電腦的電腦，功能性也讓人驚喜，很快地從學步孩童到老爺爺、老奶奶人手一台。

不幸的是，這種產品終究是少數，摩爾說。技術採用生命週期很少反映現實，因為它缺乏從某階段的用戶自然流向另一階段用戶的過程。承諾開創全新市場卻做不到、讓新創企業虧錢的人，告訴我們其中有巨大的差距——也就是鴻溝，介於由早期採用者接納的新產品組成的小市場，與早期大眾組成的新興主流市場間。

唯有一間公司開發出新產品，與現有產品差異**很大**，又比現有產品更方便使用，吸引到非技術人員時，這條鴻溝才能被跨越。因為科技狂熱者群眾對新產品的大力誇讚，並不代表其他人也同樣感興趣，除非同溫層（大眾）開始推薦，他們才會願意購買。

企業經常誤判創新產品初期的銷售暴增，是進入主流市場持續上升曲線的起始點。事實上，早期銷售通常只是一個記號，有時候新科技會被宣傳成能改變大眾生活的產品，但最終，就像賽格威滑板車，最多只會是一項娛樂用品，或者適用於某些工業用途，於是賽格威的廣泛用途，就停在樓梯般存在的某物。

跨越企業之間的鴻溝

在企業之間的科技世界，預見者或新產品的早期採用者都在尋找該公司的生產力或客戶服務中的**突破性進展**。舉例來說，串流影音平台網飛（Netflix）的創辦人里德・哈斯廷斯（Reed Hastings）決定將他的事業架構於亞馬遜（Amazon）的雲端之上，或美林證券（Merrill Lynch）的哈里・麥克馬洪（Harry McMahon）致力於將整個銷售系統置於未經驗證的Salesforce雲端平台。

可惜對於未經驗證的產品供應商來說，這類客戶是少數。大多數企業並不追求突破性進展，他們更願意維持或加強現有系統，這就是主流市場，如果你想賣東西給這些實用主義者，就必須站在他們的角度思考，知道他們必須面對的問題，參與他們的產業會議。摩爾建議，「你需要得到品質及服務的聲譽，成為供應商中的首選」。

在一個產業中，除了實用主義者還有保守主義者，「一旦他們找到某樣適用的產品，就離不開了」。要賣出你的產品給保守主義者，就要讓產品的吸引力十足，讓人無法說不。舉例來說，在非常優惠的價格外提供簡單的附加服務，確保你的產品與他們的其他系統完全相容，讓每個東西融為一體，創造「完整的解決方案」。

最後，除了保守主義者，就是懷疑論者，他們極度不相信銷售者，總是在產品與產品價值間尋找差距。與其抱持防禦或排斥的態度，不如傾聽懷疑論者的聲音，能有極大收穫。畢竟，如果行銷與業績間有差距，往後還是不勝其擾。如果連懷疑論者都非常滿意，就知道你的市場已經穩固，並能長久發展。

跨越鴻溝，佔穩陣地

摩爾說，企業犯下最大的錯誤，就是相信唯有在早期取得能發展下去的銷售成績，才能增加贏面。然而摩爾的經驗是，那些成功人士都非常專注於贏得、主宰特定市場，也就是在大市場中站穩一小塊陣地。如果能做到這點，只要產品成為主流，競爭對手就會很少，甚至無人能敵。他用諾曼第登陸戰來比喻，佔領巴黎之前，你必須先佔領諾曼第。

這麼做意味著開發「完整的產品」，一套完整的產品與服務，致力於為使用者帶來最大好處。如果你發現這麼做可以帶來客源，就有清楚的參考點，以持續發展。如果嘗試太多產品或服務，你的努力等於白費，原因就在於口碑。如果專注於特定市場，喜歡你產品的業界人士或產業都會和別人談論它，很快就會成為持續努力的立基點。但是如果你採用銷售驅動的方式，在不同領域做各種嘗試，客源就會過於分散，口碑也難以建立。

對於新科技公司來說，擺在眼前的事實是，該產業的實用主義者只想從市場領導者處買進東西，通常也是提供「完整產品」方案的人。有鑑於此，作為新興企業的唯一希望就是「一條大魚、一個小池塘」策略，一開始就細分市場。顧客可能會抱怨你的產品有所限制，但換個角度想他們會樂於被「擁有」，因為它幫助他們簡化工作，也能瞭若指掌。

當蘋果用麥金塔電腦瞄準大公司的圖像設計部門，市場規模小就是件好事，蘋果可以在公司內部建立自己的特有標準，雖然資訊科技部門仍偏好使用IBM的電腦，但確實是建立了自己的陣地，蘋果開始將自己的電腦賣到這些公司的行銷及銷售部門，接著廣告及開發團隊也開始使用蘋果電腦。

一般來說，摩爾觀察到，「問題越嚴重，目標利基市場會越快把你拉出鴻溝。一旦被拉出來，擴展到其他利基市場的機會就會大增，因為已經有實用主義顧客會牢牢地跟著你，對其他顧客來說，你作為新供應商的風險已經大幅降低」。

總評

這就是《跨越鴻溝》的精髓，也有幾個章節與諾曼第登陸比喻一致——「瞄準攻擊點」、「集結侵略力量」、「定義戰鬥」、「開始侵略」，提中主流市場中重要陣地的具體祕訣與策略。再次強調，雖然他提出的例子都源於科技產業，但對所有產業來說都很重要。

或許摩爾的重點在於前鴻溝企業與後鴻溝企業的目標完全不同。一間公司初期的目標是向投資者證明，他們在已驗證的顧客基礎上立足。例如說，社交媒體企業的核心問題（想想Facebook、推特、Instagram的草創期）就是建立平台，以日漸增長的用戶基礎成為細分市場中的主宰者。他們可能會開始創造收入流，但獲利能力不可預期。網路零售業也一樣，亞馬遜多年來都沒有盈利，但是一直大筆注入資金於技術於基礎建設中，以鞏固領先地位。唯有實現目標，投資者及企業本身才可以開始有規律的收入。到這個階段，不可避免地會成為與以往不同的公司，具備妥善的管理，研發團隊的重心也會從創造初步產品，轉為提供相關服務及支援的「完整產品」。

所有事情都很困難並逐漸成熟，公司一些早期具遠見的人才會因此想離開。摩爾說，非常不幸，但這是一間企業實踐潛力的代價。

傑佛瑞．摩爾

傑佛瑞．摩爾出生於一九四六年。完成學業後，他搬到加州，在科技產業擔任企業培訓師，後為銷售及行銷高階管理人。在頂尖行銷顧問公司麥金納（Regis McKenna）工作一段時間後，他創辦傑佛瑞・摩爾顧問公司，後成為鴻溝集團（Chasm Group）。摩爾也創辦了培訓公司鴻溝機構（Chasm Institute），同時也是風險投資公司Mohr Davidow Ventures及Wildcat Venture Partners的合夥人。

其他關於科技產業行銷與市場定位的著作包括一九九五年《龍捲風暴》（*Inside The Tornado*）、二〇一一年《換軌策略》（*Escape Velocity*）、二〇一五年《制勝地帶》（*Zone to Win*）。

2008

發現我的領導天才

Strengths Based Leadership

「組織很快可以找到善於溝通、有遠見的思想家、也能把事情做好並堅持到底的人來當領導者，這些都是組織要獲得成功需要且必要的特質，但我們研究過的所有領導者，尚未發現各方面都是世界級水準的人。當然，許多領導者在幾個領域中都能達到、甚至超越平均水平。矛盾的是，努力勝任所有領域的人，整體來說卻成為最低效能的領導者。」

「遺憾的是，很少人能在生活中發現他們真正有潛力成長的領域。」

總結一句

我們浪費了太多力氣試圖修正自己的弱點。成功的人一心一意精益自己的長處。

同場加映

彼得・杜拉克《杜拉克談高效能的5個習慣》（10章）
派屈克・蘭奇歐尼《克服團隊領導的5大障礙》（25章）
艾力克・施密特＆強納森・羅森柏格《Google模式》（35章）

31

湯姆‧雷斯&拜瑞‧康奇

Tom Roth & Barry Conchie

法國神學家、哲學家德日進（Teilhard de Chardin）曾說：「我們每個人都有無法言喻的獨特性。」對德日進來說，我們的獨特性值得歡慶，而非消除。他樂於見到今日的我們強調於「長處」，也就是說如果我們固執的將大部分精力花在弱點上，而不是愉快地精進我們的長處，那麼獨特性就永遠不會被表現出來。

《發現我的領導天才》試圖打破「全方位」領導者的神話，認為「努力勝任所有領域的人，整體來說卻成為最低效能的領導者」。內容關於管理諮詢公司蓋洛普（Gallup）數十年的研究成果，借鏡唐諾‧克里夫頓（Donald O. Clifton）觀點，克里夫頓與各式各樣的領導者，共兩萬次訪談，從企業、非營利組織到國家領導人，湯姆‧雷斯及拜瑞‧康奇以此訪談為基礎，又對一萬名**追隨者**進行研究。

與亞伯拉罕‧馬斯洛（Abraham Maslow）不同，他背離一九六〇年的佛洛伊德學說，決定研究人的進化與高峰體驗，克里夫頓問：「如果我們研究，將會發生什麼呢？如果人們將多數精力用在打磨自己的天賦，而非修正弱點，他們可以做到什麼？」他將天賦定義為「可以有效運用且自然發生的思維模式、感覺、行為」，特徵是「強烈渴望、快速學習、滿足、永恆」。當你超越與生俱來的吸引力，以某種方式去反應或做某事，運用這些天賦或親疏關係，加上技術、知識、經驗，就成為你的長處。克里夫頓認為天賦可以被研究或相互連貫，於是克里夫頓個人優勢分析測驗（Clifton StrengthsFinder）誕生，以此測試天賦並轉化為長處。

領導者顯然獨特

雷斯與康奇從一個員工的故事開始，莎拉與她的老闆鮑伯。每幾個月，鮑伯會從研討會中，帶回他想運用於組織的最新領導風潮，鮑伯喜歡從歷史中認識偉大的領導者，從每個人身上汲取出領導者應有的「樣貌」，無論是富同理心、創造力、有原則、有謀略、謙虛、果決、或善於溝通。但莎拉知道，鮑伯並沒發現，沒有任何偉大領導者可以擁有所有優點。的確如此，鮑伯應該把他的時間花在找出個人長處。

作者們說，偉大領導者的唯一共通點，就是他們非常清楚自己擅長什麼、不擅長什麼，在職涯中充分地利用自己的特長，將其打磨至銳利。不可能有一份優秀領導者的特質清單，原因很簡單，每個人都不同，每一項卓越成就都是他們善用自己的長處，讓自己變得更獨特。弔詭的是，人們過於試圖模仿他人時，自己就會失去一兩項能成功的特質。除此之外，不同類型的領導者適合不同情況。如雷斯與康奇所說，邱吉爾好鬥的性格正好用來對抗納粹；印度獨立戰爭時，甘地面對英國強權時冷靜而堅持的態度之所以奏效，正是因為他並沒有試著模仿歷史上其他領導者的盛氣凌人。

二〇〇八年，佛羅里達大學（University of Florida）的心理學家提姆・賈奇（Tim Judge）發表了七千名男女的縱向調查結果，當時測試中顯示較有自信的少年與青年，二十五年後比起較沒自信的人，顯然在職場上較為成功，教育水平也較高，甚至身體也比較健康。這項研究為雷斯及康奇的研究數據打下基礎，自信的很大一部分源自你知道自己擅長什麼，並懂得利用長處。若能這麼做，自然可能在你喜愛的工作中取得更好報酬，也比較有動力保持健康，享受其他福利及權利。事實證明，專注於長處不是一件奢侈的事，而是幸福生活的基礎。

雷斯與康奇提到四個善用長處以達成顯著成就的人。第一個是溫蒂・科普（Wendy Kopp），大學中輟後創立了為美國而教（Teach For America），聘請最優秀的大學畢業生，前往低於水平的市中心學校教學。十二個月內科普可以集資二百五十萬美元啟動這項計劃，才能達到最少五百名教師的目標。作為「上世紀最成功的新創企業之一」的機構，能達成這項成就是因為科普知道自己非常善於組織及執行，把這些長處集結為另一項特長，一個健全完善的社會良知。今日，數以千計的畢業生放棄了銀行或管理諮詢機構的職涯發展，投入為美國而教。作者說，像這樣的成功機構，展現了人如果能好好發展自己的長處，會成就怎樣的一番事業。

強大的個體＝強大的團隊

聰明的組織知道試圖修正員工弱點只會降低員工自信，應該讓他們發掘並表現自己的特長，員工才會覺得自己被重視、有歸屬感，這種歸屬感有益於員工，自然也會讓組織變得有效率。

他們研究執行團隊時，發現大多數成員被聘請的理由都是高學識或能力。聽起來很合理，但意味著最好的銷售員會成為銷售經理（即使他只擅長銷售，不擅長管理），而最聰明的會計人員會成為財務長（即使他並不擅長規劃遠大的藍圖或策略）。因此，你經常會發現人與職位並不匹配，並不是聘僱人才的問題，而是工作內容的問題，最好先看出這個人的長處，找出他們能有貢獻的地方。有時候，正是因為獨特的世界觀，他們比組織更清楚未來的方向。

雷斯與康奇的主要論點是，「儘管最好的領導者不是全方位，但最好的團隊正是如此」。團結在一起時，團隊成員必須囊括四個領域的領導特長，也就是執行（可以完成事情）、影響力（可以將企業消息傳播給大眾、媒體、產業）、維繫關係（能凝聚人力、團結組織的特殊技能）、策略思考（負責長遠思考組織未來可能性）。作者甚至說，團隊中的每個人都必須和旁人有「極大差異」。

想想前美國總統亞伯拉罕・林肯的「勁敵幕僚」（team of rivals），由各種不同的人組成，在各自的領域非常有權力，在林肯的整體願景之下，能自由地表現自己的特長。企業方面，想想雷・克洛克，麥當勞創立之初便以他為核心，除了他沒有人能組織如此涵蓋多元人等的團隊，而克拉克天才之處就是除了身為鼓舞人心的領導地位外，給予成員相對自由的管理權。

許多組織的錯誤在於，雇用員工只是為了模仿或支撐執行長已具備的優勢，只能得到建立在該組織領導者形象中的團隊。一段時間內，這似乎是他們的力量所在，但遇到市場條件第一次變化後，團隊中缺乏特長多樣性的缺陷就會暴露，而他們無法適應。就像前以色列總統西蒙・佩雷斯（Shimon Peres）在蓋洛普一次訪談中說：「大多數領導者喜歡忠誠勝於聰慧，他們怕自己被削弱。」反之，好的組織尊重年齡、性別、種族的多樣性，雷斯與康奇說，因為他們知道團隊成員思想一致、有一樣的背景與經驗，無法在多樣、快速變化的世界中取得成功。

人們為何跟隨

為什麼我們花那麼多時間研究領導者？作者提出疑問，而不是問追隨者如何才是好領導者？畢竟，別人願意追隨你時，你才算得上領導者。不要問一個總統他是否做好自己的工作，要問投給他的選民。作者的研究定義出追隨者的「四個基本需求」：

一、**給予信任**：組織及其管理對增加員工敬業度至關重要。如果你相信領導者，就會有動力，而信任也會增加速度與效率，因為不用時時建立其他關係。成功團隊不會說太多信任，因為信任已然**存在**，只有不成功的團隊，信任才會是一大問題。

二、**對人同理**：員工真的想知道的是，老闆是否視他們為重要的人來看待，如果他們感覺到老闆的關心，就更願意為組織努力工作，並願意在組織裡長久工作下去。

三、**感到穩定**：希望感覺到組織的穩定，核心價值從未改變，也能感覺到財務狀況穩定。作者提到營運麗思卡爾頓集團（Ritz-Carlton company）的西蒙．庫伯（Simon Cooper），他強烈地意識到許多員工都靠這間公司給付的薪水養活一大家人，讓他們感覺工作穩定，與他需要付費顧客一樣重要。

四、**充滿希望**：員工對未來抱持樂觀，就會越努力工作、越有生產力。領導者角色的關鍵之一，就是創造樂觀氛圍，但雷斯與康奇發現他們訪談的大多數領導者並沒有做到這點，反而花許多時間對發生的事件做出回應。領導者不只要回應，還要主動面對。處理事件或有效率地整理收件信箱，都更能輕易地獲得好評價，但領導者的真正意義是能夠**塑造未來**。

雷斯與康奇寫道，最卓越的領導者「不會將個人成功視為目的」，反之，他們希望所執行的活動與願景，能在他們身後持續發展下去，表現於追隨者的生活中或體現於機構中。他們說：「或許領導者的最終測試不是此時此刻能做些什麼，而是在你離開之後，還有什麼會一直走下去。」

總評

人們往往將自己擅長的事視為理所當然，正因為我們無法好好地看清自己，個人優勢分析這種測試才有存在的價值（這本原文書附有免費線上測試的連結），將所有潛在的優勢顯露出來、串聯在一起。舉例來說，我有六個優勢，看到未來（想像未來的樣子）、構思能力（提出新想法）、引導輸入（對照與提供資訊）、引導思考（討論想法）、引導學習（為學習而學習）、遠見策略（看到可以選擇的其他方案）。了解這些事情代表不需要鞭策自己成為一個善於交際、協調、包容的人，或者是其他你根本做不來的事。

雖然學校教育、甚至大學前幾年都是為了讓我們盡可能地接觸更多學科或經驗，但成人生活必須專注於自我能力。這不代表我們必須成為某個領域的鑽研者，無法持續學習或在事物間創造連結；這代表我們清楚知道如何發揮最大影響力，只為了成為更好的自己。

湯姆·雷斯&拜瑞·康奇

湯姆·雷斯出生於一九七五年。自密西根大學（University of Michigan）及賓州大學（University of Pennsylvania）取得心理學學位。大學畢業後他開始在蓋洛普工作，擔任諮詢顧問。其他著作包括二〇〇四年與唐諾·克里夫頓合著之《你的桶子有多滿？》（*How Full Is Your Bucket? Positive Strategies for Work and Life*）。

拜瑞·康奇是企業領導、團隊診斷、接班計劃領域的顧問。他曾在英國政府組織任職，後加入位於華盛頓特區的蓋洛普公司。

1981

定位：
在眾聲喧嘩的市場裡，進駐消費者心靈的最佳方法

Positioning

「即使到了今日，企業仍較關注開創產品而非品牌。產品由工廠製造，而品牌卻由人心製造。要能在今日取得成功，就必須創造品牌而非產品。」

「亨氏食品公司（Heinz）的企業規模很大，名聲也很響亮，但維納斯（Vlasic）的醬菜類銷售比亨氏好，而嘉寶（Gerber）的嬰兒食品也賣得比亨氏好。好名聲的大企業通常無法成功勝過良好定位的小公司。規模並不重要，重要的是定位。」

總結一句

與某個既有產品或分類的龍頭一爭高下毫無意義。不如開發一項能領先的全新產品或服務。

同場加映

克雷頓・克里斯汀生《創新的兩難》（6章）
金偉燦＆芮尼・莫伯尼《藍海策略》（21章）
理查・柯克＆葛雷格・洛克伍德《極簡策略》（23章）
西奧多・李維特《行銷短視症》（27章）

32

艾爾・賴茲&傑克・屈特

Al Ries & Jack Trout

很多人認為《定位：在眾聲喧嘩的市場裡，進駐消費者心靈的最佳方法》是行銷類書籍中最淺顯、最好的一本，告訴讀者如何定位產品或服務，讓它可以在人們的心中「擁有」屬於它的一片天。

定位概念在廣告行銷領域掀起一場革命。定位概念出現之前，廣告行銷都在談論「成為第一」、「成為最好」、「最出色」（看看那些舊標語）。定位概念後，企業經常以承認不足來推銷自己，例如說，安維斯租車公司（Avis）最知名的廣告，就是承認自己在租車界排名低於赫茲租車（Hertz）之下，但請大家多多光顧，因為「我們真的超級努力」（不是最大品牌時，就必須這麼做）。

這本書的成功之處，就是改變了兩位作者艾爾・賴茲、傑克・屈特的職業生涯。他們曾在廣告業待了很久，但發現公司真正看重立基於定位概念之上的行銷策略，於是成為行銷策略家。他們認為定位概念非常強大，不只能運用於商業中，也能運用於生活。大多數人會進步不是因為競爭，而是差異。

《定位：在眾聲喧嘩的市場裡，進駐消費者心靈的最佳方法》

寫作時泛美航空（Pan American World Airways，簡稱Pan Am）還在營運，全錄（Xerox）及ＩＢＭ掌控科技領域，奧倫塔爾・詹姆斯・辛普森（Orenthal James Simpson）代言赫茲租車廣告。即使是二〇〇一年增訂版，每頁邊緣空白處對原文的新增註記，看起來都很過時。這就是說，定位概念本身沒有時間限制，閱讀時仍可以輕鬆聯想到新的範例或更迭。

代表某物，任何事物都好

定位是你在未來客戶心中最能凸顯自己的方式——在他們眼中你代表什麼。作者寫道，我們每天身處訊息及廣告的洪流中，能成為任何事物的代表都是一項成就。

不能用「創造力」或以巧妙的廣告贏得客戶，因為他們對你的產品或服務已經有既定觀點。一旦他們有既定想法，即使你砸重金做廣告，也非常難改變。唯一能透過大眾傳播轟炸人們的方式，就是清楚地定位產品及服務，甚至不需要廣告，也能在人們心中佔有一席之地（例如Volvo代表安全、Fedex代表快速、ＢＭＷ就是動力象徵）。人的頭腦就只有這麼多注意力及寬度，在這個「過度傳播」的世界，大量且不斷增加的廣告預算，人們唯一的防禦方式就是簡化，篩選他們相信、了解的東西，過濾掉其他雜項。

從行銷觀點，你必須找出什麼訊息最可能被抓住或通過篩選，「關注產品的觀感，而不是產品本身」。在廣告界、政界，事實上所有領域，觀感最為重要。看看廣告，耗資不斐，卻很難達成目的，於是公共關係或致力於創造、塑造人、產品或服務觀感的產業，不意外地成為領頭羊。

第一個和最好的

每個人都記得第一個登上月球的人（尼爾．阿姆斯壯），沒多少人記得第二個是誰；每個人都記得地球上最高的山（聖母峰），沒多少人記得第二高的是哪個。在銷售產品或服務上，你是不是最好的沒那麼重要，重要的是你是不是人們心中的**第一位**。IBM並不是發明電腦的公司（史百瑞．蘭德公司才是，第一台電腦是Univac），卻是第一間大型電腦公司——現在許多人心裡IBM仍是第一，延續了數十年之久。可口可樂**是**第一間製造可樂的公司，至今維持第一的地位；赫茲**是**第一間租車公司，現在也仍是業界第一。沒錯，在某些事上第二或第三位也可以獲得成功，但第一位總是容易許多。

數據告訴我們，在各個類別中成為第一個知名品牌，其市場份額可能是第二名的兩倍，第二名是第三名的兩倍，想想金湯寶公司（Campbell's soup）、可口可樂、高露潔牙膏（Colgate）、吉列刮鬍刀（Gillette）、固特異輪胎（Goodyear）、家樂氏早餐麥片（Kellogg's）、立頓茶包（Lipton）、箭牌口香糖（Wrigley's）等等，麥當勞的銷售額也總是比漢堡王好，固特異也賣得比泛士通（Firestone）好，哈佛大學的名聲也比耶魯大學響亮。然而，作者們說：「領導者必須帶著謙卑之心與人交流。」提醒別人你的長處就好，不需要吹噓。可口可樂最好的廣告詞就是「真材實料」（The real thing），簡單且真誠，無論是什麼品牌第一個佔領某個類別，人們**自然**會認為它就是真材實料的東西，想想亨氏的番茄醬、Zippo的打火機、全錄的印表機，任何隨後而來的產品都會被視為仿品。

如果你不能成為第一個，坦白承認並好好利用。安維斯租車公司規模越來越大後，他們不再用「我們很努力」的形象，改為「安維斯將成為第一」。這是不受人喜愛的吹噓，背棄人們對落後者的態度偏好，而這就是以往廣告的一部分。大眾認為安維斯是第二品牌，他們就該樂於接受人們心中的位置。就像七喜（7UP）也曾做一樣的事，他們的廣告是「美國人都喝七喜」，告訴人們該拋下可口可樂和百事可樂（Pepsi）了，但大家只想著：「不，我不要。」因而浪費了大筆廣告費。

世事無定論，有數不勝數的大品牌，都被其持有者慢性且不自覺地扼殺。提到全錄，因為太想打入電腦市場，不夠專注於原有產品及衰退現象，柯達（Kodak）也是，想投入不擅長的領域，攝影方面卻毫無進步，不管試了什麼，最終都宣告失敗，因為在大眾心中，柯達只代表一件事：攝影。

找出漏洞

大多數企業都不願意成為失敗者，他們想當領導者。但想達成目標，不是和既有品牌硬碰硬，而是創造能贏的新品牌。

作為產業的追隨者，要找出某種優勢的最佳策略就是「找出漏洞」。換句話說，不論整體產業在做些什麼，試著反其道而行。多年來，汽車產業都執迷於做出更長、更低、更光滑亮麗的車，福斯（Volkswagen）的金龜車（Beetle）又短又胖又醜，卻大受歡迎。在大型汽車大受歡迎的美國汽車市場，他們的廣告詞是：「以小搏大。」

另一種用產品開拓市場的方式，就是收取更高的費用。在拋棄性高的社會，人們願意花更多錢買更耐用的東西，像賓士汽車（Mercedes-Benz）。芝華士（Chivas Regal）之所以成為頂尖蘇格蘭威士忌品牌，就是他們毫不諱言產品有多貴。作者說：「價格（高或低）都會成為產品的特色之一。」

反向操作可運用於廣告，也不用改變產品。長久以來，所有香菸廣告上都有美女，因為大部分吸菸者都是男性。而菸草品牌菲利浦莫里斯（Philip Morris）決定用男性——**真正的**男人：牛仔，來銷售他們的萬寶路香菸（Marlboro）。你該如何用與眾不同的方式廣告你的產品呢？

另一個成為第一的方法，是攻擊或重新定位現有的第一品牌。有報導指出阿斯匹靈可能會對某些人的胃粘膜太刺激，並造成過敏反應。泰諾藥廠（Tylenol）很快地出廣告攻擊拜耳公司（Bayer）的阿斯匹靈，最後以這句話做結尾：「不好意思，泰諾還是最好的。」如今，泰諾成為美國止痛藥的第一品牌。

事實證明強調真實性是成為第一的可靠途徑。以前，三個美國本地伏特加品牌佔據美國市場，蘇托力（Stolichnaya）品牌後的廣告公司決定以事實定位它，是一款在俄羅斯聖彼得堡（Leningrad,

Russia）製造的酒，於是其他品牌也出現假的俄羅斯名，如Samovar、Smirnoff，其實是在賓州及康乃狄克州製造的，銷量暴增。賴茲與屈特寫道：「人們喜歡看到地位崇高的人露出破綻。他們喜歡看到泡沫破滅。」俄羅斯入侵阿富汗（Afghanistan）後，蘇托力的經銷商百事公司（Pepsico）擔心俄羅斯的背景過於敏感，於是換了新廣告，而絕對伏特加（Absolut）隨後推出，即佔領了第一品牌的地位。在作者心中，蘇托力應該是禁得起這場風暴，不應該否認俄羅斯背景。畢竟，政治事件來來去去，最重要的還是在人們心中樹立、維持長期定位。

企圖拓展

作者認為，最愚蠢的行銷策略就是擴展產線，或者用現有產品之名推出新款。舉例來說，Life Savers的糖果很出名，但Life Savers口香糖沒有人知道；舒潔（Kleenex）做衛生紙很有名，但沒有人知道他們有產毛巾。邏輯與直覺似乎傾向擴展產線時——生意變好、消費者接受度高、廣告成本更低，現實中反而經常以失敗收場。

琴酒品牌坦奎瑞酒廠（Tanqueray）曾試圖推出坦奎瑞銀色山谷（Sterling）伏特加，結果完全失敗，因為在每個人的心中，坦奎瑞就是琴酒。李維斯公司（Levi-Strauss）認為，人們如果知道是李維斯公司做的，就會願意買訂製款長褲，想當然「李維斯訂做經典系列」也失敗了。但他們推出了另一個品牌「Dockers」，產品一樣是褲子，就成功拓展了世界市場。

數十年來無數品牌拓展失敗，但大企業仍然毫不醒悟。最近的例子是大企業買下一個品牌，又在旁邊放了小小的字，寫著「通用電氣」或「可口可樂公司」（例如瓶裝水包裝）。但說真的，有人在意是誰持有該公司嗎？人們只在意產品，但企業自尊不容許這件事，不容許公司併購了某個品牌，大眾卻一無所知。這是殘酷的事實：品牌對個人來說很重要，對企業來說一點也不重要。

賴茲與屈特寫道：「人和產品有一樣的疾病，他們想成為所有人的一切。」凱迪拉克（Cadillac）曾經在大眾心中象徵著奢華的美國車，接著他們推出凱迪拉克的小型車奢維拉（Seville），卻削弱了凱迪拉克的品牌名聲。問題是，高階管理階層及投資者總是不明就裡，想要更大的產線，這帶來短期收益，利潤也大幅提升，但長遠來看卻扼殺了品牌。人生的淺顯事實是，賴茲與屈特說：「前景中的強大定位，立基於重大的成就上，而不是產線。」別試圖讓你的品牌成為一切。

名稱力量

但是，如何在人們心中建立**自己的**形象呢？作者建議，讓你畢生奉獻的某些遠大追求、目標、興趣廣為人知，人們會想幫助你完成願景，而不僅僅是為了你。成為一個願意嘗試的人，即使失敗的次數過半數，就像知名賽馬騎師艾迪．雅嘉盧（Eddie Arcaro），在他贏得第一場勝利前，共輸了二百五十場比賽。

另一個建立名聲的策略就是**改掉**名稱。知名時裝設計師雷夫．羅倫（Ralph Lauren）如果還叫雷夫．利夫席茲（Ralph Lifshitz），還會成為雷夫．羅倫嗎？馬里恩．莫里森（Marion Morrison）沒有改名為約翰．韋恩（John Wayne）的話，他還會成為知名演員嗎？如果寇克．道格拉斯（Kirk Douglas）還叫伊瑟．丹尼洛維奇（Issur Danielovitch）？作者認為：「不好的名字只會帶來不好的影響。名字不好時，事情也會跟著不順利。名字好，事情就會越來越好。」如果你的名字和別人很像，改掉它。美國知名女演員麗莎．明尼利（Liza Minnelli）如果跟著媽媽茱蒂．嘉蘭（Judy Garland）姓，變成麗莎．嘉蘭，她會這麼有名嗎？你必須與眾不同才能被注意到，就像寶僑公司（Procter & Gamble）沒有把該公司成功的清潔產品取名為Ivory，而叫Tide；豐田汽車的新品牌沒有叫「Super Toyota」或「Toyota Ultra」，他們推出的是Lexus。

當你正在替公司或新產品取名時，寫下之前先大聲地唸出它，看看人們是否可以順口地講出這個名字，是否喜不喜歡這個名字，「心靠耳朵運作，不是眼睛」。近期的案例是：傑夫．貝佐斯改掉了公司原本的名字「Cadabra」，因為有一位資深員工聽起來像「cadaver」（屍體）。現在貝佐斯為公司取名為亞馬遜（Amazon），很好聽，也會聯想到寬廣且豐饒的畫面。

不管是產品還是人，都別低估了名稱的力量。

總評

賴茲與屈特的「二者法則」說，在同個類別中，通常一個是領導品牌，另一個則是擁有較大市場份額的落後者，像可口可樂與百事可樂、赫茲與安維斯。其他同類別中沒什麼辨識度的品牌，就搶剩下逐漸萎縮的份額，《定位：在眾聲喧嘩的市場裡，進駐消費者心靈的最佳方法》寫成時，狀況仍不太平衡，但如今情勢越來越明朗了。如今網路市場中「勝者為王」是天性，越多人使用的平台就越強大，這種網路效應意味著「一人定律」更合時宜。至少美國的社交媒體產業中，Facebook沒有真正的對手，亞馬遜主掌網路零售業，儘管微軟很努力地推廣Bing瀏覽器，也不足以對Google造成威脅。正如賴茲與屈特所說，與第一硬碰硬爭長短，鮮少能得勝，不如給自己與眾不同的定位，即使定位得很小也沒關係。Instagram無法成為Facebook，但可以成為網路圖像分享中的佼佼者；推特不能成為Facebook，但也可以成為第一，嗯，發短文的部分。在媒體飽和的世界，企業應該覺得幸運，他們的品牌因為某物而出名，即使他們希望出名的是另外某些東西。它是一種誘惑，擾亂人們的看法，也毀掉許多偉大的品牌，就像那些無法保持技術或革新領先的品牌一樣。

艾爾・賴茲&傑克・屈特

艾爾・賴茲現年九十一歲，與女兒蘿拉・賴茲（Laura Ries）一起經營Ries & Ries行銷策略顧問公司。一九五〇年自德堡大學（DePauw University）畢業後，他在通用電氣廣告部門工作，一九六三年在紐約創辦自己的廣告公司，後來發展為行銷策略公司Ries & Trout。二〇一六年美國市場行銷協會將賴茲列入行銷名人堂。其著作包括一九九六年《焦點法則》（*Focus: The Future of Your Company Depends On It*）、一九九八年與女兒蘿拉合著《品牌22誡》（*The 22 Immutable Laws of Branding*）、二〇〇二年《啊哈，公關》（*The Fall of Advertising and the Rise of PR*）、二〇〇四年《為什麼有些品牌比較強？》（*The Origin of Brands*）。

傑克・屈特在通用電氣時與賴茲共事，後來進入他的公司工作，最終成為合夥人。兩人合著的著作還有一九九三年《不敗行銷：大師傳授22個不可違反的市場法則》（*The 22 Immutable Laws of Marketing*）。屈特的著作還有二〇〇二年與史蒂夫・瑞弗金（Steve Rivkin）《新差異化行銷》（*Differentiate or Die*）、二〇〇九年《定位策略》（*Repositioning*）。後來創辦自己的公司Trout & Partners，同時也是美國國務院顧問，與美國前總統歐巴馬的顧問大衛・阿克塞爾羅（David Axelrod）共事，在中國及印度皆有辦公處。他將重心從強調定位轉為重新定位，或強調對手的缺陷，如此才能讓你的產品或服務表現突出。屈特於二〇一七年逝世。

2011

精實創業：用小實驗玩出大事業

The Lean Startup

「因為我們缺乏連貫管理模式，以應對創新的風險投資。每個成功背後都有無數次失敗：產品上架後沒幾週就下架；高收益新創企業獲媒體盛讚後，沒幾週又被遺忘；新產品因為無人使用而草草了結。這些失敗造成的痛苦不僅僅是對個體員工、企業、投資者造成經濟損害，也是文明寶貴資產的嚴重浪費：那些時光、熱情、人的技能。精實創業行動就是希望避免重蹈失敗。」

總結一句

如果你發自內心地相信你的概念，必須樂於持續測試及數次更迭證明它的錯誤。無論過程中將存留什麼下來，你將了解它的市場何在。

同場加映

本・霍羅維茲《什麼才是經營最難的事？：矽谷創投天王告訴你真實的管理智慧》（15章）
蓋・川崎《創業的藝術》（18章）
彼得・聖吉《第五項修練》（38章）
弗雷德里克・溫斯洛・泰勒《科學管理原理》（44章）
詹姆斯・沃瑪克＆丹尼爾・瓊斯＆丹尼爾・魯斯《改變世界的機器》（50章）

33

艾瑞克・萊斯

Eric Ries

作為程式設計師，艾瑞克・萊斯已經江郎才盡。他說：「我的職業生涯中，一直致力於開發將在市場中失敗的產品。」他相信企業會失敗，一定是缺乏完善的技術方案，或是在錯誤的時機進入市場。萊斯從未質疑如何創造及推出產品的傳統智慧，通常會是：提出一個絕佳的事業藍圖，讓投資人驚豔；祕密製造產品；向熱切的大眾推出新產品。唯有事情一直無法取得進展時，他才會迫切地尋求任何可能的解決方案，越激進越好。

在IMVU，一間試圖創造線上虛擬世界化身的新創企業，一位投資人建議萊斯，從起步時就將行銷與客戶端置於與資訊工程一樣重要的位置。從現實層面看，表示必須在產品看似已經準備好的情況下，先行推出產品，從這些初期客戶的反饋中不斷嘗試改變及發展特性，一種極度快速的產品循環。對工程端來說，這意味著推出產品前要將所有錯誤移除，盡可能呈現完美的產品，所以這個方案看起來似乎不可行。然而，IMVU最終取得成功，萊斯說，感謝這個極端的更迭方案。

之前萊斯在部落格上寫的「精實」創業哲學越來越受歡迎，

他開始向全世界渴望快速取得成功的企業家推廣這個原理，進而催生了《精實創業：用小實驗玩出大事業》。

「我一直希望，」萊斯寫道：「能找到一個方法，減少我周遭看到的驚人浪費：新創企業創造沒人想要的產品，新產品下架，無數的夢想破滅。」

不可能的友誼：創業與管理

就像許多世界各地的科技新創企業，萊斯受到車庫創業家的啟發，由小公司起家變成大企業，許多故事都圍繞在主角如何在一夜之間成為百萬富翁的階段，而他們究竟如何建立事業、如何做出重大決策、使用的系統為何，都被簡化為寥寥幾個場景，似乎這些「無聊」的東西，都不如天生創造力、毅力、勤奮的神話來得有趣。

萊斯提問，但是如果成功不如傳說中那般神話呢？如果創業多的是過程而不是藝術，任何有理性智慧的人都能從中獲益呢？在IMVU工作的經驗告訴他，成功的創業全靠**管理**。就是說，不僅絕佳的產品提案（工程師關注點），也必須從一開始就關注市場動向（管理者或創辦人的責任）。然而，傳統管理方法的計劃、策略、市場研究，並不適用於新創公司。當新創企業還不清楚顧客在哪裡，或是他們的市場在哪裡，會變怎麼樣呢？「只有以長期、穩定操作紀錄和相對靜止環境為基礎，計劃與預測值才會準確，」萊斯說：「新創企業兩者皆無。」

萊斯希望精實創業思維可以將系統創新的重點，與憑空想像出新事物、非常人性、個人主義的才能結合起來。哪個部分更有價值，或者只是在浪費資源，要求企業以此為目標進行更科學化的徹底研究，以科學鑑識的態度檢視商業，這一點萊斯深受弗雷德里克·溫斯洛·泰勒的影響。

企業初期的新方法

萊斯將新創企業定義為：「在極度不確定的條件下，為了創造新產品、新服務而設計的人類機構。」一個精心挑選的詞彙，「人類機構」提醒我們新事業的風險不只在於產品，還牽涉到創造永續經營企業的人與過程。其中也指出這個事實，在大企業的某部門、政府部分、非營利組織中可以找到創業家，與矽谷的車庫創業家一樣多。新創企業的本質是創新，而不是為架構或組織打造的處所。另一個新創企業與其他企業的巨大差異是其固有的不確定性，只有新創企業（及投資人）會承認及接受這種原生不確定性，其中有成功的真正機會，因為他們不受限於必須砸大錢才能完成的計劃。

IMVU初期，收益低得讓人難堪。最初每月目標只有三百到五百美元，還花了一段時間才提升。萊斯團隊本可以透過吸睛的廣告、行銷噱頭或公關活動，將營收衝高取悅早期投資者。但這些「虛榮指標」或「成功劇場」的可笑行徑，只會掩蓋事物真實狀態，以不斷被論證的指標分散團隊的注意力，無法穩定地向上發展。

萊斯談到一般新創企業是「大膽的零」，他們很容易對未來願景佯裝得很有自信，一如他們絕妙的（未經測試的）商業計劃，但卻還沒有半點收入。對員工、投資人、甚至另一半說：「這就是我們的帳面數字。」需要拿出勇氣，即使他們如此謙和，也不免讓人起疑為什麼看起來如此焦躁。但是大膽的零經常伴隨巨大的浪費，所有與新創企業相關的人，以及投資者，都浪費時間與金錢在沒有人願意實際嘗試，那些他們抱持樂觀的絕佳計劃。網路泡沫世代最好的失敗案例就是Webvan及Pets.com，他們建造了龐大的基礎設施，之後才發現市場上並沒有他們產品存在的位置。另一種方式，提供「最低限度可行的產品」，但這與創業家灌輸「全力以赴」的概念相悖。許多創業家都是完美主義者，要他們釋出遠不及完美的產品很難，但是市場上早期採納者通常願意接納全新、未經測試的產品，並且願意原諒新產品的許多缺陷。

如果Webvan與Pets.com採取的傳統規劃方法是該領域的一個極端，另一端就是萊斯所說的「先出貨後觀察」；前者有太多規範，後者則太少，兩者都不是開創企業的科學方法。科學方法是先有假設，經由持續測試，你可以藉由實驗知道產品可行或不可行的各個面向。當然，直接把產品推向市場就成功也是可能的，但沒有經過測試，你不會明確地知道人們的喜好，或者他們不喜歡什麼，如果從產品中減去他們不喜歡的部分，就能打出更大的市場。

精實與學習：新創企業的要素

他希望以不同的方式做事或看待事物，所以萊斯從其他產業找尋靈感。他發現精實製造以及豐田汽車出名的製造過程，都與批次規模縮減相關，為了提供更客製化的產品給顧客，及時生產以減少浪費及過剩庫存，快速的產品週期可以吸納製造過程與產品的許多小型修正。

透過應用精實思維於新創企業文化，萊斯得出三項緊密相關的概念：一是「經過證實的認知」，新創企業存在不是為了製造明確的產品或服務，而是透過不斷地測試，找出人們認為好用、有價值的是什麼，從中學習如何創造永續發展的企業；二是「製造－檢驗－學習」，觀察顧客真實的反饋，你可以避開某個想法或特性，或者堅持下去；三是「創新審核法」，這就是「無聊的部分」，涉及「如何評估進展，如何設定里程碑，如何排列工作的優先順序」，專注於發展及更迭的過程。

如果營運公司的傳統方法是提高產品或服務生產端的**效率**，那新創公司就著重於**學習**：那就是，建立一個從不靠找出人們想要或需求的公司。其中的矛盾是你可以將你對公司的遠大願景，與實際創造、銷售中頻繁的更迭及改變結合，而你的野心規模意味著實踐手段更多元。傳統學習通常非常昂貴且痛苦，當你的新創企業倒閉，讓投資者陷入負債，讓人們失業，你會從中「學」到些什麼。經過證實的認知意味著發現新創企業提供的經驗事實，現在可以運用它來製造更好的產品，用於替代產品，或放棄整個產品。傳統方法是儘管越來越多證據顯示原訂計劃不可行，仍要硬著頭皮走下去。萊斯說他曾花數千小時，為了增加一個附加功能，將人們喜歡的即時訊息服務引進AVMU平台（影音媒體服務），卻發現人們並不想要這個功能。他們喜歡即時訊息服務這個想法，但希望它獨立於影音服務之外，才能結交新朋友，與不同的網友聊天。這是一次相當昂貴的學習，他可以更早發現這件事，如果一開始持續測試，就能知道他的系統是否符合人們的喜好。

新創企業所做的就是以某種方式革新，大公司內部若有動力，也容易在大公司內部發生。直覺電腦軟體公司（Intuit）透過自己的TurboTax稅務計算軟體，成為一間大型企業。直覺電腦每年都會釋出該產品的新版本，附加新功能，希望能賣得更好。接觸了精實創業哲學後，TurboTax團隊開始對新功能進行數百次測試，每週都會釋出修正版，下週收到數據後，就能決定新功能是否要保留或捨棄。組織中的創業家非常喜歡做這件事，因為可以不斷地學習，但中階管理者及領導者卻提出異議，直覺電腦創辦人史考特．庫克（Scott Cook）告訴萊斯，因為他們是憑藉著好的分析師而到今天的地位，而非實務性測試者。

傳統模式下的直覺電腦，平均五年半開發一項新產品，產出五千萬美元營收，如今他們可以達到同樣的營收數字，靠著六個月開發出的新產品，和從前相比創造出更多樣的產品。成功來自於「快速消滅那些無用的東西，加倍努力於有成效的東西」。

總評

精實創業哲學並不是一時興起的潮流，之所以能有影響力，皆因它將科學方法應用於商業上。如卡爾．波普爾（Karl Popper）在《科學發現的邏輯》（*The Logic of Scientific Discovery*）中所說，無法驗證為假的理論算不上理論，科學（與商業）是從經驗與測試中不斷來回的假設中產出，如果你沒有持續在真實世界中測試商業概念、產品、特性、市場行銷，失敗或失去市場份額只是時間早晚而已。顯而易見的事實是，只有少數偉大企業是依循最初奠定的商業模式達成成就，由於銷售額太差或投資者壓力，或兩者皆是，他們被迫改變策略，去發現真正受歡迎的東西——「無預期的成功」，而這就是彼得．杜拉克在《創新與創業精神》（*Innovation and Entrepreneurship*）中所說的。

《精實創業：用小實驗玩出大事業》問世已經七個年頭，雖然這些原則沒有時間性，如今也已經有很多相似的例子（Groupon、Dropbox、Zappos）。二〇一七年出版的《精實新創之道：現代企業如何利用新創管理達成永續成長》（*The Startup Way*），敘述萊斯後來幫助現存企業維持創業精神及持續成長的經歷。

艾瑞克・萊斯

艾瑞克・萊斯出生於一九七八年。就讀耶魯大學（Yale University）時就創辦了第一間公司Catalyst Recruiting，提供學生資料與潛在雇主媒合。該公司受網際網路泡沫事件影響宣告失敗，萊斯搬至矽谷，擔任線上虛擬世界遊戲公司There.com的開發者。二〇〇四年遊戲公司宣告重組並大幅裁員，萊斯成為IMVU的共同創辦人，二〇〇八年辭去首席技術長一職，加入風險投資公司凱鵬華盈（Kleiner Perkins），擔任顧問。萊斯曾在哈佛大學擔任駐點創業家（entrepreneur-in-residence）[1]，經常發表演說。

1 由創投公司聘請的駐點創業家，可以自己提出創意供創投公司投資，抑或是開發有潛力的新創公司給創投公司參考。

2013

挺身而進

Lean In

「數十年來，我們都努力讓女性有在家或出外工作的選項，我們為女性有權利做決定而歡欣，理所當然。但我們必須問問自己，是否過於關注在支持個人選擇，以至於沒有鼓勵女性立志成為領導者。是時候鼓勵想坐在領導者地位的女孩及女性，尋求挑戰，為自己的生涯挺身而進。」

「有時候我好奇，沒有我身上的性別標籤，人生會是什麼樣子。睡醒時我不會想：身為Facebook的女性營運長，今天我該做什麼？但是別人經常這麼稱呼我。當人們談論女性飛行員、女性工程師、女性賽車選手，『女性』一詞總隱含著一點驚訝。反之男性在專業世界中，鮮少被以性別濾鏡檢視。在Google蒐集輸入『Facebook男性執行長』的結果是：『查無資料。』」

總結一句

更多女性擔任高階主管，不僅對女性是件好事，企業要成功也必須適當地體現市場。

同場加映

彼得・杜拉克《杜拉克談高效能的5個習慣》（10章）

艾力克・施密特＆強納森・羅森柏格《Google模式》（35章）

34

雪柔・桑德伯格

Sheryl Sandberg

在沙烏地阿拉伯的會議演說上，比爾・蓋茲被問到他的商業成功祕訣。他一開口就說，如果有一半的人口，他們的頭腦、才能、不同的觀點，都被排除於職場之外，你就永遠無法實現商業潛力。

西方的情況顯然完全不同，但是讓這位Facebbok營運長雪柔・桑德伯格訝異的是，她晉升為企業高階管理人時，女性工作革命還有很長的路要走。從歷史角度來看，職場平等是非常近代的觀念，即使如此，桑德伯格也想找出原因，為什麼女性還沒有獲得上一個世代預期的平等。以往總是關注制度，但背後必定還有什麼因素作祟，桑德伯格說。她的成長過程中，聽過很多「社會」對女性的阻礙，但沒有談論過女性自身態度可能扮演的角色。女性自己可能是工作環境中最糟糕的敵人，她說，因此我們必須和兩方抗爭——制度**與**心理。如果有不明、微弱的誘因或壓力，沒有為提供規範或空間讓女性貢獻，就會導致女性不願意晉升、不願意成為主導人、甚至不願意「挺身而進」。

她也承認，很多女性對職涯或權力不感興趣，她們的重心只是追隨心願，不管心願是什麼，或許是照顧家庭。但是，僅僅是做選擇就是一種特權，還是數百萬女性沒有的特權，美國乃至世界皆如此。桑德伯格說，有人認為她的「挺身而進」比較簡單，因為夠有錢能請保姆、清潔工、其他幫手。但桑德伯格說，她提出的建議一直很有幫助，「早在她聽過Google或Facebook前，並且適用於任何場域的職業婦女」。

《挺身而進》與奈兒．思珂維爾（Nell Scovell）合著，一本饒富智慧的書，適合每個在商界中的人，無論男女，告訴我們友善女性、友善家庭的公司制度可以對組織起到什麼作用。如果你沒有意識並重視這一半人口與他們的不同，你得到的只是一塊單視野的潛在市場。

女性與工作：視野與現實

桑德伯格在一九八〇年代晚期進大學唸書，不管是能力或期望，在男性與女性的同儕間都並無不同，她覺得這狀況應該會延續到職場生涯中，但二十年後她發現大多數高階管理職位都是男性，而多數受過大學教育的女性，不是待在家，就是做著低階全職工作。這是一種自我實現，企業及組織會投資於男性，因為他們比較可能留下來，投資才有回報。女性可以做最多專業貢獻的那幾年，也是身體告訴她們該孕育孩子的那幾年，而兩者很難兩全。

女性受教育的程度逐漸高於男性，但她們踏入職場後，狀況就不同了。隨著職場發展，取得文憑所需的技能，已被證明不同於晉升至組織高位所需的技能，還需要一定程度的自我推銷及勇於冒險。二〇一二年研究顯示，女性渴望成為高階管理人的數量只有男性的一半，可能因為涉及權力、責任、挑戰性高的工作對男性的吸引力較高。有跡象顯示年輕一代的女性與男性一樣野心勃勃，但男性有某種彰顯高階工作的特殊方式，因此更容易如願，「野心勃勃、積極進取的女性違背了普遍社會行為中不成文的規定。」桑德伯格寫道。「男性會因為野心勃勃、掌握大權、成功有為而廣受讚譽，若女性也如此就會受到社會譴責」。鑑於那些根深柢固的文化期望，進展落後於期望也是意料中的事。

承認差異

桑德伯格承認性別之間確實有生理造成的差異，例如女性擅長教養，男性更有主見，但社會強化了差異，造成人們對不同性別者應該做什麼、做事的方式都有預設值。舉例來說，女孩表現出盛氣凌人或專橫跋扈是一種禁忌，但換作男孩用同樣的方式指揮別人，就會被視為直截了當、認真專注。男孩與男性積極表現出窮盡一生追求目標，就會得到正向力的反饋，女孩及女性拿出同樣的幹勁與決心，就會被瞧不起，會被人說「難相處」、「野心太大」、「不討喜」。

因為女性自古以來都認為更有團體意識、敏感、樂於付出，這些特點也適用於職場。「性別折扣」的問題讓女性覺得必須以某種方式行事，但這麼做會讓她們處於職業劣勢。例如說，沒有人期望男性會騰出手來幫助同事，所以不這麼做的時候，也沒有人會譴責他，但如果女性不伸出援手，就會被視為難相處或自私，甚至可能被排擠，無論她們願不願意，女性都必須「堅定而可親」，結合韌性與善良。

桑德伯格對這種既定印象非常不滿，但與其試圖假裝它並不存在，她建議女性需要——某種程度上地，依據期望來行動，轉化為一種力量，關注公眾利益及客觀公平的態度，女性可以成為企業的寶貴資產，甚至勝於男性。談薪資時，應該避免說「我」想要這樣或那樣，改用「我代表我的團隊談判」，或站在所有女性相同的處境上談判。從被視為弱者為起點，女性可以把既定的團隊共好印象轉為優勢，為她們自己、整體企業及女性帶來好處。

冒牌者症候群

富比世雜誌將將桑德伯格列為「最具影響力女性」第五名，列於前美國第一夫人蜜雪兒・歐巴馬（Michelle Obama）之前時，她覺得「尷尬且不自在」，她告訴大家這個排行榜非常荒謬且沒有科學根據，請同事們把他們在Facebook上的轉貼撤下來。而她的執行助理把她拉到一旁，告訴她不該試圖貶抑這個排行榜，只要說「謝謝」就夠了，畢竟，有男性會像她這樣反應嗎？但即使她身為Facebook第二重要的人物，桑德伯格說：

「我仍然面臨著害怕超出自身能力的情況，有時我仍然覺得自己像個冒牌者，有時我發現沒人在意我說的話，但坐在我身邊的男性卻沒有遭受同樣待遇。但現在我知道我應該深呼吸，把手舉高不要放下來，我已經學會好好坐在桌前。」

她並不是個案，研究顯示許多女性在扮演自己的角色時，經常覺得自己像個冒牌者，且對自己的表現有不公平的苛刻評判；男性則相反，經常認為他們的表現比實際情況更好。女性經常將成功歸功於運氣、好人脈或好老師，男性則理所當然歸功於自己，女性似乎不喜歡將「權力」、「強大」放在自己身上。但是要有所作為，要開闢新疆土，你就知道不可能討每個人的歡心。桑德伯格與Facebook執行長馬克·祖克伯初次績效評估時，他告訴桑德伯格，有件事可能會成為她的阻礙：希望取悅每個人。她放掉這個下意識的希望後，不只在Facebook的工作中鼓起勇氣，也讓她抬頭挺胸，對於女性及工作議題發表自己的看法。她說：「寫這本書不只是我要鼓舞其他人一起挺身而進，我也在挺身而進。因為我已不再害怕，造就這本書誕生。」

職場可能很緊繃，也會遇到許多危急時刻。僅是意識到工作中情緒的一面，就足以讓你成為一個更好的老闆，桑德伯格說。工作中偶爾哭泣可以被接受，但至少讓自己再站起來，畢竟，如果女性從不讓自己掉淚，就等於承認職場必須依照男性的規則及期望來運作。她的任務不是讓女性「適應」，而是讓女性鼓起勇氣做自己，改變商業及組織的文化——朝著更好邁進。

桑德伯格不再相信「兩個自我」，職場自我與真實自我。人們應該在工作中展現全部自我，包括影響他們做出職涯決定的私人動機。最好的領導者從來不完美，他們很**真實**，代表他們願意表達情緒。人們應該看到你對事物的熱情，以及想成為最好的欲望，這不是軟弱，而是一種承諾。

男性的挺身而進

你不會在任何女性主義巨著中看到這個，但桑德伯格大膽地說：「女性所做唯一且最重要的職涯決定，就是她是否會有生活伴侶，以及這個伴侶是誰。」有一個說法是唯有未婚女性可以爬上職業高峰，奉獻其中所需的時間與精力，然而事實上她知道的所有位於高階領導的女性，都有全力支持生活的夥伴——不只支持她們的目標，也包括具體細節，養育孩子、做家事、願意搬去另一個地方，甚至是另一個國家。

管理大師羅莎貝絲・莫斯・肯特（Rosabeth Moss Kanter）曾被問到：「在女性晉升為管理階層的路上，男性可以幫上什麼忙？」她說：「洗衣服。」桑德伯格的丈夫戴夫・戈德堡（Dave Goldberg）死於二〇一五年，他是科技產業中的成功人士，曾在雅虎（Yahoo）工作，後來成為線上問卷調查公司SurveyMonkey的執行長。但他限制自己的工作時間，為了成為親力親為的父親，正因如此他的妻子也可以恰如其分地承擔起Facebook的繁重工作。傳統主義者可能會說這種行為削弱了丈夫的角色，但桑德伯格提出證據，在工作、家務、教養孩子方面的平等關係更為幸福，**因為**他們非常平等。而她的經驗是，「平均分擔家庭責任的夫妻，性生活更美滿。這麼說可能有違常理，但男性與妻子最好的調情方式可能是主動洗碗」。

有時候，桑德伯格會感到非常罪惡，因為必須工作而沒有出席孩子的重要時刻，但是二〇〇六年一則詳盡的報告寬慰了她，「由母親獨力照顧的孩子，與其他家人照顧的孩子發展並無不同」。沒有母親時時陪伴的孩子，並不會損耗其認知技巧、社交能力、建立良好關係的能力。對孩子發展更重要的是有積極、正向態度的父親，有鼓勵孩子做想做的事、鼓勵他們自我學習的母親，以及彼此感情親密的雙親。而桑德伯格認為報告中讓她最站得住腳的話是：「對孩子來說，完整的母職照顧與孩子變得好壞無關。因此，也就是說母親們不需要為了決定出外工作，而認為對孩子造成傷害。」

確實，也許最能改變一切的是，男孩們看見母親建立成功職涯的同時，兼顧美滿的家庭。而最重要的是，男孩們看見父親對家庭、家庭生活的野心，與對他們的事業一樣強大。桑德伯格說，這是一場革命，「一個家庭只會發生一次的革命」。

百忙之中

根據你生活的國家及法律，職場與家庭兩頭燒可能為你的職涯帶來重大影響。桑德伯格說，至少在美國，「女性離開職場短短一年，平均年收入就會減少百分之二十，離開二至三年就會減少百分之三十，這是職業女性離開職場的平均時間」。

有些女性在孩子出生的頭兩年會非常希望成為全職媽媽，而另一些人永久離開職場，是因為照顧孩子的成本太高，重返職場似乎不划算，桑德伯格說這是看待這件事的錯誤方法。即使昂貴，照顧孩子是一項家庭未來的投資，妳留在工作崗位上，與離開職場多年相比，留下來的幾年後或許會賺更多錢。桑德伯格談到她在Google及Facebook時，她生完孩子就盡快回到工作崗位。沒錯，這種決定通常很困難，但她也非常喜歡她的工作夥伴，並深深相信兩個公司的使命，因此她認為離開數月、數年時間似乎是錯誤的決定。在工作與照顧小孩之間的抉擇從不簡單，但妳必須做出對自己好的決定。她回想起雅虎前執行長梅麗莎．梅爾（Marissa Meyer）產假後繼續工作的決定，引發排山倒海的批評，但「幾乎全部來自其他女性」。而重要的是，女性必須不輕易批評並支持其他女性的決定，而不是自以為自己很高尚。即使那不是真的，也沒有什麼比被指責為粗心大意的壞媽媽更讓人難過，而妳最不想聽到的，就是從其他女性口中說出這句話。

總評

像埃麗莎．沙芬斯基（Elissa Shevinsky）所著之《*Lean Out: The Struggle for Gender Equality in Tech and Start-up Culture*》，曾批判桑德伯格試圖讓科技公司中的女性更卑躬屈膝，痛斥他們非常男性的文化。公司的對外聲明與現實之間有著巨大差異，在二〇一七年「Google性別歧視文」事件中得到證實，一名Google男性軟體工程師，寫了一篇不具名的評論，痛斥公司聘用更多女性是誤入歧途、政治正確的做法。他認為在科技公司中女性較少，是因為她們天生不適合這份工作。

此番論戰讓人回想起有多少女性對電腦產業做出實際貢獻，從開發出第一台商用電子計算機Univac的葛麗絲．霍普（Grace Hopper），到對網路發展多有貢獻的黛博拉．埃斯特林（Deborah Estrin），更別提在亞馬遜及Google這些公司中的眾多傑出女性。人們需要時間轉變認知，桑德伯格說：「當強大的女性不再成為例外，真正的改變才會到來。」容易因為性別與種族而被批評，是因為足夠優秀。她說：「然而，如果高階職位有一半是女性，就沒辦法討論這麼多人。」因為看起來正常，就會被接受。

雪柔・桑德伯格

雪柔・桑德伯格出生於一九六九年華盛頓哥倫比亞特區（Washington DC），於佛羅里達州北邁阿密海灘（North Miami Beach, Florida）長大。她在哈佛大學取的經濟學學位，並獲頒優秀畢業生獎。在世界銀行勞倫斯・薩默斯（Larry Summers）手下工作一年後，他回到哈佛商學院工讀工商管理碩士學位。在管理諮詢公司麥肯錫（McKinsey）工作一年後，在亞洲金融海嘯期間，到回到薩默斯手下於美國財政部（US Treasury）工作。

二〇〇一年，桑德伯格成為Google線上銷售及營運部分主管，直到二〇〇八年。在Facobook擔任營運長期間，她負責整體企業營運，包括廣告銷售及行銷，以及人力資源及公共政策。她除了是Facebook董事會成員，同時也是華特迪士尼公司（Walt Disney Corporation）、女性國際互助組織（Women for Women International）、全球發展中心（Center for Global Development）的董事會成員。

二〇一五年三月桑德伯格的丈夫戴夫・戈德堡死於突發性心律不整。二〇一七年桑德伯格與心理學家亞當・格蘭特（Adam Grant）合著之《擁抱B選項》（*Option B: Facing Adversity, Building Resilience and Finding*），其中談到丈夫逝世後對她的家庭產生的影響。

2015

Google模式：挑戰瘋狂變化世界的經營思維與工作邏輯

How Google Works

「知名的Google格言『不作惡』，並不完全是表面那樣。是的，它如實地反映了員工對公司價值及願景的真實感受，但『不作惡』主要是授權於員工的另一種方式。艾力克的會議上，有一名工程師稱新計劃的特性為『邪惡』時，他正在拉住韁繩以停止生產，並迫使每個人重新評估新計劃的特性，評估這是否符合公司價值。每個公司都需要一句『不作惡』，像北極星般的指導原則，映照著所有管理階層、產品計畫及職場政治。」

「要創新，必須學會失敗。任何失敗的計劃都必須產出有價值的技術、用戶及市場觀點，有助於提醒下一個計劃。改造計劃，不要扼殺它們：世界上大多數偉大的革新都始於全然不同的應用程序，所以結束一個計劃時，謹慎地檢視它的組件，或許可以被運用在其他地方。」

總結一句

只有創造學習與革新的文化，才能吸引人才進入你的企業。

同場加映

馬丁・福特《被科技威脅的未來》(12章)
華特・艾薩克森《賈伯斯傳》(16章)
道格拉斯・麥格雷戈《企業的人性面》(29章)
艾弗雷德・史隆《我在通用的日子》(41章)
布萊德・史東《貝佐斯傳》(42章)

35

艾力克・施密特＆強納森・羅森柏格

Eric Schmidt & Jonathan Rosenberg

不用說也知道，Google已經改變了現代生活，多數二十五歲以上的人想到Google，就是第一次使用Google搜尋引擎的經驗，它以一種智慧化、近乎神奇的方式，提供我們想要的訊息。

就在睡了一晚，從睡夢中甦醒時，賴瑞・佩吉（Larry Page）想到這個徹底改變搜尋的方法。他想，是不是有可能爬梳及排列出每一個全球資訊網（World Wide Web，亦稱WWW）的頁面，讓每一個關鍵字都可以產出完全正確的資訊？經過測試後，他知道這是可行的。

作為一間公司，Google奠基於這樣的基礎之上，如果你將科學及數學置於首要，以前似乎被視為不可解或只能成為幻想的答案，Google都能給你解答。Google的經營手法與公司完全不同，他們不是先發展一套商業模式，再回頭找出符合這間公司的產品，Google首先找出「一套技術見解」，而這些見解本人就非常吸引人，之後工程師才會開始實驗是否可行及如何應用。

佩吉及謝爾蓋・布林（Sergey Brin）於一九九八年創建Google時，還在史丹佛大學唸書，他們希望創建一間彷彿從未離開大學的公司，那就是招募很多絕頂聰明的人，他們絕對有能力可以持續研究、開發新事物，而學院式的組織架構，意味著這是一間不走官僚體系的公司，有趣的是這樣學院風氣的企業，卻創造出意外豐厚的利潤。Google手握網路搜尋引擎主導權，進而發展出AdWords廣告服務，使用Google搜尋時，其他公司的產品及服務也能出現在使用者眼前，它的效果越好，Google搜尋就越賺錢，可以運用於開發新產品或企業收購。

在第一個重要的十年，Google由三人統治：佩吉、布林及從網威（Novell）挖角來的執行長艾力克・施密特。三人運作之所以可行，是因為創始人們不需要管理大型企業的運作手段，他們都有最後決定權。但是施密特與產品部資深副總強納森・羅森柏格開始動筆寫下《Google模式：挑戰瘋狂變化世界的經營思維與工作邏輯》一書時，這間公司已經有四萬五千名員工，每年產值已達五百億美元（現在則是六萬名員工，七百五十億美元）。

Google到Alphabet

從《Google模式：挑戰瘋狂變化世界的經營思維與工作邏輯》的初版，到二〇一七年的修訂版，位於美國加州山景城（Mountain View）矽谷的Google總部這段時間發生的事，促使作者們必須增添一個新的章節：「Alphabet模式。」

賴瑞・佩吉於二〇一五年將Google公司重組為Alphabet公司，為了避免大公司容易造成的陋習，讓有創意的人才因為官僚體系及陳腐思想而感到挫敗。從Google分割出許多部門及子公司（包括Google地圖及Gmail），例如Waymo（無人駕駛汽車）、Google光纖（Fiber，提供高速網路服務）、DeepMind（人工智慧）、生物科技公司Calico及Verily、「智慧家庭」推手Nest，當然還有二〇〇六年買下的YouTube，每一個子公司都有自己的財務及市場壓力，為了員工的工作氛圍，他們希望公司維持「靈活、有危機感、又息息相關」。

然而，施密特與羅森柏格的書並不是描述Google或Alphabet是怎樣的公司，而是公司的思維及採取的策略。他們的目標是展現「在二十一世紀中管理的藝術及科學已有所改變」，在新科技的推動下，個人及小型團隊可以比整體有更大的影響力。這些是從Google成功中取得的經驗，他們認為，適用於所有企業。

當心文化

從一開始，Google就是由工程師們掌舵，而非經理人。布林及佩吉曾試圖阻止雪柔・桑德伯格加入這個企業，因為她不是工程師出身。最後桑德伯格仍加入Google，待了六年，但至今Google的首要原則是至少一半員工必須為工程師。而施密特以「大人」的角色，獲聘來管理這間公司，他曾是一名

Unix（電腦作業系統）專家，並曾協助開發Java程式語言；羅森柏格來到這間公司，也不是因為他有工商管理碩士學位，而是他在Excite@Home（網路公司）及蘋果成功開發產品的成就。Google的創辦人非常厭惡傳統企業模式或由管理資歷主控公司精神，他們從不接受管理或組織的「既定方式」。

這本書中寫了很多施密特與羅森柏格發現有效激發「聰明創意人」的祕訣，以及如何培育出讓人感到自在的企業文化。對許多人來說，職場文化是他們決定是否要在那裡工作的眾多原因之一，呼應道格拉斯・麥格雷戈（Douglas McGregor）的理論，施密特及羅森伯格說，對聰明創意人而言，文化是第一要素，他們只想在充滿熱情的地方，以及能夠自由展露才華的地方工作。二〇〇四年Google首次公開募股，佩吉及布林爭取在公開說明書中加入公司價值的陳述，必須知道：將使用者置於首位、想得長遠、讓世界變得更好——不作惡。

他們試著建立一套真正的菁英政治，每週五聚集公司所有員工，開一場喧鬧的會議，每個人都可以公開對任何事提出疑問，要大家「別事事都聽河馬的意見」[1]。在Google，提出異議「是責任，而非選項」，作者寫道。在組織方面，當經理人沒有比員工有更多數據或經驗，經常會出現「我說了算」的管理方法，但是每個人都有一樣的資料來源時，不會因為你是高階主管或執行長，你的意見就有決定性的分量。施密特發現任何他想做的事，都還是必須拿出經驗證明可行性。

1 原文中的河馬（HIPPO），是highest paid person's opinion（最高薪資者的意見）縮寫。

Alphabet保持靈活的方式是，讓那些渴望擁有自己公司的人，繼續為他們工作，讓企業家們留在企業，維持創業文化是一個擴展中企業的成功關鍵，作者寫道：「為員工做最好的事，讓組織變得更好。」

不是變得「有競爭力」

二〇〇〇年初期，與微軟相比，Google只是一條小魚，而Google內部將微軟編為代號「芬蘭」。根據廣告收益，微軟知道成為搜尋引擎龍頭有多賺錢，他們曾嘗試MSN搜尋、Windows Live、Bing搜尋，據說耗資一百二十億美元。Google知道抵擋芬蘭的唯一辦法，就是持續改進自己的搜尋引擎，隨著時間推移，加入了圖片、書籍、地圖、語言功能。即使數據爆炸的速度很快，他們持續改進自己的基礎程式，確保搜尋速度更快，並為客戶提供更有效的搜尋廣告系統，這促成了瀏覽器Chrome，不只贏了，更接手了微軟的IE瀏覽器市場。

施密特及羅森柏格說，競爭是好事，煽動你改善自己的產品，但著迷於競爭也會誤事，導致「深不見底地陷入平庸」。賴瑞．佩吉說：「如果你做得最好的事，就是擊敗其他做一樣事情的公司，工作會是多麼讓人興奮的事啊！」緊抓著競爭不放，會阻止你去做真正創新的事。以商業來說，盛大的勝利不會走向為了迎合大眾而設計的產品（就像摩托羅拉嘗試要做的那樣），而是將所有成果投入在少數的產品上（想想蘋果的iPhone）。這些人那麼聰明，他們不會想離開了。

創新的70／20／10法則

每個人都在說創新，有些公司試著變得創新，指派了「首席創新長」，但是創新必須存在於公司的DNA中，灌輸於公司的每件事務中。賴瑞・佩吉激勵工程師的方式是告訴他們：「你們想得不夠長遠。」他說，以某個領域的基礎科學為例，想像一下它的用途，不只是現在，而是五年、十年、甚至二十五年後。這間公司像口頭禪似的提問是：「什麼可以在五年內成真？」強迫大家持續檢視現存的產品及服務，看看他們如何被新興的技術及趨勢影響，促使大家想像未來的產物。舉例來說，作者提到二〇一四年出版這本書時，機器學習已取得大幅度的進展，也就是機器不再只是編入程式去做某事，而是在執行任務時，一邊學習一邊進步。Google自己的產品中已經有很大的進步，以機器辨識圖片（Google圖片）、理解演講內容（Google的智慧語音）、語言翻譯（Google翻譯）、規劃你的交通路線（Google地圖）及判定垃圾郵件（Gmail）。

謝爾蓋・布林有一個「70／20／10」法則以分配Google的資源：「百分之七十分配給核心業務，百分之二十分配給新興業務，百分之十則是新業務。」這與比爾・蓋茲的觀察相當類似（被施密特視為座右銘），「把百分之八十的時間，花在百分之八十的收入上」，確實，二〇一五年公司重組的主要理念，就是為了確保公司的搖錢樹——搜尋引擎的廣告收益，得到足夠的後援，而不會被投機的「登月計劃」瓜分掉。

Google的原則是「讓事物變得十倍好，而不只是進步了百分之十」，於是他們發展無人駕駛汽車、監測糖尿病病患血糖的隱形眼鏡、運用風箏風力發電，但到了二〇一七年，Google了解到透過明確目標及不斷更迭，往往可以取得更大的進展。有這個一再被強調的觀點，Google搜尋引擎每年都有至少五百項的改善事項，大幅提升Google數據中心的效率。此外，三年內YouTube的觀看時間也大幅增加，從一天一億小時到一天十億小時，因為改善了電腦運算方法，可以推薦用戶可能有興趣觀賞的影片。事實上，只有很小一部分的Google員工專注於「月球計劃」或「十倍計劃」，其餘的員工都專注於如何讓現有產品取得更大幅度的進步。

Google有名的「百分之二十時間」法則，員工可以做自己有興趣，或者新興、未經證實的計劃，大約佔每週一天的時間，創造出許多具體革新項目，包括Google推薦（自動搜尋關鍵字，搜尋更輕鬆、快速），以及Google新聞（根據用戶感興趣的主題彙整新聞）。但是，其實這百分之二十的時間更像百分之一百二十，因為Google員工會在主要工作內容結束後的晚上或週末，進行這些對他們來說很寶貴的計劃，更重要的是，Google作為企業主，非常鼓勵、甚至期待這些計劃。

另外的「百分之十」會花在成功機率很小的計劃，一旦成功就會為公司帶來很大的收益。作者說，問題在於投資太多在充滿不確定性、機會渺茫的產品上，確認偏誤現象就會悄悄潛入，投資越多錢在某物上，就越會開始相信它會成功（即使它不會），因為無論心理上或財務上，決定撤出的成本似乎都太高了。而百分之十法則之所以有用，是因為「創意力喜歡被制約」，當時間和金錢來源都很微薄，就會激發出讓事物變得更好的獨創性。圖畫有邊框必有原因，十四行詩之所以迷人，就是因為它只有十四行。

二〇〇二年，賴瑞·佩吉提出想法，是否可能讓每一本書的每一頁內容都能在網路上搜尋到。不直接組織一個小組、撥數百萬的經費實踐這個想法，他架了三腳架，設置一台相機在他的辦公室裡，拿起一本書逐頁拍攝內容，看看需要花費多少時間。從這個簡單的實驗，他得出的結論是，這確實是值得發展的項目，於是Google圖書誕生。評估Google街景的可行性時，謝爾蓋·布林只做了一件事，他開車拍遍山景城所有的街道，拼湊出數百萬英里的路後，街景服務成為Google最熱門、最具變革性的產品，視覺旅行可以穿梭於世界上大多數的小鎮及城市。簡單、便宜的試驗就是成就革新最好的方式。

個人力量

作者說，今日的產品革新，遠比二十世紀的更為重要，因為配置、品牌、廣告的力量可以影響一間公司的規模。今日，任何小型公司都可以解決人類的大問題，也可以擴大規模，因為公司成長所需的資源，例如電腦，都已經非常便宜，可以輕易地透過網路打進目標市場。這些意味著個體員工也佔有出人意表的重要性，任何人都可以提出改變公司前景的革新方案。因此，Google執迷地專注於雇用最頂尖的人才，維持非常高的門檻，真正優秀、聰明的人才將Google視為他們想加入的專屬俱樂部。施密特及羅森柏格觀察到：「一流公司招募一流人才，但二流公司不僅會有二流員工，還有三流、四流員工，所以如果你降低標準，或犯錯聘用二流員工，很快你的公司就會充斥二流、三流、甚至四流員工。」

作者招募員工的原則包括：

- 不要把招募工作丟給招募人員或人力資源部。參與招募的人越多越好，尤其是將和新進員工一起工作的人。
- 不要為了個人專業聘僱員工。在科技領域，成為專家可能很快就會落伍，因為平台、程式、產品都日新月異。聘僱通才，他們沒有既定思維，所以可以「自由地訪查廣泛的解決方案，找出最好的那一個」。
- 面試不該是充滿壓力的過程，必須是一種「朋友間的智慧交流」，提問應該是開放式的，才能引出面談者的想法及性格，例如「你的大學學費是怎麼付的？」以及「如果我檢視你瀏覽器中的歷史紀錄，我可以知道哪一面的你？」分辨出「漂亮的履歷」和你真正想要的人才。

● 聘僱對工作內容**感興趣**，並可以勝任的人。用「洛杉磯機場實驗」測試：如果你和這位面談者一起被困在洛杉磯機場數個小時，你會享受這段時間並有所收穫，還是會埋首在你的平板電腦中呢？找出有「成長心態」的人才，也就是一直渴求知識，並希望將新知運用於世界上、讓世界更美好的人。

總評

二〇〇六年，Google在中國推動搜尋引擎，不顧曾逃出俄羅斯共產主義的謝爾蓋．布林所提出的警告。一連串來自中國駭客的攻擊，包括試圖登入與中國政治持相反意見者的Gmail帳戶，賴瑞．佩吉及施密特開始思考，是否繼續堅守中國市場，可能違背公司「不作惡」的原則。即使如此，退出的商業影響甚巨，如果真的退出，意味著剩餘的半世紀，這間公司放棄了所有在中國發展的機會。

這起事件的結果是，二〇一〇年一月，Google高層召開會議並決定公開這些攻擊事件，宣布公司不再審查這些攻擊事件，以取悅中國政府。知道網站會被關閉後，Google先自行關閉網站，並將所有在中國的Google事業轉移至香港。如今中國的搜尋引擎龍頭是百度。

隨著公司成長，在任何有潛力的市場取得擴展或主控的機會，都非常有吸引力，但是為了達到這些目標，可能會丟失公司的特色和價值。一個公司如何「運作」不在於管理或革新，而是帶領他們的最高價值。Google的決定謹慎且公開，取得內部員工歡聲雷動的熱烈反應，認為自己在做對的事情。畢竟，丟失了創立精神的企業，最後又能剩下什麼呢？

艾力克·施密特&強納森·羅森柏格

艾力克·施密特出生於一九五五年，在美國維吉尼亞州長大，於普林斯頓大學（Princeton University）取得電機工程學位，並持續攻讀電腦科學碩士及博士學位。在貝爾實驗室（Bell Labs）及全錄帕羅奧多研究中心（Xerox PARC）任研究及開發工作一段時間後，一九八三年任職於昇陽電腦（Sun Microsystems）軟體經理一職。一九九七年至二〇〇一年擔任網威公司執行長，二〇〇一年出任Google執行長，二〇一一年卸任執行長，擔任執行董事長一職迄今[2]。

施密特是史蒂夫·賈伯斯的朋友，二〇〇六年至二〇〇九年期間擔任蘋果董事，但是Google與蘋果在iOS與Android（安卓）操作系統的訴訟，一直維持著緊張關係。施密特是普林斯頓大學、可汗學院（Khan Academy）、《經濟學人》雜誌的董事會成員，也是巴拉克・歐巴馬（Barack Obama）及希拉蕊・柯林頓（Hillary Clinton）的科技顧問及支持者。施密特手中的Alphabet公司股份市值一百二十億美元。施密特與其妻子溫蒂（Wendy）共同管理的施密特家族基金會（Schmidt Family Foundation），主要關注永續經營事業及能源再生。

強納森・羅森柏格出生於一九六一年。羅森柏格於克萊蒙特麥肯納學院（Claremont McKenna College）取得經濟學學位，並於芝加哥大學（University of Chicago）取得工商管理碩士學位。羅森柏格進入Google前，曾任職於Excite@Home及蘋果。羅森柏格主要負責Google搜尋引擎、AdSense and Adwords（關鍵字廣告）、Gmail、Android、Chrome、Google圖書、Google地圖的產品及開發。二〇一一年賴瑞・佩吉（Larry Page）上任執行長後，羅森柏格請辭。

2 二〇一八年已正式卸任。

2008

雪球：巴菲特傳

The Snowball: Warren Buffett and the Business of Life

「時機好得不可思議。保險公司的資金就在市場開始崩跌的時候湧進波克夏公司（Berkshire），正是巴菲特最喜歡的情勢。儘管他還沒決定該對這個1974年即創立的集體企業做些什麼，但有兩件事他非常肯定。一是商業模式的力量，二是他在商業中運用的技巧。更重要的是，他一直很有自信。

『一直，』他說：『一直。』」

「2008年春天，一片混亂之中，巴菲特坐在那邊，近60年的職業生涯中，他對價值與風險的看法始終不變。總是有人說規則已經變了，但他說，如果時間視野太短，才會看來如此。」

總結一句

時間、原則以及專注，是創造財富最重要的原料。

同場加映

華特．艾薩克森《賈伯斯傳》（16章）

36

艾莉絲・施洛德

Alice Schroeder

一九九九年，「新經濟」科技股的價格一路飆升，估價與公司潛在價值無關，更與經濟上實際成長率毫無關聯。華倫・巴菲特（Warren Buffett）曾在那年發表小型演說，他說，短期來看市場是一台投票機；長遠來看市場是一台減重機。股票市場遠遠超過實際經濟時，只是反映利率非常低，所以人們貪心想獲得更高回報，但這不代表他們買的股票真的有這個價值。巴菲特說，十七年後，從一九六四年到一九八一年毫無不同，股市幾乎沒有成長。

大家都知道巴菲特避免投資科技公司，因為超乎他的「涉獵範圍」，但許多人——包括媒體，認為他錯過了那個時代最好的機會。

但是「奧瑪哈先知」[1]當然是對的。幾個月過後，股市昏厥不振，一落千丈，科技股價值下跌。必須再花上十幾年才能再現熱潮，而巴菲特持有的波克夏海瑟威公司（Berkshire Hathaway company）水漲船高，他們只做可靠的投資，不只單看潛力與價值。

巴菲特形容波克夏・海瑟威是他的「西斯汀教堂」（Sistine Chapel）[2]，不只是藝術品，如艾莉絲・施洛德所說，是「他信念的插圖文本」。對他的生意夥伴及老友查理・孟格（Charlie Munger）來說，這間公司不只是生意，而是巴菲特教導世界如何運作的方式。

施洛德知道巴菲特曾是波克夏・海瑟威的證券分析師，併購通用再保險公司（General Re），而正如這九百頁的傳記副標題：華倫・巴菲特與商業生涯，其中還有一些事件紀錄，探究巴菲特與妻子蘇西（Suzie）、伴侶艾翠絲・孟克斯（Astrid Menks）、孩子、朋友間的關係。這本書花了五年時間寫成，細節也必須慢慢消化。

尋找系統、自我、金錢

華倫・巴菲特出生於一九三〇年內布拉斯加州奧瑪哈（Omaha, Nebraska），年幼的巴菲特就對數字和金錢相當著迷，他最喜歡的書就是《賺一千元的一千個辦法》（*One Thousand Ways to Make $1,000*），立志在三十五歲那年成為百萬富翁就退休。

在華盛頓哥倫比亞特區就讀高中時（父親霍華擔任國會議員期間，舉家搬至特區），巴菲特成為

1 巴菲特出生於美國奧瑪哈，故被暱稱為「奧瑪哈先知」。
2 位於梵蒂岡，以存放米開朗基羅〈最後的審判〉而聞名。

商人，經營送報、銷售高爾夫球、管理彈珠台。霍華也曾擔任過股票經紀人，但他並不鼓勵兒子太早接觸股票。早期犯的錯教會華倫不要太擔心他在證券付出的代價，唯一重要的是不要為了獲取微薄利潤而賣得太早，只要堅持下去他就能收穫更多。

少年華倫瘋狂地閱讀工業家及金融家的傳記，為了贏得人們的喜愛，國中時讀了人際關係學大師戴爾・卡內基（Dale Carnegie）所著的《卡內基溝通與人際關係：如何贏取友誼與影響他人》（*How to Win Friends and Influence People*）。卡內基這本饒富趣味的書，讓他大有斬獲，他在這本書中找到取得成功的法則，不只在於金錢，更在於世界，在於人。其中最重要的是「絕不批評、譴責、抱怨」，因為人的自尊很容易受傷，他們會反擊所有批評，以讚美或仰慕的方式驅動人幾乎是最明智的方式。巴菲特一直是牙尖嘴利，缺乏安全感又自作聰明的人，但試過卡內基的方法後，他發現這是可行的。不像大多數讀過這本書的人，讀完就忘了，巴菲特始終「以非凡的專注態度」奉行法則，施洛德說，他慢慢地將自己轉變為我們今日所見的巴菲特，一位正向、親切、和藹的人物。

隨著巴菲特的學校生活即將結束，他發現了班傑明・葛拉漢（Benjamin Graham）於一九四九年出版的《智慧型股票投資人》（*The Intelligent Investor*），他為股票預測提供另一種選項模式。這本書與卡內基的書同樣讓他著迷不已，因為這是一種評估證券的理性、數理系統，將股市泡沫與今日價格變動分開討論。

尋找價值：雪茄屁股與「大」公司

賓州大學取得金融學位後，巴菲特曾申請哈佛研究所，但最終沒有錄取。而更好的選項出現了：班傑明・葛拉漢在哥倫比亞大學教授金融，巴菲特懇求招生主任大衛・杜德（David Dodd，也是葛拉漢的生意夥伴，兩人合著《證券分析》這本經典著作）讓他入學。

巴菲特從葛拉漢身上學到的投資心理學，就是考量股市的固有價值，考量基本因素如收益及現金平衡，以及市場轉嫁股市的價值。他也學到「安全邊際」，也就是用低於其價值的金額買到東西，而不是用債務買下。

巴菲特開始潛心研究那些似乎被低估的公司，特別專注蓋可保險公司（Government Employees Insurance Company，政府雇員保險公司），賣掉其他公司的股份，買進蓋可三百五十張股票。蓋可公司在已經飽和的保險市場中成長快速，本益比比大公司低，但他認為五年內價值就會翻倍。儘管他崇拜葛拉漢，而蓋可公司也未達葛拉漢投資的標準，但巴菲特已逐漸開始發展起自己的投資框架。

在紐約從事經紀人及分析師一段時間後，巴菲特厭倦了這個城市，一九五六年決定搬回奧瑪哈，開始與人合夥。奧瑪哈在歷史上曾是重要的鐵路樞紐，而如今卻是一攤金融死水。如施洛德所寫：「在一九五〇年代，大學畢業生決定自主創業、在家工作、獨立工作非常罕見。」比較常見的方式是進入大企業，努力向上爬。但巴菲特一直很珍惜自己的時間，以及運用時間的方式，私人投資基金（很快就有數筆基金）能讓他保持自由。接下來數年內，他為這一小群投資者，包括朋友及家人，不費吹灰之力地賺進大筆財富。

與謹慎的父親及班傑明．葛拉漢的意見相悖，巴菲特對美國商業的未來相當樂觀。受到合作夥伴查理．孟格的影響，在「大」公司的獲利不如預期，巴菲特開始遠離雪茄屁股股票，投資品牌名聲、商譽、信譽都有龐大無形價值的公司。舉例來說，如今吸引許多資金的巴菲特合夥事業公司（Buffett Partnership），開始買進大量美國運通（American Express）的股票，一九六四年投入三百萬美元，一九六六年投入一千三百萬美元。巴菲特告訴合夥人，其他資金專注於「分散」所持股份時（其實就是葛拉漢的方式），他對自己的評估非常有信心，這筆資金必會在某個時間點，獲得當時投進單一股票的百分之四十利潤。

巴菲特的重點是，每個人都可以依據量化指標，做出這間公司的股票是否值得買進的有利結論，他認為真正的難題是基於品質作出評估，他相信「賺大錢」就是由此而來。通用再保險公司是一間非正當買賣中較有誠信的再保險公司，也是因為它讓巴菲特注意到可口可樂這個迷人品牌，最近則是蘋果成為他投資的目標。

但巴菲特同樣被更小的企業吸引，如果與資產相比，價值折扣很大，因此他被一間位於麻州的織品公司波克夏．海瑟威所吸引，後來證明了這是他最值得的一筆投資，其名一直在巴菲特投資的控股公司之列。

臻於成熟

一九六六年，巴菲特家族的淨資產大約有九百萬美元。蘇西認為他和華倫有一個共識，一旦資產到了某個程度，華倫就不再工作。但華倫不是收到金錢驅使，而是想收購股票及被低估的私人公司的貪婪欲望。雖然一九六〇年代的科技公司，如全錄及拍立得品牌寶麗萊（Polaroid），非常能激起人們的興趣，而巴菲特堅持不涉足他不了解的商業領域，也不會投資於「似乎有潛在發展機會的重大人類議題」。也就是說，他偏好由可靠人才良好管理的公司，以及是單純、甚至無聊的商業，如油漆或磚塊、保險或糖果。

巴菲特的「荒島挑戰」論提出問題：「如果你被困在一個荒島十年，只能買一支股票，你會買哪支？」施洛德寫道：「訣竅就在找到一間有最強專營權、最不受競爭與時間限制的公司。」這種商業需要「護城河」，讓其他企業難以入侵。例如說，Hochschild-Kohn 百貨公司投資失利後，他對零售業的投資非常謹慎，因為近十年的零售業龍頭，未必下個十年還是。

巴菲特的慘痛教訓是，「時間是非凡企業的朋友，平庸企業的敵人」。從查理．孟格在好品質大型企業中的獲利，他得到一個觀點，「用合理的價格購入一間非凡企業，遠比用非凡價格購入合理企業更好」。舉例來說，他必須全額購入加州糖果製造商時思糖果（See's Candy），也樂意這麼做，因為大眾非常喜愛這個品牌，未來也有成長潛力。他也投資了《華盛頓郵報》（*The Washington Post*），因為凱薩琳・葛蘭姆（Kay Graham，他的好友）一直致力於提升該報的品質與格調。確實，儘管個人理財方式謹慎節儉，但直接投資方面，他偏向投資於了解且喜歡的人，即使回報比野心大的企業少也沒關係。例如說，他知道織品產業並不是好生意，仍持續投資於織品產業，只因為「我喜歡織品業的經營者」。

異常值與學習機器

和巴菲特妻子所知的他一樣，儘管個性害羞且缺乏安全感，但作為投資者，巴菲特對自己的判斷極度自信。

投資生涯超過數十年，巴菲特似乎一意孤行地否決有效市場假說（Efficient Markets Hypothesis，簡稱EMH），也就是沒有人可以隨著時間打敗市場。其支持者之一經濟學家波頓・麥基爾（Burton Malkiel，《漫步華爾街》作者）認為，巴菲特只是一隻在《華爾街日報》的股票清單上擲骰子的猴子，他只是幸運，但時間必然會讓他的成就回歸平均值。對有效市場假說的信徒來說任何時候股票價值都是正確的，它納入了所有細部的資訊，因此試圖掩蓋或忽視其價值是無效的。但巴菲特及孟格認為，有效市場假說的數學模型只是障眼法，其追隨者做了數十億的賭注，賭證券價格只是小幅波動，換句話說就是短期波動。巴菲特的投資風格是長期押注於能讓波動無關緊要的公司。對他來說，短期押注於微弱的波動根本算不上投資。

施洛德寫道，巴菲特「從來沒有停止思考過商業：是什麼造就了優秀商業，什麼造就了糟糕的商業，他們如何競爭，是什麼讓人們忠誠於商業」。孟格形容他的合作夥伴是一台「學習機器」，正是想傳授他對世界理解的欲望，驅使他願意花數百小時來寫他的年度股東信。

專注：金錢與人

巴菲特習慣將自己封閉在別人的世界裡，只為吸取他們的智慧。他對凱薩琳．葛蘭姆這麼做了，之後是比爾．蓋茲，儘管他們的年代不同，巴菲特還是汲取了蓋茲在科技業的知識，以及他的商業才能。他們初次見面是在一個度假小島上，是凱薩琳．葛蘭姆的朋友所持有，蓋茲的父親在晚餐時丟出一個問題：「你們覺得人生中什麼是最重要的元素？」

巴菲特回憶，他的回答是：「專注。」比爾也這麼說。有時候他會提到「制度性強制力」，如施洛德所說，意思是「公司為了自身利益而參與活動，以及為了模仿同儕而非試圖領先的趨勢」。對企業來說，既要維持自己原本就擅長的事，又要著眼於未來，從來就不是件容易的事。

巴菲特對企業願景的高度關注，顯現於一九九三年波克夏．海瑟威公司每股股價市值一萬八千美元，巴菲特本人資產超過八十億美元。初期投資信託的夥伴，如果當時拿出一千美元，如今則有六百萬美元。巴菲特一家仍住在寬敞而樸素的家中，巴菲特當時以三萬一千五百美元買下這間房子，蘇西為了照顧華倫的生活所需奉獻一生，如此就能不受干擾地持續工作。但她的無私最終還是導致了欲望及野心不滿足的感覺，兩人逐漸開始各過各的生活，她會出席所有波克夏的活動，包括傳說中的年度股東大會，以及假日的家庭聚會。但蘇西出外追尋歌唱生涯以及享受廣闊的人脈關係時，也為巴菲特安排了一個朋友艾翠絲．孟克斯，成為巴菲特的日常伴侶。這是不尋常的安排，但巴菲特一直深愛他的妻子，直至二〇〇四年蘇西逝世。

總評

施洛德寫作此書時，巴菲特身價三百億美元。二〇一七年如果他賣掉持有的波克夏．海瑟威股份，價值逼近八百億美元。以複利價值來算，他的財富「雪球」可能再次翻倍，但他將大部分財產都捐給比爾與美琳達．蓋茲基金會（Bill and Melinda Gates Foundation），他相信在做好事方面，有許多偉大專家比他做得更好。

對一般投資者來說，巴菲特認為「股票市值得長久持有的東西，產值會增加，而股票也會隨之增長」。最好把你的錢放在一個非常低成本的指數型基金，追蹤整體股市，隨著時間推移收割獲益。二〇〇七年，他和避險基金總裁打賭一百萬（贏得的賭金將捐給慈善機構），投資於標準普爾（S&P）五百指數基金表現會優於投資避險基金的複合型基金。儘管投入金額高了許多，二〇一七年時巴菲特還是輕鬆贏得賭注，他投入的一百萬美元價值翻倍，而避險基金的資金只增加了二十五萬美元。他的年度股東信中有談到這次打賭，巴菲特說到有錢人認為他們有權買到更好的表現，但透過一般且便宜的投資工具，以低廉的費用取得的回報最好。貪婪地追求更高回報，通常只能以眼淚收場；最好相信這個事實，企業通常會提高生產力，讓經濟得以發展。不要相信自己的才智或小聰明，要相信國家的繁榮。

艾莉絲・施洛德

艾莉絲・施洛德出生於一九五六年，於德州大學奧斯汀分校（University of Texas, Austin）麥庫姆斯商學院（McCoombs School of Business）取得金融學士與工商管理碩士學位。取得會計師執照後，曾為財務會計標準委員會（Financial Accounting Standards Board）工作。二〇〇〇年中期，她辭去摩根士丹利銀行（Morgan Stanley bank）管理主管的工作，搬到奧瑪哈研究並寫作《雪球》一書。這本書賺進七十億美元，成為《紐約時報》暢銷書。施洛德現職為《彭博新聞》（*Bloomberg News*）專欄作家，美銀美林集團（Bank of America Merrill Lynch）非執行董事。

1997

Starbucks咖啡王國傳奇

Pour Your Heart Into It

「我相信命運，猶太語是bashert。那一刻，距離三萬五千英尺的高空中，我仍然可以感受到星巴克的魅力，當中有一種魔力，我從未在商業中感受到的熱情與真實。」

「這是一個以不同方式創立的公司，也是與我父親工作的地方截然不同的公司。這是活生生的證據，企業可以追隨自己的本心、培育自己的靈魂，同時還能賺錢。」

「想打造偉大的企業，你必須勇於做偉大的夢。如果你只能做個小夢，或許可以有小成就，對許多人來說，這也夠了。但如果你想創造廣為流傳的影響力、恆久發展的價值，勇往直前吧。」

總結一句

在人們的日常生活中，提供讓人愉快的小時光，也是創造偉大企業的方式。

同場加映

理查．布蘭森《維珍旋風》（2章）
康拉德．希爾頓《賓至如歸》（14章）
菲爾．奈特《跑出全世界的人》（22章）
道格拉斯．麥格雷戈《企業的人性面》（29章）

37

霍華・舒茲

Howard Schulyz

星巴克儼然已成為飲料世界的麥當勞——彷彿無處不在，很容易將它視為另一個一心追求利潤及稱霸世界的美國企業象徵。但真實故事曲折有趣多了。

星巴克一開始是研磨咖啡商，成立十年後，開始販售咖啡飲品。創始人皆是真正的咖啡愛好者，比起賺錢，更熱衷於讓人們了解咖啡的樂趣。不同於雷・克洛克發掘麥當勞兄弟，以及他們在加州聖伯納地諾（San Bernardino）傑出的漢堡商機，霍華・舒茲當年是一個廚房用品及家用品的銷售員，一九八〇年代初期，他第一次造訪星巴克西雅圖創始店時，忽然靈光乍現。習慣「豪飲」美式快煮咖啡的舒茲，愛上了星巴克，他馬上了解他想為這間獨特、有熱情的公司工作。

《Starbucks 咖啡王國傳奇》寫的是舒茲如何將連鎖咖啡店打造為主流品牌，在其中扮演的角色，光是這樣就讓人覺得有趣。同時，這也是一本類自傳，講述了舒茲與父親的關係，意外成為公司的核心理念。如果你是星巴克的常客，卻不瞭解它的起源，讀這本書可以了解這間公司迷人的往事。而如果你有自己創業的雄心，這本書必須一讀。

陷入熱戀

舒茲在紐約布魯克林（Brooklyn, New York）的貧民區長大，住在政府補貼的高樓住宅區中，即使是新建成的住宅區，他們身上仍有社會貼上的標籤。父親學歷不高，終其一生都從事沒有技術性的職業，為剝削勞工的雇主工作。舒茲少年時期就曾嚴厲地批判父親的一事無成。

這樣的成長背景下，舒茲要接受大學教育時，成為舒茲家庭的一件大事——因為他擅長足球，而不是學業成績。在此之前從未離開紐約的一家人，開了千哩路到北密西根大學（North Michigan University），舒茲主修傳播學，也曾修演說、人際傳播、商業等課程。

畢業後，舒茲不知道自己想做什麼，他到全錄公司賣打字機，每天要打五十通陌生電話。他在這工作三年，還清學貸，之後轉職到名為Perstorp的瑞典公司上班。後來，他成為漢馬普拉斯（Hammarplast）廚房、家用品時尚品牌的美國區經理，年薪七萬五千萬美元，配車及公帳帳戶，管理二十名銷售員。舒茲和室內設計師妻子雪莉（Sheri）非常享受曼哈頓的生活，並在當地置產。

在漢馬普拉斯工作時，來自西雅圖小公司的滴漏式咖啡機大量訂單吸引了舒茲的注意力，於是他到訪那間店，發現了星巴克，一間研磨咖啡的小型連鎖咖啡店，顧客都很喜歡他們沖煮咖啡的器具。

舒茲拜訪了創辦人傑瑞・鮑德溫（Jerry Baldwin）及高登・博格（Gordon Bowker），兩位有涵養的紳士，他們抓住了一小群精品咖啡愛好者的市場，此外，舒茲也非常著迷於星巴克的歷史與精神。

鮑德溫與博格都非常喜愛文學，一九七一年準備開第一間西雅圖門市時，他們必須想出店名。赫爾曼・梅爾維爾（Herman Melville）所著的《白鯨記》（*Moby Dick*）中，裴廓德號的大副名為Starbuck，他們一致認為這個名字讓人想起早期咖啡貿易商的航海傳統。商標則是希臘神話中的長髮飄逸的雙尾美人魚賽蓮（siren），外圈寫著：「星巴克咖啡、茶、香料」（Starbucks Coffee, Tea and Spice），靈感源自一本舊書中的挪威木刻。自星巴克成立起，走進星巴克就像將人帶離世俗世界，被深培咖啡的香氣圍繞著，以及門市裡的溫暖木調家具，彷彿身處遙遠的異國。

想法躍進

儘管公司待遇很好，舒茲卻在工作中越發焦躁不安，「我感覺到正在失去一些東西，我希望可以掌控自己的命運」。一九八二年，他做了讓父母失望的決定，離開原公司，加入星巴克，說服創辦人聘用他為行銷總監。

頭幾個月，他被派往米蘭一個咖啡貿易展覽會。他非常喜愛義大利密集、具有獨特氛圍的咖啡館，遍佈各個角落，舒茲忽然意識到星巴克的未來不在烘焙咖啡豆或賣咖啡飲品，而在於服務。這趟旅程他初次喝到拿鐵咖啡，混合了濃縮咖啡、熱騰騰的奶泡，當時美國沒有這種咖啡。

回到美國後，舒茲想開像義大利那種獨特的咖啡體驗館，創辦人認為這是過度興奮的行銷總監，一時奇想而被否決。最後創辦人同意他在商店的角落，設置一個小咖啡吧檯，儘管客人反應很好，他們還是不想繼續發展這個想法。創辦人堅決「拒絕發展餐廳事業」，咖啡吧與這間公司的整體概念背道而馳。舒茲在對星巴克的熱愛，以及在美國各地開遍義大利式咖啡店的願景間左右為難，他理解到這個願景只能離開星巴克，創辦自己的公司才能實現。與加入星巴克相比，這是更大一次的信心跳躍。

販賣願景

舒茲在一年間踏遍西雅圖大街小巷，遊說投資者們，總共接觸超過二百四十二人，其中二百一十七人斬釘截鐵地拒絕他。很多人告訴他咖啡不是可以發展的產業，自一九六〇年代中期，美國的咖啡消費就一直下滑，被軟性飲料取代，要賺錢只能投入科技新創產業。

終於，他集資到足夠的錢，在西雅圖商業區開了「每日咖啡」(Il Giornale)。這間咖啡店取得成功後，舒茲開始展店。一九八七年，有個有趣的消息傳來：星巴克創始人想賣掉星巴克，他熱愛星巴克的心從未衰減，非常急於買下它。集資到一百二十五萬美元創辦每日咖啡已經夠艱難了，舒茲要如何籌措四百萬美元買下星巴克？他承諾投資者，五年內會在美國各地開一百間分店（當時看來是非常奇特的計劃），於是舒茲籌到了錢，將每日咖啡與星巴克合併為一個品牌。

以人為本的咖啡事業

十年內，星巴克成為一間擁有一千三百間門市、兩萬五千名員工的企業。前三年雖然虧損，之後每年成長率都有百分之五十，迅速成為非常賺錢的公司。一九九二年星巴克公開上市後，成為股市的新寵兒，幾乎每天都有新門市開幕，它的利潤不斷超出預期。然而對舒茲來說，星巴克現象絕不只是商業上的「成長」與「成功」，他希望創辦一個可以培育員工、尊重員工的企業。他相信，顧客固然重要，但更重要的是企業的長期健康度，讓咖啡師與其他員工都樂於工作。

星巴克成為第一間提供所有員工全面健康照護服務的公司，包括每週上班低於二十小時的工讀生，設計了股票期權計劃[1]，希望所有員工都能變得富有，而不只是高層管理人員。星巴克成為「父親留下的遺產」，舒茲說，這些工作精神與福利，都是他父親工作時從未享受過的待遇。舒茲認為：「如果你對待員工，如同輪子上隨時可以替換的齒輪，他們也會以同樣的看法對待你。」此外，星巴克也提供將學金給有心取得大學學位的員工。

星巴克的慷慨不僅提高員工士氣及奉獻精神，在員工流動率上，也遠遠低於產業標準。顯然，保持企業長期繁盛仰賴於對待員工的方式，不只是「聘用」，必須將員工視為**夥伴**，星巴克至今仍使用夥伴一詞稱呼員工。

平凡的浪漫

舒茲仔細思考星巴克的成功，只因咖啡，或是還有別的？

他說，如果能有重要的轉折點，即使平凡的事物也可以成為黃金。就像Nike將一個平凡的產品：跑鞋，變成一種特別的存在，星巴克也是如此改變了人們喝咖啡的方式：只要多花一到二塊美元，客人就能得到真正的感官體驗。他的目標是「在咖啡中加入浪漫」，打造溫暖、舒適的環境，你可以喝杯咖啡，聽著爵士樂或思考人生問題。踏入星巴克成為日常中可以負擔的奢華，提供家及工作以外的場域，提供人們以往從未發現自己想要的一塊角落。作為踏出第一步的先驅，星巴克成為該領域的領導者，吸引許多競爭者加入，舒茲也仔細地談到公司的研究發展實驗室，他認為這有助於保持公司未來的領先地位。

1 員工可以用某個事前預定的價格買到公司股票。

總評

有時，《Starbucks咖啡王國傳奇》讀來像是一本激勵人心的書，舒茲從未預期伴隨而來的效應，他的目標之一是告訴大家，只要拿出勇氣就有無限可能。舒茲說，當你看到別人沒看的可能性，你強烈地相信它的發展性，就必須將謹慎拋諸腦後，一定會有一大票人否決你的想法，但無論如何，做就對了。舒茲的結論是：「如果它抓住你的想像力，也會為你吸引別人的注意力。」

舒茲在政治上是自由主義者，他支持同性婚姻及槍枝管制，引來各種抵制星巴克的舉動。他給人的印象意外地敏感，總是擔心他的公司太過醒目，表現得太像制式的企業。

這本書寫作時，星巴克只有寥寥幾間海外門市。如今，星巴克在數十個國家都有門市，總數超過二萬四千間門市（自營及特許）。二〇〇八年，舒茲回到星巴克擔任執行長一職，八年後離職，始終擔心星巴克拓展得太快，失去原本的定位。他的另一本書，二〇一一年出版的《勇往直前：我如何拯救星巴克》（*Onward: How Starbucks Fought for its Life Without Losing its Soul*），詳細描述了在經濟衰退的環境下，他如何成功恢復公司盈利，同時維持星巴克的核心價值。

1990

第五項修練：
學習型組織的藝術與實務

The Fifth Discipline

「最近一次你的組織中有人獲得獎勵，是因為他指出公司當前策略的困境，而非解決緊急問題，是什麼時候？即使覺得不確定或一無所知，是因為我們學著保護自己，避開不確定性及一無所知帶來的痛苦，而過程限制了可能威脅我們的新知。其後果是，團隊中所有人都精於避開學習這件事。」

「我們開始發現，所有人都陷於結構中，結構崁進我們思考的方式，以及我們生活的人際圈與社會環境之中。我們對他人反射性地挑剔已逐漸消失，留下對眾人運作力量更深刻的認識。」

總結一句

優秀的企業是一個個群體，真摯地承諾每個成員的潛能都得以發揮。

同場加映

威廉・愛德華茲・戴明《轉危為安》（9章）
派屈克・蘭奇歐尼《克服團隊領導的5大障礙》（25章）
史丹利・麥克克里斯托《美軍四星上將教你打造黃金團隊》（28章）
道格拉斯・麥格雷戈《企業的人性面》（29章）

38

彼得・聖吉

Peter Senge

現在大企業間很流行聲稱自己是「學習性組織」，能讓員工一直保持競爭力。然而初始意義不只是精進技能及知識，它是更大哲學脈絡中的一部分，由麻省理工史隆管理學院的彼得・聖吉教授與同事們發展的哲學。

《第五項修練：學習型組織的藝術與實務》初版即售出二百五十萬本，是聖吉的突破之作。其中的論點是，只要企業像學校一樣運作，老師就像老闆，告訴學生／員工下一步該做什麼，企業就永遠不可能實踐自己的潛能。結果是：員工給出「對的」答案，而不是發自內心地把事情做得更好；專注於解決技術上的問題，而忽略整體上的缺陷；為了表面的一致，衝突置之不理；管理等於控制；員工間的競爭氛圍傷害了真正的創新進步。聖吉說，機會主義式的組織中，人們只能被簡化，只顧著「抓住個人權力與財富機會」。反之，他的學習組織奠基於分享目標，不是恐懼；是好奇心，不是試圖取悅老闆。簡而言之，是學習而不是掌控。

聖吉的商業觀點脈絡強烈地受到物理學家大衛・波姆（David Bohm）及他的「整體性」哲學所影響。他寫道：「這本書中呈現的工具與思想，都是為了摧毀世界是由分裂、不相關力量所組成的幻象。」當這個幻象瓦解了，就能導回組織真正的集體目標，「人們持續學習如何團結」。未來的組織不會有現在最高層的「偉大策略家」，如亨利・福特（Henry Ford）、阿爾弗雷德・史隆、湯瑪斯・華生（Thomas Watson）或比爾・蓋茲，更像是一種有機體機器，持續成長、接納，唯有如此才能為公司帶來長遠性。二〇〇六年出版修訂版，提出更多實際學習性組織的近代案例。

學習性組織是什麼？

與傳統組織中命令與控制不同的是，學習性組織的明確紀律，聖吉說。包括：

一、**自我超越**：每個組織必須對組織中的每個人保證發展性。如果不這麼做，就無法捕捉那個人的能量與潛力。

二、**心智模式**：看著我們對世界理解的假設，或者世界運作的描述，我們甚至經常沒有意識到。

三、**建立共同願景**：偉大的組織建立於領袖魅力上，或解決危機的能力。偉大的企業需要每個人都願意接受的崇高目標。

四、**團隊學習**：在團隊中的個體與單打獨鬥的學習效率更高。唯獨沒有防禦性的對話、深刻的反思及徹底地開放，才能產生學習性組織。大多數組織的特徵是遠離「討論」，由一個主宰者決定他們的方向。

五、系統思考：了解每件事都與另一件事息息相關。

系統思考是第五項，也是最重要的一項，聖吉說，因為其背景知識是所有學科都相互依存，也是連貫整體的一部分。聖吉在麻省理工修讀系統動力學，他認為地球上面臨到最困難的問題，都關於無法領會其中純粹的複雜性與關聯性，導致政府試圖修正問題時，例如環境、不平等、或財政赤字問題，會介入癥狀「做些什麼」，而不去辨識問題的根源——通常是錯誤的心智模式。因此，承認複雜性的開放態度，與願意將事物視為一個系統而非一連串事件，是創造強大組織最重要的步驟。承認複雜性及關聯性不意味著你只是環境中的一個主體，而是你可以成為環境的塑造者。聖吉說，學習性組織是「持續擴大能力來創造自己的未來」。

傳統意義的學習是「接收訊息」，聖吉說，學習變得枯燥且毫無生機，而真正的學習是在**心智轉變**的過程中重新塑造自己。就像通常很難發現兒童的學習障礙，企業也是。學習障礙包括：只做好自己的事，而不去想整個組織；問題總是有一半出在內部時，認為敵人「在外面」；採取積極行動打敗競爭者或抱怨者，但真正的成功來自自我反省；只關注特定事件，但通常是長期趨勢或模式在塑造你的產業或市場。

企業發現找出導致問題的特定結構或做法時，會著手根除或改變，然後自己感到滿意。但這遠遠不夠，聖吉說。真正的學習性組織不只專注於問題結構或系統，而是**最初創造它的思維**，會持續緊盯自己的思維模式，確認是否作出錯誤假設，可能危及自己的未來。

心智模式

許多年來，美國汽車產業一直以信念為基礎，例如汽車是主要的地位象徵，外型遠比品質更重要，所以美國汽車市場一直隔絕於其他國家汽車市場之外。這種信念反映了某段時間的現實，但並非一直如此，而汽車製造商並不認為這個信念是「心智模式」，他們視其為真理。聖吉提問：「如果心智模式可以實際地凍結企業及其觀點，而如今卻不再有效，為什麼**好的**心智模式不能帶來反效果，讓他們有所突破並持續發展？」

一九七〇年代，殼牌公司的規劃團隊發現，石油生產及消費平穩成長的時期即將結束，因為各種因素，世界主要石油製造商無法再大量開採，未來將成為「賣方的市場」。殼牌團隊並沒有預見石油輸出國組織（OPEC cartel）及石油衝擊將撼動整個世界，只有未來的大致輪廓，即使只有這樣，殼牌管理階層也不想知道，因為未來預測與他們的經驗相互矛盾。為了讓他們的意見被考量，規劃團隊試了另一個辦法：強迫管理高層檢視，如果他們想像中無憂無慮的未來真的實現了，有多少假設可以成真。他們願意靜下來看看夢幻般的未來有多不可能成真後，終於願意改變自己的心智模式。結果呢？當石油危機來到，殼牌的應對方式與競爭者不同，例如加快開發石油輸出國組織外的油田。一九七〇年代，殼牌公司從七大石油公司中最弱的一間，躍升為第二大石油公司，僅次埃克森美孚（Exxon）。到了一九八〇年代初期，情境規劃及心智模式檢測已成為殼牌文化之一。

自我超越

如聖吉理解的，學習「不是兼納更多的資訊，而是拓展能力，製造出我們真正想要的結果」，有高度自我超越能力者「致力於持續更精確地看清現實」。他們敏銳地意識到自己不知道的一切，矛盾的是比起認為學習結束的人，他們更有自信。

漢諾瓦保險公司的執行長比爾．歐布萊恩（Bill O'Brien）請來聖吉及其團隊幫助他改革公司，一九八〇年代從該產業中的吊車尾，變成最厲害、營運得最好的企業。歐布萊恩對聖吉的意見保持開放態度，因為他相信「情感發展提供最大效力的槓桿，以實踐全體潛能，所有人的整體發展是達成公司卓越目標的關鍵」。經理們必須放棄想要掌控並組織員工的想法，提供「人們力所能及的條件，讓他們盡可能地過著富足的日子」。要做到這件事，公司必須有清晰的藍圖，激勵人心的理由，而非只是盈利或市場份額的目標。這個目標通常關於啟蒙或解放的某種方式——不管是員工或顧客：幫助他們成為更獨立、更有創造力、或讓他們的生活更好、更輕鬆。

聖吉區分出願景與目標。願景是具體的，例如「二〇三〇年要將人送上火星」；目標更抽象，例如「增進人的能力以探索天堂」，對格局比我們大的東西信守承諾，其力量非常強大，也就是整體：「有關聯性與同理性特質的個體，也更能掌握自我超越能力，自然會有更寬廣的視野。沒有這一點，世界上所有潛意識的觀察都只存於自我中心──只是得到想要之物的方法。」

自我超越中很大一部分是對真理的承諾：也就是人們願意看清自己的模式、應酬、計謀、盲點，都是實踐潛能的阻礙。聖吉觀察到，就像你無法強迫一個人積極進行個人發展，因此也無法強迫一個組織將重點放在自我超越與學習。有太多員工對企業提出訴訟，認為自己被強迫參加個人發展訓練，有違他們的宗教信仰。企業真正能做、應該做的是創造「讓人們安心地創造願景，探究及信奉真理是常態，挑戰現狀是必然現象」的組織。打造學習型組織最好的方法，就是讓領導者與管理者成為榜樣，展現個人對自我超越的追求，自然會影響組織往同樣的方向發展，只有這樣能激勵人心的範例，才能打碎組織就是強制系統的理解。事實上，也可能反向發展：成為個人進步與解放的機器。

共同願景

願景不是能某個高層人士強加的東西，將導致大多數員工只是遵從某個願景，卻沒有給予承諾。

充滿意義及強大的願景，只能由組織中的每個人共享得來，如亞伯拉罕．馬斯洛（Abraham Maslow）所說：「目標與自我必須成為一體。」

共享願景可以製造勇氣，人們會為了確保願景得以實現而行動。願景需要時間逐步發展，願景變得越清晰，就會容易讓人支持，而你得到的會是「強化交流與熱情的旋鈕」。許多企業宣稱他們以願景為驅動力，事實上卻只是持續地對事件做出反應，人們開始好奇企業願景象徵些什麼，是否它只是隨著新潮流而改變，或者不願堅持既定的願景。聖吉寫道：「若沒有偉大的夢想，就只剩下瑣碎的小事。」

他強調從內心尋找問題的根源，認為是心智狀態創造現實，非常佛教的思想。確實，聖吉的很多思想都必須花一點時間吸收，因為與西方思想中的「攻擊路線」、採取快速行動、分配責任、努力競爭與取得領導地位不同。真正的共同願景是允許創造力及獨特性蓬勃發展，其本質超越對各自獨立與侵略方法的需求。

總評

聖吉的思想放在一九九〇年似乎很激進，但可以將其視為延續道格拉斯．麥格雷戈

（Douglas McGregor）思想脈絡的進一步表達。無論如何，許多企業如今都希望運用聖吉式反思對話、徹底開放、心智模式測試檢視自己，某種程度上也是創造更有趣、更讓人樂於工作的場所，減輕倦怠的機率，受希望留下來的欲望驅使，在他人皆被短視摧毀時，塑造市場。

管理學思想家彼得·杜拉克曾說：「為公司賺錢就像人之於氧氣；如果你還有不足就會出局。」聖吉反駁：「將獲取利潤視為目標的企業，就像將人生與呼吸畫上等號。他們漏掉了某些東西。」如果企業只關心盈虧，員工及潛在員工很快會發現這間公司只在意物質收穫。如果企業除了自己的發展外再無所承諾，就很難建立企業精神或忠誠度。結果是，員工對工作毫無熱情，如果情況允許隨時都準備離開。反之，如殼牌高階管理人員艾瑞·德·格斯（Arie de Geus）企業壽命的研究中所說（一九九七年出版的《活水企業》，*The Living Company*），那些長壽企業通常視自己為匯集人群的社區，而不是冷冰冰的機構。

聖吉提醒我們：「日本人相信創造偉大企業就像種植大樹，需要花上二十五年到五十年的時間。」這樣的企業必須持續對現況做出反饋，同時想像未來，這不只是其中重要的一部分，它是首要條件，也就是成為學習性組織的本質。

彼得・聖吉

聖吉出生於一九四七年，加州史丹佛（Stanford, California），並於史丹佛大學攻讀太空工程及哲學，在麻省理工取得系統建模碩士學位，於史隆管理學院（Sloan School of Management）取得博士學位。一九九七年於麻省理工創立組織學習中心。

他曾與福特汽車、克萊斯勒汽車、殼牌石油、AT&T電信公司合作進行組織發展。他經常冥想，其哲學深受佛教禪宗影響。

其他著作包括一九九四年《第五項修練II實踐篇》（*The Fifth Discipline Fieldbook*）、二〇〇五年《修練的軌跡：引動潛能的U型理論》（*Presence: An Exploration of Profound Change in People, Organizations, and Society*）、二〇一〇年《必要的革命：個人與組織如何共創永續社會》（*The Necessary Revolution: How Individuals and Organizations are Working Together to Create a Sustainable World*）。

2009

先問，為什麼？：顛覆慣性思考的黃金圈理論，啟動你的感召領導力

Start With Why

「人們不會為你做的事買單，但他們會為了背後的原因買單。」

「為了激勵人心，只有極少數領導者會選擇啟發的方式，而非操縱的手段。」

「所有偉大的領導者都有魅力，因為所有偉大領導者都很清楚『為什麼』，一種大於他們自身的目標或事業的不朽信念……能量可以被激發，但唯有魅力才能被啟發。魅力需要忠誠度，能量則不。」

總結一句

一個人或組織唯有非常清楚他們的目的——他們的所為是為了推進他人及世界，才能迎來盛大的成功。

同場加映

理查．柯克＆葛雷格．洛克伍德《極簡策略》（23章）

艾爾．賴茲＆傑克．屈特《定位：在眾聲喧嘩的市場裡，進駐消費者心靈的最佳方法》（32章）

彼得．聖吉《第五項修練》（38章）

39

賽門・西奈克

Simon Sinek

二〇〇〇年初期，賽門・西奈克非常渴望成為企業家，頭幾年他經營市場定位及策略顧問時非常開心。然而，到了二〇〇五年，生意正在起步之時，他卻擔心事業走下坡。他回憶道：「我開始有絕望的念頭，對一個企業家來說比自殺還糟的念頭：我開始想去找工作。」

問題在哪？西奈克漸漸了解，他開始關注個人及職涯的成功，但此時潛在客戶並不清楚他和其公司的信念為何。因此，生意並不好。危機使他思考動機——不是我們在勵志課程中得到的短暫激勵，而是我們行為的根本因素，我們的「為什麼」。

他的靈魂黑暗期，以及後來光明照亮明確目標的重要性，讓他開始演說並提筆寫下《先問，為什麼？：顛覆慣性思考的黃金圈理論，啟動你的感召領導力》。這本書中提到的案例很少（蘋果、微軟、西南航空的特色強烈），並重複性高（很多重要都被提了兩三次）。但是，好的商業書通常都很簡明，不需要以大量文獻或研究達到激勵人們起身去完成目標。西奈克的書完全達到目的，幫助你為人生及事業帶來所需的革命。

黃金圈

每個公司都知道他們在做**什麼**——販賣產品或服務；大多數公司都了解他們**如何**做到——獨特主張、專利過程，或是如何比競爭對手做得更好、更與眾不同。但極少數公司真正理解、清楚表達存在的**原因**——能激勵員工早上起床的目標或任務。

舉例來說，在銷售階段時，電腦公司會從做什麼開始（「我們做出很棒的電腦」），敘述怎麼做（「設計得很漂亮、操作簡單」），然後傳遞為什麼，讓客人更喜歡他們的產品，以及為什麼不（「不想買一台嗎？」）。為什麼「為什麼」會放在最後？原因是「做什麼」已經很清楚且具體，但「為什麼」很模糊且困難。想像三個同心圓，「做什麼」在中心圈，「怎麼做」是第二圈，「為什麼」是最外圈，西奈克說，只要簡單地改變順序，就可以創造改變公司的「黃金圈」。他的例子是蘋果，他們的順序與大部分電腦公司完全相反，蘋果的黃金圈有以下特點：

- 為什麼：我們總是與現狀相反，反向思考
- 怎麼做：我們做出漂亮、簡潔、方便用戶使用的產品
- 做什麼：你會想要買一台我們的電腦嗎？

人們不會為你做的事買單，西奈克說，但他們會為了背後的**原因**買單。在蘋果的例子中，「他們的產品賦予事業活力」。

我們忘記了，當時蘋果推出第一台電腦，大多數公司仍相信未來就在這些大機器裡，是它們支撐了商業與組織。蘋果說：「不，我們要讓人在客廳時，也像在公司裡一樣對一切瞭若指掌。」之後，他們發表了iPod，不多贅述這是**做什麼**的（發明這項技術的新加坡公司Creative曾以「5GB MP3播放器」銷售產品），而是告訴大眾**為什麼**值得擁有：「放一千首歌在你的口袋裡。」

一間「做什麼」的公司，人們會將你做的產品與你是誰連結在一起。例如戴爾等於電腦，所以轉為銷售其他產品時總是很困難。但如果是一間像蘋果的公司，與「為什麼」畫上等號，這種思潮就會引領公司，超越任何特定產品或服務，就可以不那麼費力地踏進新領域，從未產生連結的領域，像手錶或汽車，因為你買的是蘋果這個品牌。如果是戴爾，你買的就是他們的產品，不在意戴爾品牌。

以目的激發，不以特色銷售

任何一間公司目標，都是基於讓人們發自內心地購買產品或服務。如果他們必須以經驗數據做成本效益分析，決定是否要跟你購買產品，而你並沒有做出能持續數年甚至數十年的長久連結。你希望人們對你產生忠誠度，他們喜歡你的目標和產品，你希望人們和你購買的習慣成為直覺。

美國數位錄影機TiVo對潛力顧客的行銷就是基於他們顯而易見的優勢：可以暫停及倒帶播放中的電視節目，跳過廣告，依據收看習慣顯示你偏好的節目。但西奈克認為，TiVo並沒有達到公司的預期，因為他們只銷售產品的理性利益——它能**做什麼**，但大多數人並不覺得需要這些好處。

西奈克說，TiVo創辦人應該做的是傳遞**信念**，為什麼當時要開發這個產品，以及產品如何讓人們的生活更好、更輕鬆的願景，掌控看電視的權力。產品的實際特色只是支撐產品的基本**目的**。成為一種動詞詞彙「去TiVo」，意思是錄下電視節目，但可惜對TiVo來說，人們更經常使用有線電視或衛星電視提供的錄影功能，一直沒有足夠的動力去買**這台**TiVo錄影機，因為沒有足夠的產品背景理念，那不過就是一些功能。

人們比較喜歡蘋果而非戴爾、特斯拉而非福特的理由，兩者都一樣，人們希望感覺他們是某個大計劃中的一部分，他們正在協助發明未來。對顧客來說，買一台Macbook或特斯拉Model S就像走在時代尖端，並不是你多熱愛蘋果或特斯拉這些公司，畢竟公司架構與其他公司沒有太大差異，關鍵在於這些公司製造一種**我**的感受，這些東西成為**我**的表達。

一間公司能成功是因為能激勵人心，而相反的是，成為市場領導者的公司，只是因為能提供更低的價格。沃爾瑪能取得巨大成功，是因為強調價格嗎？西奈克說，事實上低價策略還是有成本，沃爾瑪有太多醜聞，都是關於壓榨太過，不管是員工薪資還是供應商，他們都希望價格越低越好。公司規模越來越大，他們知道生產什麼可以賺錢，但很容易忘記存在的原因。沃爾瑪的創辦人山姆．沃爾頓創辦這間公司的動機是單純地服務社會，透過真正降低價格來提高生活品質，人們可以就近買到生活必需品，而不用買車到市中心，以及主動貢獻社區。而他死後，這個「為什麼」莫名其妙地消失了，沃爾瑪只關心低價及底線，因此公司對待員工及供應商的方式，引發了多起法律訴訟，而人們會很開心地妥協，只要能就近買到最便宜的商品。

信任與成功

一九七〇年初期，只有百分之十五的美國人搭飛機旅行。赫布．凱勒埃（Herb Kelleher）及夥伴羅林．金（Rollin King）想改變這件事，成為一般人的保衛者，讓德州城市內（他們的起源地）的機票變得更便宜。西南航空的頭條標語是：「現在你可以自由地在這個國家移動了。」只有兩種定價，現在飛行變得平價、有趣、也更簡單了。

多年後，聯合航空（United Airlines）試圖以旗下廉價航空泰德航空（Ted）仿效西南航空，達美航空也以Song航空走同樣路線。四年內，上述兩間都失敗了。為什麼他們的策略與西南航空一樣，資源也更多時，卻失敗了？最後，人們的選擇不只基於價格、品質或特性。西奈克寫道，我們其實會被所知的一切吸引，什麼最簡單明瞭，什麼觸動了我們心中正向的感受，例如信任與忠誠。為什麼要創辦泰德及Song航空?據我們所知,他們窮盡一切想拯救航空業龍頭,或維持市場份額。然而作為消費者,好像對西南航空有特別的感覺,即使價格並不一定最便宜,但總會為我們、為消費者思考什麼是更好的。

最好的消費者就是相信你信念的人,就像最好的伴侶就是與你有共同價值觀的人。最好的員工不是滿足你所需的技能,而是相信公司正在努力朝著目標前進。西奈克敘述了歐內斯特·沙克爾頓(Ernest Shackleton)的南極探險,以意義來說失敗了,因為從未靠近過穿越南極大陸的目標,但另一方面來說他們已經成功了。雖然被困在冰上好幾個月,幾乎沒有生還的希望,但全員都平安歸來。領導力專家將這件事分析為沙克爾頓組織了同心協力的團隊,他在《泰晤士報》上為招募探險員的刊登的知名廣告,並沒有要求特殊技能、證照或經驗,而是說:

「需要能參與危險旅程的人。薪資微薄,嚴寒刺骨,長達數月的暗無天日,驚險連連,不一定能平安歸來。一旦成功,榮耀與肯定將隨之而來。」

不要聘用單純「有熱忱的人」,西奈克說,確保他們和你熱衷的事情一致。許多公司聘請「明星」銷售員或管理者,但很少有人願意花時間與精力,創造以下涉及兩件事的**文化**:一是人人共享的清楚目標,二是信任的氛圍。人們覺得有安全感且珍視的才是偉大組織,因此他們願意付出更多。赫布·

凱勒埃與傳統思想背道而馳，他將員工放在第一位，顧客第二，股東第三。他的方式最終創造財富與安穩，而其他航空業者似乎存在於另一個世界，殘酷的競爭，微薄的利潤與員工的高流動率。

總評

創造「為什麼」組織的首要原因，是它讓決策變得更簡單，因為非常清楚你該做什麼、不該做什麼，誰該和你一起工作、誰不該。西奈克以前經常拒絕和「感覺」不對的人做生意，這點經常惹惱他的生意夥伴，而感覺不對的原因，是因為觀點與思維都不一致。他的理由是，畢竟如果人們想和他一起工作，卻覺得激勵人心與他們無關（他認為這是他的使命），顯然就不會和他工作了。清楚目標不只會激勵人心、注入能量，也不會浪費太多時間與精力在錯的人身上、推進錯的計劃。反之，想像一個每個人都清楚「為什麼」的世界，他們的生活與工作都在展現目標，將會是一個生命與商業都能理所當然展現潛力的世界。

賽門・西奈克

賽門・西奈克出生於一九七三年英國倫敦，在南非約翰尼斯堡（Johannesburg）、倫敦、美國長大。於紐澤西州德瑪瑞斯（Demarest, New Jersey）念完高中後，錄取了布蘭戴斯大學（Brandeis University），主修人類學，曾在倫敦大學城市學院（City University in London）研讀法律。

他在ＴＥＤ上的演說：「偉大的領袖如何鼓動行為」，就是以《先問，為什麼？》這本書為基礎，點閱率高達二千九百萬次。其他著作包括二〇一四年《最後吃，才是真領導：創造跨世代溝通合作的零內鬨團隊》（*Leaders Eat Last: Why Some Teams Pull Together and Others Don't*）、二〇一六年《在一起，更好：一本充滿啟發、創造感動的小書》（*Together Is Better: A Little Book of Inspiration*）、二〇一七年《找到你的為什麼：尋找最值得你燃燒自己、點亮別人熱情的行動計畫》（*Find Your Why: A Practical Guide to Discovering Purpose for You and Your Team*）。

2016

迷思破解者：
基蘭．瑪茲穆德—蕭及印度生技的故事
Mythbreaker: Kiran Mazumdar-Shaw and the Story of Indian Biotech

「他驚訝於她的創業生涯中，如何打破了充滿印度情節的各種迷思——約40年前，一名既非工程師，亦沒有商業家族背景的女性，以一間科技新創公司在生命科學領域，也不是訊息科技領域，種下種子。」

「基蘭．瑪茲穆德—蕭管理各種風險，在商業中建立企業，持續提升該公司的科學能力，同樣重要的是，她自己的公眾形象……隨著時間過去，她成為品牌大使，不是一個羽翼未豐的產業，而是以創新為先的商業領域。以資金、監管機構、政治體系的交互作用，她成為該展業的代表。」

總結一句

商業中的首要規則是打造真正的商業，可以持續提升，為未來成長提供資本。

同場加映

鄧肯．克拉克《阿里巴巴》（7章）

詹姆．柯林斯《十倍勝，絕不單靠運氣》（8章）

雪柔．桑德伯格《挺身而進》（34章）

40

塞瑪・辛格

Seema Singh

人人都知道過去二十年間印度科技產業大幅躍進，像印孚瑟斯（Infosys）這樣的公司已成為海內外知名的大企業，很少人留意到印度打造生物科技及製藥產業付出的努力。儘管規模不如資訊科技，卻吸引了在美國生物科技公司外派工作者，如生物科技公司基因泰克（Genentech）、製藥公司安進（Amgen），回到印度工作。無可否認地，有各種假研究、生產品質、智慧財產濫用的醜聞傳出，但印度製藥公司享有的尊重越來越高，成本則越來越低，人人都能負擔醫療保健。一間名為百康（Biocon）的製藥公司特別引人注目，不只因為公司成立最久且規模最大，也因為其創辦人之一基蘭・瑪茲穆德。

《迷思破解者：基蘭・瑪茲穆德—蕭及印度生技的故事》科學科技作家塞瑪・辛格告訴我們，只要有足夠的膽量與意志，就可能在發展中國家，從零到有地創造一個產業及公司。瑪茲穆德破解了印度不可能發展科學的迷思，以及展現這是可能由女性完成的成就。事實上，瑪茲穆德是過去十五年間亞洲新興的眾多女性企業家之一，其他包括HTC創辦人之一王雪紅、中國觸控螢幕製造商周群飛、南韓時尚零售業朴盛晶（Park Sung-Kyung）、在日本發展的趨勢科技執行長陳怡樺。

辛格的書回顧瑪茲穆德的故事，從「意外的企業家」（她這麼形容自己）到億萬富翁，她的公司從製造「無聊」的酵素，到成為大型製藥公司，致力於遏止當代世界的重大疾病，如糖尿病及癌症，而不幸的是，如今這些疾病卻在印度成為普遍疾病。

澳洲平台

一九七八年，基蘭・瑪茲穆德從澳洲澳大利亞聯邦大學（University of Ballarat）取得釀酒學位後，非常渴望進入職場，她本將跟隨父親的腳步，父親曾是釀酒公司United Breweries位於班加羅爾分部的首席釀酒師。但事情不如人願，印度釀酒廠不願意聘請女性為資深技術指導，她轉而投向蘇格蘭的麥芽公司。

離開印度之前，瑪茲穆德接到愛爾蘭百康生技公司（Biocon Biochemicals）創辦人雷斯・奧欽克羅斯（Les Auchinloss）的電話，那是一間製酶的公司。他非常想在印度開立分公司，邀請瑪茲穆德加入，「你一定是在開玩笑」，年僅二十四歲的瑪茲穆德這麼說。奧欽克羅斯說服她回絕蘇格蘭的職位，來愛爾蘭學習如何將印度盛產的兩種材料：魚鰾及木瓜，用釀造的方式製成魚膠及木瓜酵素的混合物。奧欽克羅斯還給她三千元美金創辦分公司，位於班加羅爾。為什麼是她？他從百康澳洲分公司的負責人口中聽說了瑪茲穆德，他曾和瑪茲穆德上過同一堂釀酒課，而她是那間教室裡唯一的女性，要求完美，個性正直——正是奧欽克羅斯想要的人才。辛格說，在澳洲的生活經驗為瑪茲穆德帶來自信：她發現她比同學們聰明許多，接納了西方思想：萬事都有可能。

現在開始

百康印度分公司在一九七八年正式成立，愛爾蘭分公司佔股百分之三十，瑪茲穆德及銀行持有其餘股份。當時，印度政府對外資投入非常謹慎，投資規定也非常嚴格。

聘到員工，找到辦公室——一個舊篷子後，她就投入行銷企業發展中。一開始，公司的收入很穩定，因為愛爾蘭分公司會買下一部分製成的酵素，也得益於父親釀酒師的人脈，瑪茲穆德得以涉足許多印度釀酒廠，開始賣出酵素給釀酒廠。一九七九年，公司初次將產品賣到美國，也是第一間這麼做的印度製酶公司。銷售穩定後，瑪茲穆德建了工廠，聘請專業團隊，甚至創辦了研究發展實驗室。後者對瑪茲穆德個人來說非常重要，也是公司成功的關鍵。

公司開始開發果膠酶，一種用於從果泥中萃取果汁及釀造用的酶，此前一直是日本製造商主導這個領域。美國公司海洋噴霧（Ocean Spray）是世界上最大的蔓越莓汁製造商，開始使用百康在班加羅爾新工廠所製的果膠酶，該廠別以固態發酵科技製成（濕酵母製程的一大進步），百康也開始生產烘焙產品。

企業遊戲

一九八九年，奧欽克羅斯將百康賣給聯合利華（Unilever）旗下的Quest，現在公司在許多國家都有業務。這個交易也包括印度分公司，但瑪茲穆德和她的團隊都不喜歡由聯合利華告訴他們該做什麼，對創業精神與大公司思潮之間的差異感到不滿。瑪茲穆德試圖募資買下所有管理權，但未能籌措到所需的三千五百萬歐元。而另一方面，聯合利華高層試圖稀釋她手中的百康股份，並取得主控權。在一片緊張的氛圍中，他們造訪了班加羅爾，瑪茲穆德發表了演說，列出她的「三種公司」理論：

- 實踐事情
- 旁觀事情
- 好奇事情如何發生

她告訴在場所有人，印度分公司是第一種，而聯合利華是第三種。

瑪茲穆德拚命地拓展公司規模，將產品賣到海外市場，與富裕國家中其他同類型公司，該公司有極大的成本優勢，而聯合利華Quest也在一九九五年為新工廠投入資本，不僅因為百康為聯合利華這個龐大食物帝國提供食物酵素，這間印度公司如今對聯合利華來說有「策略重要性」，他們希望能握有更多掌控權。

自由自在

一九九〇年代中期，印度分公司開始生產酵母、真菌、細菌，用途廣泛，迫切希望進入製藥產業，那是比酵素發展更快的市場。但聯合利華認為這麼做風險太高，於是瑪茲穆德及其核心團隊開始他們的綠地公司Helix（後來納入百康），專門製造藥品。花了數年時間才發展出產品，他們從一種真菌衍生的免疫抑制藥起步，後來也獲得美國食品藥品監督管理局（US Food and Drug Administration）認可。

聯合利華最終將百康印度分公司的股份通通賣給英國大型化學公司帝國化學工業（ICI），這也讓瑪茲穆德非常不開心。她的團隊認為受「油漆公司」掌控，簡直是侮辱。但事情發展出乎意料，她認識了約翰．蕭，一個住在印度的蘇格蘭人，營運一間服飾公司。他幫助百康買回帝國化學工業持有的股份，賣掉了他在倫敦的房產，也成為瑪茲穆德生活、生意上的夥伴。一九九八年兩人共結連理。

成為製藥公司

一九九三年，百康團隊投資於新公司Syngene，為其他公司做分子生物測試。二〇〇〇年，大型製藥公司將四分之一的研發工作發包出去，必治妥施貴寶（Bristol Myers Squibb）發包許多工作給Syngene。這間新創公司對百康成功的影響有目共睹，它協助百康的製藥研究，製藥產能則由製藥龍頭必治妥施貴寶及輝瑞（Pfizer）共同出資。

瑪茲穆德則專注於抑制劑——一種分子用於降低膽固醇，由此降低心臟病的風險，這是百康可以一爭的領域。該公司開始生產洛伐他汀（lovastatin），是默克藥廠（Merck）開發的他汀類藥物（抑制劑），但專利在二〇〇一年已到期。百康與加拿大公司Genpharm合作，將藥品賣至加拿大及美國，且得到美國食品藥品監督管理局核可。瑪茲莫德承擔極大風險，開設很大廠區專門製造這種抑制劑，也開始成為世界生產鏈中的一環。從一九九〇年晚期到二〇〇〇年，公司成長飛快，幾年內收益翻倍。

二〇〇四年，百康在印度證券交易所上市。此次發行超額認購三十三倍，現在公司市值十一億美元，瑪茲穆德與蕭持有百分之七十。媒體關注於她暴增的大筆財富，但她一直對外說百康是「智慧財富的產物，而非個人財富」，她身邊的核心團隊如今也都是千萬富翁了。

上市之後

二〇〇七年，百康將酵素生意以賣給一．一五億美元買給丹麥公司諾維信（Novozymes），諾維信想要百康在印度的市場份額。一年前，該公司推出了治療頭部及頸部癌症的生物抗體，在印度相當普遍的癌症，因為印度嚼菸相當盛行。因此，公司完成了過渡期，從酵素製造商正式轉為製藥公司，競爭對手不僅有其他印度製藥公司，還有美國及歐洲的大型企業。

百康與印度製藥公司米蘭（Mylan）聯盟，進軍生技仿製藥市場，生產及銷售沒有專利權保護的藥物。二〇一〇年，輝瑞付了兩億美元給百康，買下授權並銷售四種胰島素產品到世界各地。雙方合作取消後，瑪茲穆德用這筆錢在馬來西亞設置廠區，當地政府希望設置一個生技製造區。

百康印度分公司依舊是班加羅爾生技區的核心，有完善的研發流程及產品流水線，製造世界上超過三分之一的他汀類藥物，用來治療糖尿病之人類胰島素的最大製造商。

總評

掌舵三十年後，二〇一四年瑪茲默德卸下百康執行長一職，由阿倫．肯達瓦卡（Arun Chandavarka）接棒。此舉被視為以能力取代個人魅力，但辛格認為百康中會失去某些東西，因為「基蘭是唯一能做大賭注的人，要主導革新必要忽視某些細節」。提姆．庫克或許可以好好營運蘋果，她說，但他永遠不會成為史蒂夫．賈伯斯。

另一方面，二〇〇四年公開發行取得極大成功後，百康並不如預期，像一些中型規模的製藥公司那樣有十至二十倍的價值增長，例如製藥公司Lupin。辛格說，該公司發展進程持續穩定，就像詹姆．柯林斯的「飛輪效應」，公司年復一年地持續成長，為了積蓄更強大的力量，持續改進、升級。以柯林斯的「A到A+」理論，百康在瑪茲穆德的領導下，從實力堅強但缺乏吸引力的酵素製造商，到成為印度發展為科技領先國家的進程中，足以發揮作用的公司，照顧該國人民的同時，也成為世界其他國家提供可負擔醫療保健照護的典範。翻閱柯林斯所著的《十倍勝，絕不單靠運氣》，百康有意識地選擇不以不合理的速度成長，因為極可能為自己帶來麻煩，且不能永續發展。最好慢慢往上爬，即使四、五十年過去也還是可以往上爬。

塞瑪・辛格

塞瑪・辛格是位於印度班加羅爾線上科技雜誌《*The Ken*》的合夥創辦人。寫作《迷思破解者》之前，她曾是《富比士》班加羅爾辦公室的負責人，曾為《新科學人》（*New Scientist*）、科學期刊《細胞》（*Cell*）、創投雜誌《紅鯡魚》（*Red Herring*）、《新聞週刊》（*Newsweek*）、《印度時報》（*The Times of India*）撰文。二〇〇〇年時，她任職麻省理工學院的奈特科學新聞學者（Knight Science Journalism Fellow）。

1963

我在通用的日子：史隆回憶錄

My Years with General Motors

「我始終認為要計劃要遠大，而總是在事情發生後才發現，計劃總是不夠遠大。」

「我一直試著用懷柔的方式管理通用汽車，而非高壓政策；當多數意見與我的想法相反時，我通常願意讓步……他們是通用汽車最高階的管理者，擁有非凡的才能與強大的信念，身為董事長，我認為應該尊重他們的判斷。」

「我們知道這個產品潛能極好，幾乎可以說，一開始我們所有人都知道汽車可以改變美國、乃至世界，重塑整體經濟，創造新的產業，改變日常生活的步伐及型態。」

總結一句

大公司不一定「大而無當」，良好管理就能快速應對不斷變化的市場。

同場加映

阿爾弗雷德・錢德勒《看得見的手》（4章）
華特・艾薩克森《賈伯斯傳》（16章）
道格拉斯・麥格雷戈《企業的人性面》（29章）
布萊德・史東《貝佐斯傳》（42章）

41

艾弗雷德・史隆

Alfred P. Sloan

如果有一本書可以證明「商業經典」的書名無誤，那就是《我在通用的日子：史隆回憶錄》，出版後獲到各方讚揚，也成為管理學院的教材。

一九九五年《財星》雜誌（*Fortune*）一篇文章中，比爾・蓋茲說：「如果你只想讀一本商業書，這本書可能是最好的選擇。」蓋茲發現管理微軟公司，這個如龐然大物的企業時，史隆在組織、取悅高階管理人才、面對競爭的技巧非常能激勵人心、價值非凡。然而，今日大多數讀者可能會好奇，這本書何以得到這麼高的評價，為什麼會成為暢銷書？但是，我們忘記了汽車產業曾經非常迷人，走在科技與管理技術最前端。以公眾敬意與著迷程度來說，通用汽車、福特、克萊斯勒汽車（Chrysler）就像今日的蘋果、Google、亞馬遜，只是一九五〇年代這些規模龐大的企業，並不會像現在一樣，輕輕鬆鬆就能出本書。

史隆的書和現在那種主題有趣、寫作枯燥的商業暢銷書完全不同。史隆及撰文者約翰・麥克唐納（John McDonald），一名《財星》雜誌記者，總覺得對讀者來說加入企業備忘錄、意見函、組織架構會很有趣，我們能從通用汽車年度報表中看見的，比看見史隆如維多莉亞時代紳士的正直性格還少。書中可珍藏的原則很多，身為讀者要得到這些資訊，就必須仔細地閱讀這二十四個章節，包括通用汽車的歷史，從早期創辦人杜蘭特（Durant）時代、與福特間的競爭、一九二〇年至一九二九年間的經濟大蕭條、通用汽車在戰爭中的角色、跨海業務、勞資關係、汽車在外型及工程方面的演進。

《我在通用的日子：史隆回憶錄》當時幾乎無法出版，通用汽車試圖阻止出版，因為某些內容可能成為美國司法部（Justice Department）反壟斷訴訟的證據。據說，通用汽車過度爭取市場份額，使公司面臨分裂威脅。史隆不情願地同意公司要求，麥可唐納因此告了通用汽車，他花了五年寫這本書，卻注定裡外皆輸。通用汽車最終讓步，一九六四年一月這本書終於出現在架上，而史隆當時已年近九十。兩位作者似乎是很有趣的組合——麥可唐納曾在墨西哥與列夫．托洛斯基（Trotsky）共事，長期支持激進的左派，而史隆則曾是世界最大資本主義企業的領導者。然而麥可唐納在底特律長大，新興的汽車產業著實非常有吸引力，他也寫過博弈及策略理論的書，因此非常好奇通用汽車成為該產業龍頭運用的策略是什麼。就像年輕的阿爾弗雷德．錢德勒，成為知名的歷史與管理學者前，也曾應徵研究員職務。

汽車產業與史隆的崛起

一九〇〇年，美國有八千輛登記在冊的汽車，汽車曾被視為紳士及銀行家的運動，機械品質不好，也沒有多少平坦道路。到了一九三〇年，數量增加至二千七百輛，貨物運送及服務都變得更容易，工人及農夫節省了更多工作路程。汽車推動郊區不動產興盛，中產消費文化就此崛起。就如史隆所說，沒有人真正預料到汽車會有這麼大的需求，以及它們會這樣驅動了美國經濟，改變文化。

一九〇八年，汽車產業由很多獨立、小型汽車製造商組成，威廉·杜蘭特渴望整合汽車產業，但結合了幾個汽車品牌，如別克（Buick）、奧茲（Olds）、奧克蘭（Oakland）、凱迪拉克（Cadillac）以及零件供應商成為通用汽車控股公司後，年產值仍只有八千輛車。自信的杜蘭特預期有一天一年可以產出百萬輛車時，沒有人相信他。一九一〇年，公司陷入財務危機時，他將手上的股份都賠給銀行，之後很快地成立雪佛蘭汽車公司（Chevrolet Motor Company），公司經營得很好，讓杜蘭特得以用其股份換到通用汽車的股份，一直努力重奪通用汽車的控制權，一九一六年，他做到了。

艾弗雷德·史隆從紐澤西州的哈亞特滾珠軸承公司（Hyatt Roller Bearing Company）開始職業生涯。該公司陷入財務問題時，他父親出資讓公司得以持續營運，而史隆則成為該公司的總經理。史隆讓公司興盛起來，也利用汽車產業興起時，對軸承需求大增之勢，福特成為最大的顧客，通用汽車次之。一九一五年，杜蘭特以一三·五億美元買下哈亞特，史隆及其父得到杜蘭特新成立的聯合汽車公司(United Motors Corporation)汽車零件部數量可觀的股份，史隆成為聯合汽車的董事長，一九一八年通用汽車併購該公司後，完全意料之外，史隆成為汽車產業的高階管理人。

管理大師

由於他大部分個人財產都和通用汽車綁在一起，史隆越來越擔心杜蘭特領導下的公司走向。四十多歲時，他放了一個月的長假，幾乎決定離開這間公司，但杜蘭特在一片愁雲慘霧中離開通用汽車(股市投機失利)，為史隆開了另一扇門。

他草擬了一份二十八頁「通用汽車組織研究」，在公司裡廣為流傳。通用汽車接任總裁皮埃爾・杜邦(Pierre du Pont)於一九二〇年採用了這個研究作為通用汽車的架構基礎，史隆也成為實質上的執行長，雖然職位仍為副總裁，但一九二一年起，他實質掌管所有業務。

史隆發布一種分散式的組織模式，各部門負責人在策略上有自由裁定權，輔以績效獎金及持股分紅制度。分散權力及集中權力間的「折衷辦法」，即使大公司，也可以激發出一定程度的創業精神。史隆將這種模式與福特汽車的模式相較，福特汽車全權由亨利・福特掌管，意味著管理集中、模式僵化。如今採取分散式管理及持股方式，認為理所當然地可以激勵管理者，但在史隆的時代，這是全新的制度。

即使史隆承認，分散管理及集中管理的綜合版非常矛盾，卻是成功營運如通用汽車這種大規模企業的唯一辦法。作為管理者，史隆強調激勵與影響人心的力量，而非命令及控制；他傾向以說服其他人接受他的想法來管理通用汽車，而非上對下的告知。他寫道：「我們分散式的組織，以及推銷思想而非單純給予命令的傳統，讓所有階級的管理者都必須為自己提出的建議，說出一個合理的理由。」他也發現整體達成共識的決策通常比管理者的直覺更好，無論他們多聰明都一樣。

史隆在政策與管理間帶入了非常明確的切線。他創辦了政策團隊，包括工程、物流、海外業務、研發、人事、公共關係——這些引領公司整體的方向，獨立於各部門的日常運作。政策團隊就橡膠一樣，將所有部門緊密遞延在一起，創造公司整體的氛圍。這樣的組織模式在今日看來再尋常不過，但史隆走在更前面，研究這樣一間龐大企業，如何給管理者餘地的同時，又能保有企業團結及步伐一致。他寫道：

「從分散管理中，我們得到主動、責任、人事發展、更貼近實務的決策、靈活性——簡而言之，所有組織的必須條件都適應於新環境。從協調中，也得到效率與經濟。」

現金控管及財務方面則採用集中管理，美國各地有一百個銀行帳戶將銷售收入存進通用汽車公司帳戶，而不是為個人目的保留。通用汽車的財務管控系統成為其他大型企業的模範，集中購買及採購為該公司省下不少錢。史隆說，留太多錢在各單位，就容易失去控制，隨著數據蒐集及會計協助合理化，就有穩定的營運數據傳遞給核心管理人員。這些數據意味著可以為整個公司制定方向。

在史隆的管理之下，通用汽車一度成為世界上最大的公司，北美幾乎有一半的汽車及卡車是通用製造，透過海外子公司在世界各地製造汽車，如德國的歐寶汽車（Opel）、英國的佛賀汽車（Vauxhall）、澳洲的霍頓汽車（Holden）。儘管美國政府對他們的壟斷行為指控未經證實，史隆仍然相信「大企業」的存在必要——不是為了壟斷市場，而是為了提高效率及加強資源整合。

規模本身從來不是他的目標，史隆說，公司就這麼持續**成長**了。分散管理及整合讓公司成長更順利，也免除了掉入「一人權力」的情況。偉大的企業必須以理性經營，借助於絕佳的架構，而非個人的玩物。確實，史隆的書想告訴我們，經營六十萬員工的大企業是可能的，同時也有改變的靈活度與適應力。

策略大師

他接管通用汽車時，公司在高端市場極具優勢，有高價的別克（Buick）、凱迪拉克品牌，但低階市場卻毫無競爭力，任由福特T型車稱霸，中階市場則非常混亂，有奧茲、奧克蘭、謝里登（Sheridans）、克里普斯布斯（Scripps-Booth）。通用汽車賣出四十萬輛車，而福特有百萬銷量（包括低價、高銷量的T型車，以及高價低銷量的林肯），福特佔整體汽車市場百分之十二。

史隆決定要將沒意義的車型淘汰掉，必須成為專注於**賺錢**的公司，而不是專注於製造汽車而已。為了達到目標，通用汽車必須為個別市場打造高產量車型，每個類別不能重疊，一個分眾一個車型，價格從便宜的雪佛蘭到昂貴的凱迪拉克都有。升級概念就是史隆那個年代發明的，根據個人收入提升，可以從雪佛蘭提升至奧茲、別克、凱迪拉克，終其一生都可以在通用「家族」中。以這種方式，通用汽車迎合所有人的需求，而不僅限於有錢人，於是這個口號就誕生了：「每個錢包、每種目的都有一台適合的車」。並且整個通用汽車生產線中，有許多可以互換的零件，公司達成了規模經濟，也省下許多生產成本。

史隆的觀點是，企業不只競爭於實際產品或模式，而在於**政策**。也就是如何想像及理解他們的產業。採取「分眾市場」策略，通用汽車非常清楚地把自己和福特區分開來，因為福特的車型非常有限。通用汽車管理階層認為，通用汽車的每個車不是一定要成為該類別「最好的車」，只要分眾策略可行，公司賺錢就好。

慢慢地，「年度車款」的概念浮現，每種車款每年都會推出新款，藉此提高銷售。消費者驅動方式，自然讓前線銷售員非常開心，並且與福特公司靜態、製造者推動的方式截然不同。

一九二〇年代中期，汽車銷售一飛沖天，多虧了分期付款的出現，代表一般人也可以負擔得起昂貴車型及年度車款，固守成規的福特就這樣輸給通用汽車。經濟大蕭條來臨時，起初通用汽車的銷量跌了三分之一，接著暴跌，產量也下跌了三分之二，一九二〇年代的盈利瞬間蒸發。但令人訝異的是，通用汽車並沒有虧損，證明了這是重新檢視公司的機會，並再次改變。

史隆掌權的通用汽車成長飛快，遠超於產業中其他公司，並成為第一大製造商，取代福特汽車。一九四〇年代中期，通用汽車每年製造超過二百萬台汽車及卡車。到了一九五〇年代，所有人都預期二戰後會出現衰退期，公司則為擴大產線投入資金，儘管向股東支付大筆利息，還是將可觀利潤投入再投資。由於汽車變速箱、動力方向盤、動力煞車及V8引擎的技術革新，公司必須更新設備，一九五五年再發行三・五五億美元的股票募資。通用汽車發明了一種新的汽車用漆「Duco」，更多顏色選擇，省下更多硬化時間，並在美國率先推出懸吊系統，改善駕駛及操縱性能，以及液壓煞車。通用汽車是第一個設立專門「試驗場」，以車輛在任何環境下的狀態，並大筆投資於設計，成立「藝術與色彩」部門，也就是後來的造型設計部，設計出一九五〇年代及一九六〇年代流行的「魚鰭造型」。而前所未聞的，是這個部門聘用了女設計師。史隆委託薩里寧兄弟（Saarinen）設計著名的密西根研發中心，這個現代主義傑作於一九五六年建成，表達了汽車工業的欣欣向榮。

當然，在經濟一片繁榮之下，任何汽車公司都可能有很好的表現，但通用汽車藉此提高了市場份額及利潤，它的成功似乎理所當然，實則不然。史隆必須拿捏取悅股東及大眾的微妙平衡，並謹守對員工、經銷商、供應商的責任。

總評

事後來看，《我在通用的日子：史隆回憶錄》是這間公司歷史上的最高點，諷刺的是史隆將通用汽車的成規，歸於競爭之下的刺激，因為太多競爭導致汽車製造業成為相對利潤低的產業，伴隨著可能的財務風險。二〇〇七年至二〇〇八年的金融危機暴露了通用汽車的架構問題，不得不申請破產。直到二〇〇九年美國政府大規模紓困，通用汽車才得以重組，拯救了數千個就業機會。

今日值得我們留心的是，通用汽車及福特都不再是電動車或混合動力汽車技術的先驅，豐田汽車和伊隆．馬斯克（Elon Musk）的特斯拉主宰著一切，像Google這樣的企業則成為無人駕駛技術的先鋒。通用汽車每年仍賣出百外輛汽車及卡車，但缺乏對未來的投資，也讓它付出慘痛代價。甚至在一九五〇年代，史隆就知道現代社會只有一間能生存的企業是不夠的，只要持續開發策略，才能成為明日的領航者。

除了歷史重要性，史隆的著作也是一個警語，告訴我們科技及技術才是明日獲利的來源。同時也需要良善的管理、極有效率的策略，才能實踐市場上的潛力。史隆就是精通兩者的大師。

艾弗雷德・史隆

艾弗雷德・史隆出生於一八七五年康乃狄克州，十歲時搬到紐約布魯克林，在那裡長大。父親經營茶、咖啡、雪茄批發生意。一八九五年史隆畢業於麻省理工電機工程學系，後進入哈亞特滾珠軸承公司工作。

從通用汽車董事長一職退休後，史隆作為董事會主席，在公司仍有影響力，並參與政策委員會，直至一九五六年妻子愛琳（Irene）逝世後，史隆退休。

這對夫妻膝下無子，史隆持有百分之一通用汽車股份，財產豐厚，他將財產挹注於慈善產業史隆基金會（Sloan Foundation，目前捐款超過十八億美元，主要用於科學、科技、經濟領域）、位於紐約的史隆・凱特琳癌症研究中心（Sloan-Kettering Cancer Center）、麻省理工工業管理學院（如今是史隆管理學院），而史隆管理課程也資助了史丹佛商學院及倫敦商學院的研究。

2013

貝佐斯傳：從電商之王到物聯網中樞，亞馬遜成功的關鍵

The Everything Store: Jeff Bezos and the Age of Amazon

「亞馬遜可能是史上最有吸引力的公司，而它只是剛起步。既是傳教士亦是傭兵，貫穿了商業及其他人類事蹟的歷史，始終是一個強而有力的結合。」

「亞馬遜文化是設計來牢牢抓住顧客的心，忠誠顧客非常享受每次與他們交流的成果。將亞馬遜視為流氓的供應商，有充分的自由將他們的產品銷往別處；覺得自己格格不入或受到不公平待遇的員工，也可以隨時離開，很多人也這麼做了，發生在他們初次體會到無情的企業文化後。然而，有那麼多零售商正持續退守，或者調整營運以達到和亞馬遜一樣的精簡與高效，供應商及員工都會發現其他地方的機會非常有限。不管喜不喜歡，他們都活在亞馬遜的時代。」

總結一句

即使短期內會賠錢，取悅顧客以建立顧客忠誠度的特殊手法，仍然可以達到長期成功。

同場加映

鄧肯・克拉克《阿里巴巴》(7章)
華特・艾薩克森《賈伯斯傳》(16章)
艾力克・施密特&強納森・羅森柏格《Google模式》(35章)
霍華・舒茲《Starbucks咖啡王國傳奇》(37章)
艾胥黎・范思《鋼鐵人馬斯克》(48章)

42

布萊德・史東
Brad Stone

網路購物成為我們生活中的一部分，認為理所當然。亞馬遜公司，世界上最大的線上零銷商，驚人地擁有三億註冊顧客，一千三百六十億營收。

如此無所不在的存在，大多數人卻對科技巨擘背後的故事所知甚少：如何起家、奮鬥、成功，其極端的顧客至上主義，長遠的眼光，以及持續不斷的創造力，至今廣泛地被仿效。

新聞工作者布萊德・史東描述亞馬遜初創立的十八年，非常引人入勝，如何在對的時機抓住機會，展開我們這個時代最知名的商業故事之一。寫作這本書前，史東曾在《新聞週刊》、《紐約時報》、《彭博商業週刊》寫過亞馬遜的報導。他與亞馬遜的管理階層、員工，以及創辦人傑夫・貝佐斯（Jeff Bezos）的親友進行三百場訪談，也與貝佐斯本人進行多次訪談。但是史東似乎仍保有自己的客觀性，他只揭露了這間公司如何受到貝佐斯堅持不懈的野心驅使（其實，「堅持不懈」曾有機會成為這間公司的名字，至今輸入 relentless.com 還是可以導向亞馬遜網站）。經常被拿來與史蒂夫・賈伯斯及比爾・蓋茲比較，雖有更愛笑、開朗的形象，貝佐斯卻只能以持續不倦的開發、激烈的內部討論、讓員工疲憊不堪的作風，達成自己的目標。儘管麥肯錫・貝佐斯（MacKenzie Bezos，貝佐斯的妻子）在亞馬遜網站評論中咒罵這本書並給予負評，《貝佐斯傳：從電商之王到物聯網中樞，亞馬遜成功的關鍵》仍提供了精彩的觀點。

我應該留下，還是離開

貝佐斯原名傑佛瑞・普雷斯頓・喬根森（Jeffrey Preston Jorgensen），一九六三年出生於美國新墨西哥州阿布奎基市（Albuquerque, New Mexico），當時母親賈姬年僅十六，父親泰德・喬根森只比母親年長一點。這對夫妻離婚後，賈姬遇見米格・貝佐斯（Miguel Bezos），一名為了逃離卡斯楚（Castro）政權的古巴裔年輕人。米格原是埃克森美孚工程師，後成為高層管理人員。貝佐斯是非常上進、聰慧的孩子，十歲時已得知繼父並非他的親生父親。

一九九〇年代初期，畢業於普林斯頓大學的貝佐斯，任職於華爾街的德劭公司（D. E. Shaw & Co.），一間為了挖掘股票及其他證券微小價格差距的避險基金公司。二十九歲時，貝佐斯成為該公司的副總，一九九四年負責利用新興網路的爆炸性成長使其資本化。因為「什麼都能賣」這個標語，他開發出線上購物概念，雖然這個想法並沒有進一步發展，但網路上賣書的可能性，他非常有興趣。

一九九四年當時已經有一些線上書店，但服務不好，很多只是附屬於傳統實體店面的附屬品。貝佐斯想創辦以顧客為中心、只在線上的書店，被這個想法深深地吸引住的貝佐斯，告訴老闆兼好友蕭大衛（David Shaw）他真的想這麼做，但是他要自己做，而非寄於公司的羽翼之下。蕭大衛與貝佐斯到中央公園散步，和貝佐斯談論這件事，但並不是強留貝佐斯。

貝佐斯試圖釐清自己到底該怎麼做——畢竟，中年離職就等於放棄了公司的巨額獎金。貝佐斯的腦海裡有一個「後悔最小化架構」，他想像八十歲時回顧他的人生，就像他最喜歡的一本書，石黑一雄（Kazuo Ishiguro）所著《長日將盡》（*Remains of the Day*）裡的管家一樣，他會不會後悔離開蕭大衛、放棄了在華爾街獲得大筆財富的機會？不。他會不會後悔踏入網路產業？答案是，會。貝佐斯雙親認為離職過於草率，母親建議他可以運用週末或平日晚上的時間做自己想做的事，但貝佐斯說：現在正是網路世代的開端，事物改變非常快速，他必須完全投入自己——並且越快越好。

Abracadabra！亞馬遜誕生

為了保持書的價格低廉，貝佐斯說起步必須在人口較少的州，因為銷售稅只需付給公司所在的州，如果沒有實體據點，就不需付銷售稅。後來他選擇西雅圖，微軟就從那裡起家，也有很多電腦科學畢業生，書籍經銷商英格拉姆（Ingram）位於奧勒岡州（Oregon），離西雅圖也不遠。當時貝佐斯三十一歲，他的妻子麥肯錫·貝佐斯二十四歲，他們從德州（貝佐斯成長的地方），橫跨到西部，落腳於大峽谷（Grand Canyon）。

這對夫妻在西雅圖的自家車庫裡設置了臨時辦公室，貝佐斯從家得寶（Home Depot）買來一扇便宜的門，做成了第一張桌子。他的父母為這間羽翼未豐的公司投入了十萬美元，即使他再三警告他們，這十萬美元很可能全部賠光。麥肯錫是一名很有抱負的小說家，幫助貝佐斯處理財務問題，也招募了第一名員工。一九九四年，貝佐斯看到字典裡「A」部分的「Amazon」時，忽然靈光乍現，亞馬遜是世界上最大的河流，迄今沒有任何一條河流能超越它，或許是最適合書店的名字，也能帶來幸運，讓亞馬遜規模遠超於其他公司數倍之多。創辦初期，貝佐斯和其團隊會去附近的Barnes & Noble café[1]開會或喝咖啡。隨著公司逐漸成長，他們也逐漸發現其中的諷刺。

測試版的亞馬遜網站在下一年三月問世，非常簡陋：幾乎都是文字，不太吸引人，但是有購物車和基礎搜尋功能，重點特色是讀者評論，這是貝佐斯的正確決策，也讓網站更有特色。有些書商高層認為亞馬遜上的負評會傷害這個產業，但貝佐斯認為這間公司的真正價值不僅在於銷售物品，而是幫助人們做出客觀的購物決定。

從一開始，亞馬遜就收到非常多訂單，所有員工晚上都留在倉庫幫忙出貨。雅虎開始將亞馬遜列在首頁捷徑後，成長更是飛快。但是公司已經將所有資金用盡，需要更多資金投入，貝佐斯告訴西雅

1 Barnes & Noble，邦諾書店是美國最大的連鎖書店，是亞馬遜的競爭對手。

圖當地較有潛力的投資者，到二〇〇〇年這間公司可以有一・一四億美元的營收，以當時估價約六百萬美元，聽起來很迷人。一九九六年，多虧《華爾街日報》的頭版報導，亞馬遜以驚人的速度每月成長百分之三十至百分之四十，至今每幾個月就會超過預期的成長幅度。

快速成長

矽谷風險投資公司凱鵬華盈（Kleiner Perkins）的約翰・杜爾（John Doerr）斥資八百萬美元，買下百分之十三的股份，大家的信心助長了貝佐斯的雄心。他積極地招募員工，並開始想像亞馬遜成為未來數十年首要的網路龍頭。

根據一般的商業模式，其思維是儘速擴展規模，企業就能提供更低廉的價格，再次擴展規模。貝佐斯堅持聘請最頂尖的人才，過濾掉所有追求「工作／生活平衡」的人，他要的是全心全意的投入，任何「不重視過程」的人都沒辦法長久。

貝佐斯曾擔心邦諾書店（Barnes & Noble）的計劃，推出網站「擊垮」亞馬遜。他告訴員工，他們唯一能做的事就是加倍做好客戶服務，讓顧客的購買經驗更好。而最終，邦諾書店的網站並未像亞馬遜一樣好用、吸引人，這間公司過於注重實體店面，堅持每本書的銷售利潤必須高於網路銷售。一九九七年亞馬遜股票上市，集資五千四百萬美元，而貝佐斯的父母、兄弟、姐妹，都成為千萬富翁。

一九九八年至二〇〇〇年的狂熱年代，亞馬遜發行三次公司債券，再次集資二十億美元。即使是熱衷於網路發展的人，都沒有人有貝佐斯的預測眼光，看到亞馬遜未來能改變零售業。從一開始，貝佐斯給股東的信就給予非常長遠的觀點，為了市場領導地位及提高收益，避免短視近利，最重要的是顧客再次上門，以及培養顧客忠誠度。

貝佐斯專注於建造新的各部據點，包括新的倉庫，不僅僅在美國，英國和德國也要新增倉庫，進行多次併購，即使大多數會失敗。他也開始挖角沃爾瑪的高層管理人才，以應付後續的擴大規模，引得沃爾瑪以「盜竊商業機密」為由提告亞馬遜。事實上，貝佐斯非常欽佩沃爾瑪創辦人山姆・沃爾頓（Sam Walton），也讀過他的自傳《富甲天下：Wal-Mart創始人山姆・沃爾頓自傳》。在人事開支方面，他仿效沃爾瑪的極端精簡，沃爾瑪的「崇尚行動」（不停地試驗，看看哪個最有效），以及沃爾頓的信念，複製其他公司最好的特質，而這個新的、走在時代尖端的網路新星，非常樂意從傳統零售龍頭汲取靈感。

突破性特色

一九九八年，亞馬遜推出兩個關鍵特色。一是銷售排行榜，亞馬遜銷售的每一本書、產品，都依照銷售額排列出來，只要有新的訂單就會更新一次。貝佐斯知道作者及出版商都會樂於看到即時的銷售起落，事實證明確實如此。一個全新的、讓人著迷的銷售排行，追蹤兩百萬本著作中，遙遙領先的第一名到苦苦掙扎的最後幾名，我們很難想像當時的盛況，因為現在的銷售排行只會顯示二十、五十，或一百本著作了。

一九九八年亞馬遜推出的第二項功能，就是「一鍵下單」，也已經申請專利。在人們擔心提供信用卡資訊給網路商店時，這是非常新鮮的嘗試。讓重複下單的步驟變得簡單，也會增加顧客對公司的信任度。

而此時，eBay揚言要讓亞馬遜「什麼都能賣」的目標黯然失色，相較之下eBay似乎更適合網路時代，它單純只是買家與賣家的平台，不需耗資建立個區域分佈。或許固定價格是頂大帽子，將被eBay式的拍賣網站取代？貝佐斯於一九九九年推出亞馬遜拍賣，但亞馬遜的顧客對競標商品並不感興趣；能以固定價格賣出在亞馬遜購買的商品，第三方賣家zShops也宣告失敗。引進玩具及電子商品也是一大挑戰，亞馬遜必須拜託、懇求既有製造商，如孩之寶（Hasbro）、索尼（Sony），成為「既有供應商」。無論亞馬遜被分配到什麼庫存，他們都必須想辦法賣掉，否則就會蒙受損失，而且經常數量龐大。舉例來說，一九九九年亞馬遜必須吞掉價值三千九百萬美元，未銷售出去的玩具。

那一年，貝佐斯被《時代雜誌》選為年度風雲人物，但是二〇〇〇年至二〇〇一年對亞馬遜來說可一點都不風光。網際網路泡沫事件爆發後，亞馬遜股價瞬間跌到個位數，股東們看著他們的股票幾乎一文不值，貝佐斯則堅持要打破投資分析師拉維．蘇利亞（Ravi Suria）的分析報告，他預測這間公司即將倒閉。

史東說，貝佐斯從未改變他對電子商務的遠見，以及亞馬遜在其中的角色定位，他持續告訴員工，如果他們努力提升顧客購買評價，這間公司會持續成長。這是他堅持顧客體驗的例子：當《哈利波特》第四集即將上市，亞馬遜提供六折優惠及急件快遞，賣出二十五萬本，每一本都損失幾塊美金，讓高層及華爾街緊張不已，但貝佐斯相信，唯有與顧客站在一起多走一段路，才能得到長期的顧客忠誠度。

持續革新

二〇〇二年，亞馬遜開始嘗試免運費，最初門檻是單筆訂單超過一百美元，為了達到門檻，人們似乎會在購物車裡裝滿各式各樣的商品。這讓貝佐斯相當開心，他希望將亞馬遜打造為一站式購物的網站。後來免運門檻已從一百美金降到二十五美金，也就是現在亞馬遜Prime會員的雛形。Prime會員是一次冒險，在一年內買了大量商品的顧客，很快會放棄為了免運在亞馬遜上消費，這是極其昂貴的錯誤。史東說，事實上Prime會員制會讓人們「亞馬遜成癮」，他們會愛上亞馬遜提供的額外獎勵（包括後來提供給Prime會員的免費電影、電視），不管買什麼都會非常快速地到貨。此外，亞馬遜也開放急件服務給Marketplace賣家（可以使用亞馬遜平台的第三方賣家），也可以使用亞馬遜快遞服務。倉庫方面，將同種類的訂單透過算式集合起來，可以降低成本。貝佐斯不懈地督促員工努力開發，二〇〇三年另一項新的特色功能問世「書內搜尋」，聽起來似乎很瘋狂，人們可能因此不再買書了（其實能讀到的內容還是有限）。

史東說，即使發表了這些革新特色，二〇〇五年亞馬遜舉辦大型活動慶祝十週年時，仍是當時Google大事件後，媒體才「後知後覺」。與在線的賺錢機器，如Google相比，亞馬遜微薄的利潤幅度實在無法讓人滿意，Google僅成立一年，其市值卻是亞馬遜的四倍。為了提高曝光率，亞馬遜必須支付百萬廣告費給Google，讓更多人點進亞馬遜網站，而Google西雅圖辦公室特別好的員工福利，以及和樂融融的企業文化，也開始吸引許多亞馬遜員工跳槽到Google。貝佐斯始終希望亞馬遜被視為科技先鋒，但無論是華爾街、媒體、或者大眾，都僅僅是其為一個網路零售商。

貝佐斯提醒他的高層管理人員，隨著公司成長，人天生抗拒大膽、冒險的賭注，但是公司要擺脫困境、發揮長遠潛力，唯一途徑就是「開發我們的出路」，亞馬遜網路服務公司（Amazon Web Services，AWS）似乎是可以得到回報的賭注，它是雲端運算的先驅，提供數千個小型企業及新創企業平價伺服器空間，這些企業可以使用強大的運算功能，又不需耗資設置私人伺服器。亞馬遜網路服務公司籌備數年，由貝佐斯帶領兩個團隊，開發出這種可以無限擴展的服務。如今，它帶來數十億美元的收入，如Netflix（網飛）、Pinterest（繽趣）、以及美國政府單位如NASA（美國國家航空暨太空總署）。史東寫道，亞馬遜網路服務公司「完勝」了大型硬體系統公司如昇陽電腦（Sun Microsystems），Google的艾力克・施密特也向這些「賣書人」致敬，因為他們將自己重新打造為雲端運算之王。

為了永流傳

二〇〇〇年代中期，亞馬遜取得另一次成功。二〇〇四年起，微軟及Adobe都可以買到電子書，但銷量並不好，很難下載，大多數只能用桌上型電腦閱讀。亞馬遜在硬體方面的經驗值零，但貝佐斯不顧多數內部的意見，提出非常極端的提案，那就是生產亞馬遜專屬的電子書閱讀器。與現存的電子書閱讀設備不同，如索尼的Sony Reader、美國公司Palm開發的Treo系列，貝佐斯希望自家生產的設備可以非常方便使用，讓用戶可以透過一般手機網路下載電子書，也可以是能下載電子書的手機。

二〇〇七年十一月「Kindle」上市前，貝佐斯的員工就威逼出版商備好所有書籍的電子版本，第一版推出時有十萬本電子書可供購買，並可存取兩百本，尤其引發爭議的是，所有電子書均一價：九．九九美元。出版商困惑於此舉，這代表亞馬遜的利潤更低、市場支配力增強，但實體書店的壓力更大了。而亞馬遜對出版社的手段越來越激進（貝佐斯的名言：「亞馬遜並沒有影響圖書產業，而是未來正影響著圖書產業。」），強迫降低利潤，否則搜尋排行將下降，導致大型出版商不滿，聯合蘋果試圖逼退亞馬遜，而亞馬遜也反擊，刪除這些出版商的電子書購買鍵，只透過第三方賣家販售他們的實體書。最終衝突得解，但亞馬遜以「我們才是贏家」，對出版商及供應商居高臨下的態度，違背許多員工的價值觀，少數人因此離開亞馬遜。

與實體零售巨頭沃爾瑪、好市多（Costoco）相比，亞馬遜也因為多年來規避美國銷售稅的負面新聞，不得不做出許多複雜的安排，避免因為稅務而提高產品售價。為了避免繳納國家稅務，亞馬遜在歐洲的所有收入都轉至低稅率的盧森堡。史東說，貝佐斯對這項指控的回應也始終讓人困惑。人們不了解亞馬遜並不是一間唯利是圖的公司，而是像傳教士一樣的公司，他們不會捨棄對顧客那種宗教般的熱誠，而亞馬遜的主導地位站得越穩，就越能實踐這個目標。

面對一連串的批評，認為亞馬遜扼殺了一般零售業，貝佐斯開始思考如何將亞馬遜打造為「受人喜愛」的公司，如Nike、迪士尼（Disney）、全食超市（Whole Foods），而不是一間像高盛、埃克森美孚充滿剝削的企業。為了達成這個目標，亞馬遜必須被視為先驅、開發者，他相信，如果這是大眾對這間公司的印象，一切都能得到公平的評價。

總評

像亞馬遜這樣貪婪的企業，加上作風強硬的創辦人，引發有趣的提問，如果消費者購買時可以得到低價、多樣且創新的產品，是否證實「為達目的不擇手段」的說法？走入任何大型科技公司的幕後，你會發現執行不可能的任務或目標，多半會伴隨精疲力盡、心力交瘁的副產品。史東曾訪談過一名書籍部門的高層管理人員艾瑞克・高斯（Erik Goss），他離開亞馬遜一年後，被判定罹患創傷後壓力症候群。

在公司草創初期，貝佐斯還不是很肯定他的想法是否會成功時，公司氣氛還很悠閒，但公司成功了，並且是全面性的成功，他因此信心倍增。喬伊・科維（Joy Covey），亞馬遜的首任財務長，認為貝佐斯的行為合理，也說不能再創造革命的同時「又過於隨和」。

二〇一七年，亞馬遜以一百三十七萬美元併購高級連鎖全食超市後，股價達到新高，而傳統零售業股價卻下滑。亞馬遜企圖改變食品雜貨購買型態，就像它過往觸及的一切一樣。現在這間公司市值五千億美元，是沃爾瑪的兩倍，幾乎和Facebook一樣。蘋果、Google、微軟雖然目前領先市值，但未必能長久。如此龐大的資產，讓貝佐斯得以沉浸於自己的業餘愛好，包括新聞業（他以個人財產買下《華盛頓郵報》）及太空業（貝佐斯創辦的藍色起源太空公司，目標是徹底革新商業太空旅行，就像亞馬遜在科技及零售業所做的那樣）。

從貝佐斯／亞馬遜的故事中，我們可以學到兩件事，第一件一定是「長遠思考」。一位貝佐斯的老友，發明家丹尼・希利斯（Danny Hillis）告訴史東：「如果你好奇為什麼與其他同樣早期在網路上發展的公司相比，亞馬遜是如此與眾不同，那是因為傑夫從一開始就以長期發展的目標來創辦這間公司。這是非常長遠的計劃。如果他堅持下去，就可以在更大的時間框架中，達到更多成就，這就是他的基礎哲學。」而另一件事，可以從亞馬遜的十四個領導原則中找到：

「擴大格局」：眼界狹小只能自我實踐。領導者應該大膽地創造、樂於交流，才能激發好的成果。他們的思考獨特，並持續轉尋找最好的客服方式。

亞馬遜的第一名員工薛爾．卡芬（Shel Kaphan），為所有剛起步的人提出建言：永遠設想它終將比你所想的更偉大。

布萊德．史東

布萊德．史東出生於一九七一年，是一位科技線記者，於《彭博商業週刊》舊金山辦公室工作，負責主要科技公司。《貝佐斯傳：從電商之王到物聯網中樞，亞馬遜成功的關鍵》於二〇一三年獲《金融時報》及高盛年度最佳商業書，同時史東的深入探討也揭露了祕密，在第十一章寫出貝佐斯的生父名為泰德．喬根森，二〇一二年為止喬根森一直在亞利桑納州鳳凰城（Phoenix, Arizona）經營自行車店，他並不知道他的兒子是誰，依照貝佐斯母親的願望，他遠離貝佐斯的生活圈，並裝作自己沒聽過兒子的事。史東的著作還有二〇一七年《Uber與Airbnb憑什麼翻轉世界：史上最具顛覆性的科技匯流如何改變我們的生活、工作與商業》(*The Upstarts: How Uber, Airbnb, and the Killer Companies of the New Silicon Valley Are Changing the World*)。

2015

失敗的力量：Google、皮克斯、F1車隊從失敗中淬煉出的成功祕密

Black Box Thinking

「我們掩飾錯誤，不只為了在別人面前保護自己，也為了在自己面前保護自己。經驗證明我們都有從記憶中刪除錯誤的高超能力，就像剪接師從膠卷中剪去不好的片段一樣……我們沒有從錯誤中吸取教訓，反而從儲存於腦海的官方自傳中刪除錯誤。」

「成功永遠只是冰山一角。我們學習最新的理論，我們駕駛極其安全的飛機，我們驚嘆於專家的卓越技巧。但成功的表象之下——我們的視野之外，超出注意力之外，是一座必然失敗的冰山。」

「失敗富含學習的機會，原因很簡單：在它的偽裝之下，代表著違背預期，告訴我們，世界在某種意義上不同於我們相信的世界。」

總結一句

願意經常失敗，同時吸取失敗教訓並持續調整，才是真正通往成功的途徑。

同場加映

詹姆・柯林斯《十倍勝，絕不單靠運氣》（8章）
艾瑞克・萊斯《精實創業》（33章）
彼得・聖吉《第五項修練》（38章）

43

馬修・席德

Matthew Syed

短短一百多年間，飛行遠從一個夢想，到一件有點危險的事，現在我們理所當然地覺得飛行很安全。如今，航空業的意外事件比例是二百四十萬次飛行才有一次意外事件，所以很容易認為這是最安全的運輸方式，當然還是有意外，但發生次數已經非常非常少。我們很幸運，真的，活在醫學及醫療保健都相當進步的時代，很多致命性錯誤都已經成為往事。真是如此就好了。

馬修・席德所寫的這本書，由一個可怕的故事開始。二〇〇五年，一名三十七歲育有兩子的英國女性伊蓮・布羅米利（Elaine Bromiley），要去做很常見、低風險的鼻竇手術，當然也必須麻醉。但麻醉過程出了問題，病人無法正常呼吸，這種情況下必須做氣管插管術，讓病人能吸到氧氣，但此時儘管用盡各種辦法，醫生都沒辦法順利插管，時間一分一秒地流逝，布羅米利的大腦很快地缺氧了。醫生的注意力太緊繃，以至於忘記了緊急措施——氣管切開術，從頸部切一個洞，氧氣可以直接進入氣管，這個相對簡單的處理方式本可以挽救她的生命。事情發生後，她陷入昏迷，幾天後死亡。

即使是一般小手術死亡的機率都比搭飛機來得高很多，並不是因為科技比較不進步，或是醫生、護理師沒有比飛行員更在意人命，而是察覺錯誤以及學到教訓後的運用，不比航空業周密。

在《失敗的力量：Google、皮克斯、F1車隊從失敗中淬煉出的成功祕密》，席德的論點是「成功取決於面對錯誤的方式，這種解釋有說服力，通常也違反直覺」。對商業來說也同樣重要，席德說，「黑盒子思考術」只是一個極度關注細節的過程——做某件事的當下所發生的一切，都可能導出成功或失敗的結果。

掩飾

一九九九年進行的一項調查名為「犯錯是人類的天性」，美國國家醫學院（American Institute of Medicine）發現每年有五萬至十萬人因可預防的醫療疏失而死亡，二〇一三年《病人安全期刊》（*Journal of Patient Safety*）中一項研究則認為因此死亡的人數有四十萬人——相當於每二十四小時就有兩台客機墜毀。在富裕國家，死於可預防的醫療疏失人數，僅次於癌症及心臟疾病，為第三大死因，而這個數字還不包括因粗劣診斷及治療造成併發症而死亡的人數。

席德也指出，可預防的醫療疏失並不是惡劣甚至無知的醫生造成，多半發生於醫生勤謹工作時，那為什麼還有這麼多死亡人數呢？原因非常複雜。世界上有數千種病徵及疾病，非常容易錯誤診斷或治療。另一個原因涉及資源，醫生們經常超時工作，很少有時間能仔細思量他們的判斷。但比這些更重要的是，錯誤通常發生於**可預期**的模式下，也就是允許錯誤發生的**文化**中。在手術室中，你可以殺死一個病人，不是因為你不夠專注，而是因為你過於專注，上述提到的案例中，醫生並沒有意識到他們花了八分鐘時間，試圖從病人的口腔讓氧氣進入身體，這些時間原可以用氣切術來挽救生命。有一位護理師曾提出採取氣切術的建議，但沒有人聽她的，當然，其中的問題在於承認錯誤，這對所有人來說都很困難，醫生又尤其困難，多年的訓練中他們一直被視為高高在上的偉大專家。

席德提到一個有名的故事，關於醫師彼得．普羅諾瓦斯特（Peter Pronovost），他的父親被誤診為血癌，實則是淋巴癌，因而沒有接受能延長生命的骨髓移植治療。普羅諾瓦斯特如今是約翰．霍普金斯大學醫學院（Johns Hopkins University School of Medicine）教授，誓言要改變醫院流程，他對經由導管注射藥物於大靜脈而感染死亡的數萬病例進行調查，喚醒人們對手術過程中必須保持無菌的警覺性。他提出的五點病人安全確認表短短一年半間，便拯救了密西根州一千五百條生命，後來流傳於美國，救人無數。

建立於錯誤之上

一九七八年，聯合航空一七三號班機在鄰近目的地波特蘭機場時，發生讓人驚恐的事。起落架指示燈顯示已放下，實際上卻沒有，機長麥克布魯（McBroom）專注於排除障礙，沒有意識到已經浪費太多時間，在距離波特蘭機場跑道十幾公里外燃料耗盡。麥克布魯的駕駛技術讓飛機得以降落在都市中一塊林木茂盛的空地，許多人得以倖存，包括麥克布魯本人。後來他告訴調查員，燃料箱空的速度「出人意料地快」，暗示燃料箱有裂縫造成外洩。與布羅米利的例子一樣，事實是因為起落架故障的緊急情況，他的時間意識受到影響。

一七三號客機事件是飛航安全的分水嶺，告訴我們「注意力是一種稀缺資源，一旦專注於某事，就會失去對其他事情的警覺性」。時間就在你身處緊急狀況時飛逝，讓你忘記重要的事，例如到底還有多少燃料。一七三號客機的事件報告導出了預防措施，例如讓組員更善於溝通表達、更有自信，並願意挑戰權威。機長與外科醫生很容易被認為是故意為之，但一七三號客機報告顯示人類的災難性錯誤，通常都是糟糕的系統設計及文化導致。在布羅米利的案例中，階級制度阻止了下級更強烈地要求進行氣切術，挽救可能流逝的生命。

席德說，二〇〇八年機長切斯利・沙林博格（Chesley Burnett "Sully" III Sullenberger，薩利機長）的客機迫降哈德遜河事件，並不是媒體刻劃的個人英雄事件。他能夠降落在水面上且沒有造成傷亡的原因很多，包括事件發生時與副機長保持良好溝通，以及空中巴士客機的自動駕駛系統，飛機迫降水面時讓飛機機翼保持完美平衡。薩林博格自己在訪談中曾說：「我們在航空業所知的一切，飛行手冊中的每一項規定，所做的每一套流程，我們之所以知道，是因為曾有人在某處失去生命。」

幸運的是，航空業有一套飛航記錄數據系統（存於「黑盒子」中，實際是橘色，避免飛機撞毀時隱於殘骸中），如此一來調查員就可以拼湊起事件發生的經過，一旦公布結果（法律要求），整個航空業都可以從中汲取教訓。如果組員僥倖脫險，可以在報告公布十天內申請豁免，免於起訴。公開這些「小錯誤」，意味著可以避免災難性錯誤。

伊蓮．布羅米利的丈夫馬丁（Martin）不希望大家忘記她的死，必須從中學到教訓。醫院拒絕調查事件發生的經過，而他曾是一名機師，也曾講授系統安全課程，馬丁開始發現，每件發生的事都有「特徵」，一套行為模式，如果沒有分析或改變，就可能一再發生在某人身上。他和其他醫療安全運動者的努力，提升醫療流程中的確認清單使用率，讓資歷較淺的醫師及護理師，認為病人可能因錯誤療程而有危險時，能提早發出警示，甚至有專門記錄時間的員工，因為事情出錯時，很容易忘記時間。

面對失敗時找藉口

第一個刑事上訴法院於十九世紀英國創立，經歷一番與法官們的抗爭，法官們認為他們的審判必須是最終定讞。司法失誤經常被視為一次性失誤，而不是司法體系中的某一個系統出了差錯。一九八四年，英國科學家亞歷克．傑佛瑞斯（Alec Jeffreys）無意中發現一種從血液中萃取ＤＮＡ特徵的方法，顯然在刑事案件中，單由證據即判定某人有罪很容易，那些已經坐牢好幾年的人，有些人甚至已坐牢十至十五年，開始大批大批地洗刷罪名，如今已經數百人已推翻定罪。

即使DNA證據確鑿，警方及檢察官也經常駁斥結果，試圖把人關進監獄，而不是接受證據，試圖改革系統，企圖守住他們的誠信，在某種程度上也說得過去：承認錯誤不僅會讓人質疑你的技能或工作，更會讓人懷疑你的職業。當一名檢察官，在法學院花了數年光陰，在法律體系中一步步向上爬，卻被發現所陳述的案子漏洞百出，或者錯判讓某人坐冤獄，或許會讓他覺得自己的職業生涯像場騙局。難怪證據會被駁回，不管多強而有力或無法推翻，就像社會心理學家理查．奧賽（Richard Ofshe）所說，對檢察官而言，錯判人有罪，「是最嚴重的職業錯誤之一，就像醫師切錯手臂一樣」。正如席德所寫：「DNA證據確實強而有力，卻不如守住自尊那麼有力。」

心理學家里昂．費斯汀格（Leon Festinger）發明了「認知失調」一詞，意指現實無法與我們的預期或信念相符時，當下內心的緊張感。這種情況下我們可以選擇接受錯誤，這會讓我們覺得自己不如所想的那麼好；或者否認，重新構造，或者完全忽略證據。當你已經大幅度地把自己投資於某事上，後者發生的機率就更高。

席德書中有一章提到英國前首相東尼．布萊爾（Tony Blair）持續為發動伊拉克戰爭表示支持，儘管證據顯示該國並沒有大規模殺傷武器（入侵的藉口），席德訪問布萊爾前公關主任阿拉斯泰爾．坎貝爾（Alasdair Campbell），並問及伊拉克戰爭時，坎貝爾說：「東尼是理性且心智堅強的人，但我不認為他能承認伊拉克戰爭是個錯誤。這件事的傷害太大了，即使是東尼也一樣。」

即使像經濟學這樣清楚的科學背景，也會受到「敘事謬誤」的影響，也就是人類企圖編造可信的故事，在事情發生後解釋事情為什麼發生。如果某隊贏了，是因為某個原因；如果某隊輸了，也是同個原因。二〇一〇年，一群傑出的經濟學家簽署一份公開信，公開反對央行量化寬鬆政策，警告這將重創美國經濟並導致通貨膨脹。這些都沒有發生，而四年過後，這些經濟學家受邀對當時的預測發表意見，沒有人承認他們的錯誤，很多人順口編了說詞，宣稱長遠來看他們是對的。席德說，經濟學專業中，凱因斯主義者及貨幣主義者間幾乎存在宗教般的差異，研究發現，低於百分之十的經濟學者會在職業生涯中改變基礎觀點；相較之下穆斯林還比較容易成為基督徒，反之亦然。他說，「這無疑是一個警訊，代表有些經濟學者並沒有從數據中學到教訓，反而扭曲數據。這暗示一種懷疑，某些世界上最讓人敬畏的思想家所提出的思想，並不在於創造新的、更豐富、更合理的理論，而是用於提出更扭曲的合理解釋，用來解釋他們始終如一的正確性。」

商業就是錯誤過程

別具諷刺的是，經濟學者如此原始，如此不樂於在面對新證據時改變觀點，尤其是關乎主軸——資本主義，其實就是建立於處理失敗的過程之上。約瑟夫．熊彼得發明「創造性破壞」一詞，將商業與工業的劇烈變動，形容為新產品及流程表達價值、舊產品死去的過程。席德說，這就是會發生，因為「自由市場仿效生物演化的過程」，也就是自然揀擇的過程，成功的產品只是完美適應環境的產品。

商業高速公路上都是曾被精準策劃並完美執行，卻乏人問津的產品殘骸到處散落著。這種羞辱的體驗導致了今日的「儘早測試、快速適應」的觀點，整體規劃被「與世界的快速互動」所取代——簡而言之，失敗也更常見。

席德與賓士一級方程式賽車團隊相處了一段時間，他們的成功是基於數百萬數據，密集且持續更迭的成果。創造了最初基本引擎後，經過數千次小失敗及調整後重新改造。賓士技術總監帕迪・羅伊（Paddy Lowe）說，這種「邊際收益」發生於一群聰明的人為了取得勝利而一起工作時，會激發非常快速的革新，「僅僅兩年前的東西看起來就像古董。止步不前等同於滅絕」。

人們仍然被誤導，成功就是要「想出絕佳的點子」，而席德指出證據顯示，最創新的公司、擁有最多專利的公司，通常都不是最成功的公司。想出讓人讚嘆的新科技及點子是一回事，運用原則創造可銷售的產品，設置供應鏈、行銷、銷售系統讓它取得成功又是另一回事。詹姆士・戴森（James Dyson）不是第一個想出氣旋真空吸塵器的人，但卻是第一個有決心以反覆試驗及錯誤，使其成為有效產品的人。他告訴席德，「最初的想法只佔這趟旅程的百分之二，其餘也不容輕視。」如果創造力是增加變異，也就是考量了各種可能性，包括實施一種有意義的文化，那麼實際產線就是消除變異，就是讓每次生產都會產出完全一樣的產品：

「沒有反饋機制領導的創造力不過是白噪音。成功是創造力及評估間複雜交互作用下的產物，兩者一起運作，不斷優化循環兩者。每次錯誤、每個瑕疵、每次失敗，不管多小，都只是偽裝中的邊際收益。這些訊息不是威脅，而是機會。」

席德提到，是否應該試圖改變世界（主要推動者如彼得．泰爾及伊隆．馬斯克），或只是調整、推出「最小可行性產品」，更迭至人們想要或使用的產品中，二者間的爭論始終未果。他說，現實是在現在的世界中，兩者都要做。每個企業都夢寐以求足以顛覆產業的突破性概念，但是想要實際主導新市場，必須有一項產品或服務，經過無情且無止境的測試及調整——也就是經常失敗。

總評

席德的思想受到科學哲學家卡爾．波普爾的影響甚巨，波普爾認為科學只有在認知到自己無法精準描述世界時才能進步。理論唯有在積極的證偽測試中存活下來，才能加入知識巨山之中。

生活及商業中，我們自然希望保護自己免於失敗的可能性中，因為失敗總是難受。但是我們所做的卻是讓目標變得如此模糊，沒有人可以為無法達成目標負責，也沒有人能為裹足不前找出保全顏面的藉口。然而，席德說，唯有我們改變與失敗的關係，才可能真正成功，個人如此，組織如此，社會更是如此。仔細觀察成就斐然者，或者任何卓越企業，會發現一種學習態度，幾近病態地希望檢視事情失敗時所發生的一切。席德想起麥可．喬丹（Michael Jordan）有名的Nike廣告詞：「我曾有九千次投籃失誤，我輸了三百場左右的球賽，曾有二十六次，我被託付投出最後的致勝球，卻還是失誤。」足球員大衛．貝克漢（David Beckham）以他努力不懈的訓練，以及可以將自由球轉為進球得分的超凡技巧而聞名，他對席德說：「但是當我想到自由球，我想到的是那些失敗的自由球。我經歷無數次的失誤，才能踢出好的自由球。」

馬修．席德

馬修．席德出生於一九七〇年英國雷丁（Reading, UK）。席德於牛津大學攻讀哲學、政治學、經濟學，之後成為一名運動記者，並於英國廣播公司（BBC）及《泰晤士報》擔任體育及文化講評人。他曾是英國桌球冠軍，蟬聯十年，並於一九九二年及二〇〇〇年代表英國出賽奧林匹克桌球項目男子單人組。其他著作包括二〇一一年《練習的力量：努力可以超越天賦，每個人都能站上巔峰》（*Bounce:*

Mozart, Federer, Picasso, Beckham, and the Science of Success）、二〇一七年《*The Greatest: What Sport Teaches Us About Achieving Success*》。

1911

科學管理原理

The Principles of Scientific Management

「我們可以看見森林正在消失，水力正被浪費，我們的土壤將被洪水帶進海洋，而煤礦、鐵礦的枯竭就近在眼前。人類糟糕、沒有效率、漫無目的的行為，導致他們身後毫無可見、有形之物能存留。即使我們每天失去的資源，遠比我們浪費的物質更多，但一個深深地擾亂我們，另一個我們卻幾乎不為所動。」

「那些擔心工作者的生產力大幅提升後，會讓其他人失去工作的人，應該了解要區分文明與不文明、富裕或貧窮國家的重要指標，就是一個國家的人均生產力，是他國的五到六倍。」

總結一句

提高效率能讓工作者、經理人、老闆都有豐碩的收穫。

同場加映

馬丁・福特《被科技威脅的未來》（12章）
道格拉斯・麥格雷戈《企業的人性面》（29章）
詹姆斯・沃瑪克＆丹尼爾・瓊斯＆丹尼爾・魯斯《改變世界的機器》（50章）

44

弗雷德里克・溫斯洛・泰勒

Frederick Winslow Taylor

弗雷德里克・泰勒說，十八世紀初期人們已經開始檢討地球的物質資源流失，或者是他們未能妥善利用資源這件事。但是，泰勒作為第一位管理學大師，這種思維只是以工作過程中極大程度的低效率，掩蓋人力資源的損失。

泰勒說，管理的目的很簡單：「為僱主帶來最大利益，也為員工帶來最大利益。」泰勒說，以寫作當時發生的工業動盪，似乎將資方與勞方放在兩個對立面，人們很難了解到這個簡單的目的。然而，如果整體企業作為變得更有效率，他相信，要達成高薪與成功企業的成就並不是不可能。

現代管理學思想家彼得・杜拉克將泰勒置於與達爾文、佛洛伊德一樣的地位，認為他是創造現代世界的重要人物，讓世界發現生產力及守時的重要性，並將泰勒的《科學管理原理》視為「自《聯邦論》[1]以後，美國對西方世界最深遠、最有影響力的著作」(〈知識社會的興起〉，*The Wilson Quarterly*於一九九三年出版)。是個貼切的讚美，如今大多數的人追求的是效率及生產力，從全面品質管理（Total Quality Management）到商業管理策略六標準差

（Six Sigma），從精實生產到自動化，都可以追溯至泰勒的思想。

基本上泰勒所做的就是將管理置於勞工之上，或是將系統置於個體工作者之上。他寫道：「過去，人必須為先；未來，系統必須為先。」

管理規範，而非拇指法則

泰勒敘述了製造業如何依循工藝路線發展。也就是，每個學徒都是跟著師傅學技術，而每個任務的完成方式可能有二十到三十種，並使用不同的工具。然而，任何任務的科學觀察及測量告訴我們：「總有一個方法，一種工作，可以比其他方式更快且更好地完成工作。」

不再以「拇指法則」從事製造，過往老闆或領班人員必須相信工匠是以最好的方式製造物品，而現在我們有了科學。科學方法意味著，管理人員成為辨別效率的重要角色，這個知識不再屬於工匠自己，因為這對工匠的教育水平來說太先進了。泰勒描述這個新關係是更密切的朋友關係，確保企業完整地實踐潛力，並能持續地發展下去。換句話說，也就不再需要一個要求嚴苛的老闆鞭策自己的員工，

1《聯邦論》（*Federalist Papers*）一七八八年出版，由三位美國開國元勳詹姆斯・麥迪遜、亞歷山大・漢彌爾頓、約翰・傑伊所著。內容為制定美國憲法時，關於美國憲法、聯邦制度的評論合集。

更不需要工人們緩慢的滑稽舉動。有了科學方法，可以創造雙贏局面。泰勒說，在他的時代，運用科學管理系統的企業都得以蓬勃發展，與因循舊規的工廠與商店相較，員工也能得到更好的報酬。

生產力的成果

泰勒花了很長篇幅談論「懶怠」，拿了一份薪水卻只付出一半的勞力，他說這是「英國及美國的勞動力人口正承受的最大罪惡」。同時，條理有序的勞工鼓動企業賺取更多利益時，泰勒堅持，如果遲緩的工作效率可以被接受，這件事就不可能發生。但是它建立於錯誤的觀念上，人們越努力工作，就越不需要這麼多工作者，他們將面臨失業。

他說，這個觀念忽視了一個事實，如果公司成長茁壯並開發新的市場，即使工作者的效率提升，也會需要更多人力。效率意味著製造過程成本降低，而商業的鐵則就是「日常使用的物品降價，通常會引發該物品的需求增加」。泰勒以鞋子為例，鞋子曾經非常昂貴，因為所有鞋子都是手工製作，所以許多人多年來都穿同一雙鞋子，或乾脆赤腳。機械化時代到來，製鞋變得更簡單（也更便宜），而和從前相比，更多人受聘於製鞋業。泰勒說，有太多血汗工廠及超時工作的負面新聞，卻鮮少有人注意蓄意的**偷工**，將延續低薪、低效率的產業。

泰勒以「效率」貫穿全文，但真正談的是生產力，他寫道：「除非你的員工和你的機器每天工作的量，比其他周邊競爭者更多，否則顯然無法支付給員工更好的薪資。」泰勒的著眼點在美國國內經濟，但思維可以運用在國際市場。如果國家的企業具有生產力，就能有更多的人均生產力，成本將能降低，而他們的商品在世界市場上也將更有競爭力。這是國家昌盛的唯一辦法。

打破它

泰勒出身自富裕的家庭，但沒有選擇與同齡人相同的職業生涯，踏入銀行業或法律界，轉而踏上工程師之路。做過模板製造及機械工的學徒後，二十歲出頭進入費城米德爾鋼鐵公司（Midvale Steel）工作，先是自己做車床加工，後被派去管理車床加工員，因為持續尋找提升工作效率的方法而屢次升遷。有些在商店工作的朋友說，他的職業生涯岌岌可危，因為他不依循事物舊有的方式行事，包括有時為了降低工作效率而把機器拆掉。他和朋友們在不同的社會階級（他的家族是米德爾鋼鐵公司老闆的朋友），但他不怕被排擠，勸說米德爾的老闆，為了改進工作效率，要謹慎檢視工作流程。

他的著名研究由此誕生，目標是搬運生鐵的人。他發現，如果將搬運生鐵的重量降低到某個重量，一個強壯的人就可以工作一整天而不覺得累，如果提高休息次數，人的手臂就可以恢復力量，讓血液可以重新供應肌肉組織，一個人工作一整天可以搬運四十七噸生鐵，遠高於一般的十二噸。有特別高的生產力，公司就可以支付一天一・八五美元的薪資給這個人，而非普通薪資一天一・一五美元。泰勒的結論是：你無需仰賴人的良心或積極度來好好地完成工作，只需細分工作內容，讓每個細節更有效率，告訴工作者現在該如何完成工作。

在伯利恆鋼鐵工作時，泰勒發現受研究的八人小組中，只有一人能一天搬運四十七噸，僅是因為他過人的體力。這個人不一般，又沒有那麼特別，因為泰勒毫不費力地在附近找到同樣好體力的人。他提出疑問，在舊的管理系統下，為了更有效率，開除這八人小組中另外七人的機率有多大？零。而這代表那些被搬運生鐵工作淘汰的人，可以很快地在伯利恆鋼鐵中找到其他工作，他們更適合的工作，也能賺到更多薪資。泰勒說，工人選擇科學原則不只會大幅改善效率，也會讓工人更快樂。

鐵鏟及軸承

泰勒還發明了鐵鏟實驗。作為伯利恆的顧問，他設計了許多不同的鐵鏟，用以不同的運載量及材質。舉例來說，小鐵鏟可以用來鏟重的礦，大鐵鏟可以鏟輕的煤灰。而結果就跟生鐵業一樣，讓每個工人的體力都能平均發揮，就能處理更多的礦物。伯利恆這樣的公司規模，在一個兩英里長的產區有六百名鏟礦工人，表示公司的成本及產量可能有極大的差距。之前，工人們被分成小組，聽從領班指揮；現在，每天都有一組人專門分析每個工人每天完成的工作量，有了分析結果他們可以檢視是否達到標準，再進一步計畫接下來的工作量。泰勒說，即使必須額外支付分析及時間規劃小組薪水，以分析及追蹤工人，但是每噸鐵的製程成本卻減了一半，同時，工人們也喜歡新的廠區規則、更高的薪資，管理人員和工人間的關係也變得更融洽。他說，當工人被分成小組，他們的效率和動力也會掉得和效率最差的小組一樣，當工人被以個體對待，也有人對他們的工作內容提供建議，他們就有更多動力改進。工人願意增加一點工作量，以換取更高的薪水，泰勒看到其中的改變：「他們的生活品質更好，開始存錢、更有目標、工作得更踏實了。」

泰勒提到工程師法蘭克・吉爾布雷斯（Frank Gilbreth）的砌磚研究。吉爾布雷斯可以將砌磚的動作從十八個減少到五個，讓每小時的砌磚數量從一百二十塊增加到三百五十塊。泰勒說，要靠砌磚工人自己組織起來，達到這樣的效率是不可能的，這只能靠旁人客觀地分析，看看如何能以科學立場改善效率問題。當泰勒及其團隊被要求重新組織專製腳踏車滾珠軸承的工廠，他做了一件前所未聞的事：他將負責檢查滾珠的女工，每天的工時從一〇・五小時減為八・五小時，而縮短了工作時數後，她們的產量並無改變，當然是在謹慎的工人選擇後才有的成果。最有效率的女工不一定是最聰明、最可靠、最努力的，她們只是眼力好，能很快辨識出瑕疵，經過測試眼力夠快的人就能留在原職位，其他人必須離開。這教會我們：在很多工作中，特殊的資質最為重要，而不是一般素質。其實，那些值得信賴的女工最大的問題，就是她們過度檢查，浪費時間。這類研究促成了「差別計件工資制」，「每個女工的薪資都是依據她的產量增加，以及她的工作精確度」。此制度讓工作完成量及品質都大幅度地提升。

泰勒的思想遺產

科學管理讓生產成本更低，代表產品價格也更低，標準化生產也意味著更穩定的品質。而生產力方面也有不可思議的躍進，今天一個人能完成一半甚至全部的工作，是一世紀前無法完成的事，這些都歸功於泰勒的思想。

但是泰勒管理革命的成果，雖然他在書中說，結合管理及勞工的意圖良善，卻讓許多工作無可避免地失去了人性。而工匠技藝的驕傲，也被機器提供的「最好方式」取代，如果不認同這種方式，很快就會失業。泰勒思想在亨利．福特的汽車工廠中備受讚揚。可以說，不是產線本身導致福特的巨大生產力，只是降低了汽車價格，真正有幫助的是每項工作、過程，都被最大程度精確化地發揮最高效率。工人們每天可能可以領到五美元薪水，但換來的是乏味單調。泰勒敘述了工人的嶄新世界，科學管理加速了工作效率，但工作結束後工人也精疲力竭。他的時間與動作研究受到嘲笑，《生活》雜誌（*Life*）便刊登了一則諷刺漫畫，內容親吻的十五個不必要動作。

科學管理的批評者遍佈世界各地的工會，試著維護舊的技藝體系。無政府主義者艾瑪．高德曼（Emma Goldman）及哲學家安東尼奧．葛蘭西（Antonio Gramsci）都起身捍衛工人的努力。一九六〇年代，心理學家道格拉斯．麥格雷戈在《企業的人性面》曾將矛頭指向泰勒主義，他認為泰勒思想是基於對人類動機的不信任，對泰勒而言，工作者的本質就是懶惰，只為了錢而工作，所以必須像老鷹一樣緊盯著他們。麥格雷戈將層次拉高，人類有更高等工作的動機，例如驕傲、責任感、甚至創造力，開創了另一個典範。而結果是，今天，多數公司將麥格雷戈的觀點，置於宣揚職場文化的核心位置，同時奉行泰勒主義於商業中，無情地講求效率。

總評

泰勒主義從未消失，只是以不同的形式表達。管理顧問提出的任何「業務流程重組」，或運用行為科學審查應聘者或在職者，或運用監控系統看工作者花了多少時間在社交媒體上，這些都是泰勒會同意的方法。如果科學管理的最終目標是不斷提升生產力及降低成本，那麼自動化與運算法的時代，的確將人類一起屏除於算式之外，泰勒主義者的夢想確實成真了。從馬克思主義觀點來看，泰勒主義可以被視為一個資本工具，以降低商品價格，讓人人都能負擔得起為由，削弱勞動力需求。

泰勒思想遺產之一，是開啟了商業作為學術研究的先河，從經濟學與政治經濟中正式分割出來。泰勒受邀於哈佛開了一系列講座後，一九〇八年哈佛商學院正式開辦，其推動者經濟學教授愛德溫．蓋（Edwin Gay）說：「我相信有一種科學方法潛藏於商業藝術之中。」如今，有些人後悔這種發展（請參考哲學家馬修・史都華所著之《*The Management Myth: Debunking Modern Business Philosophy*》），認為科學是一種常識而非科學，並認為博雅教育（人文教育）才真正能幫人於商業中取得成功，就像工商管理碩士（MBA）學位一樣。

《科學管理原理》同時也是文學遺產，它易讀、好懂，還有引人入勝的舉例，當年就是暢銷書，多年後仍是，並奠定了現代商業書籍之基礎。

弗雷德里克・溫斯洛・泰勒

泰勒一八五六年出生於美國賓州費城（Philadelphia）的日耳曼鎮區（Germantown），他的家族是搭乘五月花號來到美國的天路客（Pilgrims）[2]，信奉基督教貴格教派。父親是一名律師，母親積極參與社會議題，包括廢除奴隸制。

泰勒自小受母親教育，後就讀於菲利普斯埃克塞特學院（Philips Exeter Academy），泰勒原本計畫去哈佛讀書，但因為視力不好而退學。他曾在一家泵浦製造廠當過學徒，之後進入米德爾鋼鐵公司，並利用空暇時間取得工程學位。他在緬因州一間造紙廠擔任廠區經理三年後，一八九二年泰勒以顧問工程師頭銜踏入商界。一八九五年發表了計件制的重要論文。

泰勒在伯利恆鋼鐵任顧問一職時，曾發明了數個切割鋼鐵新製程的專利，讓他收入頗豐。接下來數年，泰勒創辦了一間利潤豐厚的商業諮詢公司，他的名聲對東部鐵路運費案相當有幫助，檢察官路易斯・布蘭戴斯（Louis Brandeis）認為與其調高運費，鐵路只要能變得更有效率，每天就能省下百萬美元。事實上，正是這位泰勒的追隨者布蘭戴斯，發明了「科學管理」一詞。

一九〇六年至一九〇七年，泰勒任美國機械工程師學會（American Society of Mechanical Engineers）會長。然而，《科學管理原理》要出版時卻屢遭拒絕，最後由泰勒自行出版。泰勒晚年於達特茅斯學院（Dartmouth College）的塔克商學院（Tusk business school）擔任教授。一九一五年泰勒逝世。

泰勒年輕時是網球、高爾夫球冠軍，他曾贏得第一屆全美網球錦標賽冠軍（和搭擋克萊倫斯・克拉克，其家族是米德爾鋼鐵的股東之一），並於一九〇〇年奧運贏得高爾夫項目第四名。

---

2 十七世紀時一群英國人因不滿英國國王，出走至荷蘭，後在荷蘭無法生活，決定駕五月花號至新大陸美洲。美國稱這些人為「天路客」。

2014

從0到1：打開世界運作的未知祕密，在意想不到之處發現價值

Zero To One

「商業中每個瞬間都只有一次。下一次比爾．蓋茲就不會開發操作系統；下一次賴瑞．佩吉和謝爾蓋．布林就不會創造搜尋引擎；再下一次，馬克．祖克伯就不會推出社群網路。如果你只是仿效這些人，就沒有真的學習到其中精髓。」

「經濟理論外的真實世界，每個成功的事業，某種程度上都是做了其他人做不到的事。因此，壟斷並不是異常或例外事件，壟斷是每個成功事業的必要條件。」

「有競爭力的生態系統會將人推向殘忍或死亡境地。像Google的壟斷是不同的，因為無需擔心與他人競爭，它有更寬廣的自由度可以關心它的員工、它的產品，以及它對廣大世界的影響。唯一能讓商業不再是為了生存，而日日殘殺奮鬥的就是壟斷利益。」

總結一句

被高估的競爭，最成功的商業是透過絕佳的產品，創造自然的壟斷。

同場加映

羅恩．切爾諾《洛克斐勒—美國第一個億萬富豪》（5章）
克雷頓．克里斯汀生《創新的兩難》（6章）
本．霍羅維茲《什麼才是經營最難的事？：矽谷創投天王告訴你真實的管理智慧》（15章）
金偉燦＆芮尼．莫伯尼《藍海策略》（21章）
理查．柯克＆葛雷格．洛克伍德《極簡策略》（23章）
艾胥黎．范思《鋼鐵人馬斯克》（48章）

45

彼得·提爾

二〇〇〇年三月，那斯達克綜合指數（NASDAQ）技術股飆破五千點，到了二〇〇二年，剩下一千一百一十四點。

許多人對科技產業的幻想破滅，人們開始傾向以全球化取代科技，認為這樣更能促進繁榮。對投資者來說，這是轉向傳統產業的機會——「從滑鼠轉為磚塊」。而網際網路泡沫事件引發了「精實」革命，新創企業避免大筆資金投資需求，不再誇口要「改變世界」，轉為單純滿足市場需求，面對真實市場時小心、腳踏實地地處理產品測試及服務。

《從0到1：打開世界運作的未知祕密，在意想不到之處發現價值》，Paypal創辦人及創投家彼得·提爾惋惜轉為漸進主義的風氣。確實有很多公司是趁著網路熱潮時創立，他承認，但也有很多公司光有遠大的願景，希望改變這個產業，或者創造一個新的產業。他寫道：「大膽冒險肯定比庸庸碌碌更好。」這世界上多數商業都在仿效或漸進式發展（從1到**N**），但要創造一些純然全新的產物，一些「新鮮且特異」的，就是從0到1。

提爾看見兩個進步的大方向：一是科技，他定義為「任何全新、更好的做事方式」；二是全球化，基本上已經在世界各地成功地傳播實務及科技。歷史中已經有多次紀錄，快速的科技發展通常伴隨程度較小的全球化，反之亦然，但提爾認為基本上全球化並不如科技那樣重要，科技才是引導進步的主角，因為全球化只是運用現有科技（就像燃煤工廠或汽車工業），最終會導致很多傷害，自掘墳墓。唯有透過**變革性**技術，世界才能真正改變，生活品質才能得以提升。

提爾說，所有科技進程的關鍵在於新的風險、新創企業，也就是「一小群人因為使命感聚在一起，要將世界變得更好」。透過個人力量很難成就任何事，但一樣的，大多數新事物都不是來自於大型的現存企業。

《從0到1：打開世界運作的未知祕密，在意想不到之處發現價值》是一堂提爾於史丹佛大學開設的創業課程，一名非常認真的學生布雷克・馬斯特斯（Blake Masters）做了非常詳盡的筆記，並開始流傳於學校外，所以提爾決定將這些筆記出版成書。有許多商業書籍只是說了當時的主流思想，提爾的非主流智慧反而讓《從0到1：打開世界運作的未知祕密，在意想不到之處發現價值》格外引人注目。

競爭意識vs.壟斷之美

二〇一二年，美國航空平均每次航班服務每個客人只賺取三十七美分，雖然整體航空業收益有一千六百億美元。同年，Google收益五百億美元，其中**百分之二十一**為淨利。結果是，Google比整體航空業更值錢。而航空業與Google的不同在於，航空業處於彼此競爭的情勢中，但Google在搜尋引擎及廣告收益方面，握有至高主控權。

經濟學告訴我們，競爭是好的，它終會帶來品質與價格的平衡點。前提是一場完美的競爭，提爾說，事實上競爭者們只會得到極少的利潤，或者根本沒有利潤。而與這種競爭完全相反的是壟斷。內部腐敗或任人唯親帶來的壟斷，他沒有興趣，因為有別人無法介入的產品，而得到主控權的公司才能吸引他的注意。提爾寫道：「美國人將競爭視為神話，認為能將我們從社會主義的貧困隊伍中解救出來。事實上，資本主義與競爭是死對頭。」

商業看起來都很相似，但細看會發現全然不同。比起那些糾纏於競爭中的公司，壟斷主義者更為成功，他們會努力掩蓋成功的事實，害怕受到更多監管或公眾抗議，但只有壟斷企業可以承擔非商業目的，並照顧員工。回想托爾斯泰（Tolstoy）的至理名言，所有幸福的家庭都很相似，提爾主張所有幸福的企業都截然不同，因為「每個取得壟斷權的企業都解決了一個獨特的問題」。反之，「所有失敗的企業都一樣：他們敗於逃離競爭」。與傳統觀念相反，好的壟斷，如二十世界初期約翰·戴維森·

洛克斐勒的標準石油，神奇地改善了燃燈的品質與安全性，讓汽車引擎的潤滑油合乎統一標準，真正為社會進程及福祉有所貢獻。你當然可以說Google不能與之相提並論。

我們堅持競爭是促成進步及福祉的唯一理由，就是一種**意識型態**。提爾不只討論商業中的競爭，還有人生。人們爭搶著進入最好的大學，努力得到最好的成績，再努力被最好的銀行、法律事務所、管理顧問公司聘用。如果人們這麼做了，他們就只是「被安排」著，提爾也曾在這個被安排好的路上。他沒有得到最高法院的書記官一職時，他非常難過，但事後看來，這是最好的事。如果他浪費生命在這種損耗精神的競爭，他就不會創造出任何新事物，像Paypal。有時候你需要競爭，或嘗試消除競爭者（或是兼併，就像提爾與伊隆・馬斯克聯手創辦Paypal一樣），但多數時間正面競爭都是在浪費力氣。製造壟斷才是好上加好的方式。

持久優勢或壟斷的特色是什麼？它們都有專屬科技在手，至少比其他競爭者好上**十倍**（例如，Google的搜尋引擎比別人好十倍；亞馬遜的書比實體書店多十倍；蘋果的iPad比微軟和諾基亞的平板電腦好十倍），還有規模經濟。壟斷商業的特色是規模越大就越強大；舉例來說，Facebook、Google或推特的規模沒有極限，但其他企業卻在試圖擴大規模時發生問題。

提爾提到許多新創企業的錯誤：相信他們可以取得「一千億市場的百分之一」獲得成功。那個市場已經充滿競爭，最好是開發新市場，為一群特定團體提供產品。亞馬遜的傑夫・貝佐斯想稱霸線上零售市場，先從書籍下手，一個很好統整、方便出貨的產品；eBay一開始迎合一些不起眼的狂熱業餘愛好者；當然，「世界通用」的Facebook一開始也只是校園限定的網路服務。提爾說：「寧可起步過小，原因很簡單：要在一個小市場掌握主導地位，比在大市場更簡單。如果你認為初始市場可能太大，那一定太大。」提爾和他在Paypal的同事們先從一個特殊族群下手，eBay「急速成長的賣家」，讓他們可以更快速地處理大量交易，而非一開始就面向一般大眾。

如今的商業世界談論太多「破壞」，提爾說。新創企業創辦人似乎專注於「與敵人戰鬥」，與黑暗的大型企業、產業纏鬥，而不是開發一些全新的產品。但是圍繞著敵人思考會阻礙創造力，破壞有不好的含義——是毀滅，而非創造。一個新創企業創辦人的任務是避免競爭，而非鼓動競爭。

明確的樂觀主義者在哪？

提爾認為自己是自由主義者，但他讚揚過去數年政府將人送上月球，或製造原子彈的努力。而他也惋惜，今日的政府似乎更關注社會保險，而不是創造革新。不管是左派自由平等主義者，還是自由論的個人主義者，都沒有任何明確的計劃。前者關注於公平、平等的資源分配，後者關心個體自由，但似乎沒有人對未來有宏大、實在的計劃。而企業中，公司「將現金置於財務狀況表上，卻沒有投資在新計劃上，因為他們沒有未來的實質計劃」。提爾區分出「不明確」的樂觀主義者，他們相信事物會漸入佳境，但並沒有提出藍圖或明確的計劃；而「明確」的樂觀主義者，認為未來是可以被設計、打造出來的。

達爾文的理論呢？他認為進程並不是因為任何人的意圖。提爾說，這導致新興文化認為「我們並不知道下一步是什麼」，我們被告知只要生產「最小可行性產品」，「重複踏上一樣的成功之路」。提爾提問，以哲學層面來看，如果我們做某件事，卻不能有重大進展，那麼做這件事的意義是什麼呢？

提爾說，蘋果成功的真正祕訣不只是絕佳的產品，而在於**計劃**。他們對未來幾年要發表的新產品，有一張明確的時間表，這些產品並不是重點小組討論或模仿別人而提出，提爾寫道：「人們將未來視為隨機的世界，有明確計劃的商業總會被低估。」二〇〇六年，雅虎要注資十億美元給Facebook，但馬克・祖克伯否決了該提議，因為他對這間公司有更遠大的計劃。事實證明他是對的，越遠大的計劃，就必須用更多時間完成。最好的科技公司並不在於現在創造的現金，而在於從現在起十到十五年間的用戶，尤其他們的計劃是成為該領域的龍頭平台時。創造宏大且明確的計劃，將市場轉為實質高價。

殺手團隊

提爾的名言之一是，「一個新創企業要是搞砸了基礎，就很難再修復」。作為創辦人，除了要推出的新產品或新服務，你會面臨到最重要的決定就是合作夥伴。當然，相輔相成的技術很重要，但更加重要的是，合作夥伴是否有成功與人創立公司的紀錄。就像你不會和派對上初次遇見的人結婚，和初次在社交活動中遇見的人一起開創公司，這是一件很瘋狂的事。

而對於新員工，你想知道他們是否想和你、你的團隊一起度過職場生活、是否合適，最重要的是應該給他們一種想法，「這是一個機會，一份不可取代的工作，和頂尖人才一起解決特殊問題」。你希望能提供像一九九九年Google或二〇〇一年Paypal那樣的職場環境，這是非常緊密的團隊，工作與社交生活都密不可分。提爾盡可能讓性格相近的人聚在一起，就像他說的「我們都是同一類的呆子」——沉迷於科幻小說、資本主義、創造新型科技貨幣，取代官方貨幣，包括美元。在外人看來，大多數新創企業都像邪教，當然不是像吉姆．瓊斯（Jim Jones）的邪教，要人死亡的狂熱，他們只是固執地癡迷於可能達成的認為。提爾寫道：「一間成功的新創企業，會異常地**專注**於外界不關心的事，他們的『祕密』會帶來改變。」

「Paypal幫」包括伊隆．馬斯克（後來創立了特斯拉汽車及SpaceX）、里德．霍夫曼（Reid Hoffman，創立LinkedIn），以及創立YouTube的陳士駿、查德．赫里（Chad Hurley）、賈德．卡林姆（Jawed Karim）。二〇〇二年Paypal以十五億美元賣給eBay。

雞蛋放在同一個籃子裡

風險投資就是企圖抓住新創公司早期的成長指數，這些公司的報酬會比其他公司高出非常多。提爾說，即使美國只有低於百分之一的新創公司接受創投基金，但這些公司成功後會對整體經濟產生很大的影響。有創投基金支援的公司，創造了民營企業中百分之十一的職缺，產出國內生產總額（GDP）的百分之二十一，最大的十二間科技公司，目前市值超過二萬億美元，都由創投基金扶植。

提爾說，即使是專業投資者，也經常低估成功企業和其他企業的差異程度，假設報酬分布於他們投資的公司，甚至報酬相當（例如六個投資組合中，兩個會失敗，兩個打平，兩個會創造兩倍、四倍的報酬），投資者會相信這種分散式投資，基於成功企業會平衡掉失敗企業的損失，但這種方式通常只會導致失敗。你需要的只是一個成功故事，這次成功會遠遠超或其他投資（例如說，提爾的創辦人基金投資了Facebook），即使投資數量超有二十到三十個。這導致了「可怕」的潛規則，風險投資者只應該把錢投入新創企業，而這些新創企業的報酬可以等於投資組合中所有公司的總和，「希望取得大規模的成功」。如果你放二十五萬美元給數以百計的新創公司，你很快就會破產，在任何時候，提爾的基金只會投資六間公司，他認為這些企業可以在基礎面成為大型的壟斷企業。

提爾說，商業和生活一樣：涉獵得越多，你的賭注越是多樣化、越能保值，就表示你對自己的未來沒有信心，你相信不明確的結果：「生活不是投資對象，對新創企業創辦人來說不是，對所有人都不是。」

讓人意外地，提爾說，在創辦自己的公司前，你應該深思熟慮，或許加入一間正在快速成長的公司更為明智。舉例來說，你可能希望成為公司的唯一擁有者，可是一旦失敗，你將一無所有。反之，如果你在Google早期加入他們的團隊，得到百分之〇點〇一的股份，現在市值就有三千五百萬美元了。

總評

成功沒有公式可循，提爾說，企業家精神只能傳授一個大概，如何創造嶄新、有價值的東西仍然是一個謎。但是他觀察到一個強大的模式，「成功的人會在意想不到的地方發現價值」。許多人認為他們可以創建一個偉大的企業，打造一個全新的操作系統或社交媒體平台，但如提爾所說，「商業中每個瞬間都只有一次」。未來的商業新星正在創造此刻沒有人相信會需要的東西。他的提問是：「什麼有價值的公司不是人創造出來的？」應該是每個企業家思想中最重要的部分。

提爾在這本書最後以科技烏托邦式的角度思考「科技奇點」，科技融合可以提高生活水平。他說，無論這是否真的發生，重要的是我們作為個體，都是獨一無二的，充分發揮我們的潛力，將某物成為現實，「創造新事物不僅可以讓未來變得不同，甚至變得更好」，而「超越漸進式進步」的最佳工具，就是新創企業。

彼得・提爾

彼得・提爾一九六七年出生於德國法蘭克福（Frankfurt, Germany），一歲時父母帶著他移民至美國，住在俄亥俄州克里夫蘭。父親是一名化學工程師，因為工作需求，全家從南非（South Africa）搬到奈米比亞（Namibia），最後定居於加州福斯特城（Foster City, California），鄰近新興的矽谷。他非常喜歡閱讀科幻小說，例如英國作家托爾金（John Ronald Reuel Tolkien）、美國作家艾茵・蘭德（Ayn Rand）。他的西洋棋術全美排名第七，高中畢業後進入史丹佛大學學習哲學，並開始參與校園政治，一九八七年創立《史丹佛大學評論》（*The Stanford Review*），反對政治正確及校園中的自由主義偏見。他對競爭的想法，受法國哲學家勒內・吉哈爾（René Girard）影響頗深。

一九九二年，提爾畢業於史丹佛法學院，在紐約擔任律師及金融產品銷售員期間很不快樂，後來回到加州，有了朋友及家人的投資，他創立了風險投資基金公司 Thiel Capital。一九九九年與馬克斯・列夫琴（Max Levchin）一起創建 Paypal，二〇〇二年賣給 eBay，分別創立了兩筆投資基金公司：Clarium、Mithril。二〇〇四年，提爾投資五十萬美元給 Facebook，得到百分之十股份，成為董事會成員。同年創立帕蘭提爾科技公司（Palantir），一間數據分析公司，有美國情資機構使用的反詐騙、犯罪追蹤技術。二〇〇五年，提爾創立風險投資公司創辦人基金（Founders Fund），投資項目包括 Airbnb、Lyft、Spotify。近期投資領域包括長壽科技、大麻產業、海中造城。

帕蘭提爾基金提供十萬美元獎學金，提供給有意離開大學，追求有遠景商業理念的學生。提爾一直猛烈批評大學教育成本與收益不符。

二〇一六年他私人捐助職業摔角選手霍克．霍肯（Hulk Hogan），進行一場對抗八卦新聞網站Gawker的私人訴訟，霍肯贏得訴訟後，成功導致Gawker破產，而Gawker正是當時揭露提爾同性戀身分的媒體。美國總統大選時，提爾捐助一百二十五萬美元支持川普，並在二〇一六年共和黨全國代表大會上致詞。

1970

提升組織力：別再扼殺員工和利潤

Up the Organization

「一般公司裡，在收發室的男生、總裁、副總裁、在紀錄席的女生有三個共通點：他們都溫順，他們都無趣，他們都遲鈍。受困於組織架構中的各個欄位，成為公眾與私人階級制度下的奴隸，因為沒有人能改變他們，只能一直盲目地運行下去。」

「當大多數大企業都同意某些實務或政策時，就可以肯定它已經過時了。問問自己：『世俗認知的反面是什麼？』然後追溯至合理的部分。」

「你無須放棄或妥協自己的原則，只為在組織中成功。原因在於，每個人都急於拋售自己，或經常出賣自己，但你不急著出賣或妥協，馬上就會脫穎而出。」

總結一句

亮眼的企業表現不同於世俗觀點的認知，不在於聘請優秀人才，而是讓公司員工得以展現才能。

同場加映

彼得・杜拉克《杜拉克談高效能的5個習慣》（10章）
派屈克・蘭奇歐尼《克服團隊領導的5大障礙》（25章）
道格拉斯・麥格雷戈《企業的人性面》（29章）
艾爾・賴茲＆傑克・屈特《定位：在眾聲喧嘩的市場裡，進駐消費者心靈的最佳方法》（32章）

46

羅伯特・湯森
Robert Townsend

羅伯特・湯森在美國運通服務了十四年（一九四八年至一九六二年），他說這間公司「即使幾乎每件事都做錯了，也還是很有錢」，這段經歷教會他懂得思考與傳統認知相反的價值。《提升組織力：別再扼殺員工和利潤》是一種對大型組織的抗議，自一九六〇年代起這些組織似乎接管了一切，從通用汽車到美國國防部（US Defense Department）皆然。湯森注意到小公司的朋友都在仿效大公司模式（「如果時代公司（Time Inc.）將管理者安置在華麗的辦公室裡，那必定是做大規模的途徑。」），他為此感到震驚。反其道而行，他宣布創辦公司的宣言，一間「像人的公司」，這個想法受到道格拉斯・麥格雷戈《企業的人性面》的影響。

《提升組織力：別再扼殺員工和利潤》寫作時，世界仍是備忘錄與全錄印表機統治的時代，員工必須寫申請書才能打長途電話，在公司高層看到的女性都是野心勃勃的人妻。看似狂人時代的現象（確實，這本書出版時正是電視影集時代，橫跨一九六〇至一九七〇年代），湯森收藏著、依字母排列的那些短篇小說，遠比成山堆疊的當代商業書更具永恆價值。

我們大多數人都是豪奪、貪婪、奸詐之人的後代，而這些人「可以讓成吉思汗看來就像聖人甘地」。湯森寫道。我們的第一個選項就是接受這個真相，活成公司般的人生，盡可能搾取現金、好處及閒暇時間；第二個選項就是「非暴力的游擊戰爭」，我們持續在組織中與懶惰抗爭，就能復甦並回到原始目的。有了大膽、進取的傳統，至少可以創辦一間不會逃避衝突的公司，扛住開創新市場及改變產業的目標及樂觀態度。

這正是湯森作為安維斯租車公司執行長所做的，他讓公司的銷售額翻倍成長，成為革新者，並首次盈利。就是在湯森領導之下，「我們會更努力」的知名廣告詞才誕生了，他的書像意識流文學，敘述什麼是錯的、什麼是對的，或者關於當代商業，節奏簡潔、充滿智慧，通常還有依照子母排序的建議，以有趣的章節呈現。

廣告

湯森的第一個建議就是開除現在配合的廣告公司，去找城市裡生意最好的，真正能煽動人心且具創造力的公司——給他們空間自由創作廣告。

一般來說，高層看過廣告公司做的初始版廣告之後都會潑冷水，但湯森決定將安維斯廣告全權交給廣告大師威廉·伯恩巴克（Bill Bernbach），因為他知道伯恩巴克的公司能做出他想要的廣告。伯恩巴克團隊做了很多安維斯相關研究，得出很坦白的結論：「他們能說的唯一一句實話，就是安維斯是第二大品牌，員工也都很努力工作。」這並不足以作為廣告宣傳，但湯森做了一項協議，並堅持這麼做。接下來的事大家都知道了，「我們會更努力」這句話（於一九六三年推出）取得驚人成就，至今還在使用。

企業矜持？湯森寫道：「不要聘用一位大師為你畫一幅傑作，然後讓一屋子的學生藝術家從他的肩膀上提出建議。」

電腦及它的守護者

湯森咒罵資訊科技人，他稱之為「把事情複雜化，而非簡化的人」，他們的術語是為了不讓你知道他們正在做什麼，為自己樹立神祕感或神聖感。永遠別忘了電腦和資訊科技人是服務於組織。湯森說，當你聘僱一個資訊科技人，記得附帶一個條件，每年必須有二至四週時間去服務或銷售單位工作。像這樣有傷職業尊嚴的舉動，才能真正分辨出資訊科技人是真正為了組織著想，還是只是將組織視為展現個人技能及進步的工作。

湯森提醒我們，沒有足夠的轉換期，不要輕易將人工操作轉為自動化，沒有公司會因為太晚轉為自動化而倒閉，卻有很多公司貿然將工廠或辦公室電腦化而一敗塗地。關於資訊科技的所有決策，都應該由最上級決定，並完全理解其中涉及的內容。不要讓電腦迷把你的公司當成遊樂場，讓他們開發出缺乏嚴謹測試及抱有懷疑的想法有地方試驗。

財務控制

「人是複雜的動物。人在壓力之下才會簡化，把人置於財務壓力之下，他就會痛苦地尖叫。然後會想出一個計畫，讓自己都驚訝的計畫，不僅成本更低，也比原本的計畫更好、更有效率。」

職務敘述

另一個湯森提出的極端建議是，廢除職務敘述。職務內容只是「在過去的特定時刻意圖寫下職務敘述者所理解的範圍，停止繼續工作」。任何高薪、非重複性的工作都一直改變，這是人在工作中真正能有創造力的機會。根據固定的職務敘述來評斷員工會打擊士氣，直接看某人達成了什麼目標會更明瞭，不該靠人事寫下的職務敘述判斷他們應該做些什麼。

除去官僚風氣

指派一個狂熱份子在組織裡奔走，四處要求浪費時間的填表及寫報告，當他發現制度化事例，就必須怒斥「胡說八道！」

聘僱

招聘時應該避免高價的外部人士，提拔公司裡公認為成功人士者，有他們對公司的基礎瞭解，即使是不了解的事，也可以很快地在數月間學起來。名聲響亮的外部人士可能要花上幾年，在公司與產業間纏鬥不休。不要聘用哈佛商學院畢業生，他們受的訓練是未來成為產業的領袖，但通常無法滿足每個優秀組織的需求：謙遜、尊重第一線人員、勤謹、忠誠、判斷力、公正、誠實。

真正的領袖風範

領導者有各種形象與眼界，但共通點在於受他們領導的人都有極佳的表現。如老子所說，「太上，不知有之。」因為他們專注於當員工背後的推手，而不是關注於自身光環。好的管理者不應驕傲，為了團隊好應該願意做低微瑣碎的事。就像軍隊者，好的領導者都是最後用餐的人。

當你發現企業領導者只關注於公司股票價格、一般員工根本遇不到他、不能接受直率的批評、認為自己是上帝，那麼是時候讓他走了。

行銷

把行銷工作留給關鍵執行團隊，他們每年必須開一至兩次會議，決定公司要賣什麼、為什麼、賣給誰、價格如何。不要把行銷丟給辦公室門上掛著「行銷主管」的人做。

當個火星人

安維斯被迫從波士頓搬遷，因為他們的大樓要被拆除，用來蓋收費高速公路。他們問：「火星人會把租車公司的總部設在哪裡？」答案是：不在競爭對手所在的曼哈頓，而是鄰近甘迺迪國際機場及拉瓜地亞機場，如此產線經理就能很快與總部管理人員會面。如今安維斯總部仍在紐澤西州。

會議

把會議次數控制在最少限度，不要讓公司各部門用備忘錄開戰，寫在備忘錄的大部分事情都可以面對面講清楚，或者根本就不用寫備忘錄。

錯誤

湯森承認他在安維斯所做的每三個決策中，就有兩個是錯誤決策，但沒有因為錯誤而留下汙名，這些錯誤都已公開討論並修正。他說：「勇於承認錯誤，甚至愉快地承認錯誤。」讓公司所有人都這麼做。唯有職場文化如此，犯錯才能不被汙名化，就能有最好的結果。

目標

安維斯花了六個月時間，才定下唯一目標：成為「成長最快、獲益最高的租車公司」。這是值得專注的事，因為收購飯店、航空公司、旅遊公司的想法，很快就會讓人分心，也不可能實現。

他引用彼得·杜拉克的話：「專注是經濟收穫的關鍵，其他有效原則不會像它一樣一直被違反，但今日我們的座右銘似乎是『我們什麼事都來試試看吧。』」湯森在牆上掛了一句話：「我正在做的事，或是即將做的事，能讓我更接近目標嗎？」這為他省下不少時間在不必要的旅程、午餐約會、研討會議、宴會、會議。

加圖（Cato）[1]將羅馬的使命總歸為幾個字：「必須摧毀迦太基。」不斷縮小問題，一遍又一遍重複，就會看到效果。

員工

許多組織仍在效仿天主教會或羅馬軍團，當員工是「未受過教育的百姓」時，或許還算合理，但今日我們是為了人的才智而聘雇他。湯森主張應該讓員工自己決定工作時間及休假時間，因為「每個人都以不同的方式積蓄能量，一展長才」。

公司以承諾高薪、醫療計劃、假期、退休金、分紅制度、保齡球之夜、棒球隊來吸引員工，但正如湯森所說，這些不是可以在工作日時享受到的福利。這些福利告訴潛在員工，他們將不會有心工作，但正如道格拉斯．麥格雷戈所說，隨著時間飛逝，工作本身確實可以在某種程度上激勵員工。

1 羅馬共和國時期政治家。

湯森成為執行長時，並沒有重新揀選管理團隊，只是給員工充分的時間自由，效率自然更好。亮眼的企業表現不同於世俗觀點的認知，不在於聘請優秀人才，而是讓公司員工得以展現才能。當然，有些人不會因此改變，但大多數人會抓住這個機會，充分地展現才能並全力以赴。

把人事部門放一邊，因為他們只把人當單位看待，只要安排一個人負責發薪資就好了，其他時間就專心準備好**環境**給員工：「提供好的氛圍及適當的滋養，讓員工得以自我茁壯，他們會讓你驚豔。」

組織架構

不要用組織架構，員工都討厭看到自己的名字被放在小框框裡，又置於別人的大框框之下，用工作內容或字母排列員工姓名。最優秀的組織都會認為他們是一個有交流的圓圈，而不是樹狀或圖表，或者任何垂直或矩形的東西。

組織架構總是讓組織一成不變，但好的組織會在追求目標時持續改變。湯森說，因此絕不要拘泥於組織運作的方式，如果你必須做出圖表，用鉛筆寫下來，不要流傳出去。

祕書

不要用祕書，祕書會成為有自我偏好的守門員。湯森發現沒有這層緩衝，他可以和直接向他溝通的員工，關係變得更緊密。員工會因為無法直接與你聯繫而感到惱火，但當你撥電話給他們，或是以手寫訊息回覆時，他們會印象深刻。

如果湯森可以設計辦公大樓，他會讓行政區域「看起來像特拉普派修道院」，然後讓工作的辦公區域保持明亮、華麗，畢竟這些人就是第一線與大眾接觸的人，他們工作時應該讓人感到舒適且充滿熱情。

工作社交

不要和向你報告事務的人建立關係，可能導致不公正的指控，只和平輩維持良好關係。

總評

湯森說，組織裡到處都是騙子、自吹自擂的人、馬屁精，他們只關心自己能不能往上爬。然而，湯森寫道：「我所達成的成就，都是因為我曾試圖幫助別人。我得到的每次晉升，都在我忙得不可開交的時候，我忙著幫助同事盡可能提升效率，同時也能在工作中找到樂趣。另一方面，每次我有絕佳的想法，可以讓**我**賺很多錢，或是讓**我**得到很有趣的工作機會，最終都是徹底失敗。」

這本書的增訂版湯森加入了新的章節，談論職場女性。他建議女性做自己，不要試圖像男性一樣行事，也建議女性做所有決策時，問自己一個問題：「如果我擁有這間公司，我會怎麼做這份工作？」為組織留意更大利益，可以區別出妳與男性的差異，表示妳和某些馬基維利式的自我推銷者不同。如果組織利益就是妳的利益，這就是有意義的職場，值得妳花費時間與精力。不要追求個人傑出表現，要成為偉大事業中的一份子。

羅伯特・湯森

羅伯特・湯森出生於一九二〇年華盛頓特區，在紐約長島大頸區（Great Neck on Long Island, New York）長大，之後前往普林斯頓大學攻讀學位。一九四二年畢業後，湯森於二戰期間服役於美國海軍。一九四八年受聘於美國運通，任職長達十四年，位至資深副總裁。一九六二年湯森應拉札德兄弟公司（Lazard Frères）的銀行家安德烈・梅耶（André Meyer）之邀，出任安維斯租車公司執行長一職，當時梅耶剛買下疲弱不振的安維斯，湯森自一九六二年上任至一九六五年為止。

其他著作包括一九八四年《*Further Up The Organization*》、一九九五年推出《提升組織力：別再扼殺員工和利潤》增訂版及《*The B2 Chronicles: Uncommon Wisdom for Un-corporate America*》。一九九八年湯森於英國安圭拉（Anguilla）渡假時逝世。

1987

交易的藝術

The Art of the Deal

「困難的交易對我有幾近反常的吸引力，某部分因素是它們通常有趣得多，另一部分原因是你可以在這類交易中得到較好的價格。」

「我做這些事不是為了賺錢，我已經賺夠錢了，遠遠多於實際所需。做這些事是為了事情本身，交易就是我的藝術形式。有些人可以在帆布上畫出漂亮的畫作，或寫出美麗的詩作，我喜歡做交易，尤其是大交易，我從中得到極大的樂趣。」

「我喜歡長遠思考，我一直想得很長遠。對我來說這是很簡單的事：如果無論如何你都必須思考，最好想得長遠些。大多數人想得太狹隘，因為大多數人都害怕成功，害怕做決策，害怕當贏家。這讓某些人取得很大的優勢，例如我。」

總結一句

要在商業中取得成功，必須在大膽與進取間取得平衡，還要有耐性、謹慎、靈活度。

同場加映

費尼爾司・泰勒・巴納姆《賺錢的藝術》(1章)
康拉德・希爾頓《賓至如歸》(14章)

47

唐納．川普

Donald Trump

《交易的藝術》出版前，唐納．川普的自我推銷、奢靡的生活方式、引人注目的大型交易，已經讓川普聲名大噪，成為資本主義、繁華的紐約市、閃亮的一九八〇年代，均集於一身的代表人物。

這本書的出版時機非常幸運，在一九八〇年代末期至一九九〇年代初期間，那些深深困擾川普的各種麻煩降臨後，川普近乎破產。但是他的敵人們可懊惱了，川普重振旗鼓，重返商場時比以往更為強大。美國作家費茲傑羅（F. Scott Fitzgerald）曾說：「美國人的人生沒有第二次機會。」他並沒有奢望品牌力量，而是像一世紀前的娛樂家巴納姆一樣，川普的大部分資產都靠他本人而獲得。

當製作人找到川普，有一個以企業家為主題的新實境電視節目，希望川普成為其中的重點人物，他看到一個機會，可以藉此鞏固他在新生代中的名聲。然而儘管川普出了一系列著作，也藉著《誰是接班人》（The Apprentice）節目成功取得名聲，《交易的藝術》（與東尼．史瓦茲合著）仍是洞悉川普這位商人最好的切入點。雖然已經過了三十年，這本書描述了川普數十年來工作的基礎哲學及方式，他的事業體或許已經擴大許多，但一九八〇年代的川普與今日的川普大致都沒變。我們在此針對他的交易、信念、策略，來看看他經歷了艱困時期後的成長與茁壯（不包括他在總統任內的作為，這些留給歷史定論）。

長遠思考

川普的父親佛瑞德（Fred）是紐約區房屋租金管制的開發商，儘管這是一種低利潤、乏味的發展形式，但他的毅力就是成功的保障。川普自幼很常和父親在各個工地間奔波，他一直夢想著能到曼哈頓，打造具象徵地位的宏偉地標。

他在曼哈頓的第一項建設就是船長飯店（the Commodore），在低租金區的一棟巨大、簡陋的飯店。他寫道，「當時我有二十七歲，幾乎沒有在飯店過夜過」，但他卻在建造有一千四百間房間的龐然大物，成為紐約市最大的建築，一直持續了二十五年。

推廣，再推廣

川普認為，地點就是房產的一切，這是迷思。當然這很重要，但要發揮財產最大值（尤其是公寓），必須創造一種價值感或神祕感，讓人們願意購買。他說：

「人們可能不會為自己想得長遠，但他們會因為有人這麼做而感到雀躍。這就是為什麼誇大一點都沒有壞處，人們希望相信那些遠大、偉大、驚人的事物。」

為了讓你的計劃被注目，你必須與眾不同，甚至離譜，也可以增加機會，成為媒體追逐目標。但是，川普宣稱不會為了宣傳而爭取曝光機會，他說在《紐約時報》的一小篇幅，都比花費十萬美元買下滿版廣告來得有價值——即使內容負面亦然。

耐心等待時機

儘管川普的形象浮誇，但他成功的主要因素是準備好自己，等待時機。舉例來說，多年來他一直認為特維泰勒百貨（Bonwit Teller）地點很有價值，希望在該地點建立川普大樓，一直持續寫信給持有人表達他的意願。他努力不懈，川普說：「比你想像得更多時候，成功與失敗的區別就在於堅持。」當那塊地落入新持有人手中，而他的財務狀況不佳，川普就成為轉手對象的首選。

還有一次，他知道一間陷入困境的公司，但其高層管理人員卻仍過著奢華的生活，乘坐公司的波音七二七到處旅行。當時這架飛機造價三千萬美元，川普只提出五百萬美元價格收購，最後支付八百萬美元——仍然是不可思議的折扣。他說，如果你可以提出看似荒唐的要求，並面不改色，就可以撿到便宜。

川普許多成功交易採取上市前就買下資產的策略，對許多賣家來說，一鳥在手勝過二鳥在林。他寫道：「交易中你可能做下最糟糕的事，就是不顧一切地完成交易。」你需要一些手段：找出賣家需要或想要的東西，給他們一些交易外的額外好處。

交易決策者的祕密

在紐約，大型房產開發是複雜的問題。這個城市有嚴謹且錯綜複雜的城市規劃及分區制度，意味著大多數開發計劃，尤其規模越大的計劃，都被否決了。川普的知名建築川普大樓，座落於第五大道及第五十七街（大廳有大理石建造的瀑布、奢華的商店、公寓住戶多為明星或百萬富翁），其成果空前成功，但是為了建造它，川普必須和紐約市政府為了高度、美觀而爭執（為了它地標般的地位），以及他可以為公眾提供多少舒適空間。為了買下現有建築（當時是特維泰勒百貨）的租約，漫長且幾近破碎的談判是必然的過程，為了建築座落的土地，為了隔壁蒂芬妮商店樓上的上空權，為了要有後院必須留下一小塊土地（另一個城市要求），但所有問題解決前，銀行不願意提供貸款。靠著他先前唯一成功的建案紐約凱悅飯店（前身為船長飯店），才成功取得銀行貸款。

要了解川普成功的關鍵，其實就是他**喜歡**處理複雜的事物。別人看來的大問題，對他來說只是另一個絕佳機會，可以好好發揮創造力的力量。他的所有交易就像同時向空中拋擲很多球，甚至是第一塊磚都還沒砌好的時候。川普說，交易越複雜，就越少開發者會在第一時間就表達興趣，也表示一旦交易成功，潛在的利益就會好。儘管大多數人都對這種不確定性不感興趣，川普卻因此發展得很好。

儘管他的形象之一就是傲慢自大，但事實上他總是會注意交易中容易出錯的部分，他說：「守好底線，其餘部分就可以好好發展。」每筆交易都必須留有退路，例如說，如果他買了一塊地或一棟建築，他必須有所準備，計畫可能會被退回。若有需要，大樓中的單位可以改為辦公室或飯店，交易決策者必須願意放棄個人偏好，確保盈利。

川普模式

這本書中我們可以知道關於川普的事：

- 大學時，他的朋友們都還在看漫畫或體育版，川普已經在仔細研究被取消抵押品贖回權的資產清單。
- 他在曼哈頓的第一個住所是一間小單身公寓，面向一座小庭院。

- 他不喜歡派對或閒聊，很早就寢。
- 他不喜歡安排太多會議，較喜歡看事情如何發展。通常一天會打五十到一百通電話。
- 他非常愛乾淨，喜歡確保東西都乾淨得閃閃發光。
- 他相信自己的直覺，即使某些交易看起來很不錯，只要「感覺不對」他就會取消交易。換句話說，就是會不管顧問們的反對意見，經常自行決定進行交易（例如大西洋城的希爾頓賭場採購案，也是一個成功案例）。
- 當他發現希爾頓集團在全球有一百五十間飯店時，其中拉斯維加斯的兩個賭場，可以獲得百分之四十的利潤，他開始對賭場生意產生興趣。
- 原則方面他有許多自己的立場：「我覺得馬上要搞砸時，我就會起身戰鬥，即使成本及風險都很高、困難重重。」
- 他說，他著迷於魅力這點遺傳自他的母親，而努力工作這點則遺傳自父親。
- 他喜歡雇用女性任職高階職位。
- 他最喜歡的地方是海湖莊園（Mar-a-Lago），是佛羅里達州的壯觀建築，一九二〇年由食品產業女繼承人建成（如今是私人俱樂部），川普以低廉的價格購得。
- 他非常自豪重建了中央公園的沃爾曼溜冰場（Wollman Ice Rink），在市府官方數年一再拖延後，終於在四個月內完工。

總評

哪個才是真正的唐納．川普？儘管喜愛誇大、自吹自擂，骨子裡也是一個熱愛工作的商人。羅伯特．史雷特（Robert Slater）所著的川普傳記《要有錢，就學我》（*No Such Thing As Over-Exposure*）提到（雖然在《誰是接班人》節目中，「你被開除了」成為經典名言），在川普團隊中很少人會被開除，與他的形象相比，他其實很寬容。川普也信賴團隊，尤其多年來為他提供金融及法律諮詢的顧問們。如川普自己所說：「我的一生中，我發現自己很擅長兩件事：克服障礙及激勵人才，讓他們發揮才能。」

當下一片繁榮復興，讓人很容易遺忘一九七〇年代至一九八〇年代的紐約烏煙瘴氣，瀕臨破產危機，雞鳴狗盜之事四起。但川普極度熱愛這座城市，認為它是宇宙的中心，作為熱愛紐約的回報，他以很低的價格買下一些還有價值的建築。他經常被描繪成自負的人，但另一面就是強烈的自信。沒有這種性格，他可能還是一間中小型資產開發商。

在書的最後，川普變得很有哲學性，他想知道最終他所建立的王國背後的意義是什麼。川普的答案很坦白：他不知道，除了他熱愛交易本身，而這無關於他現在有多少錢。他說，生命很脆弱，所以不管做什麼，都必須樂在其中。

書中充滿一九八〇年代紐約偉大與美好的趣事，關於小說家茱蒂絲・克朗茲（Judith Krantz）、脫口秀主持人大衛・賴特曼（David Letterman）、金融家麥可・米爾肯（Michael Milken）及伊凡・博斯基（Ivan Boesky）、知名夜店Studio 54的老闆伊恩・施拉格（Ian Schrager）、前紐約市長郭德華（Ed Koch）、設計師凱文・克雷恩（Calvin Klein）、聖派翠克教堂（St Patrick's Cathedral）的主教等，《交易的藝術》讀來有趣之餘，又提供寶貴的資訊。如果你喜歡川普，也應該看看十年後他所寫的《回歸藝術》（*The Art of the Comeback*），以及二〇〇八年出版的《大膽想　出狠招—川普點石成金的祕密》（*Think Big: Make It Happen in Business and Life*）。

唐納・川普

唐納・川普出生於一九四六年紐約皇后區，家中共有五子，排行第四。母親瑪麗是蘇格蘭移民，出生於路易斯島（Isle of Lewis）；祖父是德國移民（原姓Drumpf），父親在英屬哥倫比亞經營飯店。

川普還是小男孩時，性格就很獨斷且好強。十三歲時前往紐約北部的紐約軍事學院（New York Military Academy）就讀，直到中學畢業。畢業後他曾考慮去加州就讀電影學院，後來還是選擇紐約布朗克斯區的福坦莫大學（Fordham University），因為他希望離家近一些。兩年後轉學至賓州大學華頓商學院（University of Pennsylvania's Wharton School of Finance，可說是美國最適合企業家的商學院），於一九六八年取得經濟金融學位。一九七一年他開始在父親的公司川普集團（The Trump Organization）工作，之後自行創業。

一九七七年他與捷克籍模特兒兼滑雪運動員伊凡娜（Ivana Zelníčková）結婚，婚前她在川普飯店擔任經理數年，他們共育有三子，小唐納（Donald Jr.）、伊凡卡（Ivanka）、艾瑞克（Eric）。一九九二年，因川普與模特兒瑪拉・梅普爾斯（Marla Maples）外遇而離婚。川普與瑪拉於一九九三年結婚，育有一女蒂芬妮（Tiffany），兩人於一九九九年離婚。二〇〇四年川普與斯洛維尼亞籍模特兒梅蘭妮亞（Melania Knauss）結婚，育有一子名為巴倫（以巴倫・希爾頓為名），住在川普大樓市值三千萬的頂層公寓，或者美國華盛頓特區賓夕法尼亞大道一六〇〇號的另一個家（美國總統官邸）。

二〇一七年一月二十號川普就任美國總統，在總統大選中擊敗希拉蕊・柯林頓。

二〇一七年富比世富豪榜預測川普共有三十五億美元資產，成為全世界排行第五百四十四位富豪。

2015

鋼鐵人馬斯克：
從特斯拉到太空探索，大夢想家如何創造驚奇的未來

Elon Musk

「馬斯克開發的成果，正是矽谷眾多企業家缺乏的，有意義的世界觀。馬斯克想幫你分享孩子的照片，馬斯克也想……嗯……將人類從自我強加或偶然毀滅中拯救出來。」

「他正在創造的東西，相當可能比休斯[1]或賈伯斯的成就更大。馬斯克接手了航太、汽車，這些美國似乎已經放棄的產業，重新打造為嶄新又神奇的產物。改革的核心在於馬斯克的技術，他是軟體製造者，也有能力將其運用於機器中。很少人認為他結合原子及位元的方式可以成功，而結果讓人瞠目結舌。」

「如果特斯拉真的推出一款可以駕駛五百英里的平價汽車，就會是一款多年來汽車產業一直堅稱不可能的產物。建設全球免費充電站網路時，改造汽車銷售模式，革新汽車科技，將是資本主義史上的非凡成就。」

總結一句

有遠見的企業家不會滿足於創建企業，還必須改變未來。

同場加映

羅恩．切爾諾《洛克斐勒─美國第一個億萬富豪》（5章）

華特．艾薩克森《賈伯斯傳》（16章）

彼得．提爾《從0到1》（45章）

1　霍華．休斯（Howard Hughes），美國電影製片人、慈善家、飛行員。

48

艾胥黎・范思

二〇〇二年，Paypal以十五億美元賣給eBay，其創辦人及主要股東伊隆・馬斯克搖身一變成為百萬富翁。像其他產業的富豪們一樣，大家以為他應該會繼續投資矽谷新創企業，成為一些企業的董事會成員，買一車庫的好車，一天到晚打高爾夫球。

而事實是，Paypal的獎金（一・八億美元）只是馬斯克雄心計劃的種子，他很快將這筆錢投入看好會改變世界的三個領域：電動車、火箭、太陽能。他看好電動車和太陽能，因為以碳為主的燃料將毒害環境，已經不適合我們；而火箭則是因為人類需要成為「星際物種」——移民火星不再是奢望，而是必要的保險措施，以防地球發生毀滅性災難。

艾胥黎・范思是一名矽谷科技記者，他寫出這本引人入勝的傳記：《鋼鐵人馬斯克：從特斯拉到太空探索，大夢想家如何創造驚奇的未來》。網路泡沫事件爆發後，人們不再相信他們是在創造未來，轉而尋求解決問題的漸進方案，尋求能娛樂他人或創造智慧的應用程式。那麼，真正的革新在哪裡呢？伊隆・馬斯克填補了空缺，成為我們這的時代的霍華・休斯（Howard Hughes），希望打造能解決世界問題的**產物**，馬斯克告訴范思：「我想，或許已經有太多聰明人正追求網路、金融、法律的發展，這是我們無法看見許多創新事物的部分因素。」

我們回溯到還是怪人的馬斯克，如何崛起成為工業家，思考他的願景是如何被個人及管理特質所推動。

一個男孩的故事

馬斯克出生於南非普利托利亞（Pretoria, South Africa），一個富裕的城市，當時種族隔離制度尚未廢除。他是個奇怪又內向的小孩，有過目不忘的能力，還是深度閱讀者，從《魔戒》（*Lord of the Rings*）到《大英百科全書》（*Encyclopaedia Britannica*）。十歲時有了人生第一台電腦，小小年紀就對火箭及電動車感興趣，夢想著逃離困住智力發揮的普利托利亞，到美國定居。

十七歲時，他在普利托利亞大學（University of Pretoria）學習物理及工程五個月後，離開南非前往加拿大（母親梅伊有加拿大公民身分，所以他可以取得加拿大籍護照），花了數年時間在加拿大各地旅行，期間也打些零工。一九八九年，進入皇后大學安大略分校（Queen's University in Ontario），修讀商業學、經濟、心理學。兩年後，他得到獎學金，轉學至賓州大學華頓商學院（Wharton School at the University of Pennsylvania），先取得經濟學學位，後是物理學。暑假時他在矽谷的新創企業實習，體驗矽谷文化，並和弟弟金柏（Kimbal）一起去公路旅行。隨著網路興起，一九九五年他和金柏決定創辦Zip2，「一個簡陋版的Google地圖結合Yelp的評論功能」，並住在辦公室以節省開銷。

網路熱潮開始成長，電腦大廠康柏（Compaq）向Zip2提議，以三．〇七億美元買下Zip2，作為主要股東，馬斯克在此次交易中獲得兩千兩百萬美元。在此之前，他還是一個加拿大背包客，如今他成為矽谷的新寵兒。他買了一間房子，花了一百萬美元買了一台麥拉倫F1超跑（McLaren F1），開著超跑在矽谷到處跑，就像只是一台福特Focus，直到他自己把超跑撞毀（而且沒買保險）。

在加拿大時，馬斯克曾在豐業銀行（Bank of Nova Scotia）實習，有了經驗才覺得這些銀行家「既有錢又愚蠢」。他判斷銀行業已經成熟，可以進行革新，開始以X.com為網域名稱，創辦線上銀行，為這個冒險計畫投入個人的一千兩百萬美元。得到美國聯邦銀行監管單位允准後，X.com於一九九九年感恩節正式上線，其目標是讓金錢流動更快速、容易，尤其與美國大型企業銀行相比。數月後，二十萬人在這個網站註冊，但馬斯克的銀行很快有了競爭對手Confinity，由彼得．泰爾（Peter Thiel）及馬克斯．列夫琴（Max Levchin）創辦的新創金融科技公司。一開始Confinity還和X.com租用辦公室空間，但競爭關係一旦確立，他們就必須另覓辦公室了。由於這兩間公司真正的收益都來自網路支付市場，他們最終合併為X.com，而因為內部意識形態及管理階層鬥爭，合併後的公司又被撕裂，馬斯克在一次鬥爭後被泰爾取代，泰爾最後將公司更名為Paypal。

馬斯克並沒有因此感到憤怒，反而提高Paypal的股份，成為Paypal的主要股東，甚至支持泰爾。

二〇〇二年，eBay以十五億美元買下Paypal，完稅後馬斯克共收到一．八億美元，但泰爾的管理風格廣受讚揚，反觀馬斯克卻被媒體刻畫成一個負評滿滿的自大狂。范思說，顯然歷史對馬斯克更仁慈，Paypal的成功，馬斯克與泰爾一樣重要，馬斯克是一個「愛挑釁的萬事通」，但他確實是成功了。

SpaceX

被迫離開Paypal後，馬斯克愛上洛杉磯這個地方，並將妻子賈斯汀及小孩們都搬來這裡，另一個原因則是洛杉磯的航太產業背景。他開始將重心轉向未來的太空旅行，他想做「有意義的事」，超越網路服務，喚醒大眾對科技進程的信任。例如說，美國太空總署（NASA）似乎沒有登上火星的明確計畫。

馬斯克造訪俄羅斯兩次，試圖買一些舊型洲際彈道飛彈（ICBM），可以改裝為火箭，成功之前他可以先發展自己的事業，以小型人造衛星及研究進入太空的有效負荷，填補市場的不足之處。而現在，他有一項新任務：讓太空旅行變得不可思議地便宜。有火箭科學專家湯姆．穆勒（Tom Mueller）負責科學及工程，二〇〇二年SpaceX（太空探索科技公司）正式成立，目標成為「太空運輸界的西南航空」，班次多、可靠、低成本，與傲慢的聯邦太空機構及波音（Boeing）、天合汽車（TRW）、航太製造商洛克希德．馬丁（Lockheed Martin.）這些航太企業截然不同。

二〇〇八年，馬斯克又拿出個人財產一億美元投資SpaceX，卻只是看著一次又一次的火箭發射失敗。更糟的是，他與妻子離婚了。二〇〇八年九月，SpaceX第四次發射火箭終於成功，成為第一個私人製造且離開地球大氣的火箭。美國太空總署決定下一張十六億美元的訂單，讓SpaceX為國際太空站（International Space Station）運送補給貨品。萬事起頭難，SpaceX已經順利踏上旅程。

特斯拉

對任何人而言，SpaceX都是一大挑戰、一個頭痛的問題，而馬斯克並不停歇，持續推動他改變世界的計劃，下一個目標是電動車。

通用汽車（General Motors）推出的電動車是EV1，而豐田汽車（Toyota）則是Prius，但他們都被視為過分嚴肅、呆板的汽車，商業前景並不明朗。同時，史丹佛畢業的怪人J·B·史特勞貝爾（J. B. Straubel），正在研究鋰電池，一般只會拿來用在筆記型電腦上，或許拿來生產電動車可以達到很好的效果。馬斯克聽到史特勞貝爾的計劃，投資了一小筆錢，讓他繼續開發電池，能夠讓汽車開得又快又遠，吸引高檔汽車買家。但是馬斯克真正涉足電動車產業，是在他遇到馬丁·艾伯哈德（Martin Eberhard）及馬克·塔伯寧（Marc Tarpenning）後，二〇〇三年一起創辦了特斯拉汽車（Tesla Motors，為了紀念電動車發明家尼古拉·特斯拉）。這是一次完美的思想結合，三個人希望結束美國依賴石油的情況，製造符合大眾市場的電動車，實踐其他人都宣告失敗的願景。馬斯克提供六百五十萬美元的資金，這間新創企業很快有了第一位員工史特勞貝爾。二〇〇六年，特斯拉已有一百名員工，除了馬斯克，Google的賴瑞・佩吉以及謝爾蓋・布林都注入許多現金在這間公司。一次新聞發表會上，他們發表了第一台電動車特斯拉Roadster，馬斯克說：「今天以前所有的電動車都爛透了。」Roadster售價九萬美元，可以開兩百五十哩（約四百公里），但過熱速度過快，且還沒開始全面量產。因為供應鏈及產線問題，Roadster上市日期不斷延宕，媒體也樂於討論特斯拉的種種問題，投資者安排上任的執行長認為，特斯拉成功的契機就是將知識產權賣給大型汽車製造商，但馬斯克不願意讓這間公司的願景就此破滅，他非常堅持己見，並推出一款四門豪華轎車——Model S，將在Roadster後量產。

特斯拉最後賣出兩千五百台Roadsters，仍不足以投入數億美元資金，建造一個專屬工廠。尋求資金的過程，有來自賓士（Mercedes-Benz）的五千萬美元，他們買下百分之十特斯拉股份，因為對特斯拉的電池組裝及汽車印象深刻，認為可以運用在自己生產的汽車。而朝向主要汽車製造商的很大一步，來自美國能源部（Department of Energy）的四・六五億借款。但是，要製造並推出符合大眾市場的汽車，仍然有十億美元的缺口，而經濟大蕭條拯救了特斯拉。一九八四年，通用汽車及豐田汽車在加州費利蒙（Fremont, California）共同建造了高科技工廠，為了為美國市場帶來更平價、高品質的汽車，但是二〇〇八年通用汽車瀕臨破產，被迫出售這間工廠。特斯拉與豐田汽車商談接手這間工廠，以破盤價四千兩百萬美元成交（同時也交出百分之二・五特斯拉股份給豐田汽車）。特斯拉S系列最後一筆資金來自二〇一〇年特斯拉正式上市，募集二．二六億美元。這是一九五六年後，美國汽車製造商首次公開募股。

打造特斯拉S系列時，馬斯克非常要求每一個細節。舉例來說，他有五個小孩，所以堅持要有七人座，但外型及性能不能有絲毫妥協。Model S的門把設計，會在駕駛靠近時自動彈出，是前所未有的創新。儘管技術革新，生產初期工廠每週還是會產出十台無法登上檯面的車子，一些投機者正藉機做空特斯拉的股票。很多訂單接連取消，美國共和黨總統候選人米特．羅姆尼（Mitt Romney）公開評論，與眾多拿了政府資助的綠能公司相比，特斯拉是個「失敗者」。即使眾人一片看衰，馬斯克仍認為特斯拉將會成為「世界上最賺錢的汽車公司」，同時在美國各地建立完全免費的充電站網路給特斯拉駕駛，並以太陽能供電。馬斯克告訴媒體，即使真的有「殭屍末日」，特斯拉駕駛仍然可以在不需要加油的情況下，開著特斯拉汽車橫越美國。

早期Model S有可靠性問題，一台要價十萬美元的汽車，在選擇性、合適度、完整度上也有所欠缺。二〇一三年，這台車的評價「糟糕透頂」，馬斯克也承認，除非他能讓有存款的人，將存款轉實際銷售，這間公司將面臨破產危機，他開始和Google的賴瑞．佩吉討論，讓Google買下這間公司。但是，奇蹟發生了。馬斯克曾要求近五百名特斯拉員工，拿起電話成為銷售業務（不管他們的職階為何），將存款人轉為買家，現金忽然湧進這間公司，二〇一三年獲益一千一百萬美元，年度銷售四千九百台汽車。與Google的交易當然告吹。

今天，特斯拉計劃推出一系列汽車，包括面向大眾市場的Model 3，希望讓電動車成為主流。范思說，如今買一台內燃車，就像「為過去的過錯付出代價」，大眾及投資者都同意這個論點。儘管目前的產量較小，但特斯拉如今市值六百一十億美元，超越福特及通用汽車。

回到太空

現在SpaceX獵鷹九號運載火箭（Falcon 9）每月發射一次，將衛星帶往太空，幫助網路運作、天氣預測，以及娛樂、廣播、導航系統，並將補給品帶往國際太空站，要價大大地低於競爭對手。鑑於衛星對現代生活至關重要，SpaceX有明確的商業發展方向，要打造自己的衛星，讓每次發射火箭成本更低，並發展龍飛船二號（Dragon V2）模組，可以重複使用的火箭，發射升空後可以安全地回到地球上的任一地點。它看起來就像科幻電影裡的太空飛船內部，而不像美國太空總署的狹小飛船。

而後推出的獵鷹重型運載火箭（Falcon Heavy），可以乘載五十噸材料上火星，預計二〇一八年發射。預計二〇二二年發射第一架火箭上火星，定時將貨物送上火星，為了在二〇二〇年代能讓人類移居。同時美國太空總署也有一樣的火星計畫，但預計二〇三〇年代中期才能實現。

為了滿足馬斯克對太陽能的雄心，二〇一六年特斯拉買下太陽城（SolarCity），一間由馬斯克表兄弟彼得・魯夫（Peter Rive）及林登・魯夫（Lyndon Rive），於二〇〇六年創立的公司。太陽城是太陽能領域的先驅，而馬斯克也是這間公司的主席。

總評

以上所說的事蹟，都只是說明了馬斯克的成功並不必然。他在SpaceX及特斯拉的試驗，都飽受技術失敗及破產危機威脅。馬斯克前妻賈斯汀告訴范思：「人不能總是拿犧牲換取他的成就。」霍華·休斯、史蒂夫·賈伯斯、伊隆·馬斯克，這一系列的故事告訴我們，個人層面的缺陷不會阻礙一個人讓世界變得更好。極端革新似乎與極端性格息息相關。

一個由政府主導的產業中，未來可能是SpaceX成為最終主宰者，而馬斯克就是真人版《鋼鐵人》（*X-Men*）的東尼·史塔克（Tony Stark）。他的其他計劃包括超迴路列車系統，串聯起美國各大城市，從洛杉磯到舊金山開始；一個以太空為基礎的網路系統，為全世界提供高速衛星頻寬；一個家用充電系統，讓人們不再受限於輸電網中。馬斯克對范思說：「我不是投資者，我喜歡讓科技成真，我認為這對未來很重要，某種角度來說也很有用。」

他的朋友賴瑞·佩吉說，讓馬斯克如此與眾不同的是，他超越了工程技術的極限，同時又精於商業、領導、管理層面，結合了天馬行空的思維，又樂於在泥濘中打拚，正是企業家的必要條件。佩吉說，套句馬斯克的話：「好的想法總是瘋狂，直到它們成真。」

艾胥黎・范思

范思於一九八八年出生於南非，於美國德州休士頓（Houston, Texas）長大，在加州波莫納學院（Pomona College）取得學位。二〇〇三年起共五年，他在科技網站 The Register 擔任記者，後來成為《彭博商業週刊》（*Bloomberg Businessweek*）專題記者，負責訪問主要科技公司。他的彭博影視節目《*Hello World*》關注各國的科技文化及最新發展。第一本著作是二〇〇七年《*Geek Silicon Valley*》，是一本科技領域導覽。

2001

jack：
二十世紀最佳經理人，第一次發言
Jack: Straight From the Gut

「任何人通往願景及夢想的道路都不是直線，我就是活生生的例子。這個故事關於一個幸運的人，沒有劇本、非企業典型的類型，一路上跌跌撞撞，卻還是設法前進、生存，最終在世界上最知名的企業中茁壯。然而，這仍是一個美國小鎮的成功故事，我從未忘記我的根在何處，眼睛打開，看見的是我從不知道卻真實存在的世界。」

「我們打造優秀人才，而他們創造優秀的產品及服務。」

總結一句

永遠不要低估做自己可以達到的成就。

同場加映

艾弗雷德·史隆《我在通用的日子》(41章)

49

傑克・威爾契

Jack Welch

傑克・威爾契收到數百封民眾寫來的信後，萌生了寫自傳的念頭。工作生涯中時常感到壓力，為了成功必須循規蹈矩，但是在威爾契身上，他們看見一個不循規蹈矩的成功者，一個能塑造公司的人，而不是讓公司改變他。

一九六〇年，威爾契受聘於奇異公司（General Electric），加入新型態塑膠的開發團隊，從一開始威爾契就決心要與官僚風氣抗爭，堅持做自己，即使這意味著可能被解僱。他說，第一年簡直糟透了，幾乎就要離職，也提到他的職涯是從一九六〇年代知名電影《畢業生》（*The Graduate*）開始的，電影中有人告訴年輕的達斯汀・霍夫曼，他應該「從事塑膠業」。

儘管他搞砸了一間工廠，又建了一間工廠，並發現產品有重大瑕疵，還不足以推向市場，威爾契就這樣一路高升。三年內，在威爾契的管理之下，奇異公司新的塑膠事業成長了兩倍，加入奇異公司八年後，他成為部門總經理。一九八一年，威爾契成為奇異公司執行長，直至二〇〇一年卸任。

異軍突起

一九七〇年代的美國企業文化中，命令與管控是一種管理方式，沒有人會高喊「熱情」或「樂趣」，威爾契卻採取了不同的方式：「我試著在大企業的靈魂中，創造一種街角社區雜貨店的輕鬆感。」他的輕鬆哲學包括不管達成多小的成就，都要盛大地慶祝，「那段時間裡，我不停地丟出手榴彈，試著摧毀那些阻撓我們的傳統與儀式」。

而真正讓他引起注意的是他的成果。奇異公司的總裁雷吉．瓊斯（Reg Jones），被譽為「美國最受尊崇的企業家」，他安排威爾契在奇異公司總部擔任消費性產品部主管，該部門占奇異公司百分之二十營收。

威爾契發現自己身處奇異公司最高職位爭奪戰中，自信讓他始終相信自己是執行長這塊料，如今更是。經歷過一段高壓前奏，打敗無數競爭者後，一九八一年四月威爾契正式接下執行長一職。他沒什麼與媒體、華盛頓、華爾街打交道的經驗，《華爾街日報》形容他接下美國工業巨頭的領導人一事，就像「用鬼靈精怪的人取代傳奇人物」，很難投下信任票。

「人優先，策略及其他事次之」

威爾契承認，對於公司前進的方向他沒有詳細計劃，他只知道他希望公司的「感覺」如何。在四十萬員工及兩萬五千名管理人員間，一層又一層的官僚風氣中創造一種新文化，始終是艱難的任務，終結這種風氣要花上二十年的時間。

對威爾契來說，這些都與人相關。因為聘用了最優秀的人，你得到最好的想法，如果這些想法可以自由地在「無疆界」（他發明的詞）環境中流傳，就會成為世界上最棒的工作場所。上任第一年，他花了很多時間檢視員工，試著去掉無用的人，辨識明日之星。讓人緊張的閉門會議，包括殘酷的個人審查，導致很多員工離職。

威爾契首創一種管理制度，每年必須裁減百分之十員工。大多數人覺得很困難也很痛苦，但相較於害怕的氣氛，這讓員工清楚知道他們身處何地，與威爾契所說以往人事評估那種「虛假的善意」形成鮮明對比，他視之為對相關員工及公司的背叛。而奇異員工調查也反映大多數員工希望以員工表現為主的制度規模擴大，而非縮小，員工可以更努力達成公司營運目標，甚至能更努力於可能達成的遠大目標。奇異體系削弱了為員工表現而提拔員工的傳統認知，反而提升表現較差的員工，不利於員工士氣。威爾契說，我們從中學到大學都一直被評分，為什麼到了職場就不能這麼做呢？而如果同一個棒球隊中，隊員可以依照表現有截然不同的薪資待遇，職場為何不行？他說，「嚴格的差異化可以誘導出真正的明星——以及創造偉大企業的人才。」

一九八〇年代中期，威爾契將奇異公司員工裁去百分之二十五，人們稱他為「中子傑克」（一個把人都炸飛，建築物都保持完好的人）。同時，他花了七千五百萬美元在總部創辦了健身及會議中心，並大規模升級公司在紐約克魯頓維爾（Crotonville）的管理開發中心，馬上引來強烈反彈聲浪：他怎麼能在解僱那麼多人的同時，又砸大錢在這些奢侈的東西上？威爾契告訴大家，如果奇異公司要持續進步，就必須花更多錢在更少的人身上。

激勵三十萬人的策略

威爾契對奇異事業群的知名商業策略是每一項都必須成為該領域的第一或第二，否則就會被賣出。這項策略讓奇異底下的一些公司感到害怕，但很好理解，也引起關注。如果他們不是第一或第二，那麼，為什麼要從事這個行業呢？

另一個策略是假裝每個公司只有百分之十市場份額，他們必須找出快速成長的方法。這個策略的結果，就是奇異開始踏入服務業，以支撐它的製造業，發展出「定義市場」的概念，用以計算市場整體規模，包括所有與產品相關的服務（以噴射機引擎為例，就是從燃料到財務的所有事情）。透過計算，他們的潛在市場就會更大，不再只是「製造及銷售產品」，賣的是一套完善的管理制度。

其他威爾契主導的開發項目包括：「六個標準差」品質控管（在生產管理上每一百萬次中只容許三．四次瑕疵，標準值是百分之三．五不良率）；全球化——不僅要併購更多世界各地的企業，還要開發在地人才；電子商務——一九九七年威爾契甚至還不能電腦打字或上網，但數年後奇異公司積極面對新創企業帶來的各種挑戰。

儘管有失敗（投資公司Kidder、Peabody損失慘重的併購案，以及多虧了歐盟監管機構，接管漢威聯合公司也失利），在威爾契領導下奇異公司還是成長了六倍之多，涉足各個領域，透過併購美國廣播公司（NBC），從電腦斷層掃描儀器、金融、到電視都有奇異事業體。

到他擔任執行長最後一年（二〇〇〇年），營收來到一千三百億美元，獲利也躍升至一百二十七億美元。過去六年間，奇異公司的營收兩倍成長，成為「全世界最值錢的公司」。

傑克心中的奇異公司

小約翰．威爾契出生於一九三五年，在麻州塞勒姆（Salem, Massachusetts）勞工階級家庭長大。父親是愛爾蘭裔美國人，一名鐵路售票員，雙親都沒有高中畢業。他將成功歸於意志堅強的母親，她用紙牌遊戲教會威爾契如何拿出狠勁與人競爭，並告訴他，口吃只是因為他的大腦轉得太快，嘴巴跟不上。他與奇異員工「恩威並施」的方法，也是和母親葛蕾斯．威爾契（Grace Welch）學來的，如標誌般的自信也是如此。但這本書中，他特別提到其中的差異：「傲慢是殺手，把野心藏在袖子裡也一樣，有自信的人不會害怕自己的觀點被挑戰，他們喜歡腦力激盪，可以豐富想法。」這種驕傲的開放態度也成為一種奇異文化。

這本書的最後，他談到「生病」的公司，以及他們成為周遭環境的拖累。只有健康的公司才能創造利潤，讓小鎮或城市繁榮，才有能力花錢在環境措施，成為良好的企業公民。

威爾契的母親在前美國總統富蘭克林・德拉諾・羅斯福（Franklin Delano Roosevelt）死的那天哭了，這是她對政府的信念。威爾契的信念是，如果有什麼事可以拯救世界，那就是成功的企業，反映了他的時代背景下，其實不信任政府。

長遠思考的力量

日本企業以長遠視野而聞名，值得回顧的是，從湯瑪斯・安迪生（Thomas Edison）需要一間公司作為工具，以販賣他新發明的燈泡，奇異公司至今已創立了一百三十五年，資本額已讓許多國家相形見絀。然而，就像《財星》雜誌所說，在這麼長的歷史中，奇異公司的領導人比梵蒂岡的教宗還少。確實，威爾契觀察到，選擇執行長的過程，無異於選擇新教宗的曲折過程。

威爾契的接任者，奇異公司現任執行長傑夫・伊梅特（Jeffrey Immelt）說：「我營運這間已創辦一百二十五年的公司。我之後也會有別人，就像我前面也有別人一樣。」伊梅特的父親喬瑟夫（Joseph）畢生都在奇異工司辛辛那提（Cincinatti）廠區工作，後來升任為飛機引擎部門主管。二〇〇一年，伊梅特從威爾契手中接下執行長時，委外進行全球表現最佳企業的研究，其中一項研究發現是這些企業都很重視「深入專業領域」。也就是說，他們不會企圖找外部人士來「改組公司」或「萃取價值」，反而非常重視那些已在公司多年，有深厚知識及專業員工，以及公司栽培為頂尖管理人的員工。

有了清楚的目標，給自己足夠的時間來實踐，組織才能成功。商業也像人生，看得更遠就會讓一切變得不一樣，儘管威爾契的風格與眾不同，但他驗證了長遠思考下，奇異公司知名的專注及力量。

總評

現在有很多關於企業家及革新家的討論，有人說如果不創辦自己的公司，某種程度上就是錯失了機會。而事實是，許多人仍在為企業工作，而這本書的訊息是，只要你可以找到一間喜歡賺錢，也喜歡創造新思維的公司，仍然可以非常滿足於工作生活。

《Jack：二十世紀最佳經理人，第一次發言》是一本經典，不僅僅因為威爾契的成功，也因為它完整紀錄了二十世紀最後十年間美國最大的企業。這本書帶給讀者一種美好感受，身為世界上最大企業的執行長一定很棒（和名人一起打高爾夫或許是福利之一），其中作者對收購及爭奪領導權敘述也精妙絕倫。

有商業書作家約翰．柏恩（John A. Byrne）的幫助，《jack：二十世紀最佳經理人，第一次發言》寫於威爾契還在辦公室的最後一年，也傳遞了最後那些日子的忙碌。奇異公司在伊梅特領導下仍持續成長，但威爾契時代的成就已不再現；也就是在偉大企業中，渺小的人也能做大事。

1990

改變世界的機器

The Machine that Changed the Woeld

「精實生產是『精實的』，因為相較於大規模生產，運用的資源更少——工廠裡一半的人力、一半的製造空間、一半的工具投資、用一半的時間設計、再以一半的時間製造產品。此外，工廠只需要保留遠低於一半的庫存，產品缺陷更少化，可以生產更好、更多元的產品。」

「舊式工廠中，管理者必須疑神疑鬼地監視工廠中所有訊息，認為這些是他們權力的關鍵。而精實工廠中，所有訊息——每日生產目標、即時生產進度、設備故障、人力短缺、加班需求等，都會顯示在電子看板上，每個工作站都可以看到。每當工廠中任何地方發生錯誤，任何知道如何處理的員工都會去幫忙解決。」

總結一句

製造及管理的新方法，省下大量資源，帶來更高品質的產品。

同場加映

威廉·愛德華茲·戴明《轉危為安》(9章)
馬丁·福特《被科技威脅的未來》(12章)
艾弗雷德·史隆《我在通用的日子》(41章)
弗雷德里克·溫斯洛·泰勒《科學管理原理》(44章)
艾胥黎·范思《鋼鐵人馬斯克》(48章)

50

詹姆斯・沃瑪克、丹尼爾・瓊斯&丹尼爾・魯斯

James P. Womack, Daniel T. Jones & Daniel Roos

你可能認為你已經了解精實生產及著名的「豐田生產模式」，但日本汽車產業的驚人成就值得我們一再回顧。一九五五年，日本只有全球汽車產業不到百分之一的份額；到了一九九〇年，《改變世界的機器》一書問世，豐田的規模已經壯大到與通用汽車一般無二，產量正趕上福特汽車。如今，豐田正與福斯汽車爭奪最大汽車製造商的地位。

一九二六年的《大英百科全書》版本中，亨利．福特曾為「量產」一詞寫下名言，正是豐田為新的生產模式，以「精實」為原則寫出操作手冊，減少浪費及成本外，品質也急遽提升。詹姆斯．沃瑪克、丹尼爾．瓊斯、丹尼爾．魯斯將精實生產描述為一台改變製造的「機器」，進而改變了世界。

他們的著作成為商學院課程的主軸，當時普遍對美日貿易關係感到焦慮，日本汽車憑藉著高品質、價格合理、燃油效率高，逐漸增加美國汽車市場的份額。如今看來很可笑，但有些西方製造商認為日本是因為製造小型汽車，而拉高了製造汽車的效率。也有人認為日本的新製造方法，源自日本獨特的文化及政治經濟

體，所以無法應用於美國、英國或其他地方。沃瑪克等人針對這一點特別澄清：「正值時機」，精實生產模式的成功，並非因為是日本人創造，而是可以被廣泛地複製，運用於各種製造過程。

《改變世界的機器》是一項耗費五年時間的全球研究成果（與麻省理工學院合作的國際汽車計劃），由汽車製造商及供應商贊助，他們希望得到客觀資訊，以了解如何改善他們的模式。二〇〇七年再版，即使這麼多年過去了，這本書仍為過去百年間製造業革新提供很好的背景知識。

美國量產的美麗與缺陷

量產的顯著特徵不是大多數人所想的流動生產線，而是**局部可替換式的生產線**。與福特之前設置的高地公園廠區，完全人工製造的汽車完全不同，因為手工製造，所以沒有完全一樣的產物。可替換式的部件意味著可以很快地完成汽車拼裝，省下大量人工成本，而不是安排一個人力，花上一整天的時間拼裝一台車，一個人一天的工作就是在工作區裡專門執行某一項任務，通常只需數分鐘即可完成。因為每個部件都安裝得很好，並且安裝者對自己的工作內容也很了解，生產力大幅提升。而福特設置了移動拼裝生產線後，流程效率更好，工人加快腳步，也不再需要在工廠中到處走動，浪費時間。生產成本降低，福特得以持續降低福特T型車的價格。他賺得越多，消費者能得到的價格就越低。

福特模式不管多絕妙，終究遇上了經濟與物流等現實問題。考量到零件與汽車倉儲成本，庫存成為長期問題（就像主要競爭對手通用汽車一樣）。而另一個問題是生產力太高，一個廠區一天可以產出兩千台汽車，一旦出現經濟蕭條，導致市場需求降低呢？作者指出，福特與通用的固有缺陷是導致「太多管理者、太多工人、太多廠區」。

量產模式依舊有工人問題。這個模式的設置是讓專業設計的產品，可以運用大批沒有技術性或技術不太成熟的工人生產產品，以實踐規模經濟。結果是消費者可以獲得便宜的產品，但「犧牲多樣性與工作方法的意義，讓多數員工覺得枯燥、無聊」，作者寫道。以汽車產業來說，福特早期的員工薪資偏高，工人的汰換率也很高。從生產線員工角度看來，這項工作極其單調，因為能學到的新知甚少，也沒有發展性可言，量產模式意味著工人從「傲於技藝」，轉變為機器人模式。

日本必須孕育創意

二次大戰後，日本政府嚴禁外國資金投入汽車產業，並設置很高的關稅壁壘。這鼓勵國內製造商投入汽車產業，在同一階級的車款中發生激烈競爭，但是他們並沒有採用底特律的量產模式，也不像美國有大量的移民勞工。日本工會力量很強大，設立了終身僱傭制，豐田必須想辦法，在平均四十年的工作年限中，盡可能地發揮員工的工作效益。不採用美國量產模式，部件與人力都可以替換，日本用更合理的方式，讓員工持續學習，不斷增值。

豐田無法負擔通用汽車和福特汽車那種大型壓模機，可以壓出數千個擋泥板或引擎蓋，因此他們發明了自己的快速換膜系統，可以及時生產所需的部件。正因如此，不再需要儲存大量的庫存（清點庫存只需要數分鐘，不再需要耗費數日），也可以更快察覺錯誤。確認品質不再是檢查員的工作，而是現場人員的職責。團隊被要求完成許多任務，透過**改善**（kaizen）或連續、漸進式改進方法，為自己的工作品質負責，而不是成為漫不經心的機器人，重複地做著同一項任務。不會再有「重工」，就像西方生產線，由拼裝生產線人員直接修正錯誤。

在設計及工程端，豐田也讓供應商扮演更活躍的角色。不同於垂直整合（也就是自己掌控供應商以確保供應鏈），該公司在每個供應商中都佔有一點股份，並經常提供貸款服務給供應商。豐田發展出的**看板**（kanban）或「即時」系統和供應商制度，整體就像大型機器，所需之部件都會依照需求送往工廠。透過降低庫存，該模式在生產端有極大的風險，因為整體生產線可能因為缺少一個部件而停擺。然而豐田總工程師大野耐一（Taiichi Ohno）卻認為這是好事：這代表生產系統中每個成員都必須預料到任何可能發生的問題，沒有安全網就必須提升水平。

向前邁進：製造革命

緊密的供應鏈必須耗費數年才得以完善，整個「精實」生產系統在二十年間變得成熟後，世界才開始注意到。人們買車時看重的是穩定度，於是豐田模式開始生產比德國或英國轎車更可靠的汽車。歐洲製造商仍堅持汽車出廠前，必須解決所有問題的工藝心態，因此他們的汽車不一定具備穩定度，卻一定非常昂貴；因為「工藝」代表著浪費。一九八九年，豐田推出高檔汽車品牌Lexus，它以非凡的品質席捲汽車產業，賓士、BMW、凱迪拉克都因而受到影響。本田汽車（Honda）的Accord也一樣取得成功：美國車款都在該公司俄亥俄州馬里斯維爾（Marysville, Ohio）廠中，以精實生產線產出，Accord成為美國最暢銷的車款，以往都被通用汽車或福特汽車包辦的第一名寶座。

通用汽車的阿爾弗雷德．斯隆（Alfred Sloan）率先推出「年度車款」，該車款每年都會微調、小幅度地升級引擎，而事實上量產模式受限於產品發展速度緩慢，因為機器與廠區龐大的固定成本尚需分期攤還。反之，精實生產廠區有靈活度，允許短期模型運作，以及模具產線上更大的變異性。精實模式也包含銷售，經銷商成為生產系統的一部分，而不只是產出希望經銷商可以賣出的汽車。豐田開始製造訂製車，可以在兩到三週間送達顧客手中，豐田汽車銷售員甚至開始登門拜訪客戶，讓購車程序變得更便利，回頭客的終生忠誠度受到高度重視。

總而言之，精實汽車製造商發現他們可以結合技藝製造及量產：同樣數量的產品可以用更低的成本生產，運用技藝熟練的工人及技術可以產出更多樣的產品，有了更多責任，就能讓它成為更有趣的工作場所。在精實生產工廠，資訊與數據不再由管理者掌握，全體都能看到，所以工人知道當下工廠是如何以整體運作，以及是否達到生產及品質目標。一旦有錯誤發生，每個人都會想找出錯誤，並確保它不再發生，可想而知其中產生的歸屬感，以及對品質及士氣的影響。

就像福特汽車及通用汽車的量產技術，在首次推廣出美國時受到阻礙，因為他們截斷了現有的製造方式，日本發明的精實生產在歐美也被排斥，挑戰著現存圍繞著傳統量產結構及制度。沃瑪克及其他作者指出，如果新的生產模式是由其他國家引進，「往往很快引發民族主義反應」。他們認為，不能假設新的生產技術會更有效率，就能在世界各地自動被採納，還有很多國家政治、社會、文化因素，最終可能傾向傳統做法，排除效率考量。一九八〇年代至一九九〇年代的美國，美國汽車製造商不試圖改革現有工廠或轉向精實生產，而是關閉現有工廠，另闢新的工廠。與其試著修復現有工廠中，各種不合時宜的管理模式或糟糕的勞資關係，不如從零開始。

總評

一九九〇年，沃瑪克、瓊斯與魯斯做出大膽假設，十年內生產線勞力需求將消失，而二〇〇七年的再版中，他們承認錯誤，提到自動化是逐步增加，而不是直接取代。為什麼？他們指出：「雖然機器人理論上比較靈活、可以改編程序，但事實上訓練有素的產線人員，反而更靈活、能隨機應變。另外補充說，豐田汽車「除非必要，否則絕不自動化」」。

這本書寫成後最大的變化，就是中國作為汽車製造商崛起，並成為過去十年世界最大的汽車製造商。二〇一五年，全世界共產出九千萬輛汽車，其中兩千四百萬輛由中國製造（兩千一百萬輛汽車、三百四十萬輛商用汽車）。同年，美國汽車產量只有中國的一半，依序是日本九百萬輛、德國六百萬輛，還有南韓、印度、墨西哥。中國製造商包括國營上汽集團（SAIC），獲許生產福斯汽車、通用汽車的在地版本；東風汽車也獲許生產本田汽車、日產汽車（Nissan）、寶獅汽車（Peugeot）、吉利汽車（Geely）、獨立製造商等生產汽車。這些公司專注於服務廣大、快速成長的市場，提供價格合理的汽車，加上人力成本低廉，精實生產不再是首選。然而，隨著顧客越來越重視品質及多樣性，人工薪資增加以及降低浪費的需求，也將改變中國汽車製造產業。鑑於兩國間文化與政治的緊張關係，中國不願被視為事事都複製「日本人」——這種抵制讓人想起一九八〇年代至一九九〇年代間，美國汽車製造商不願採用精實生產思維的過往。但市場力量終會強迫中國製造商採取精實模式，即使「充滿中國特色」。

詹姆斯・沃瑪克、丹尼爾・瓊斯＆丹尼爾・魯斯

詹姆斯・沃瑪克曾是麻省理工學院國際汽車計劃的研究主任，發明了「精實生產」一詞。一九九七年，他創辦了麻省理工精實企業機構，並擔任機構負責人直至二〇一〇年卸任。沃瑪克於哈佛大學取得智慧型運輸系統碩士學位，於麻省理工取得政治學博士學位。並與丹尼爾・瓊斯共著二〇〇三年出版之《精實革命：消除浪費、創造獲利的有效方法》（*Lean Thinking: Banish Waste and Create Wealth in Your Organization*）。

丹尼爾・瓊斯於薩賽克斯大學（University of Sussex）經濟學系學士畢業，曾任麻省理工學院國際汽車計劃歐洲區主任。他創辦了英國精實企業體學會（Lean Enterprise Academy），在英國各經濟部門推廣實踐精實計劃，包括製造、醫療保健、建築、零售。

丹尼爾・魯斯為麻省理工學院運輸研究中心主任，為國際汽車計劃創辦主任，至今仍是該計劃顧問委員之一。

謝辭

致謝倫敦出版社Nicholas Brealey Publishing中的Holly Bennion、Ben Slight、Louise Richardson，以及波士頓辦公室的Giuliana Caranante、Melissa Carl，協助編輯、行銷、銷售我的書。

以及倫敦版權團隊Hachette Rights中的Joanna Kaliszewska、Grace McCrum、Nathaniel Alcaraz-Stapleton、Flora McMichael，協助將我的書推廣成不同語言、系列化，並推出有聲書版本。

全世界的Hachette團隊，尤其印度、澳洲、新加坡，讓五十本經典系列廣為流傳。

同時感謝Cherry，忍受每個週末都在工作的我，督促我盡所能寫出最棒的書；Sacha，在寫作期間邀請我們在勃根地度過一次美好的假期；牛津的僧伽朋友們，帶給我精神與心靈上的庇護，每週都帶給我歡笑；Tuanne，和我一起討論商業理論，和這本書一樣帶給我各種啟發。

最後，感謝各位本書中提到的所有作者，謝謝你們在創業精神、創新、管理、策略、行銷方面，非常有價值的貢獻。

關於未來的讀物

安德魯·麥克費（Erik Brynjolfsson）**&艾瑞克·布林優夫森**（Andrew McAfee）**《機器，平台，群眾：如何駕馭我們的數位未來》**（*Machine, Platform, Crowd*，2017）
快速讓我們看見機器學習的新世界，取代了很多人類心智的工作，平台成為生產及消費性產品、服務的新交叉口，網路世界的「群眾」承擔了企業功能。

彼得·戴曼德斯（Peter Diamandis）**&史蒂芬·科特勒**（Steven Kotler）**《富足：解決人類重大生存難題的科技創新》**（*Abundance: The Future is Better than You Think*，2012）
暢銷書《富足》一書告訴我們，一系列能源、食物生產、醫藥的新興技術可能在三十年內消除稀缺現象。

艾列克·羅斯（Alec Ross）**《未來產業》**（*The Industries of the Future*，2016）
基因密碼變得比電腦編碼更重要，人類數據是資訊世代的原物料，就像石油之於產業。

克勞斯·施瓦布（Klaus Schwab）**《第四次工業革命》**（*The Fourth Industrial Revolution*，2017）
世界經濟論壇創辦人討論未來二十年塑造世界的科技，以及社會跟不上腳步的風險。

最後說明

關於個人發展／商業類型的書籍評論，如史蒂芬·柯維（Stephen Cove）《與成功有約：高效能人士的七個習慣》（*The 7 Habits of Highly Effective People*）、戴爾·卡內基（Dale Carnegie）《讓鱷魚開口說人話：卡內基教你掌握「攻心溝通兵法」的38堂課》（*How To Win Friends and Influence People*）、查爾斯·杜希格（Charles Duhigg）《為什麼我們這樣生活，那樣工作？》（*The Power of Habit*）、丹尼爾·高曼（Daniel Goleman）《EQ：決定一生幸福與成就的永恆力量》（*Emotional Intelligence*），都詳述於《一次讀懂自我成長經典》與《一次讀懂成功學經典》中。

夏恩告訴我們如何將文化的抽象概念轉為實踐工具，管理者及學生都可以用來了解組織動向及改變。現在已有第五版，更新許多近期案例研究，夏恩的書經常被用在領導及商業課程。

42. **赫伯特・西蒙**（Herbert Simon）**《行政行為》**（*Administrative Behavior*，1947）
西蒙是一位博學的經濟學家，他的決策理論考量了人類的「有限理性」，概述組織中改善決策的方法。

43. **馬修・史都華**（Matthew Stewart）**《看透企管這一行》**（*The Management Myth*，2010）
前管理顧問瞄準管理產業及其用科學做的掩護，從弗雷德里克・溫斯洛・泰勒到湯姆・彼得皆然。

44. **吉蓮・邰蒂**（Gillian Tett）**《穀倉效應：為什麼分工反而造成個人失去競爭力、企業崩壞、政府無能、經濟失控？》**（*The Silo Effect*，2015）
人類傾向將自己區分成不同的群體，但組織的分割結構——也就是穀倉，瓦解時，才能繁榮與革新。

45. **詹姆斯・索羅維基**（James Surowiecki）**《群眾的智慧：如何讓整個世界成為你的智囊團》**（*The Wisdom of Crowds*，2014）
群眾平台如維基百科、Kickstarter證明了多元觀點的智慧，可以產出驚人的好成果。有了絕佳範例，索羅維基的書預示這種典型的轉變，提醒商業讀者企業中全體一致決策及共享知識的力量。

策略與行銷

46. **賽斯・高汀《紫牛》**（*Purple Cow*，2003）
人們對廣告的反應越來越低，想脫穎而出，唯一的辦法就是製造人們會與朋友討論的產品或服務。

47. **蓋瑞・哈默爾**（Gary Hamel）& C.K. **普拉哈拉德**（C. K. Prahalad）**《競爭大未來》**（*Competing for The Future*，1994）
商業的目的在於打造市場及產業的未來，而不只是在其中相互競爭。

48. **菲利普・科特勒**（Philip Kotle）**《行銷管理》**（*Marketing Management*，1967）
行銷曾被綁在更「重要」的生產工作中，科特勒將它放在商業核心上，從強調價格轉為符合顧客需求。第十四版（二〇一一）中有更新範例歷程，也涵蓋趨勢及策略。

49. **麥可・波特**（Michael Porter）**《競爭優勢》**（*Competitive Advantage*，1985）
波特的《競爭優勢》提出商業策略的堅實理論，這本書關於從實務中達到成就，以有限資源對抗各種威脅與競爭者。

50. **查理・魯梅特**（Richard Rumelt）**《好策略・壞策略：第一本讓歐洲首席經濟學家欲罷不能、愛不釋手的策略書》**（*Good Strategy, Bad Strategy*，2011）
被視為策略的很多不是制定糟糕的「策略計劃」，就是模糊的「願景」。好策略涉及面對商業挑戰時的判斷，與為矯正事情的一致行動。

31. **查默斯·約翰遜**（Miti and the Japanese Miracle）（*Miti and the Japanese Miracle*，1982）
約翰遜發明了「發展型國家」一詞，敘述戰後如日本及南韓這些國家，結合了資本主義及強大國家領導及支援。
32. **約翰·科特**（John P. Kotter）**《領導人的變革法則》**（*Leading Change*，1996）
哈佛教授的變革管理聖經，對領導力及組織發展計劃，及灌輸持續進步風氣的企業來說，都是必讀經典。
33. **貝薩妮·麥克萊恩**（Bethany McLean）**&彼得·埃爾金德**（Peter Elkind）**《房間裡最精明的人》**（*The Smartest Guys in the Room*，2003）
安隆公司（Enron）的起落，一次失控企業利己主義的教訓。
34. **大衛·馬凱特**（*David Marquet*）**《翻轉領導力：創造更多領導者，不是訓練更多聽從者》**（*Turn the Ship Around*，2013）
由美國海軍潛艇艦長寫成，一堂激勵人心合作領導課程，可運用於張力較低的工作境況。
35. **理查·尼爾森**（Richard Nelson）**&西德尼·溫特**（Sydney Winter）**《經濟變遷的深化理論》**（*An Evolutionary Theory of Economic Change*，1982）
傳統經濟理論認為企業理性是錯的。企業其實比我們想的更組織化、更不理性，由傾向、常規、文化所驅動。
36. **大野耐一**（Taiichi Ohno）**《追求超脫規模的經營：大野耐一談豐田生產方式》**（*Toyota Production System*，1978）
日本工程師實踐其知名的「精實思維」及「及時」概念，革新製造業。
37. **羅莎貝絲·摩斯·肯特**（Rosabeth Moss Kanter）**《超級企業》**（*Supercorp*，2009）
資深哈佛管理思想家探討企業社會責任，告訴我們有社會意識的企業可以比一般企業更為繁榮。
38. **勞倫斯·彼得**（Laurence Peter）**&雷蒙德·霍爾**（Raymond Hull）**《彼得原理》**（*The Peter Principle*，1969）
人們總是會被提升到無法勝任的層次。例如說，唐納·川普或許擅長從商，但單單如此就能勝任國家總統嗎？
39. **湯姆·彼得&羅勃·華特曼的《追求卓越：探索成功企業的特質》**（*In Search of Excellence*，1982）
麥肯錫顧問彼得及華特曼研究四十三間美國成功企業，發現八個共通點，從「崇尚行動」到拉近顧客距離。儘管有些企業遭遇危機、倒閉，引發對此論點的質疑，但很多「範例」（十四間精選企業）仍然非常強大。這本意料之外的暢銷書讓商業思維平民化——不再是老闆專屬，任何人都可以對企業成功的祕訣感興趣。
40. **傑夫瑞·菲佛**（Jeffrey Pfeffer）**《Power!：面對權力叢林，你要會耍善良心機》**（*Power: Why Some People Have It——And Others Don't*，2010）
史丹佛商業理論家菲佛認為，儘管有諂媚組織及企業文化趨勢，了解權力架構仍然是職場成功的關鍵，清楚的階級制度是把事做好的必要條件，一如既往。
41. **艾德·夏恩**（Edgar Schein）**《組織文化與領導》**（*Organizational Culture and Leadership*，1985）

杜拉克備受尊崇的原因是許多在這本書中提到的論點，從創造目標到做出良好決策，如今都是組織中的標準流程。而平易近人的寫作風格也讓閱讀更有趣味。

21. **亨利・費堯《工業管理與一般管理》**（*General and Industrial Management*，1916）
第一個真正的管理理論，數十年來廣為流傳的智慧。
22. **艾瑞・德格**（Ari de Geus）**《企業活水》**（*The Living Company*，1999）
能永久發展並抵抗著危機的組織，有一種活性方法能持續成長，並將學習與人置於利益之前。
23. **伊利雅胡・高德拉特**（Elihu Goldrat）**《目標》**（*The Goal*，1984）
在第三版中，高德拉特的寓言相當引人入勝，表達了組織變革的原則。簡而言之，為企業設立單一目標，辨別出約束與瓶頸並將之移除，想不成功也難。
24. **馬歇爾・戈德史密斯**（Marshall Goldsmith）**《沒有屢試不爽的方法：成功人士如何獲得更大的成功》**（*What Got You Here Won't Get You There*，2007）
不論你是否到達事業的巔峰，通常都與消除性格瑕疵及改善人際關係脫不了關係。這是克服彼得原理[1]的良方。
25. **羅伯・格林里夫**（Robert Greenleaf）**《僕人領導學：領導者與跟隨者互惠雙贏的領導哲學》**（*Servant Leadership*，1977）
稱職的領導者是首先更高目標或其他人的僕人，然後因其貢獻而提升至更高職位。一種領導的形而上方法，但非常有影響力。
26. **安德魯・葛洛夫**（Andy Grove）**《葛洛夫給經理人的第一課：從煮蛋、賣咖啡的早餐店談高效能管理之道》**（*High Output Management*，1995）
備受馬克・祖克伯及本・霍羅維茲的讚譽，英特爾營運長的著作告訴我們如何管理團隊及績效，在明確時間框架中創造事物的價值。
27. **麥克・漢默**（Michael Hammer）**&詹姆斯・錢辟**（James Champy）**《改造企業：再生策略的藍本》**（*Reengineering the Corporation*，1993）
一九九〇年代最暢銷的商業書之一，呼籲所有企業檢視流程，調整使其適合二十一世紀。「再造」中的種種艱辛，讓這本書脫離大多數管理書籍的潮流。
28. **查爾斯・韓第**（Charles Handy）**《非理性的時代》**（*The Age of Unreason*，1989）
在「非理性時代」持續改變可能讓我們陷入混亂，但個人或組織只能透過持續學習，才能創造未來，而不只是被動反應。
29. **弗朗西絲・赫塞爾貝**（Frances Hesselbein）（*My Life In Leadership*，2011）
赫賽爾貝領導美國女童軍（Girl Scouts of America）十四年期間，為美國女童軍注入新氣象，為非營利組織領導樹立榜樣。一百零一歲時，她在匹茲堡大學以自己的名義舉辦領導者論壇。
30. **弗里德里克・赫茲伯克**（Frederick Herzberg）**&伯納德・莫斯納**（Bernard Mausner）**&芭芭拉・席德曼**（Barbara Snyderman）（*The Motivation to Work*，1959）
極具重要性的研究顯示，人們會為錢以外的因素工作：認同、責任、成就感、個人成長。

1 組織的等級制度會讓人因為性格等因素，害怕被提升到無法勝任的職位。

輸於這些國家。

10. **山姆·沃爾頓**（Sam Walton）《富甲天下：Wal-Mart創始人山姆·沃爾頓自傳》（*Made In America*，1992）
沃爾瑪的初期故事，與創造大規模拓展的原則。

11. **湯瑪士·華生二世**（Thomas Watson Jnr）《解讀IBM的企業DNA：活用經營信念，打造長青基業》（*A Business And Its Beliefs*，1963）
IBM創辦人將企業成功歸功於文化及價值，而非科技。

管理及領導力

12. **切斯特·巴納德**（Chester Barnard）《主管人員的職能》（*The Functions of the Executive*，1938）
在彼得·杜拉克與詹姆·柯林斯之前，就是切斯特·巴納德了，他是美國電話電報公司（AT&T）的高階管理人，後轉為公職。他打破組織的一般模式，描述管理人真正該做些什麼，他們如何可以更有效率。

13. **華倫·班尼斯**（Warren Bennis）《領導，不需要頭銜》（*On Becoming a Leader*，1989）
領導不在於「管理人」，而在於自我表達，也就是以最強而有力的方式，扮演能讓你做自己的角色。詳述於《一次讀懂成功學經典》。

14. **肯尼斯·布蘭查德**（Kenneth Blanchard）&**史賓賽·強森**（Spencer Johnson）《一分鐘經理》（*The One Minute Manager*，1981）
釐清目標可以節省精力，並運用於其他領域。詳述於《一次讀懂成功學經典》。

15. **約翰·布魯克斯**《商業冒險：華爾街的12個經典故事》（*Business Adventures*，1959-1969）
美國企業與金融世界的故事，可作為今日借鑑。比爾·蓋茲與華倫·巴菲特都將這本書列為最喜愛的商業書。

16. **布萊恩·伯瑞**（Bryan Burrough）&**約翰·赫萊爾**（John Helyar）《門口的野蠻人：當肥貓執行長遇上企業禿鷹》（*Barbarians at the Gate*，1989）
兩名《華爾街日報》記者生動敘述餅乾王國納貝斯克（RJR Nabisco）爭奪戰，一場史上最大的收購案。深入理解槓桿收購、垃圾債券及企業的貪婪面。

17. **詹·卡爾森**（Jan Carlzon）《關鍵時刻》（*Moments of Truth*，1987）
卡爾森扭轉北歐航空的局面，引入高度顧客關注及扁平化組織結構。員工與顧客間的每次互動都是「關鍵時刻」，關係到企業的成功或失敗。

18. **艾德·卡特莫爾**（Ed Catmull）《創意電力公司》（*Creativity Inc.*，2014）
掌舵皮克斯公司超過三十年，卡特莫爾讓皮克斯成為當代迪士尼。告訴我們如何除去創造力與絕佳團隊間的藩籬，是所有企業家與企業重要的一課。

19. **詹姆·柯林斯**《基業長青》（*Built To Last: Successful Habits of Visionary Companies*，1994）
雖然被丹尼爾·康納曼批評為「事後之間的偏誤」、「光環效應」，在《基業長青》中提到十八個「遠見企業」仍名聲響亮，而其他競爭者就沒有這麼亮眼了。

20. **彼得·杜拉克**《彼得·杜拉克的管理聖經》（*The Practice of Management*，1954）

再加五十本商業學經典

◎這裡列出另外的商業書籍，有些出版年月已久，有些是新作，你可以從中挖掘激勵人心、有趣或有幫助的著作。最後則是關於未來的好書，也可能影響商業。

創新與創業精神

1. **克里斯·安德森**（Chris Anderson）**《長尾理論：打破80／20法則，獲利無限延伸》**（*The Long Tail*，2008）
   矽谷創業家的開創性著作，告訴我們網路如何永久改變購物習慣及經濟。近年推出增訂版，增加新例子。
2. **彼得·杜拉克《創新與創業精神》**（*Innovation and Entrepreneurship*，1985）
   創新與創業精神應該像學科一般，系統性地研究，而不只是一時突發奇想。詳述於《一次讀懂經濟學經典》。
3. **凱薩琳·葛蘭姆《個人歷史》**（*Personal History*，1998）
   葛蘭姆出生於富裕家庭，丈夫菲爾（Phil）在執掌《華盛頓郵報》時自殺，她的生活頓時天翻地覆。沒什麼商業經驗的情況下，葛蘭姆將《華盛頓郵報》帶往新高度。在美國導演史蒂芬·史匹伯（Steven Spielberg）所導的二〇一七年電影《郵報：密戰》（*The Post*）中，由梅莉·史翠普（Meryl Streep）飾演葛蘭姆。
4. **謝家華**（Tony Hsieh）**《奉上幸福》**（*Delivering Happiness*，2013）
   謝家華的線上鞋店Zappos能成功，因為他將員工幸福置於優先地位，從根本取悅顧客。
5. **薩利姆·伊斯梅爾**（Salim Ismail）**《指數型組織：企業在績效、速度、成本上勝出10倍的關鍵》**（*Exponential Organizations*，2014）
   我們生活在這個世代，善用科技，新公司就能成長得比既有企業快，或是利用資產槓桿化，如社群、大數據、運算法，快速擴大規模。
6. **英格瓦·坎普拉《一個家具商人的聖約》**（*A Testament of a Furniture Dealer*，1976）
   宜家家居創辦人的十六頁宣言，呼籲消滅浪費，將成本降到最低，以低廉的價格提供絕美設計。
7. **崔西·基德**（Tracy Kidder）**《新機器的靈魂》**（*The Soul of a New Machine*，1981）
   榮獲普立茲非小說類作品獎，敘述微型電腦公司的企業文化，一百小時工作時數，一場發表新產品的經歷。科技已然改變，但並沒有改變狂熱的科技產業。
8. **雷·克拉克《永不放棄：我如何打造麥當勞王國》**（*Grinding It Out*，1977）
   克拉克在美國加州發現麥當勞兄弟漢堡店的故事，以及他如何在美國各地複製麥當勞系統。詳述於《一次讀懂成功學經典》。
9. **戴維·麥克利蘭**（David McClelland）（*The Achieving Society*，1961）
   想了解創業精神，就必須了解追求成就的心理動機，由哈佛教授戴維·麥克利蘭提出的理論。他的大部分研究都在開發中國家進行，他認為成就動機可以逐漸灌

Trump, D. with Schwartz, T.（1987）*The Art of the Deal*, New York: Ballantine.（唐納・川普《交易的藝術》）

Vance, A.（2015）*Elon Musk: How the Billionaire CEO of SpaceX and Tesla is Shaping our Future*, London: Penguin Random House.（艾胥黎・范思《鋼鐵人馬斯克：從特斯拉到太空探索，大夢想家如何創造驚奇的未來》）

Welch, J., with Byrne, J.A.（2001）*Jack: Straight From the Gut*, London: Headline.（傑克・威爾契＆約翰・伯恩《jack : 20世紀最佳經理人，第一次發言》）

Womack, J. P., Jones, D. T. & Roos, D.（2007）*The Machine that Changed the World*, London: Simon & Schuster.（詹姆斯・沃瑪克＆丹尼爾・瓊斯＆丹尼爾・魯斯《改變世界的機器》）

Ries, A. & Trout, J.（2001）*Positioning: The Battle for Your Mind*, New York: McGraw-Hill.（艾爾・賴茲&傑克・屈特《定位：在眾聲喧嘩的市場裡，進駐消費者心靈的最佳方法》）

Ries, E.（2011）*The Lean Startup: How Relentless Change Creates Radically Successful Businesses*, ebook edition, London: Portfolio Penguin.（艾瑞克・萊斯《精實創業：用小實驗玩出大事業》）

Sandberg, S.（2013）*Lean In: Women, Work, and the Will to Lead*, EPub edition, London: WH Allen/Random House.（雪柔・桑德伯格《挺身而進》）

Schmidt, E. & Rosenberg, J.（2017）*How Google Works*, ebook edition, London: John Murray.（艾力克・施密特&強納森・羅森柏格《Google模式：挑戰瘋狂變化世界的經營思維與工作邏輯》）

Schroeder, A.（2008）*The Snowball: Warren Buffett and the Business of Life*, London: Bloomsbury.（艾莉絲・施洛德《雪球：巴菲特傳》）

Schultz, H. & Yang, D. J.（1997）*Pour Your Heart Into It: How Starbucks Built a Company One Cup at a Time*, New York: Hyperion.（霍華・舒茲《Starbucks咖啡王國傳奇》）

Senge, Peter M.（2006）*The Fifth Discipline: The Art and Practice of the Learning Organization*, revised and updated edition, London: Random House Business.（彼得・聖吉《第五項修練：學習型組織的藝術與實務》）

Sinek, S.（2009）*Start With Why: How Great Leaders Inspire Everyone to Take Action*, London: Portfolio Penguin.（賽門・西奈克《先問，為什麼？：顛覆慣性思考的黃金圈理論，啟動你的感召領導力》）

Singh, S.（2016）*Mythbreaker: Kiran Mazumdar-Shaw and the Story of Indian Biotech*, Noida, Uttar Pradesh: HarperCollins India.（塞瑪・辛格《迷思破解者：基蘭・瑪茲穆德—蕭及印度生技的故事》）

Sloan, A. P., edited by McDonald, J., with Stevens, C.（1965）*My Years with General Motors*, New York: McFadden Books.（艾弗雷德・史隆《我在通用的日子：史隆回憶錄》）

Stone, B.（2013）*The Everything Store: Jeff Bezos and the Age of Amazon*, EPub edition, London: Transworld.（布萊德・史東《貝佐斯傳：從電商之王到物聯網中樞，亞馬遜成功的關鍵》）

Syed, M.（2015）*Black Box Thinking: Marginal Gains and the Secrets of High Performance*, London: John Murray.（馬修・席德《失敗的力量：Google、皮克斯、F1車隊從失敗中淬煉出的成功祕密》）

Taylor, F.（2011）*Principles of Scientific Management*, Project Gutenberg, http://www.gutenberg.org/cache/epub/6435（弗雷德里克・溫斯洛・泰勒《科學管理原理》）

Thiel, P., with Masters, B.（2014）*Zero To One: Notes on Startups, or How To Build The Future*, London: Virgin Books.（彼得・提爾&布雷克・馬斯特《從0到1：打開世界運作的未知祕密，在意想不到之處發現價值》）

Townsend, R.（1970）*Up the Organization: How to Stop the Company Stifling People and Strangling Profits*, London: Coronet.（羅伯特・湯森《提升組織力：別再扼殺員工和利潤》）

Easy Answers, EPub edition, New York: Harper Business.（本・霍羅維茲《什麼才是經營最難的事？：矽谷創投天王告訴你真實的管理智慧》）

Isaacson, W.（2011）*Steve Jobs*, London: Little Brown.（華特・艾薩克森《賈伯斯傳》）

Kaufman, J.（2012）*The Personal MBA: A World-class Business Education in a Single Volume*, London: Portfolio Penguin.（喬許・考夫曼《不花錢讀名校MBA：二百萬留著創業，MBA自己學就好了》）

Kawasaki, G.（2004）*The Art of the Start: The Time-tested, Battle-hardened Guide for Anyone Starting Anything*, London: Portfolio.（蓋・川崎《創業的藝術》）

Kay, J.（2011）*Obliquity: Why Our Goals Are Best Achieved Indirectly*, London: Profile.（約翰・凱《迂迴的力量》）

Kells, S.（2015）*Penguin and the Lane Brothers: The Untold Story of a Publishing Revolution*, ebook edition, Melbourne: Black Inc./Schwartz Publishing.（斯圖爾特・凱爾斯《企鵝與萊恩兄弟》）

Kim, W. C. & Mauborgne, R.（2015）*Blue Ocean Strategy: How to Create Uncontested Market Space and Make the Competition Irrelevant*, expanded edition, Boston, Mass.: Harvard Business School.（金偉燦＆芮尼・莫伯尼《藍海策略：再創無人競爭的全新市場》）

Knight, P.（2016）*Shoe Dog: A Memoir by the Creator of Nike*, London: Simon & Schuster.（菲爾・奈特《跑出全世界的人：NIKE創辦人菲爾・奈特夢想路上的勇氣與初心》）

Koch, R. & Lockwood, G.（2016）*Simplify: How the Best Businesses in the World Succeed*, London: Piatkus.（理查・柯克＆葛雷格・洛克伍德《極簡策略》）

Leahy, T.（2012）*Management in Ten Words*, London: Random House Business.（泰瑞・李希《10個關鍵詞讓管理完全不一樣》）

Lencioni, P.（2002）*The Five Dysfunctions of a Team: A Leadership Fable*, San Francisco: Jossey-Bass/Wiley.（派屈克・蘭奇歐尼《克服團隊領導的5大障礙：洞悉人性、解決衝突的白金法則》）

Levinson, M.（2016）*The Box: How the Shipping Container Made the World Smaller and the World Economy Bigger*, 2nd edition, Princeton, New Jersey: Princeton University Press.（馬克・李文森《箱子：貨櫃造就的全球貿易與現代經濟生活》）

Levitt, T.（2008）*Marketing Myopia*, Boston, Mass.: Harvard Business School Press.（西奧多・李維特《行銷短視症》）

McChrystal, S. with Collins, T., Silverman, D., & Fussell, C.（2015）*Team of Teams: New Rules of Engagement for a Complex World*, ebook edition, London: Portfolio Penguin.（史丹利・麥克克里斯托《美軍四星上將教你打造黃金團隊：從急診室到NASA都在用的領導策略》）

McGregor, D.（2006）*The Human Side of Enterprise*, annotated edition, New York and London: McGraw-Hill.（道格拉斯・麥格雷戈《企業的人性面》）

Moore, G.（2014）*Crossing the Chasm: Marketing and Selling Disruptive Products to Mainstream Customers*, 3rd edition, New York: Harper Business.（傑佛瑞・摩爾《跨越鴻溝》）

Rath, T. & Conchie, B.（2008）*Strengths Based Leadership: Great Leaders, Teams, and Why People Follow*, New York: Gallup Press.（湯姆・雷斯＆拜瑞・康奇《發現我的領導天才》）

英文參考書目

◎以下為本書研究的書目版本。

Barnum, P. T.（2005）*The Art of Money Getting or Golden Rules for Making Money*, Project Gutenberg, http://www.gutenberg.org/ebooks/8581（費尼爾司・泰勒・巴納姆《賺錢的藝術》）

Branson, R.（2005）*Losing My Virginity: The Autobiography*, London: Virgin Books.（理查・布蘭森《維珍旋風：品牌大師布蘭森自傳》）

Carnegie, A.（2006）*The "Gospel of Wealth" Essays and Other Writings*, edited and with an Introduction by David Nasaw, New York: Penguin.（安德魯・卡內基《財富的福音》）

Chandler, A. D., Jr.（1977）*The Visible Hand: The Managerial Revolution in American Business*, Cambridge, Mass.: Belknap Press.（阿爾弗雷德・錢德勒《看得見的手：美國企業的管理革命》）

Chernow, R.（1999）*Titan: The Life of John D. Rockefeller, Sr.*, New York: Vintage.（羅恩・切爾諾《洛克斐勒—美國第一個億萬富豪》）

Christensen, C. M.（1997）*The Innovator's Dilemma: When New Technologies Cause Great Firms to Fail*, Boston, Mass.: Harvard Business School Press.（克雷頓・克里斯汀生《創新的兩難》）

Clark, D.（2016）*Alibaba: The House That Jack Ma Built*, EPub edition, Ecco/HarperCollins.（鄧肯・克拉克《阿里巴巴：物流、電商、雙11，馬雲改變13億人的生活方式》）

Collins, J. & Hansen, M. T.（2011）*Great by Choice: Uncertainty, Chaos, and Luck—— Why Some Thrive Despite Them All*, New York: Harper Business.（詹姆・柯林斯《十倍勝，絕不單靠運氣》）

Deming, W. E.（2000）*Out of the Crisis,* Cambridge, Mass., and London: MIT Press.（威廉・愛德華茲・戴明《轉危為安：管理十四要點的實踐》）

Drucker, P. F.（1988）*The Effective Executive*, London: Heinemann.（彼得・杜拉克《杜拉克談高效能的5個習慣》）

Fisher, R., Ury, W. & Patton, B.（2012）*Getting To Yes: Negotiating an Agreement Without Giving In*, London: Random House Business.（羅傑・費雪&威廉・尤瑞&布魯斯・派頓《哈佛這樣教談判力：增強優勢，談出利多人和的好結果》）

Ford, M.（2015）*Rise of the Robots: Technology and the Threat of Mass Unemployment*, London: Oneworld.（馬丁・福特《被科技威脅的未來：人類沒有工作的那一天》）

Gerber, M. E.（1995）*The E-Myth Revisited: Why Most Small Businesses Don't Work and What to Do About It*, New York: Harper Business.（麥克・葛伯《創業這條路：掌握成功關鍵，勇闖創業路必須知道的「方法」與「心法」！》）

Hilton, C.（1957）*Be My Guest*, New York: Fireside.（康拉德・希爾頓《賓至如歸》）

Horowitz, B.（2014）*The Hard Thing About Hard Things: Building a Business When There Are No*

一次讀懂商業經典 / 湯姆・巴特勒─鮑登（Tom Butler-Bowdon）著；王曼璇譯.
-- 一版. -- 臺北市：時報文化，2019.10；592 面；14.8×21 公分. --
譯自：50 BUSINESS CLASSICS
ISBN 978-957-13-7975-3（平裝） 1.推薦書目
012.4 108015852

一次讀懂商業經典
50 BUSINESS CLASSICS

作者 湯姆・巴特勒─鮑登（Tom Butler-Bowdon）｜**譯者** 王曼璇
主編 湯宗勳｜**責任編輯** 廖婉婷｜**責任企劃** 王聖惠｜**美術設計** 兒日｜**電腦排版** 宸遠彩藝
董事長 趙政岷｜**出版者** 時報文化出版企業股份有限公司 10803台北市和平西路三段240號1-7樓
發行專線 （02）2306-6824｜**讀者服務專線** 0800-231-705・（02）2304-7103｜**讀者服務傳真** （02）2304-6858
郵撥 1934-4724時報文化出版公司｜**信箱** 台北郵政79~99信箱
時報悅讀網 http://www.readingtimes.com.tw｜**電子郵箱** new@readingtimes.com.tw
法律顧問 理律法律事務所 陳長文律師、李念祖律師
印刷 勁達印刷有限公司｜**一版一刷** 2019年10月18日｜**定價** 新台幣650元

時報文化出版公司成立於一九七五年，並於一九九九年股票上櫃公開發行，
於二〇〇八年脫離中時集團非屬旺中，以「尊重智慧與創意的文化事業」為信念。

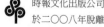